한국 민주주의와 사회운동의 동학

이 책은 성공회대학교 사회문화연구소가 한국학술진흥재단의 지원으로 수행하고 있는 1999년 중점연구소 지원과제 "한국자본주의의 발전과 사회구성의 변화"(1999-2001, KRF-99-005-C00020) 가운데 제2세부과제(99-005-C00042)인 "한국민주주의의 구조와 동학: 정치사회 및 시민사회운동조직의 변화·담론·대안"의 제1단계 연구(한국 민주주의 전개와 정치조직 및 시민사회운동조직의 변화)의 1차년도('한국 민주주의의 구조와 동학'에 대한 시계열적 연구) 연구성과물입니다.

한국 민주주의와 사회운동의 동학
The Dynamics of Democracy and Social Movements in South Korea

조희연 편

나눔의집

'한국사회 재인식' 시리즈를 내면서

　IMF 경제 위기를 계기로 그간 고도 성장기를 통해 누적되어 온 사회적 문제들이 전면적으로 표출되면서, 기존의 한국 사회체제의 근본적인 혁신이 절박하게 요구되고 있다. 그러나 이를 위한 새로운 사회체제에 대한 대안은 거의 부재한 상태이며, 소모적인 갈등과 비전 없는 충돌만이 격화되고 있다. 국내외에 걸쳐 무수히 많은 논쟁이 진행되고 다양한 견해들이 제시되고 있지만, 때로는 혼란을 가중시키기까지 하고 있다. 이에는 이론적 편향이나 이념적 편견이 작용하는 등 여러 가지 이유가 있을 수 있으나 대부분의 연구들이 경제, 정치, 사회 영역 등 여러 연구영역에서 개별적으로 진행됨으로써 종합적 인식이 어려울 뿐 아니라, 한국 사회의 과거 발전과정에 대한 역사적 고찰 또한 부족하다는 사실에 기인한다.

　이를테면 1997년 몇몇 아시아 국가들과 함께 진행된 한국의 경제 위기는 학계뿐 아니라 정책당국간 혹은 국제기구들간에 뜨거운 이론적·정책적 논쟁을 유발시켰다. 그러나 이러한 논쟁들이 구체적 사실에 의해 충분한 뒷받침을 받는 경우는 드물었다. 한 사회의 구체적 문제를 파악하기 위해서는 무엇보다도 그 사회의 역사적 발전과정에 대한 진지한 고찰이 선행되어야 한다. 이같은 문제의식에서 '한국사회 재인식' 시리즈는 한국 사회의 산업화와 근대화 과정, 그리고 민주화 과정에 대한 역사적 연구를 그 출발점으로 삼으면서, 이에 대한 현실적·구체적 분석을 시도하고자 한다.

한편 한국 사회가 유례없는 경제적 성과를 성취하였음에도 불구하고, 그 이면에 권력집중, 정경유착, 사회적·지역적·계급계층적 불균등 발전 등 무수한 정치적·사회적 문제를 누적시켜 왔기 때문에, 이에 대한 통합적인 이해가 대단히 어렵다는 사실을 주목할 필요가 있다. 국내외를 막론하고 한국 사회에 대한 평가가 매우 단편적이고 특정 일면만을 강조하는 경향이 있는 것도 이러한 사실과 무관하지 않다. '한국사회 재인식' 시리즈가 애초부터 학제간 통합 연구로 기획된 것은 바로 이러한 문제의식에서 출발한 것이다.

이러한 문제의식이 새로운 것은 물론 아니다. 1980년대에 사회운동 진영이 군부독재의 '혁명'적 타도라는 과제를 중심으로 움직이는 동안, 인문사회과학계는 '아카데미즘의 자기 반성'이라는 각도에서 한국 근현대사, 한국 경제사, 한국 정치사, 한국 사회사, 한국 지식사 등 한국 사회에 대한 전반적 '재인식'이라는 과제에 천착하였다. 그것이 이른바 사회구성체 논쟁, 이념 논쟁, 한국 자본주의 논쟁, 한국 사회성격 논쟁 등으로 표출되었다. 돌이켜 보면 이러한 논쟁들은 사회운동과 직간접적으로 연결되면서 급진적 용어와 담론으로 포장되어 있었다. 그러나 그러한 논쟁은 학문적으로 과거의 협애화된 인식 지평과 분절화된 연구를 뛰어넘어 '일관되고 총체적인' 관점에서 한국 사회의 경제적·정치적·사회적·지적 궤적을 분석하는 과제를 안고 씨름한 것이라고 생각한다. 즉 한국 사회에 대한 총체적 '재인식'이 중심적인 과제였던 것이다.

그러나 1987년 6월 민주항쟁의 격정이 6·29선언과 사회운동 진영의 자기 분열로 잦아들게 되고, 뒤이은 현실 사회주의 국가들의 붕괴 충격으로 지적 혼란이 가중된 상태에서, 그리고 1991년 5월의 새로운 분출마저도 출구를 찾지 못하고 '산화'해 버린 이후, 1980년대의 학문적 과제는 '중단'되었던 것이 아닌가 생각한다. 다시 말해 한국 근현대사의 일관된 사회과학적 재인식의 과제는 거의 해결되지 않은 채 미완의 과제로 남겨져 있다. 10여 년간 침묵의 시간이 흐른 지금, 우리는 1980년

대의 '남겨진 학문적 과제'가 다시금 계승·천착되었으면 하는 '작지만 그러나 소중한' 바람으로 이 '한국사회 재인식' 시리즈의 첫 걸음을 내딛는다.

이러한 발걸음은 한국학술진흥재단의 중점연구소 지원에 의한 장기 연구 작업에 토대를 두고 있다. 전국의 대학 연구소들과의 경쟁에서 성공회대 사회문화연구소는 '재수(再修)'하여 지원을 받을 수 있었다. 1999년 말부터 총 6년 간에 걸쳐 진행되는 이 연구 작업은 한국 자본주의 발전에 따르는 사회구성의 변화 탐색과 대안 모색을 대주제로 하여, 다음과 같이 경제·정치·사회의 세 가지 세부 주제영역으로 기획되어 있다.

전체 주제 : 자본주의 발전과 사회구성의 변화—자본주의, 민주주의, 시민사회의 구조변화
    제1세부과제 : 한국 자본주의 발전모델의 구조와 동학
    제2세부과제 : 한국 민주주의의 구조와 동학
    제3세부과제 : 한국 시민사회의 구조 변화와 사회정책

세부과제별로 연구는 각 2년씩 세 단계로 나뉘어 추진될 예정인데 제1단계는 '역사적 연구작업,' 2단계는 '담론 분석'에, 3단계는 대안 분석에 초점을 맞추고 있다. 1단계와 2단계는 각각 사회 체제의 중요한 두 구성 부분 즉, 물적인 토대와 현상, 그리고 그 이데올로기적 표현으로 형상화된 체제 이념을 다룬다. 건국 이후 현재까지 기본적 사회질서를 규정해온 지적 담론에 대한 철학적 성찰과 사회경제적, 사회구조적 토대에 대한 이같은 연구결과를 기초로 하여 3단계에서 한국 사회의 대안적 패러다임을 모색하는 것이 가능해진다. 따라서 이 연구프로젝트의 최종 목표는 건국 50년 간의 담론을 심층적으로 분석하여 각 담론들 간의 연관관계를 논리화하고 범주화하면서 쟁점과 기본적인 모순을 추

출하고 이를 문명사적 관점에서 재조명하여 구체적인 대안을 도출하는 것이다.

이와 같은 과제를 수행하는 데에는 연구의 관점이 중요하다는 점을 간과할 수 없다. '위로부터의 개혁'이 가질 수밖에 없는 한계를 감안할 때, '밑으로부터의 개혁'을 어떻게 결합시킬 수 있는가 하는 실천적 고민과 더불어, 이를 분석하고 대안을 제시하는 연구작업의 가능성을 확보하는 것이 중요한 과제일 것이다. 그래서 이 연구 시리즈는 기존의 권력엘리트나 정책입안자 혹은 국가의 관점에서 벗어나 사회운동의 눈으로, 혹은 시민사회나 NGO의 눈으로 '밑으로부터' 문제에 접근하는 시각을 견지하고자 한다. 이를 통하여 우리는 이 일련의 연구가 한국 사회의 지속젓인 발전과 민주주의의 심화 및 확산에 다소나마 기여할 것을 희망한다.

현재 이 연구 프로젝트에는 각 세부과제별 2명씩 총 6명의 전임 연구교수들과 30여명의 비상근 공동연구원이 참여하고 있다. 이번에 출간되는 세 권의 연구서는 세 가지 세부연구 주제영역의 1차년도 연구성과인 셈이다. 이 연구는 성공회대학교 사회문화연구소에서 주관하고 있지만, 성공회대 외부의 관련 연구자들이 대거 참여하고 있다는 점에서, 단순히 성공회대만의 프로젝트는 아니다. 이 연구 프로젝트의 또 다른 특징한 가지는 한국 사회체제의 발전 방향에 대한 대안적 전망을 제시하기 위해 경제학, 정치학, 사회학 및 여타 사회과학 분야 전반을 최대한 아우르는 학제간 통합연구를 지향하고 있다는 점이다.

아울러 '한국사회 재인식' 시리즈는 학술진흥재단의 중점연구소 지원에 의한 연구 프로젝트에서 그 출발의 계기를 마련했지만 그것이 단순히 이 연구 프로젝트의 결과를 발표하는 데에서 그치지는 않을 것이다. 한국사회의 심층적인 문제분석과 대안적 체제의 모색이라는 과제는 단순히 일회적 연구로 끝날 성질이 아니기 때문이다. 우리 사회를 새롭게 바라보고 구체적으로 대안을 모색하는 토론을 활성화하고 그 지평을 확대하는 데 도움이 되는 연구들을 지속적으로 추진하고자 한다.

끝으로 이 연구프로젝트가 시작되기까지 전임 연구소장이었던 이종구 교수의 열성과 노력이 무엇보다 컸음을 밝히고 고마움을 표하고자 한다. 또한 성공회대학교의 전임 이재정 총장과 현 김성수 총장 이하 여러 교수들이 성원하고 동참함으로써 현재까지 견결하게 진행될 수 있었다고 생각하며 감사의 말씀을 드린다. 각 세부영역을 책임진 세 명의 연구책임자(김진업, 조희연, 이영환 교수), 그리고 각 분야 연구의 실질적인 진행을 담당한 여섯 명의 연구교수(경제영역—오유석, 이경미 박사, 정치영역—조현연, 이광일 박사, 사회영역—심상완, 김정석 박사), 그리고 사회영역을 담당하다가 ILO 연구원으로 옮긴 김영순 박사와 그 외 많은 공동연구진들과 연구보조원들에게도 수고에 감사를 드린다. 빠듯한 일정에도 불구하고 출판작업을 흔쾌히 승낙해주신 도서출판 나눔의집 직원들에게도 감사드린다. 아무쪼록 이 연구 시리즈가 한국의 사회과학이 회피할 수 없는 '80년대의 남겨진 연구과제'들을 복원하여 천착하는 계기가 되었으면 한다.

2001. 8.

이 영 환
성공회대 사회문화연구소 소장

책머리에

　민주주의란 무엇인가. 통상 민주주의라고 할 때, 대통령이나 국회의원을 뽑는 절차 혹은 국회의원이나 국민대표들이 행하는 정치활동 정도로 생각하는 경향이 있다. 그래서 민주주의는 정치를 '위임받은' 사람들이 특정한 제도정치 영역에서 전개하는 활동으로 인식하는 경향이 있다. 울리히 벡(Ulrich Beck)이 이야기하는 것처럼, "사람들은 '정치'라는 꼬리말이 붙은 영역에서 정치를 발견할 것이라고 기대한다. 아니면 이 영역에 관계하도록 권한이 부여된 주체들, 예를 들어 의회, 정당, 노조 등에서 정치를 발견할 것이라고 기대한다." 그러나 20세기를 지나면서, 이제 민주주의를 분석함에 있어 이러한 시각은 고루한 것이 되었다고 생각된다.

　한국 현대사의 거시적 흐름을 분석하면서, 우리의 결론은 민주주의란 '복합적·다원적인 사회적 투쟁의 과정이자 결과'라는 것이었다. 민주주의는 무릇 사회의 다양한 세력들이 자연적·사회적 자원들의 배분을 둘러싸고 경쟁·대립·타협·화해하는 '정치'의 근대적 과정이자 형태라고 할 수 있다. 이러한 정치는 사실 다양한 사회영역에서 전개되게 되는데, 근대 민주주의는 바로 이러한 정치를 '제도'정치, 정당정치, 의회정치가 수행하도록 합법화한 제도라고 할 수 있다. 그리하여 오늘날 많은 민주주의 나라에서 대의민주주의는 제도정치의 기본적인 형태로 인식되고 있다.

　이런 근대의 대의민주주의는 분명 진보성을 갖는 것임에 틀림없다.

왜냐하면 전근대국가에서는 정치가 군주와 그의 충실한 신하들에 의해 독점되었던 반면에, 근대국가에서는 정치가 국민의 대표자들이 참여하는 제도정치로 확장되었기 때문이다. 그러나 반면에 근대 민주주의는 바로 이처럼 정치를 대표자들―국회의원이나 제도정치가 등―을 중심으로 하는 제도정치 영역으로 한정하는 한계를 동시에 내포하였던 것이다.

20세기의 민주주의 역사를 보게 되면, 제도정치에만 한정되었던 정치는 시민사회의 다양한 '운동정치'―때로는 혁명적 운동정치로까지―로 확장되어 갔음에도 불구하고, 민주주의는 '제도정치의 정치'로 유폐되어 있었다. 바로 이처럼 제도정치를 뛰어넘는 비제도의 정치가 바로 운동정치인 것이다. 제도정치가 시민 혹은 국민으로부터 수임받은 정치라고 한다면, 운동정치는 '수임받지 않았으나' 시민 혹은 국민들의 '자발적인 정치'의 성격을 띠는 것이다. 시민정치, 환경정치, 민중정치, 노동자의 정치 등은 바로 이러한 비제도적 정치를 의미한다고 할 수 있다. 바로 이러한 운동정치 혹은 비제도정치와 제도정치의 역동적인 상호관계 속에서 민주주의를 파악할 때, 민주주의의 전체적인 거시적 파악이 가능하게 된다고 생각된다.

그런 점에서 우리는 민주주의를 단순히 국가를 중심으로 한 제도정치적 과정으로 보려는 자유주의적 관점을 넘어서면서, 민주주의를 복합적·다원적인 사회적 투쟁의 과정이자 결과로 파악하고자 하였다. 나아가 이런 관점을 한국 현대사에 확장하여, 한국 현대 민주주의의 발전과정을 제도정치와 운동정치의 역동적인 상호작용으로 파악하고자 하였다.

이런 관점에서 한국 현대사를 분석하는 것은 특별한 의의를 갖는다고 생각한다. 왜냐하면 한국 현대사에 있어 민주주의의 변동 과정을 제도정치에 한정하여 보게 될 경우, 그것은 독재정권에 의해 통제된 '어용적' 정치만을 다루는 한계가 있기 때문이다. 분단체제와 권위주의체제

하에서 독재정권은 기존에 존재하던 제도정치로부터 독재정권에 반대하는 인사들과 집단들을 배제하고 축출하는 방식으로 제도정치를 협애화하였기 때문에, 독재정권 하에서 제도정치는 시민사회의 여론을 반영하지 못하는 지극히 제한된 정치의 장이었던 것이다. 한국 현대사야말로 운동정치 혹은 비제도정치의 중요성이 민주주의 발전에 지극히 큰 의미를 갖는 대표적인 사례라고 할 수 있다. '한국적 시민혁명'이라고 할 수 있는 87년 6월 민주항쟁으로 인해, 협애화된 제도정치는 비로소 비제도화된 운동정치를 포함하는 형태로 확장되기에 이른다. 87년 이후 우리가 겪고 있는 민주주의 이행을 둘러싼 갈등과 긴장은 바로 운동정치의 역동적인 압박 속에서 제도정치의 새로운 재편을 위한 진통이라고 할 수 있다.

이 책의 전체 구성은 총 4부와 보론으로 이루어져 있으며, 식민지 시대-국가형성 시대-권위주의 시대-민주주의 이행 시대라는 시대 구분 속에서, 가급적 국가-제도정치-운동정치의 분석틀을 통해 한국 민주주의를 분석하고자 했다. 먼저 제1부 <총론>에서는 한국 민주주의 변동에 대한 이론적 이해와 분석틀(조희연·정태석)에 대해 언급하고 있다. 제2부에서는 <식민지 시대>와 <국가형성 시대>의 민주주의 문제를, 식민지 시대 민족해방운동의 근대적 성격과 민주주의(전명혁), 한국의 국가 형성과 민주주의(정해구)라는 두 편의 글을 통해 분석하고 있다. <권위주의 시대>의 민주주의를 다루고 있는 제3부는 안보국가 시기의 국가-제도정치-운동정치(오유석), 개발독재 시기의 국가-제도정치의 성격과 변화(이광일), 개발독재 위기 시기의 국가-제도정치의 성격과 변화(조현연), 개발독재 시기와 위기 시기의 운동정치(허상수) 등 네 편의 글로 구성되어 있다. 제4부 <민주주의 이행 시대>는 한국 민주주의 이행의 성격(조현연), '민선군부정권' 시기의 국가-제도정치의 성격과 변화(손혁재), '1차 민선민간정권' 시기의 국가-제도정치의 성격과 변화(박상병·조현연·조희연), 민주주의 이행 시대의 시민사회와 운동정치(조현연·조희연), 한국 민주주의의 발전 과제(조희연·신기욱) 등 다섯 편의 글을 통해 87년 이후 오늘에 이르기까지 한국 민주주의의 문제를 분석하고 있다. 마지막으로 <보론>에서는 민주주의와 미국의 대한 정책, 그리고 민주화운동의 성과와 한계(김민웅)라는 글을 통해 미국과 한국 민주주의의 관계 및 미국 사회에서 펼쳐져 온 한국인의 민주화운동에 대해 살펴보고 있다.

한편 제도정치와 운동정치의 역동적인 상호관계 속에서 한국 민주주의의 발전을 보다 구체적으로 분석하기 위하여, 이 책은 '금단(禁斷)', '배제(排除)', '선택적 포섭(選擇的 包攝)'이라는 개념을 사용하고 있다. 권위주의 국가는 금단, 배제, 선택적 포섭의 메카니즘을 통하여 제도정치의 혁신을 단행함으로써 특정 시기의 정치를 안정화하려는 시도를 하게 된다. 여기서 금단이라고 하는 것은 제도정치가 시민사회 내에 존재하는 모든 운동정치를 반영하지 않고 일정 영역의 운동정치를 '타부(taboo)의 영역'에 위치시킨다는 것을 의미한다—50년대 좌익·급진정치세력의 퇴장을 염두에 두면 될 것이다. 권위주의적인 사회일수록 이러한 금단의 영역은 확장될 것이다. 다음으로 배제라는 것은 제도정치가 특정한 행위자들과 행위집단을 제도정치의 외부로 축출하는 과정을 의미한다. 이러한 배제의 과정은 권위주의체제 하에서 극명하게 나타나며, 일상적인 제도정치의 작동과정에서도 이러한 배제가 나타날 수 있다—60년대 말 이후 제도정치로부터 쫓겨난 '재야' 정치인의 형성과정을 염두에 두면 될 것이다. 이에 반해 선택적 포섭은 기존의 제도정치의 정당성을 위하여 제도정치 외부에서 새로운 행위자를 받아들이는 과정을 의미한다. 선택적 포섭은 배제된 행위자의 선택적 포섭으로 나타날 수도 있고, 운동정치의 지도자를 제도정치 행위자로 포섭하는 등의 다양한 형태로 전개될 수 있다—87년 이후 운동권 인사들이 선택적으로 제도정치에 입문하는 것을 염두에 두면 될 것이다. 이 글에서는 87년 이전의 제도정치와 운동정치의 상호관계를 '금단의 정치', '배제의 정치'라는 개념을 중심으로 분석하고, 87년 이후는 '선택적 포섭의 정치'라는 개념을 중심으로 분석하고 있다.

오늘날 한국의 제도정치는 분명 위기에 처해 있다. 그런데 그 위기는 시민사회를 반영하는 '근대적인' 제도정치가 형성되지 않았기 때문이기도 하지만, 제도정치로 환원되지 않는 시민사회의 정치 혹은 운동정치가 부단히 새로 형성되기 때문이기도 하다. 따라서 제도정치와 운동정치의 개방적인 상호관계를 인식하고 제도화하는 것이 필요하다고 하겠다. 바로 이런 점에서 이 책은 운동정치와 제도정치의 역동적인 상호관계의 프레임으로 해방 이후 한국 민주주의의 '숨겨진 동학'을 해명해보고자 하는 시도라고 할 수 있다.

우리가 겪어온 분단·독재·민주화·경제위기의 전과정은 풍부한 사회과학적 분석과 이론화의 보고(寶庫)이자 원천임에 틀림이 없다. 그럼에도 불구하고, 우리의 종속적 학문풍토 때문에 그러한 노력은 거의 이루어지지 못하였다. 당초 우리들은 바로 이 풍부한 보고에 도전하여 새로운 재인식과 재해석을 통하여, 한국 현대사를 '세계적인' 연구대상으로 만들고자 하는 발본적인 문제의식을 가지고 있었다. 언제나 그렇듯 마침의 시점에서는 출발점의 문제의식이 실현되지 않았음을 반성하면서, 새로운 출발을 다짐하게 된다. 이번에도 예외가 아님을 고백하여야 할 것 같다. 그러나 이 프로젝트는 6년간 지속되는 연구 프로젝트로서 앞으로 5년 남짓한 연구기간이 남아있다. 앞으로의 연구기간에 더욱 심화된 연구로 한국 현대사를 더욱 새롭게 '재인식'하는 토대를 만들 것임을 약속한다.

2001. 8.
필자들을 대표하여
항동에서 조희연 씀

차 례

제1부 총론
제1장 한국 민주주의 변동에 대한 이론적 이해와 분석틀 / 19

제2부 식민지시대·국가형성시대
제2장 식민지 시대 민족해방운동의 근대적 성격과 민주주의 / 71
제3장 한국의 국가 형성과 민주주의 / 93

제3부 권위주의 시대
제4장 안보국가 시기의 국가-제도정치-운동정치 / 141
제5장 개발독재 시기의 국가-제도정치의 성격과 변화 / 165
제6장 개발독재국가 위기시기의 국가-제도정치의 성격과 변화 / 191
제7장 개발독재 시기와 위기시기의 운동정치 / 229

제4부 민주주의 이행 시대
제8장 한국 민주주의 이행의 성격 / 279
제9장 '민선군부정권' 시기의 국가-제도정치의 성격과 변화 / 299
제10장 '1차 민선민간정권' 시기의 국가-제도정치의 성격과 변화 / 323
제11장 민주주의 이행시대의 시민사회와 운동정치 / 357
제12장 한국 민주주의의 발전 과제 / 397

보론
민주주의와 미국의 대한정책, 그리고 민주화 운동의 성과와 한계 / 419

제1부

총 론

제1장

한국 민주주의 변동에 대한 이론적 이해와 분석틀

조희연 정태석

1. 머리말

이 글은 한국 민주주의의 전개과정을 제도정치와 (사회)운동정치의 상관관계 속에서 살펴보면서 현단계 한국 정치가 당면한 문제점을 도출하여 그것의 극복 방향을 탐색하고자 한다. 민주주의를 제도정치와 운동정치의 상관관계 속에서 바라보는 관점은 민주주의를 제도정치의 영역을 넘어서는 사회 전체적인 투쟁의 과정으로 이해할 수 있도록 한다.

오늘날 많은 민주주의 나라에서 대의민주주의는 제도정치의 기본적인 형태로 자리잡고 있다. 대의민주주의는 기본적으로 국가와 시민사회의 분리 위에서 의회 및 정당들이 시민사회의 다양한 의견을 반영하는 장(場)으로 작용하는 제도를 의미한다. 이런 근대 대의민주주의 체제는 '정치'를 의회나 정당과 같은 제도적인 정치조직에만 한정하는 한계를 지니고 있다. 현실적으로 존재하는 다양한 정치 활동 중의 일부만을 제도화시켜 합법적인 통치활동에 반영시키는데, 이런 의미에서 대의민주주의는 제도정치의 민주주의라고 할 수 있다.

근대 이전의 국가는 제도정치를 통한 대의적 과정 없이 통치자의 '자의(恣意)'와 그를 보증하는 독점적 폭력에 의해서 유지되는 지배를 의미하는 반면에, 근대 국가는 제도정치를 통한 대의적 과정을 통해 '민주주의'적 형식으로 유지되는 지배를 의미한다. 그래서 전근대국가에서는 정치가 군주와 그의 '충실한' 귀족들이 독점하는 것이 되는 반면에, 근대국가에서는 정치가 제도정치로 확장되는 결과를 갖게 된다. 이런 점에서 근대국가는 전근대국가에 비해 명백한 진보성을 갖는다. 그러나 근대국가는 동시에 정치를 '대의자'들을 중심으로 하는 제도정치영역으로 한정하는 한계를 갖게 된다. 근대국가에서 국가의 권력적 원천은 국민으로 상정되고 있음에도 불구하고 그 국민은 대의자를 뽑는 존재로 한정되게 되고 정치의 직접적인 주체로 되지는 않는다. 이런 점에서 시민사회의 활성화를 기초로 하는 '비(非)제도정치적 정치'의 부상은 근대 대의민주주의를 뛰어넘는 요소를 가지고 있다고 할 수 있다. 흔히 "사람들은 '정치'라는 푯말이 붙은 영역에서 정치를 발견할 것이라고 기대한다. 아니면 이 영역에 관계하도록 권한이 부여된 주체들, 예를 들어 의회, 정당, 노조 등에게서 정치를 발견할 것이라고 기대한다"(울리히 벡 1998, 184). 그러나 20세기의 민주주의 역사를 보게 되면, 제도정치에만 한정되었던 정치는 시민사회의 새로운 '운동정치'로 확장되게 된다. 제도정치가 시민 혹은 국민으로부터 수임받은 정치라고 한다면, 운동정치는 '수임받지 않았으나' 시민 혹은 국민들의 '자발적인 정치'의 성격을 띠게 된다. 이제 민주주의는 제도정치의 정치와 시민사회의 정치 혹은 비제도정치의 정치의 역동적인 상호작용으로 이루어지게 된다.

이러한 제도정치의 한계성은 맑스주의 정치학의 기본적 가정 중의 하나이다. 사실 맑스주의 정치학의 기본 주장은 국가의 일부로서의 제도정치가 부르주아지의 정치로 왜소화되고 왜곡됨으로써 국민의 다수를 이루는 프롤레타리아의 정치를 배제하며 부르주아지에 의한 프롤레타리아의 지배와 착취를 정당화하는 '정치적 외피'로만 작동한다는 것이다.[1] 이런 맑스주의 정치학의 기본 주장은 제도정치를 포함하여 국가의 혁명적 전복을 통한 국가의 지배 주체의 전환으로 나아가게 된다.

이것이 프롤레타리아독재의 진정한 의미이다. 이런 맑스주의 정치학의 기본 가정에서 보더라도 제도정치의 시민사회에 대한 '대의'의 한계성과 왜곡성은 보다 근본적으로 한계성을 갖는다고 할 수 있다.

이 글에서는 '정치'를 단지 국가영역에서 이루어지는 '제도'정치에만 한정하지 않고 시민사회 내의 다양한 결사적·행동적 시민사회 조직들이 수행하는 활동까지를 포함하는 확장된 개념으로 사용한다. 이런 점에서 제도정치에 의해 수행되지 못하는 다양한 비(非)제도정당적인 시민사회적 정치활동을 지칭하는 개념이 필요하게 되는데, '운동정치(movement politics)' 혹은 '비정치의 정치' 혹은 '아(亞)정치'(울리히 벡 1998a)[2]는 바로 이에 해당하는 것이라고 할 수 있다. 그래서 이 글에서는 정치를 넓은 의미로 사용하면서 국가 영역에서의 '제도정치'와 비(非)국가 영역에서의 '운동정치'를 포괄하는 개념으로 사용하고자 한다.[3]

---

1) 레닌(1991) 참조. 레닌은 "사회로부터 발생하지만, 그 위에 군림하고 더욱더 그것으로부터 자신을 소외시키는 권력"(15쪽)으로 국가를 규정한다. 물론 이 때의 국가는 제도정치를 포함한다. "'부'의 전능한 권력이 민주공화정에서 좀더 확실하게 되는 또 다른 이유는 그것이 정치기구의 결함이나 자본주의의 잘못된 정치적 외피에 의존하지 않기 때문이다. 민주공화정은 자본주의에서 가능한 최상의 정치적 외피이다"(25쪽). 다양한 형태의 '개량주의자들'은 "'오늘날의 국가'에서—이것은 대의민주주의와 공화정이 확립된 근대적 국가를 의미한다(인용자)—보통선거가 정말로 근로대중의 다수의 의지를 드러낼 수 있고 그것을 실현할 수 있다는 잘못된 생각을 갖고 있으며, 그것을 인민의 마음속에 주입시킨다."(26쪽)
2) 울리히 벡(1998b)은 「정치의 재창조」에서 또 다음과 같이 말한다. "사람들이 의회, 정당, 노동조합 등 규정된 정치의 장에서 정치를 찾고자 하며, 정당한 권한을 인정받은 행위주체가 정치를 수행하길 바란다……만일 정치의 시계가 여기서 멈춘다면, 그 관점에서는 전체로서의 정치적인 것이 멈추어버리는 것이 된다". 벡은 '정치의 정치'의 가능성을 위하여 현대사회에서 정치제도와 정치주체가 "고전적 산업사회에서 요구되는 정치제도와 정치주체의 정치적 독점상황"을 넘어서야 한다고 말하고 있다. 이러한 '정치의 정치화'를 위한 기획과는 다른 보다 구체적인 수준에서, 오페(Offe 1985)는 신사회운동의 정치를 "대의제적 관료정치제도라는 통로로는 억제되는 않는 방식으로 시민사회의 제도를 정치화"하는 것으로 표현하고 있는데, 이는 사회운동에 의한 행위들을 제도정치의 한계를 넘는 새로운 정치로 파악하는 것이다.
3) 당초 이 프로젝트의 초입단계에서는 '정치사회'라는 개념을 사용하였다. 여기서는 정치사회라는 개념을 '제도정치'로 한정하여 사용하고자 한다. 정치사회는 넓은 의미의 국가에 포함되면서도 정치적 과정에서 시민사회의 다양한 의견들을 제도화된 정치영역 속으로 흡수하는 역동적인 영역이라고 할 수 있다. 그래서 정치사회는 제도

우리는 통상 제도화된 정치—근대 이후에는 정당정치, 의회정치—만을 정치로 파악하나, 이는 사실 '제도정치 중심주의'적 관점이라고 할 수 있다. 시민사회 내에 존재하는 다양한 사회운동적 활동 행위도 정치로 규정할 수 있다. 권력행사만이 아니라 권력행사에 저항하거나 권력행사의 전환을 위한 다양한 사회적 행위도 넓은 의미의 정치로 규정할 수 있다는 것이다. 시민사회 내에 존재하는 다양한 사회운동도 그런 점에서 정치를 구성하는 중요한 내용이다. 이 글에서는 비제도화된 정치를 운동정치라는 개념으로 사용한다. 근대 대의민주주의는 바로 이러한 시민사회 내에 존재하는 다양한 정치행위 중의 일부를 제도화된 정치로 합법화하고 제도정치로 반영하게 된다. 본질상 근대 대의민주주의는 한편으로는 시민사회의 다양한 정치를 제도정치로 대의하고 표상하지만, 다른 한편에서는 정치를 제도정치로 한정하는 한계를 지니고 있다. 한국 사회의 경우, 이런 근대 대의민주주의의 한계성뿐만 아니라, 60년대 이후 군부권위주의로 인하여 제도정치는 정치 일반의 더욱 한정된

> 화된 정치의 대표체계로서의 정당정치 영역을 중심으로 하면서도 공적 의사소통을 매개하는 언론이나 여론에 민감하게 반응한다. 이런 의미에서 정치사회는 국가와 시민사회의 매개 영역이라고 할 수 있다. 이 글에서는 '정치' 개념이 지니는 경계의 모호함을 피하기 위해, 정치사회를 제도정치라는 개념으로 한정하여 사용하고자 한다. 한편 시민사회 역시 다의(多義)적으로 사용되고 있다. 사회화를 담당하는 가족과 같은 사적 영역(private society)에서부터 시민적·정치적 권리의 영역이자 공적 토론의 영역(public space), 상품교환과 사회적 노동의 영역(market society), 그람시적 의미에서의 헤게모니 경쟁의 장으로서의 상부구조(hegemonic aspect of the state) 등 다양하게 사용된다. 또한 시민사회에서는 다양한 사회적 활동이 전개된다. 이 글에서는 특히 국가와 제도정치에 대립하여 국가와 제도정치의 변화를 목표로 하는 사회운동적 활동을 중시하게 된다. 그래서 국가, 정치사회, 시민사회의 관계를 이 글에서는 민주주의를 구성하는 국가, 제도정치, 운동정치의 관계로 파악하고 서술하게 된다. 시민사회에 관한 논쟁(유팔무·김호기 편, 1995 참조)과는 무관하게, 시민사회 내에서 이루어지는 행위 중 개인들의 능동적·주체적 활동으로서의 사회운동을 제도정치와의 관계 속에서 운동정치로 파악하고 논의를 전개한다.
> 이 책에서의 '국가-시민사회'의 구도설정은 제도정치와 운동정치의 상관관계를 보기 위한 것이지, 시민사회 내의 계급적 관계(자본주의의 기본적 계급관계로서의 자본-노동관계)와 그 관계에 의한 국가의 성격규정을 중심에 놓는 토대-상부구조의 패러다임을 부정하는 것이 아니다. 우리는 '토대-상부구조 패러다임'을 중심에 놓으면서도 국가-시민사회 패러다임의 긍정성을 결합시키는 이론적 문제의식을 가지고 있다(후술하는 논의 속에서는 국가의 계급성과 시민사회 내의 계급적 분열에 기초하는 운동정치의 발전이 강조된다).

부분만을 대표하는 식으로 왜소화되어 존재하게 된다.4) 군부권위주의는 시민사회 내에 존재하는 다양한 정치 중 군부권위주의에 '종속적인 정치'만을 합법적 제도정치로 보장하고 그것에 반하는 민중적, 시민적 정치행위를 억압하고 그것이 제도정치에 표출되는 것을 통제하여 왔다. 바로 이러한 군부권위주의의 배제적 정책 때문에 제도정치 자체가 대단히 협소하게 유지되어 왔다. 그리고 바로 이런 불구화된 제도정치에 대한 민중적 저항이 역으로 군부권위주의 정권을 퇴진시켰고, 이를 계기로 하여 민주주의로의 이행이 나타나게 된다. 87년 이후의 민주주의 이행 과정은 한편에서는 불구화된 제도정치에 저항하는 민중정치, 시민정치, 노동정치, 즉 운동정치가 활성화되어오는 과정이었으며, 다른 한편에서는 이러한 비제도권적 정치를 포섭하는 식으로 제도정치의 합리화를 도모하는 과정이었다. 그러나 분단상황의 이데올로기적 효과에 의해, 또한 제도정치 내의 기득권세력들의 저항으로 인하여, 제도정치는 민중정치와 시민정치를 포괄하지 못하는 폐쇄성과 불완전성을 지닌 채로 존재하고 있다. 이런 점에서 87년 이후의 한국 정치의 전개과정은 제도정치와 운동정치의 역동적인 상호관계 속에서 파악될 때 보다 온전히 파악될 수 있다.

따라서 이 글은 한국 민주주의의 전개 과정과 그 성격을 국가, 제도정치, 사회운동의 관계, 달리 표현하면 국가, 제도정치, 운동정치의 상관관계 속에서 분석하고자 한다. 그리고 이를 위해 '국가-시민사회-경제'라는 세 영역을 구분하는 문제틀을 도입하고자 한다. 넓은 의미에서의 정치는 바로 이러한 세 영역들을 가로지르는 것이며, 민주주의 변동 역시 세 영역들의 복합적인 상호관계 속에서 다원적으로 전개되고 있

---

4) 특히 한국전쟁 이후의 반공 분단 냉전 질서와 권위주의 국가를 염두에 둘 때, 정치를 제도정치만으로 한정하는 것은 시민사회 내의 다양한 스펙트럼의 활동들이 한국 사회의 민주화 과정에 미친 영향들을 제대로 반영하지 못하고, 독재권력에 반하지 않는 체제 순응적인 우익적 정당들의 정치활동만을 고려하는 문제점을 지니게 된다. 이런 점에서 우리는 확장된 정치 개념으로 한국의 민주주의를 접근할 필요가 있다고 본다.

기 때문이다.

이런 취지에서 이 글은 먼저 민주주의를 복합적인 사회적 투쟁 과정으로 정의하고 민주주의의 발전 과정을 제도정치와 운동정치의 역동적인 상호관계 속에서 파악한 후, 제3절에서는 한국 현대 민주주의의 전개과정을 '금단(禁斷)의 정치'와 '배제(排除)의 정치'라는 개념을 중심으로 서술하게 된다. 또 제4절에서는 이러한 권위주의 시대의 정치가 87년 6월 항쟁 이후 변화의 과정에 진입하게 되었음에도 불구하고 '선택적 포섭'에 기초하는 '변형주의'적 재편을 경험하면서 나타나는 한국 민주주의의 변화를 분석하게 된다.

2. 사회 전체적인 투쟁 과정으로서의 민주주의에 대한 이해

민주주의 변동의 과정을 어떻게 이해할 것인가 하는 점은 민주주의를 어떻게 규정할 것인가 하는 점과 밀접한 연관을 가지고 있다. 형식적 민주주의, 내용적 민주주의, 절차적 민주주의, 실질적 민주주의, 정치적 민주주의, 경제적 민주주의, 자유 민주주의, 사회 민주주의, 대의제(의회) 민주주의, 참여 민주주의, 산업 민주주의 등과 같이 민주주의를 수식하는 용어들이 다양하다는 것은 바로 민주주의를 규정하는 방식이 다양할 수 있다는 점을 보여주는 것이라고 할 수 있다. 이러한 다양성에도 불구하고 민주주의는 형식적이든 실질적이든 궁극적으로 자기결정(self-determination)의 원리에서 출발해야 한다고 할 수 있다. 다양한 개인들이 속해있는 사회 속에서 자기결정은 개인들의 자기결정을 어떻게 합리적으로 반영하고 또 조정할 것인가 하는 문제를 필연적으로 발생시킨다. 이 과정에서 민주주의는 다양한 형식과 내용을 지니게 된다고 할 수 있다. 그래서 자기결정의 대상, 방식, 한계 등을 둘러싼 다양한 견해들이 민주주의에 대한 다양한 관점을 구성하게 된다.

그런데 이러한 민주주의에 대한 다양한 견해들은 단순히 어떤 학술적, 이론적 연구를 통해서 제시된 결과만은 아니다. 이것들은 또한 사회의 다양한 세력들이 자연적, 사회적 자원들의 배분을 둘러싸고 서로 경쟁하고 대립하고 타협하고 화해하는 현실적 과정의 산물들이기도 하다. 역사적으로 본다면 사회적 갈등과 투쟁 속에서 점차 민주주의에 대한 의식이 형성되고 또 발전되어 왔는데, 이 과정에서 민주주의의 성취뿐만 아니라 무엇을 민주주의라고 할 것인가 하는 점도 각 세력들 간의 갈등과 투쟁의 쟁점이 되었다. 그러므로 민주주의를 단순히 국가를 중심으로 한 제도정치적 과정으로 보려는 자유주의적 관점은 민주주의 투쟁의 현실적인 복합적 과정을 이해하는데 제약이 될 뿐이다. 말하자면 자유주의가 옹호하는 제도정치의 민주화도 민주주의를 위한 다양한 사회적 투쟁 과정의 한 부분일 뿐이며, 궁극적으로 사회적 갈등과 투쟁의 복합적인 과정을 반영하고 있는 것이다. 한국 민주주의의 역사 역시 이러한 과정을 밟아왔다고 할 수 있다. 따라서 민주주의의 역사를 보다 포괄적으로 이해하기 위해서는 사회에 대한 전체적 관점을 가질 필요가 있으며, 이를 통해서 다양한 영역에서의 민주주의 변동 과정을 복합적으로 설명해낼 수 있을 것이다.

1) '국가(제도정치)-시민사회-경제'와 세계체제

민주주의를 복합적인 과정으로 이해하기 위해서는 우선 주어진 사회를 복합적으로 이해할 수 있는 포괄적 문제틀을 마련할 필요가 있다. 사회란 사회적 관계들의 복합체라고 할 수 있으며, 사회 속에서 구성원들은 다양한 사회적 관계들을 맺으며 살아가고 있다. 그런데 주어진 사회의 성격을 파악하려면 사회를 구성하는 중요한 사회적 관계들 또는 사회적 관계의 영역들을 구분해볼 필요가 있다. 물론 사회를 몇 개의 영역으로 나누며 어떤 영역을 중요한 영역으로 볼 것인가 하는 것은 이론적 관심에 따라 달라질 수 있다. 그렇지만 현실적인 사회적 분화를 적절히 반영하고 또 설명할 수 있어야 할 것이다.

이 글의 관심은 민주주의의 변동인데, 민주주의는 일반적으로 '국가-시민사회'라는 관계 속에서 이해되어 왔다. 이러한 이해는 중세 유럽에서 도시를 중심으로 사적 소유권에 기반한 시장경제가 발달하면서 나타나기 시작한 정치와 경제의 분리에 기반하고 있다. 사적 소유권에 기반한 시장경제의 발달은 문화적으로 개인성과 합리적 사고의 발달을 가져왔으며, 이 과정에서 형성된 시민사회와 민주주의에 관한 다양한 사상과 의식들은 점차 봉건적 질서를 와해시켰다고 할 수 있다. 사적 소유권에 기반하여 화폐를 매개로 형성된 시장경제가 정치권력으로부터 상대적으로 자율적인 사회적 영역으로 발전해 나가기 시작하면서, 부를 형성한 부르주아지들을 중심으로 개인들의 자유로운 경제 활동과 사적 소유권을 보호해 주는 정치적 공동체에 대한 의식들이 싹트기 시작했으며, 이것이 곧 국가와 시민사회에 대한 자유주의적, 개인주의적 사고와 민주주의에 대한 다양한 논의로 이어졌다고 할 수 있다.

로크의 '국가-시민사회' 문제틀은 자본주의 사회에서 대의민주주의가 가지는 한계들을 보여줄 수 있는 중요한 출발점이 된다. 그는 초기 계몽주의 시대에 상공업의 발달에 기반하여 부를 축적한 부르주아지들의 시대적 요구를 적절히 반영하는 자유주의적 시민사회 이론을 제시하였다. 그는 시장에서의 사적인 폭력을 통제할 수 있는 공적인 통치기구가 없는 상태, 즉 자연상태에서 벗어나기 위해 사람들이 시민사회를 구성하여 합의에 의해 공정한 판정의 권위자로서의 국가(정부)를 구성할 필요가 있다고 보았다. 이 때 국가의 중심적 역할은 시민들의 재산─생명, 자유, 자산─을 보호해 주는 것이다(로크·J. S. 밀 1992). 그래서 로크의 시민사회론은 국가-시민사회의 관계 속에서 시민들이 합의, 즉 집합적 자기결정에 의해 국가─또는 정부─를 구성한다는 점에서 민주주의적 함의를 내포하고 있다고 할 수 있다. 이처럼 국가와 시민사회의 관계 속에서 민주주의를 사고하는 경향은 자유주의적 전통 속에서 지속되고 있다.

그런데 '국가-시민사회'의 이분법에 기반하고 있는 로크의 자유주의적 시민사회론과 관련하여 대의제의 한계, 시민사회의 성격과 국가-시민사회 관계라는 문제들을 제기할 수 있다. 이 문제들은 시민사회와 민주주의를 이해하는 데 있어서 한편으로는 민주주의를 '제도정치'의 틀에서 이해하는 시각의 협소함을 보여줄 것이며, 다른 한편으로는 '국가-시민사회'라는 두 영역 이론의 한계들을 보여주면서 '국가-시민사회-경제'라는 세 영역이론의 필요성을 보여줄 것이다. 우선 대의제의 한계에 대해서는 로크 자신도 인식하고 있었다고 할 수 있다. 그는 시민의 재산 보호라는 분명한 국가의 역할을 설정하고 있었으며, 이러한 역할이 올바르게 수행되지 않을 때 시민들이 저항하는 것은 정당하다고 보았다. 이것은 '제도정치'가 시민들의 요구를 반영하지 못할 때 시민사회의 '운동정치'에 의해 조정될 수 있다는 직접민주주의의 원리를 내포하고 있다고 할 수 있다. 그렇지만 로크는 대의민주주의에 기반한 '제도정치'를 정상적인 정치로 봄으로써 참여민주주의에 기반한 '운동정치'를 예외적으로 인정하고 있다는 점에서, '운동정치'의 적극적인 의미를 규명하지는 못했다고 할 수 있다.

로크는 시민사회를 시민들의 자유로운 정치적 공동체로 규정함으로써 개인주의에 기반한 민주주의 이념을 제공했다. 그렇지만 시민들의 재산권 보장에만 주목할 뿐 자본주의 시장경제 속에서 개별 시민들이 차지하는 계급적 위치의 차이, 즉 경제적 불평등에 충분히 주목하지 않음으로 해서, 시민사회가 정치적 공동체를 위협하고 민주주의의 발전을 방해하는 공간이 될 수 있다는 점을 보여줄 수 없었다. 로크처럼 시민들의 경제적 활동과 재산권을 중요시할 경우, 국가는 무엇보다도 경제활동의 자율성, 즉 '시장의 자유'를 보호하기 위한 기구로 규정된다. 이것은 곧 국가가 시장을 지배하고 있는 시민들, 즉 유산계급을 보호하기 위한 기구의 성격을 띠고 있음을 의미한다. 역사적으로도 부르주아혁명

이후 투표나 선거에 참여하는 시민자격(citizenship)은 경제적 지위에 따라 제한되었으며, 이것은 국가의 계급성을 단적으로 보여주었다고 할 수 있다. 결국 자유주의적 시각은 '시민사회의 경제적 자율성'에만 주목함으로써 자본주의 시장경제의 불평등에 따른 시민들간의 실질적 불평등의 문제와 이러한 성격을 반영하는 국가의 특수적, 편파적 성격을 해명하는 데 한계를 지니게 되었다.

한편 경제적 지위, 즉 계급에 따른 시민자격의 차등화라는 문제는 사회주의적 또는 맑스주의적 전통 속에서 급진적으로 제기된다. 자유주의적 전통 속에서 민주주의는 국가와 시민사회의 관계 속에서 국가의 개입과 시민사회의 자율성이라는 대립으로 표상된다. 하지만 이러한 대립 속에서는 시민사회가 다양한 세력들로 분화되어 있으며, 자유주의 이론에서 당연시되는 사적 소유권에 기반한 시장경제가 시민사회의 계급적 대적 성격과 국가권력의 특수성의 기반이 된다는 점을 보여주기 어렵다. 맑스주의는 자유주의 이론이 지니고 있는 민주주의 이론의 한계를 보여주기 위해, 시민사회의 분화가 무엇보다도 자본주의 경제의 발달에 기반하고 있으며 사적 소유권이 불평등한 계급관계와 국가권력의 계급성의 원천이라는 점을 보여준다. 경제적 영역에서의 계급적 지배가 곧 국가의 계급성을 낳는다는 것이다(맑스 1988). 그런데 맑스주의적 시각 역시 시민사회를 주로 경제적인 영역으로 규정함으로써 경제외적인 다양한 활동들이 가지는 의미를 규명하는 데에는 한계가 있다고 할 수 있다.

이처럼 사회를 국가와 시민사회라는 두 영역으로 나누는 자유주의적 시민사회론은 국가로부터의 시민사회의 자율성을 강조함으로써 국가의 독재나 권위주의에 저항하는 정치적 민주주의의 발전을 설명하는 데 이론적 적합성을 지니고 있음에도 불구하고, 시민사회를 경제적 활동과 경제외적 활동들을 포괄하는 영역으로 규정함으로써 시민사회의 복합적 성격을 규명하기 어렵게 하며, 또한 시민사회의 자율성이 국가에 대해 가지는 이중적 성격을 규명하기도 어렵게 한다. 우선 시민사회는 경제로 환원할 수 없는 다양한 사회적 관계들을 내포하고 있다. 예를 들어 가족, 결사체, 학교, 지역공동체, 일상생활 등을 둘러싼 다양한 사회적 삶들은 국가나 경제 영역에 포함시키기 어려운 상대적으로 자율적인 삶의 영역들이다.

그래서 그람시(A. Gramsci)나 하버마스(J. Habermas) 등은 시민사회를 국가와 경제 양자와 구분되는 독자적인 영역으로 규정하고 있다(정태석 2001, 326-327; 김호기 1993 참조). 이러한 문제틀은 '시민사회의 자율성'을 '시민적 자율성'과 '경제적 자율성'이라는 양면적 측면에서 설명함으로써, 국가 개입을 무조건 비판하거나 시민사회의 자율성을 무차별적으로 옹호하는 논리로부터 벗어날 수 있게 한다.

이런 시각은 시민사회에서 경제의 영역을 분리시킨다는 점에서 자유주의적 시민사회론과 차이가 있으며, 또한 시민사회를 경제적 관계나 계급 관계를 단순히 반영하는 계급 적대의 공간으로 보거나 국가를 계급이익의 단순한 대변자로 보는 경제결정론이나 계급환원론과도 다르다.5) 계급적 위치에 따른 경제적 자율성의 불평등한 성격에 주목하더

---

5) 우리는 이 책에서 국가 대 시민사회의 대립항을 사용하고 있지만, 시민사회를 '국가에 반하는' 단일의 동질적인 실체로 상정하고 있지 않다. 우리는 국가로부터의 시민사회의 근대적 분리, 그 위에 성립하는 근대민주주의의 적극적인 측면을 인정하고 있다. 이 점은 현존 사회주의와 경제주의적 맑스주의가 국가와 시민사회의 분리, 그 위에 서는 민주주의의 적극적인 측면을 인식하지 않고, 민주주의를 단순히 지배의 정치적 형식으로 간주하는 '도구주의'적 인식에 빠짐으로써 현존 사회주의에서 보여지는 사회주의의 '반(反)민주주의적 타락'을 허용할 수밖에 없었다는 것을 의미한다. 이 책에서는 (근대국가의 한 구성부분으로서의 민주주의의 제도적 공간이라고 할 수 있는) 제도정치와 (시민사회에서 전개되고 있는, 그리고 그 계급계층적 기반이 상이한) 운동정치의 상관관계 속에서 한국현대사를 분석하고자 시도하고 있다. '자유주의'적 국가-시민사회의 분석틀에서는 시민사회를 국가 이외의 모든 것을 지칭하는 '잔여 범주'로 희화화함은 물론, 토대를 독자적인 하나의 공간 내지는 분석틀로 상정하지 않음으로써 이를 단순히 시민사회의 한 측면으로 해소해버리고 과소 평가하는 문제점을 가지고 있다. 즉 한국에서의 국가-시민사회론의 지배적 경향인, 시민사회를 하나의 '공간' 내지 '영역'이 아니라 하나의 행위자로 속류화시키고 국가와 시민사회를 대비시키는 식으로 한국정치를 설명하면서 '시민사회의 성장이 민주화를 가져왔다'거나, '국가는 독재의 근원인 반면 시민사회는 민주주의의 보루'라고 보는 경향은, 새로운 것을 밝혀주는 측면보다는 사회적 동학의 핵심 부분을 은폐하는

라도 국가나 시민사회에서 계급 적대가 작용하는 방식은 다원적이고 복합적이라는 것이다. 특히 민주주의가 발달한 사회일수록 국가는 정당성을 획득하기 위해 계급적 불평등을 완화시키는 다양한 시장개입 정책을 시행하게 되는데, 서유럽에서 발달한 복지국가는 바로 이러한 과정의 결과라고 할 수 있다. 또한 우파정권과 지배계급은 학교, 대중매체, 문화기관 등 시민사회의 다양한 이데올로기 기구들을 장악하여 자신들의 지배를 정당화하는 지배이데올로기를 퍼뜨림으로써 기존의 국가권력과 자본주의적 시장질서를 유지하려고 한다.6) 그렇지만 민주주의가 발달할수록 시민사회에서도 다양한 대항이데올로기를 형성하고 유포할 수 있는 기구들도 생겨나게 되어 이데올로기 투쟁과 헤게모니 투쟁이 복잡하게 전개되며, 이런 과정을 거쳐 선거를 통해 좌파정권이 등장하기도 한다.

한편 시민사회는 단순히 계급 적대만 존재하는 것이 아니라 다양한 쟁점들을 둘러싸고 다양한 세력들 간의 다양한 적대들—예를 들어 지역, 환경, 성, 소수자 등—이 형성되어 있다는 점에서 계급환원론적 시각으로 포괄하기 어려운 복합적인 영역이다. 물론 자본주의 경제가 존재하는 한 계급 적대 또는 경제적 불평등이 어떤 형태로든 다른 적대들의 성격에 큰 영향을 미치게 되겠지만, 그렇다고 이러한 다양한 적대들이 계급 적대로 환원될 수 있는 것은 아니다. 특히 민주주의가 발달하고 사회가 다원화되면서 이전에는 주변적인 쟁점으로 취급되었던 것들이 점차 중요한 문제로 등장하고 있으며, 이에 따라 시민사회를 훨씬

측면이 훨씬 크다고 하겠다. 이런 점에서 이 책에서는 맑스주의적 분석범주로서의 토대-상부구조 및 국가의 계급성 테제를 수용하면서도, 국가-시민사회 패러다임의 긍정적인 측면을 반자유주의적 관점에서 급진적으로 결합하고자 하는 문제틀을 가지고 있다고 할 수 있다.
6) 그람시(A. Gramsci)는 학교, 대중매체, 문화기관 등을 '헤게모니 기구'라고 부르며, 알뛰세(L. Althusser)는 이것들을 '이데올로기적 국가기구'라고 부른다. 그람시와 알뛰세는 공통적으로 이것들이 지배계급이 지배를 유지하는 데 긍정적으로 기능하는 지배이데올로기를 생산하는 이데올로기 기구로 규정하고 있다(그람시 1986; 알뛰세 1992 참조).

다원적이고 복합적인 공간으로 만들어 가고 있다. 국가와 제도정치 역시 시민사회의 다원적 요구들을 반영하지 않을 수 없게 되면서 점차 복잡한 양상을 띠어가고 있다고 할 수 있다.

전체적으로 본다면, 시민사회는 국가 및 경제와의 복합적인 관계 속에서 규정할 수 있다. 우선 국가와의 관계에서 보면 시민사회는 민주적 자기결정을 통해 국가의 정당성을 제공하는 동시에 국가의 통치를 받는 공간이다. 이 과정에서 시민사회는 여론 형성과 다양한 결사를 통해 국가의 정책결정을 지지하거나 반대하는 다원적 갈등과 연대의 공간이다. 경제와의 관계에서 보면 시민사회는 경제로부터 물질적 기반을 제공받으며 경제적 관계의 분화에 따라 다양한 계급적 분화가 이루어지는 공간이면서, 경제구조나 경제활동의 특정한 성격에 대한 지지나 비판을 통해 경제적 관계를 변화시킬 수 있는 활동 공간이다. 이런 이중적인 관계 속에서 시민사회는 내적으로도 다양한 적대와 갈등을 내포하고 있는 다원적이고 복합적인 시민적 삶의 공간이다. 그러므로 다양한 적대를 구성하는 각 세력들 간의 다원적이고 복합적인 갈등과 투쟁, 타협과 연대를 통해서 국가, 시민사회, 경제의 성격과 이들 간의 관계가 다양한 방식으로 재생산되거나 변형될 수 있다. 다양한 적대들의 존재는 시민사회에서 다양한 사회운동을 발생시키며 민주주의 의식과 계급 의식 등의 발전을 통해 다양한 방식으로 사회를 변화시킨다고 할 수 있는 것이다.

이처럼 한 사회를 '국가-시민사회-경제'라는 세 영역들로 나누고 이들간의 상호관계를 분석하는 문제틀은 한국 정치의 특수한 상황을 설명하는 데에도 중요한 이론적 기여를 할 수 있다. 한국 민주주의의 발전 과정에서 다양한 적대들 또는 갈등들이 존재했다. 그런데 이 중에서 특히 '민주주의 적대'[7]와 계급 적대라는 두 적대에 주목해 보면, 시민사

---

[7] 근대 민주주의의 성립 이후 시민사회 내에 존재하는 다양한 적대와 모순이 민주주의가 부여한 제도와 공간을 중심으로 표출·조정되게 되고, 이 글에서 사용하는 민

회의 자율성이 가지는 양면적 성격을 분명하게 확인할 수 있는 것이다. 민주주의 적대가 국가의 독재에 대항하는 시민사회의 자율성 요구를 반영하는 것이라면, 계급 적대는 자본주의 시장경제의 불평등에 기반하는 시민사회의 분파성과 국가의 계급성에 대한 저항을 보여줄 수 있다. 이런 면에서 본다면 한국사회에서 지속된 권위주의적 독재 정권의 지배는 한편으로는 정치적 민주주의의 억압이면서, 다른 한편으로는 피지배계급의 억압이라는 '이중적 억압'의 성격을 지니고 있었다고 할 수 있는 것이다. 이것은 두 적대가 서로 환원할 수 없는 성격을 지닌 것이라는 점, 즉 자유주의적 의미에서 시민사회의 자율성을 위한 민주주의 투쟁이 곧바로 계급 적대의 해체를 의미하는 것이 아니라는 점을 설명할 수 있도록 해준다. 그러므로 민주주의 투쟁은 시민사회의 자율성 획득을 넘어서 시민사회에서의 다양한 불평등과 차별에 대한 저항과 투쟁으로 심화되어 간다. 이러한 적대와 민주주의의 다원성 및 복합성에 대한 설명은 국가와 시민사회를 구분할 뿐만 아니라 시민사회와 경제도 구분하는 '국가-시민사회-경제'의 문제틀을 통해서만 적절히 해명될 수 있는 것이다.

물론 사회를 '국가-시민사회-경제'라는 세 영역으로 나누는 이론이라고 해서 각 영역의 성격을 규정하고 이들 간의 관계를 설정하는 방식이 동일한 것은 아니다. 자본주의 시장경제의 정당성이나 효율성을 어떻게 평가할 것인지, 국가의 계급성이나 특수성 또는 편파성을 어떻게

주주의 적대라는 개념은 이런 의미에서 사용된다. 전근대국가에 있어서 계급적대는 지배계급과 일체화되어 있는 국가의 원시적 폭력과 그에 대항하는 피지배계급의 '원시적' 폭력의 대결로 나타나게 된다. 그러나 근대민주주의의 성립 이후—뒤에서 서술하겠지만 민주주의라는 것은 피지배계급의 투쟁에 의해서 지배계급에 강제한 근대적인 '지배의 규칙'이다—계급적대로부터 상대적으로 분리된 투쟁의 공간이 성립하게 된다. 이 결과 시민사회 내에 존재하는 다양한 적대—성·환경을 포함한 재생산 영역에서의 갈등 등—는 바로 이 민주주의적 제도와 공간을 중심으로 표출되게 된다. 이런 점에서 우리는 근대사회에서 민주주의를 둘러싼 적대와 대립은 계급적대를 기반으로 하고 또 그것을 반영하고 있지만, 그것으로부터 상대적으로 분리된 성격을 지니고 있다고 할 수 있다.

평가할 것인지, 그리고 자율성 획득 또는 다양한 불평등과 차별의 해체를 위한 시민사회와 사회운동의 역할을 어떻게 설정할 것인지에 따라 다양한 설명방식이 존재할 수 있는 것이다. 간단히 말하면 각 영역들을 구분하는 것뿐만 아니라 이들 간의 관계를 설정하는 방식에 따라, 무엇을 민주주의 투쟁의 목표로 설정할 수 있는가 하는 점에 서로 다른 시각을 보인다는 것이다. 이러한 차이는 민주주의의 성격을 규정하는 데에서 차이를 낳으며, 이에 따라 민주주의를 향한 사회적 투쟁을 설명하는 방식에서 차이를 낳을 수 있다.8) 이것은 민주주의가 어떤 고정 불변하는 형식이나 내용을 가지고 있는 것이 아니라, 그 자체가 하나의 문제이며 의미규정을 위한 투쟁의 대상이 된다는 점을 잘 보여준다.

한편 한국 사회의 민주주의 변동 과정을 설명하는 데 있어서 빼놓을 수 없는 요인으로서 세계체제의 영향, 또는 국제적인 관계의 영향이 있다. 과거에 국민국가들 간의 전쟁이나 군사적, 이데올로기적 대결과 같은 군사외교적 상황은 국민국가의 자율성을 제약했으며, 이러한 제약은 특정한 나라의 국가, 시민사회, 경제 전반에 영향을 미쳤다. 오늘날에는 자본주의 시장경제의 세계적 통합이 진전되면서 한 나라의 역사적 변화과정을 국민국가의 경계 속에서만 이해한다는 것은 거의 불가능해졌다. 뿐만 아니라 전지구적 환경문제, 정보통신의 발달 등은 국민국가의 경계를 더욱 약화시켰다. 이것은 일국의 민주주의를 이해하는 데 중요한 시각의 변화를 요구하고 있다. 왜냐하면 국가들 간의 상호의존의 심화는 자기결정이라는 민주주의 합치조건의 위기를 의미하기 때문이다. 한편으로는 집합적 결정에 영향을 받는 사람들과 그 결정에 영향을 미치는 사람들의 범위가 합치되지 않는다. 다른 한편으로는 정당한 규제의 효력범위와 이 규제에 영향을 받는 행동맥락 사이에 합치가 이루어지지 않는다. 전자가 민주적 자기결정의 위기라고 한다면, 후자는 사회

---

8) 여기서 어떤 이론이 더 큰 설득력을 얻을 것인가 하는 점 역시 헤게모니 투쟁의 대상이라고 할 수 있다.

적 연대성의 위기라고 할 수 있다(박영도 2000, 201-202). 따라서 국제적인 상호의존이 심화되어갈수록 한 사회의 '국가-시민사회-경제'를 세계체제와의 연관 속에서 파악하는 것이 필수적이게 된다.

그런데 이 글은 무엇보다도 한국사회의 내적인 조건들과 상황들에 주목하여 민주주의 변동 과정을 설명하는 목적에 충실함으로써 세계체제적 조건들이 한국사회의 '국가-시민사회-경제' 관계에 미쳤던 영향들을 체계적인 분석대상에 포함시키지 못하였다. 다만 상황적 맥락에 따라 필요한 경우 부분적으로 설명에 삽입시켰다. 앞으로 보다 진전된 분석을 위해서는 이러한 부분에 대한 보완적 설명이 필요하다고 하겠다.

2) 다원적인 사회적 투쟁 과정으로서의 민주주의

19세기 중반 서유럽의 자본주의가 발전하면서 자본가계급과 노동자계급간의 투쟁이 심화되고 있었던 시기에 맑스는 "지금까지 모든 인류의 역사는 계급투쟁의 역사였다"라고 썼다. 말하자면 노동과 노동의 산물의 분배를 둘러싼 계급들, 집단들 간의 갈등과 대립의 역사라는 것이다. 이 진술은 오늘날의 현실을 이해하는 데도 여전히 유효하다. 다만 경제적 발전에 따른 사회적 관계의 다원화와 복잡화, 그리고 민주주의의 발전 등을 통해 계급투쟁의 양상이 훨씬 복잡화되었을 뿐만 아니라 사회적 투쟁의 쟁점들도 훨씬 다원화되고 복잡화되었다는 점에 주목할 필요가 있다. 즉 민주주의의 발전 과정에서 다원적 적대들의 복합적인 상호관계를 잘 설명하기 위해서는 계급투쟁을 넘어서는 다원적인 투쟁의 관점이 필요하다는 것이다. 이것을 우리는 '사회적 투쟁의 관점'으로 부를 수 있을 것이다. 물론 여기서 사회적 투쟁은 다원적 적대를 구성하는 다양한 세력들 및 다양한 영역들 간의 갈등과 투쟁뿐만 아니라, 타협과 연대를 포괄하는 복합적 과정을 의미하는 것으로 해석되어야 할 것이다.

사회적 투쟁의 관점에서 보면 민주주의 변동은 사회적 투쟁의 대상이면서 동시에 그 결과이다. 민주주의 투쟁을 궁극적인 자기결정의 권리를 획득하기 위한 투쟁이라고 할 때, 민주주의를 향한 사회적 투쟁은 자유롭고 평등한 자기결정을 억압하는 불평등과 차별이 존재하는 다양한 영역에서 이루어진다고 할 수 있다. 사회적 투쟁은 일반적으로 사회가 차별적인 집단이나 세력들로 나뉘어지고 이들 간의 집합적 이익이나 집합적 정체성이 불평등과 차별을 내포하고 있을 때, 이들의 사회적 요구들이 서로간에 갈등과 적대를 발생시킴으로써 시작된다고 할 수 있다.

역사적으로 사회적 투쟁을 발생시킨 중요한 영역은 바로 경제였다. 지배계급에 의한 노동력 착취와 불평등한 분배는 피지배계급의 불만과 저항을 발생시켰던 것이다. 그런데 이러한 불만과 저항을 억압하기 위하여 지배계급은 폭력—군사력—을 동원하였는데, 이 과정에서 원시적인 형태의 국가가 등장했다고 할 수 있다. 한편 유럽에서 근대적 민주주의를 위한 요구와 투쟁은 봉건제 하에서 도시를 중심으로 사적 소유권에 기반한 시장경제가 발달하고, 이로 인해 부르주아계급이 형성되면서 서서히 생겨나기 시작했다. 개인주의 및 자유주의 사상의 영향으로 부르주아지들은 실질적인 생산에 참여하지 않으면서 절대권력을 행사했던 봉건국가에 대해 정치적 참정권을 요구하기에 이르렀고, 이 과정에서 근대적 시민사회와 대의민주주의가 형성되기 시작했다. 봉건귀족을 대신해 새로운 지배계급으로 등장한 부르주아 계급은 부르주아적 공론장을 제도화함으로써 '대의민주주의' 또는 '의회민주주의'를 성립시켰는데, 이 과정에서 정치적 시민자격(citizenship)을 자신들에게만 한정하려고 함으로써 프롤레타리아계급의 저항을 낳았다. 이들의 저항은 시민자격의 확대를 통해 참정권을 확대하려는 것이었으며, 이들의 민주주의 투쟁은 참정권 확대를 통한 '대의민주주의'의 발전을 갖다 주었다. 초기의 부르주아계급은 국가를 통해 자신들의 계급이익을 실현하고자 하였는데, 그것은 사적 소유에 기반한 자본주의 시장경제를 유지하는 것이었다. 자본주의의 발전은 계급착취에 따른 빈곤과 경제적 불평등을 심화시켰는데, 이러한 상황은 계급적대를 심화시켜 다양한 사회주의 운동을 발생시켰다. 그리하여 시민사회에서 프롤레타리아계급을 중심으로 한 피지배계급의 다양한 '운동정치'는 선거권 확대와 절차적 민주주의의 확립을 위한 저항과 더불어 경제적 불평등의 해체, 즉 실질적 민주주의를 지향하게 되었다.9)

이처럼 민주주의에 대한 사회적 투쟁의 관점은 시민사회에서의 운동정치의 다원성과 제도정치와 운동정치의 역동적 상호관계에 대한 분석을 요구하는데, 이러한 민주주의 변동의 복합적 과정을 분석하기 위해서는 '국가-시민사회-경제'라는 세 영역에서, 그리고 이들 사이에서 민주주의 투쟁이 발생하는 복합적인 방식을 규명할 필요가 있겠다. 말하자면 민주주의를 다원적 영역들에서 이루어지는 다원적 과정으로 볼 필요가 있다는 것이다. 이러한 관점은 자유주의와 달리 정치를 '제도정치'로 한정하지 않으며, 경제결정론과 달리 '국가의 계급성'을 민주주의 투쟁 과정에서 어느 정도 변화 가능한 것으로 본다. 특히 절차적 민주주의가 발달함에 따라 국가를 이념적 보편성—일반이익의 대변—과 현실적 특수성—지배계급 이익의 옹호—간의 긴장이 발생하는 공간으로 설정할 수 있게 되었으며, 이것은 국가권력의 민주화를 위한 투쟁을 가능하게 한다고 할 수 있다. 그러므로 여기서 주목해야 하는 것은 바로 국가와 제도정치의 민주화를 위해 시민사회와 경제 영역들에서 이루어

---

9) 이처럼 민주주의를 사회적·계급적 투쟁과정으로 인식할 때, 그러한 투쟁의 중심적 주체는 자본주의 발전의 단계에 따라 달라지게 된다. 즉 근대시민혁명까지는 부르주아지가 이러한 투쟁을 주도하였다. 부르주아지가 부르주아사회의 형식적 제도를 확립하는 단계까지 진보적 역할을 하였다는 견지에서, Barrington Moore의 '부르주아 없이 민주주의 없다'는 명제의 진정한 의미가 이해될 수 있다(배링턴 무어 1985). 그러나 부르주아민주주의의 정착 이후 민주주의의 실질화와 사회경제적 발전을 위한 투쟁에 있어 중심은 노동자계급 및 기타의 피지배계급으로 이동한다. 루시마이어와 스테픈스 부부(D. Reuschmeyer E. H. Stephens, J. D. Stephens)와 같이 민주주의의 실질화 과정에서 노동자계급의 역할을 중시하는 견해도 이런 맥락에서 이해될 수 있다(D. Rueschmeyer, E. H. Stephens and J. D. Stephens 1992).

지는 다양한 '운동정치'이며, 이 과정에서 이루어지는 다양한 민주주의 투쟁들이다.

역사적으로 등장하고 있는 제도정치와 운동정치의 역동적 상호관계는 민주주의 원리의 내적인 긴장을 함축하고 있는데, 그것은 간접 민주주의와 직접 민주주의간의 긴장이면서 동시에 형식적 민주주의와 실질적 민주주의간의 긴장이라고 할 수 있다. 이러한 민주주의의 이중적 긴장 속에서 사회적 투쟁은 대의 민주주의에 기반하고 있는 기존의 제도정치로부터 억압당하거나 배제된 다양한 피지배세력들에 의해 이루어졌는데, 이들의 투쟁은 민주주의의 심화를 지향했다고 할 수 있다. 독재에 대한 저항, 대의 민주주의의 형식적 합리성에 대한 요구, 제도정치의 틀을 넘어서는 직접 민주주의 또는 참여 민주주의의 강화, 다양한 영역에서의 차별의 폐지와 민주적 의사결정에 대한 요구, 분배적 정의의 실현을 통한 평등하고 자유로운 사회의 건설 등이었다. 말하자면 사회의 다양한 영역에서 각종 불평등과 차별을 없애려는 민주주의 투쟁이었던 것이다.

앞서 보았듯이 근대 국민국가의 형성 이후 민주주의 투쟁은 먼저 정치적 공동체에서 시민자격을 획득하기 위한 피지배계급의 투쟁으로 나타났다고 할 수 있다. 이것은 한편으로는 지배계급의 독재에 저항하면서 모든 시민들의 평등한 참정권에 기반하는 대의 민주주의의 절차적 합리성을 확보하려는 투쟁이었다고 할 수 있다. 그리고 다른 한편으로는 경제적 불평등을 비롯한 다양한 불평등과 차별을 없애는 실질적 민주주의를 위한 투쟁이었다고 할 수 있다. 이것들은 초기 부르주아 국가의 제도정치가 지닌 한계에 도전하는 운동정치의 이중적 요구라고 할 수 있다.

절차적 민주주의의 측면에서 보면, 국가와 제도정치의 억압적이고 권위주의적인 성격이나 계급성 또는 편파성에 저항하여 다양한 국민의 의사를 공평하게 반영할 수 있는 합리적 절차를 형성하는 것이 중요한 문제가 된다고 할 수 있다. 이것은 국가의 민주화와 법치를 요구하는 시민사회의 다양한 피지배계급들의 투쟁으로 나타났다고 할 수 있다. 이런 점에서 민주주의는 자유주의적 시민사회론에서 보여주듯이 국가의 억압에 저항하여 시민사회의 자율성을 획득하기 위한 과정이라고 할 수 있다. 그런데 대의 민주주의는 국가와 제도정치가 자립화, 관료화, 경직화되면서 국민의 의사를 적절히 대표하거나 국민들의 다양한 요구를 수렴하는 기능을 제대로 수행하지 못하는 한계를 가지게 되었다. 이러한 제도정치의 한계는 정치적 민주화와 참여를 요구하는 시민사회 운동정치와 풀뿌리 민주주의의 광범한 활성화를 가져왔다. 이런 의미에서 운동정치는 무엇보다도 제도정치가 배제하는 직접 민주주의 또는 참여 민주주의의 이념에 기반하고 있다고 할 수 있다. 국가의 자립화, 관료주의화, 이익집단화, 경직화 등에 대항하여 참여 민주주의를 확산시키고 다양한 여론을 형성함으로써 국가와 제도정치를 견제하고 감시하는 것은 운동정치의 중요한 투쟁목표인 것이다.

그런데 운동정치의 활성화를 단순히 국가의 억압에 대한 시민사회의 자율성 획득 과정으로만 보는 시각은 운동정치의 이중적 성격을 적절히 파악할 수 없다. 운동정치의 이중적 요구—절차적 민주주의와 실질적 민주주의—는 기본적으로 시민사회가 계급적대를 비롯한 다원적 적대가 공존하는 헤게모니 투쟁의 장이라는 점을 반영한다. 그리고 궁극적으로는 자본주의 시장경제의 계급분할적 성격이 시민사회의 계급적대를 형성하는 토대가 된다고 할 수 있다. 그러므로 시민사회에는 수평적, 수직적으로 분화된 다양한 세력들이 존재하고 있으며 따라서 운동정치의 성격 역시 수평적, 수직적으로 분화되어 있다고 할 수 있다. 현실적으로 사회는 경제적, 계급적 위치 및 다양하고 복합적인 사회적 위치들에 따라 다양하게 분화되어 있으며, 따라서 시민사회에서 일어나는 다양한 활동들이나 사회운동들이 동일한 쟁점이나 목표를 가지고 있는 것은 아니다. 그래서 분화된 각 세력들은 정치적, 이데올로기적 입장에 따라 서로 갈등하고 대립하거나 타협하고 연대하면서 헤게모니 투쟁을 벌이게 된다. 민주주의 투쟁 역시 헤게모니 투쟁 속에서 이루어진다고 할 수 있는데, 시민사회 내의 지배세력들과 기득권 세력들은 절차적 민주주의의 확립에는 동의하면서도 다양한 실질적 민주주의 요구—경제적 불평등, 성차별, 지역차별, 소수자의 인권억압 등 다양한 불평등과 차별의 철폐, 노동자들의 기업의 의사결정 과정에의 참여, 생태환경 보호 등—에는 반대하거나 억압함으로써 자신들의 헤게모니를 유지하고자 한다. 그러므로 시민사회의 헤게모니 지형은 운동정치를 통한 민주주의 심화의 가능성과 한계를 설정하며, 이러한 헤게모니 투쟁의 결과는 투표나 선거를 통해 제도정치에 반영된다고 할 수 있다(라클라우/무페 1991 참조).

한편 경제적, 계급적 위치가 분화되고 적대가 다원화되면서 피지배세력들 내부에서도 갈등이 생겨난다. 시민사회가 분화되고 다원화될수록 시민사회 내에서 다양한 세력들과 집단들 간의 이해관계 또는 가치관의 갈등이 발생하게 되는데, 이러한 갈등을 합리적으로 조정하는 것, 즉 의사소통의 합리성을 실현하는 것 역시 시민사회의 내적 민주화의 과제라고 할 수 있다. 그러므로 오늘날 시민사회에서 민주주의 투쟁 또는 민주화의 문제는 훨씬 다원적이고 복잡하게 전개되고 있다고 할 수 있다.

절차적 민주화를 넘어서 민주주의의 심화를 지향하는 운동정치는, 경제활동의 장인 기업과 공장에서 임금상승, 노동시간 단축 등 노동권 확장, 경영참여, 나아가 사적 소유의 제한 또는 철폐라는 경제적 투쟁, '국가의 계급성 또는 편파성'에 대한 저항, 법적 권리의 확대, 대안적 정당의 창설과 같은 정치적 투쟁, 시민사회에서 일상적 불평등이나 차별, 기업이나 시민들의 환경오염 행위에 저항하면서 사회정의와 친환경적인 삶을 지향하는 다양한 투쟁들로 나타난다. 그런데 이런 다양한 사회적 투쟁들은 민주주의가 발달하면서 정치적 투쟁, 즉 국가와 제도정치를 통해 불평등과 차별을 철폐하려는 투쟁에 집중되는 경향을 보이고 있다. 이것은 민주주의 나라들에서 국가가 '다수이익의 대변자'라는 이념을 수용하게 되면서, 정당성 확보를 위해 점차 피지배계급의 경제적 요구를 수용하고, 또 시민들의 다양한 요구를 수렴하지 않을 수 없게 되었다는 현실적 조건을 반영하고 있다. 따라서 국가는 이제 단순한 지배계급의 대변자가 아니라 일반이익과 특수이익 간의 긴장 속에서 그 성격이 변화할 수 있는 투쟁의 장이 되었다고 할 수 있다. 오늘날 선진국의 국가들이 경제성장과 공평한 분배를 지향하면서 자본주의 시장경제에 개입하거나 국가복지를 강화하게 된 것도 바로 이런 현실적 상황의 변화에 따른 것이었다고 할 수 있다. 그러므로 제한적이지만 국가의 민주화를 통해 시민사회와 경제의 민주화를 지향할 수 있게 되었다고 할 수 있으며, 국가의 성격이 어떻게 변하느냐에 따라 보다 급진적인 사회구조의 변혁도 가능하다고 하겠다. 그리고 이것은 역으로 시민사회에서의 헤게모니 지형이 어떻게 변하느냐에 달려있다고 하겠다.

국가에 대한 시민사회의 자율성이 곧바로 민주주의를 의미하는 것이 아니듯이 시장의 자율성 또는 경제의 자율성 역시 곧바로 민주주의를 의미하는 것이 아니다. 왜냐하면 자본주의 시장경제에서 시장의 자율성은 지배계급에 의한 시장 지배의 자율성과 피지배계급의 경제적 타율성을 의미하기 때문이다. 따라서 경제 영역의 변화 역시 민주주의 투쟁의 성격과 형태를 규정하는 데 중요한 토대가 된다고 할 수 있겠다.

자본주의적 공업화가 진행되면서 경제적 지배계급 내의 중심세력은 지주에서 자본가로 이전되었고, 피지배계급의 중심세력은 농민에서 노동자로 이전되었다. 또한 과학기술의 발달과 생산력의 발달은 자본주의적 산업구조와 소유관계의 변화, 노동자계급의 양적 성장과 내적 분화를 낳으면서 사회적 계급구성과 계급관계의 변화를 갖다 주었다. 이러한 변화는 민주주의 투쟁의 지형을 변화시켰으며, 제도정치와 국가의 성격도 변화시켰다. 유럽에서 사회민주주의적 복지국가가 형성된 것도 바로 노동자계급의 양적 성장과 선거민주주의의 결합의 산물이라고 할 수 있다. 또한 경제 영역 내에서도 민주주의의 심화를 향한 다양한 투쟁들이 벌어지고 있다. 노동자계급의 의식이 성장하면서 점차 경제민주주의 또는 산업민주주의에 대한 요구들이 등장하게 되었는데, 노동자의 경영참여, 종업원 주주제, 사적 소유의 제한 등 소유와 경영을 둘러싼 다양한 문제들에 대한 민주적 참여와 결정의 요구가 바로 그러한 것들이다. 이처럼 경제 영역에서의 민주주의 투쟁은 제도정치와 운동정치 양자 속에서 절차적 민주주의와 실질적 민주주의의 실현이라는 이중적 목표로 나아가고 있다고 할 수 있다.

결론적으로 민주주의 변동 과정은 단순히 합리적 토론과 합의의 과정이 아니라 다양한 세력들 간의 투쟁과 갈등, 타협과 연대의 과정이라고 할 수 있다. 그리고 사회가 다원적인 영역들과 다원적인 사회적 관계들로 구성되어 있고 이 속에서 다양한 불평등과 차별들이 존재한다고 할 때, 민주주의 변동은 국가, 시민사회, 경제 영역들을 가로지르는 다원적, 복합적 투쟁의 과정이라고 할 수 있다. 이것은 민주주의 투쟁이 단순히 국가 또는 제도정치 영역의 문제 또는 국가와 시민사회간의 관계 문제로 제한되지 않는다는 것을 의미한다.10) 그러므로 민주주의를 위한 사회적 투쟁의 과정은 시민들의 사회적 위치들의 차별성과 다원성에 기반하여 제도정치와 운동정치의 역동적 상호작용, 간접(대의)민주주의와 직접(참여)민주주의 간의 긴장, 절차적 민주주의와 실질적 민주주의 간의 긴장에 주목함으로써 적절히 설명할 수 있다고 하겠다.

---

10) 앞서 언급한 바 있듯이 한 사회의 변화 과정은 세계체제로부터 다양한 영향을 받게 되는데, 민주주의 투쟁 역시 이러한 영향 속에서 다양한 변화를 겪게 된다. 세계체제 내의 중심국가에 군사외교적으로 종속되어 있는 경우 중심국가의 전략에 따라 국내 민주주의는 부분적으로 발전할 수도 있고 그렇지 못할 수도 있다. 특히 한국의 경우 분단국가의 상황은 민주주의를 억압하는 중요한 조건으로 작용해 왔다. 또한 경제적, 환경적 종속이 심화되거나 국제경제적인 통합이 진전될수록 국내의 민주주의, 특히 실질적 민주주의의 상황은 크게 제약을 받는다. 그렇지만 세계체제의 헤게모니 지형에 따라 인권, 노동, 환경 등 몇몇 쟁점들에서 국제적 압력은 국내 민주주의의 발전에 도움을 줄 수도 있다.

3) 한국 민주주의 변동 과정에서의 제도정치와 운동정치의 상호관계

사회적 투쟁의 관점에서 볼 때 민주주의 변화는 사회적 투쟁의 대상이면서 동시에 산물로 파악되어야 한다. 민주주의 발전의 역사를 보면, 일정 단계의 계급적·사회적 투쟁을 통해 획득된 제도는 이후의 계급적·사회적 투쟁의 근거가 되면서 동시에 이후의 과정을 규정하게 된다. 근대 부르주아 민주주의, 정치사회(제도정치), 시민사회의 형성과 이 과정에서 획득된 정치적, 시민적 권리들은 모두 그 이전 시기의 계급적·사회적 투쟁의 산물이라고 할 수 있다. 한국의 경우 87년 6월 항쟁 이후에 형성된 민주적 선거제도는 87년 6월 항쟁이 있기까지 전개된 전투적인 민주화 투쟁의 성과물로 쟁취된 것임은 주지의 사실이다. 물론 이러한 제도적 성과물은 그 제도를 통해 민중들이 동의할 수 있는 방향으로 지배의 재구조화를 도모한다는 점에서 타협이자 지배층의 '개량'의 시도라고 할 수 있다. 그런 점에서 보면, 특정 시기의 민주주의는 한편에서는 계급적·사회적 투쟁의 성과물이면서, 다른 한편에서는 그를 통해 피지배세력의 체제내화와 지배의 안정화를 도모하는 지배층의 타협적 대응이라는 양면성을 지닌다. 예컨대 근대 부르주아 민주주의는 오랜 계급적·사회적 투쟁, 즉 민중들의 고통스런 투쟁의 결과물로 인식되어야 하고, 동시에 타협의 제도화된 형태―'타협의 불안정한 균형'―로 인식되어야 한다.

이런 관점은 근대 자본주의 국가의 민주주의적 형식을 단순히 '지배계급의 도구'로만 해석하려는 '경제결정론'의 관점이나, 국가를 일반이익의 대변자 또는 사적 이익들의 공정한 조정자로 보는 자유주의적·다원주의적 관점을 넘어서는 계기를 부여한다. 자본주의의 특정한 단계에서 국가가 내적으로 '지배계급의 도구'로 작동하는 경향이 강하지만, 민주주의가 발전하면서 외적으로 국가가 스스로를 일반이익의 대변자 또는 공정한 조정자로 표상하려고 한다는 사실은 국가의 양면적 성격을 잘 보여준다고 하겠다. 국가가 이러한 양면성 속에서 불일치와 긴장을 지닐 수밖에 없는 것은 국가의 계급성의 '적나라한' 관철에 저항하는 피지배계급의 투쟁이 존재하기 때문이라고 할 수 있다. 그래서 국가는 본질적으로 계급적이면서도 스스로를 비계급적 실체로, 공공적 실체로 '표상'하지 않을 수 없는 것이다.11) 결국 국가는 피지배계급의 계급적·사회적 투쟁 과정에서 양면적 성격간의 긴장과 불일치를 보이면서 그 성격이 변화하지 않을 수 없게 된다고 할 수 있다. 이처럼 민주주의를 계급적·사회적 투쟁과정으로 규정하는 것은 민주주의를 제도정치의 문제로 한정하지 않고 제도정치와 비제도정치의 역동적인 상호관계로 인식하는 계기를 부여하게 된다. 이것은 근대 대의민주주의의 형성 및 발전 과정 역시 제도정치와 운동정치의 상관관계 속에서 바라볼 수 있도록 한다.

제도정치가 과거의 운동정치에 의해 제기된 쟁점들과 의견들을 반영한다면, 비제도화된 운동정치는 제도화된 정치에 의해 포괄되지 못하는 새로운 쟁점들과 의견들을 제기하게 된다. 비제도화된 운동정치는 한편으로는 제도화된 운동정치를 비판하는 속에서 그것이 새로운 운동정치를 반영하도록 강제하면서, 다른 한편에서는 시민사회 내의 새로운 이슈들과 의견들을 반영하면서 자신을 새롭게 구성하는 역할을 한다. 그런 점에서 제도정치와 운동정치의 상관관계 속에서 보아야 근대 대의민주주의의 한계를 넘어설 수 있게 된다.

이러한 관점은 제3세계 권위주의체제의 민주화 과정을 통해서도 정당화될 수 있다. 제3세계에서 (군부)권위주의정권 혹은 쿠데타 정권의

---

11) 이러한 국가의 공공적 표상을 국가의 내적 속성으로 파악하려는 입장이 자유주의적 입장이라고 한다면, 국가에 대한 도구주의적 입장은 이러한 공공적 표상은 지배의 은폐를 위한 왜곡일 뿐이라고 파악되고 있다. 즉 부르주아 민주주의는 부르주아적 계급착취의 정치적 외피에 다름 아니라는 것이다. 그러나 필자의 관점에서 볼 때, 이것은 계급적·사회적 투쟁을 통해 국가에 대해 강제된 것으로 파악되어야 한다. 특별히 근대 민주주의의 확립은 국가가 일상적으로 '계급본질적'으로 행위하는 것을 억제하게 된다.

출현은 시민사회 및 제도정치 영역에서의 여론 분포와는 무관하게 권위주의세력에 의해 외부로부터 강제적으로 국가권력의 점유가 이루어지는 것이라고 할 수 있다. 권위주의세력이 쿠데타에 의해서건 아니면 다른 계기에 의해서건 시행하는 억압정책의 핵심적인 것은 제도정치 및 사회운동의 통제적 재구조화이다. 제3세계의 일반적인 권위주의정권은 자신에 반하는 정치적·사회적 세력의 활동을 제도적 영역으로부터 축출하게 된다. 권위주의정권이 경직화되어가면서 자율적인 제도정치 영역, 사회운동은 더욱 제한되어 가게 된다. 이러한 시기 야당이나 사회운동 조직은 군부정권에 대한 종속과 복종을 전제로 그 존재를 인정받게 되며, 권위주의정권에 저항적인 정당이나 사회운동조직은 합법적인 영역에 존재하기가 어렵게 된다. 이 시기에 제도정치 영역에서는 정부의 후견을 받는(government-patronized) 종속적 야당만이, 시민사회 영역에서는 권위주의정권이 후견하는 관변단체만이 '자유롭게' 존재할 수 있게 된다.

민주화 투쟁이란 국가적 통제로부터 (준)자율화한 제도정치 및 이른바 (준)자율적인 '시민사회' 혹은 사회운동 공간을 쟁취하기 위한 민중들의 조직적 투쟁, 특별히 조직화된 사회운동적 투쟁이라고 할 수 있다. 민주화란 바로 이렇게 비제도화된 운동정치의 투쟁으로 협애화된 제도정치를 시민사회의 변화를 반영하는 형태로 재편하는 과정이라고 할 수 있다. 그런 점에서 제3세계의 권위주의가 제도정치의 협애화와 운동정치의 억압이라고 한다면, 권위주의의 민주화는 역동화된 운동정치에 의한 제도정치의 개방적 재편의 과정이라고 할 수 있다. 이런 점에서도 제도정치로 협애화하지 않고 제도정치와 운동정치의 상관관계 속에서 민주주의 발전 과정을 분석하는 것이 필요하게 된다.

한국 민주주의 변동 과정은 국가에 의해 제도정치의 문제점들이 끊임없이 억압되면서 동시에 드러나는 과정이었다. 정권유지를 위한 정치적 소수 의견의 억압과 배제, 군사쿠데타와 독재, 다양한 지배이데올로기—반공주의, 성장주의, 국가주의 등—의 동원, 정책결정 과정의 관료제화, 제도정치 세력들의 기득권층화 또는 이익집단화 등을 통해 국가권력이 자립화되면서 대의민주주의의 근간인 '국민 의사의 대표기능'이 왜곡되는 현상, 즉 '대표성과 정당성의 위기'가 나타났다. 이 과정에서 경제적 지배계급은 국가의 보호 속에서 자본주의적 발전을 이룸으로써 기득권을 유지할 수 있었지만, 독재 타도 및 국가와 제도정치의 개혁을 요구하는 시민사회의 피지배계급들의 저항은 점차 심화되었다고 할 수 있다. 또한 제도정치의 경직성으로 인해 사회경제적인 발전 속에서 사회가 다원화되고 분화되면서 분출되기 시작한 시민들의 다양한 요구가 제도정치 속으로 수렴되지 못한 것도 시민사회의 저항을 불러일으킨 중요한 요인이 되었다.

60년대 이후 한국 민주주의의 변동 과정을 제도정치에 한정하여 보게 될 경우, 그것은 독재정권에 의해 통제된 '어용적' 정치만을 다루는 한계가 있다. 독재정권은 기존에 존재하던 제도정치로부터 독재정권에 반대하는 인사들과 집단들을 배제하고 축출하는 방식으로 제도정치를 협애화하게 된다. 독재정권 하에서 제도정치는 시민사회의 여론을 반영하지 못하는 지극히 제한된 정치의 장이었으며, 이러한 제도정치의 한계로 인해 정치적 억압에도 불구하고 민주주의를 요구하는 운동정치가 등장하게 된다.

군부권위주의는 시민사회 내에 존재하는 다양한 정치 중 군부권위주의에 '종속적인 정치'만을 합법적 제도정치로 보장하는 반면, 그것에 반하는 민중적, 시민적 정치행위를 억압하면서 그것이 제도정치로 표출되는 것을 통제하여 왔다. 그런데 바로 이런 불구화된 제도정치에 대한 민중적 저항이 역으로 군부권위주의 정권을 퇴진시켰고, 이를 계기로 하여 민주주의로의 이행이 나타나게 된다. 한국적 시민혁명이라고 할 수 있는 87년 6월 항쟁으로 인해, 협애화된 제도정치는 비로소 비제도화된 운동정치를 포함하는 형태로 확장되게 된다.

이러한 비제도화된 운동정치는 일차적으로 전투적인 민중운동이 전개하는 '민중정치'로 구성되어 있었다. 그러나 87년 6월 항쟁으로 권위주의체제가 '민주화'되면서 자율적인 정치활동 공간이 확장되고 이른바 시민운동이 전개하는 '시민정치'도 활성화되어 왔다. 87년 이후 사회운동에는 민중운동뿐만 아니라 다양한 시민운동이 출현하므로, 운동정치를 민중정치와 시민정치로 나눈다. 이 글에서는 제도정치와 운동정치라는 개념을 사용하고 운동정치를 민중정치와 시민정치로 나누어 설명하게 된다.

여기서 민주주의 내에서 제도정치와 운동정치의 상관관계를 보기 위하여, '금단(禁斷)', '배제(排除)', '선택적(選擇的) 포섭(包攝)'이라는 개념을 사용하고자 한다. 권위주의국가는 금단, 배제, 선택적 포섭의 메카니즘을 통하여 제도정치의 쇄신을 단행함으로써 특정 시기의 정치를 안정화하고자 시도하게 된다. 금단, 배제, 선택적 포섭의 과정은 모든 민주주의가 작동하는 보편적 메카니즘의 성격을 갖는다고 생각된다. 여기서 금단이라는 것은 제도정치가 시민사회 내에 존재하는 모든 운동정치를 반영하지 않고 일정 영역의 급진적인 운동정치를 타부(taboo)의 영역에 위치시킨다는 것을 의미한다. 권위주의적인 사회일수록 이러한 금단의 영역은 확장될 것이다. 다음으로 배제라는 것은 제도정치가 내부의 갈등을 통하여 특정한 행위자들과 행위집단을 제도정치의 외부로 위치시키는 과정을 의미한다. 이러한 배제의 과정은 권위주의체제 하에서 극명하게 나타나며, 일상적인 제도정치의 작동과정에서도 이러한 배제가 나타날 수 있다. 이에 반해 선택적 포섭은 기존 제도정치의 정당성을 위하여 제도정치 외부에서 새로운 행위자를 받아들이는 과정을 의미한다. 선택적 포섭은 배제된 행위자의 선택적 포섭으로 나타날 수도 있고, 운동정치의 지도자를 제도정치 행위자로 포섭하는 등의 다양한 형태로 전개될 수 있다. 이 글에서는 87년 이전의 제도정치와 운동정치의 상호관계를 '금단의 정치', '배제의 정치'라는 개념을 중심으로 분석하고, 87년 이후는 '선택적 포섭'이라는 개념을 중심으로 분석하고자 한다.

3. 한국 민주주의 전개의 구조: 국가, 제도정치, 운동정치의 상관관계의 변화

'식민지 시대'를 차치한다면, 이 책의 분석과정에서는 먼저 해방 이후의 현대 민주주의와 사회운동의 변화과정을 크게 세 시대로 나눈다. 즉 해방부터 한국전쟁까지에 이르는 '국가형성 시대'와 한국전쟁 이후부터 87년까지의 '권위주의 시대', 87년 이후의 '민주주의 이행의 시대'로 나누게 된다. 다음으로 권위주의 시대는 다시 50년대의 민간권위주의 정권 시기, 61년에서 87년까지의 군부권위주의 정권 시기로 나눌 수 있다. 다시 군부권위주의 정권 1기는 박정희 정권 시기이고, 2기는 전두환 정권 시기로 나눌 수 있다. 민간권위주의 정권에서 1기 군부권위주의 정권으로 이행하는 시기에 과도기가 존재하고, 또한 박정희 정권으로부터 전두환 정권으로의 이행기에 과도기가 존재한다. 민주주의 이행의 시기는 민선군부정권 시기와 민선민간정권 시기로 나누게 되고, 후자의 민선민간정권 시기는 다시 김영삼 정부와 김대중 정부 시기로 나뉘게 된다. 이러한 변화를 정리한 것이 <표 1-1>이다.

1) '반공규율사회'와 '금단(禁斷)의 정치' 형성

주지하다시피 해방공간에서 한국전쟁에 이르는 기간은 민족국가의 성격을 둘러싼 전면적 투쟁기였다. 이 투쟁기를 거치면서 '반공규율사회'가 형성되고, 이 과정에서 제도정치와 운동정치가 새롭게 재구조화되게 된다.

필자는 대만과 한국의 특수한 정치사회 상황, 계급관계의 독특한 정

<표 1-1> 시대 구분과 시기 구분

시대 구분	국가형성 시대		권위주의 시대				민주주의 이행 시대	
정권구분	해방공간	한국전쟁	민간권위주의정권	군부 권위주의 정권			민선군부정권	민선민간정권
정부구분			이승만정부	과도기	박정희정부	과도기	전두환정부	노태우정부	김영삼정부 (문민정부)	김대중정부 (국민정부)
체제의 성격			국가주의적 발전동원 체제					
국가의 성격			안보국가	(안보국가를 계승한) 개발독재 국가				
사회의 성격	반공규율사회의 형성 및 재생산							

치사회적 구성을 개념화하기 위하여 '반공규율사회'(anticommunist regimented society: 反共規律社會, 反共紀律社會, 反共兵營社會)라는 개념을 사용하는데, 그것은 "냉전과 내전의 특수한 결합으로 인하여 반공이데올로기가 '의사합의'(pseudo-consensus)로 내재화된 특유한 우익적 사회"라고 할 수 있다. 전쟁과 1950년대 국가테러(state terrorism)를 통하여 형성된 반공규율사회는 냉전의 논리가 내전이라는 독특한 역사적 경험을 통하여 내적인 의사합의로 전화되고 그것이 개인 및 집단간의 사회적 관계와 행위를 우익적으로 규정하고 있는 사회라고 할 수 있다(조희연 1998a, 63). 이 반공규율사회는 반공주의가 국민

들을 규율화하고 국가적 목표를 향하여 국민들을 '군기(軍紀)잡는' 중요한 메카니즘으로 작동하는 사회라고 할 수 있다. 반공주의에 기초한 국민적 총동원체제는 자연스럽게 반공을 향한 국민적 동의와 반공의식에 기초한 자기통제 메카니즘을 정착시키게 된다. 한국전쟁 이후의 남한은 하나의 가상적인 동질적 사회심리, 즉 레드 콤플렉스가 작동하는 일종의 '피난민사회'(refugee society)가 되었다고 할 수 있다.

이러한 반공규율사회의 형성 속에서 제도정치는 '금단의 정치'로 재구조화된다. 여기서 금단의 정치는 제도정치와 운동정치의 우익적 프레임화(framing), 나아가 극우적 정치사회 세력을 제외한 급진적인 정치사회세력의 비공식화 내지는 제거 위에서 전개되는 정치의 불구화를 의미한다. 이데올로기적, 정치적 프레임 자체가 우익화되면서, 모든 제도정당들과 사회운동조직들은 이에 적응하면서 존재할 수밖에 없는 조건에 놓이게 된다. 해방공간에서 활동하였던 좌익적·중도적·비타협적 민족주의 정당이나 사회운동조직들은 제거되게 된다. 한국전쟁과 50년대를 거치면서, 제도정치와 운동정치는 좌익정당 및 좌익경향 사회운동조직이 없는 시기로 설정되어 간다. 즉 일종의 '좌익 축출의 정치'가 형성된 것이라고 할 수 있다.

50년대 우익적 프레임화[12] 속에서 제도정치 조직은 점차 반공규율사회적 조건에 저항하지 않고 그것에 적응하는 제도정당만이 생존할 수 있는 조건으로 변화하여 가게 된다. 이 시기에 미국의 후원을 받았던 집권 자유당은 친일적 식민지 관료와 연합한 새로운 독재적 권위주의 정당으로 전화되어 간다. 이와 함께 야당은 구지주계급을 배경으로 하는 전근대적 정당에서 점차 새로운 권위주의정당에 반대하는 저항야당으로 자신의 정체성을 확립하여 가게 된다. 50년대 중반 진보당 사건 같

---

[12] 김동춘은 50년대 안보국가 하에서 "국가나 시장질서에 도전하는 세력은 국가의 '적'으로 규정되거나 제거되고, 국가질서와 시장질서를 위협할지도 모르는 제반 반정부적 운동인 민주화운동까지도 '사회주의'의 혐의를 받는다"고 적고 있다(1997, 111).

은 경우도 바로 그러한 우익적으로 협애화된 제도정치에 대한 '반란'이었으나, 적극적인 의미에서 금단의 정치에 반대하는 정치적 저항이었다기보다는 제도정치의 우익적 프레임화에 따른 희생이라고 해석될 수 있다.

50년대 우익적 프레임화 속에서 사회운동 혹은 운동정치 역시 재편되어 가게 된다. 이 시기에 비우익적 지향의 사회운동 인사들이나 조직들은 제거되어 나가게 되고 공식적 차원에서는 지위를 박탈당하게 된다. 그 결과 우익적 분단질서에 적응하는 사회운동조직들만이 생존하게 된다.

이 시기의 운동정치는 한편에서는 식민지시대 이래의 운동정치 즉 반제반봉건 민족해방운동으로 구성되는 운동정치와는 단절되어가고, 다른 한편에서 우익적으로 프레임화된 정치사회질서에 적응하는, 달리 표현하면 53년 이후의 정치사회질서 자체에 의문을 제기하지 않는 운동정치로 재규정되어 가게 된다. 이런 점에서 이 시기의 운동정치는 53년 이전의 운동정치와의 연속성 속에서가 아니라, 새로운 단절적 운동정치로 파악될 수 있다.

2) '국가주의적 발전동원체제'와 '배제의 정치'의 형성

61년부터 87년까지의 시기에는 국가적 차원에서는 개발독재 국가가 존재했던 시기였고, 사회 전체적으로는 국가주의적 발전동원체제가 형성되었던 시기라고 할 수 있다. 60년대 이후의 개발독재 국가는 이전의 안보국가의 성격을 계승하면서 동시에 '개발'이라는 국가목표를 통하여 자신을 정당화하는 국가라고 할 수 있다. 60년대 이후 박정희 체제가 50년대의 반공규율사회적 조건을 이용하면서 강력한 국가주도성 하에서 성장과 발전을 향한 총동원체제로 재조직화되어 갔다는 점에서, 필자는 '국가주의적 발전동원체제'라는 개념을 사용한다(조희연 1998a, 65).

바로 이 국가주의적 발전동원체제 하에서 제도정치는 점차 '배제의 정치'가 고착화되어 가게 된다. 이 시기에 배제의 정치의 형성에 따라 제도정치는 점차 협소화되어 가고, 이에 대응하여 새로운 운동정치가 제도정치에 도전해 가게 된다.

여기서 배제의 정치는 제도정치가 50년대 구조화된 '우익적 프레임' 내에서 반(反)독재파의 축출이라는 성격을 가져가게 됨을 의미한다. 50년대 형성된 우익적 프레임 자체를 전제하고, 그 내에서 그나마 반권위주의적 지향을 갖는 제도정치세력이 배제되어 가는 방식으로 전개된다. 이처럼 박정희 시대 및 전두환 시대를 일관하여, 권위주의국가에 의한 제도정치의 협애화가 진행되고, 제도정치로부터 반권위주의파 혹은 반독재파가 축출되게 되며, 이 가운데 일부가 운동정치로 전환함으로써, '제도정치인의 참여에 의한 운동정치의 풍부화'가 나타나게 된다.

60년대 이후 한국사회에서는 국가주의적 발전동원체제로 작동하게 되는데, 이 체제는 '반공'이라고 하는 소극적인 국가목표가 '근대화'라고 하는 적극적인 국가목표로 전환되고 그 목표를 중심으로 국가의 정책결정이 재정향되게 되는 것을 의미한다. 이러한 발전동원체제 하에서 근대화 프로젝트는 국가프로젝트로 전환하게 되며, 최소한 60년대에는 '헤게모니적인' 국가프로젝트로 존재하게 된다. 국가주의적 발전동원체제는 국가주도적인 발전동원의 측면, 즉 성장주의에 의한 사회의 재조직화와 권위주의적인 사회통합의 측면을 가지고 있다(조희연 1998a, 2장 2절 참조).

국가주의적 발전동원체제는 한편으로는 4·19혁명 공간에서 분출된 좌익운동정치, 좌익적 제도정치를 재축출하고 통제된 제도정치와 운동정치를 구축하게 되며, 다른 한편에서는 산업화의 추진으로 인하여 제도정치의 내적 구성과 운동정치의 내적 구성을 자본주의적 방향으로 전환하는 효과를 갖는다. 권위주의적인 방향으로 경직화되어 가는 국가주의적 발전동원체제에 대항하여 점차 운동정치가 활성화되게 된다. 이 과정에서 '자본주의 비판적' 운동정치가 출현하게 된다. 70년대 민중운동의 등장은 이런 점에서 이중적 의미를 갖는다. 즉 한편으로 그것은 종속적 자본주의화에 대응하는 '자본주의 비판적 운동정치' 출현을 의미하며, 다른 한편으로 50년대의 우익적 프레임을 넘어서는 제도정치 자체에 도전하는 저항적 운동정치의 부활을 의미한다. 70년대 초반 전태일의 분신, 70년대 초반 이후 민주노동조합운동의 성장, 민중운동의 성장 등은 바로 전자의 운동정치의 변화를 상징하는 것이다.

물론 지배세력과 저항세력의 역관계라는 점에서 보면, 후자가 전자를 압도하는 것은 아니었다. 60년대 말~70년대 초 이후에는 권위주의적 국가 및 그에 의한 배제의 (제도)정치에 대항하는 저항적 운동정치가 출현하게 되고, 이는 권위주의국가를 위협하는 상황으로 발전해가게 된다. 그러나 70년대에는 지배와 저항의 역관계에서의 균형적 상황이 조성되었다고 할 수 있고, 80년대에 이르러서야 비로소 저항이 지배를 압도하는 상황이 나타나게 된다고 생각된다.

72년 10월 유신은 개발독재국가 및 권위주의국가로 더욱 철저한 '배제의 정치'를 형성하기 위한 시도였고, 나아가 성장해 가는 운동정치에 대해 더욱 철저한 예방적 억압체제를 형성하기 위한 시도였다. 이러한 시도는 오히려 운동정치의 급진화와 확산에 기여하게 된다. 79년 10·26 사건은 '배제의 정치'가 '위기의 정치'로 변화하였음을 상징적으로 보여주고 있다고 생각된다.

70년대 말 국가주의적 발전동원체제의 위기는 민주화로 갈 수 있는 계기를 만들었으나, 박정희식의 국가주의적 발전동원체제는 전두환식의 보다 '경화(硬化)된' 권위주의체제로 재구조화되게 된다. 광주항쟁에서의 민간인 학살을 고려할 때, 60·70년대식 권위주의체제의 '유혈적(流血的) 재강화'고 표현할 수 있겠다. 80년 광주항쟁을 통해서 지배의 도덕성을 더욱 더 상실하게 된 국가주의적 발전동원체제는 더욱 권위주의적인 방향으로 경화되어 가고, 그에 따라 저항도 보다 대중화·국민화되어 가게 된다.13)

이 새롭게 강화된 국가주의적 발전동원체제 하에서 제도정치는 더욱 협애화되게 된다. 여기서 제도정치로부터 배제된 제도정치세력은 운동정치로 전면적으로 합류하게 되고, 여기서 80년대 초반 '제도정치와 운동정치의 전면적인 결합'이 나타나게 된다. 이와 함께 국가주의적 발전동원체제의 유혈적 재강화는 운동정치의 혁명화·급진화를 촉진하는 도덕적 기초가 된다. 즉, "국가권력의 야만적이고 적나라한 폭력성은 국가권력의 본질을 투명하게 인식하게 만드는 계기가 된다. 이후 군부독재정권은 어떤 점에서는 '자연스럽게' 학생들에 의해 '적(敵)'으로 규정된다. 이것은 70년대까지의 도덕적이고 양심범적인 정부비판운동에서 혁명적 운동으로 발전하여야 한다는 각성을 동반하게 된다. 정부는 새롭게 파쇼정권으로 재정의된다"는 것이다(조희연 2000a 참조). 배제의 정치에 대항하는 운동정치의 성장은 70년대를 거치면서 급진전되게 되며, 이 과정에서 운동정치는 점차 급진화되게 된다.

운동정치의 급진화는 80년대 전두환 정권 하에서 보다 급속하게 진전되게 된다. 80년대는 70년대 저항적 운동정치가 급진화 혹은 혁명화되어 가는 것을 보게 된다. 이데올로기적 급진화로 인해 자본주의 비판적 운동정치 내부에서 사회주의 지향적인 혁명적 운동정치경향도 출현하게 된다. 이러한 이데올로기적 급진화와 함께, 70년대의 운동정치의 전투성을 뛰어넘는 전투성도 나타나게 된다.

80년대 전두환 정권 시대를 거치면서, 배제된 제도정치와 급진적 운동정치는 전면적으로 결합하여 국민적인 운동정치로 발전하게 된다. 운동정치는 통제된 제도정치를 압도하게 되며, 저항은 지배를 압도하게 된다. 여기서 87년 이후 민주주의 이행이 가능하게 된 조건이 형성된다.

87년 6월 항쟁의 전단계라고 할 수 있는 85년 2·12 총선은 아래로부터 성장하여 지배를 압도하게 된 운동정치가 권위주의국가에 의해 통

---

13) 어떤 점에서 박정희 식의 국가주의적 발전동원체제가 60년대에는 일정하게 '헤게모니적 자율성'을 가지고 있었다면, 70년대에는 이것은 그 최소한의 동의적 기반을 상실하면서 '억압적 자율성'으로 왜소화되어가게 되며, 80년대에는 그 동의적 기반이 '최소화된' 전면적인 '위기'에 직면하게 된다(조희연 1999a 참조).

제되는 제도정치를 '강제적'으로 민주화하고 개방화하려는 시도라고 할 수 있다. 2.12 총선은 저항적 운동정치의 확장으로 종속적 제도정치가 균열되고 있음을 보여준 사건이었다.

80년대를 통하여 관철되어 온 '제도정치와 운동정치의 결합' 상황 속에서, 두 가지 경향이 공존하여 왔다. 즉 운동정치를 배경으로 제도정치에 재진입하려는 제도정치인들의 경향과, 제도정치와의 결합에 의해 급진적 운동정치 주도의 국민적 민주혁명을 성취하고자 하는 운동가들의 경향이 그것이었다. '직선제 개헌'이 주슬로건화되는 것은 후자의 경향을 띠는 운동세력 중 온건파의 입장과 전자의 입장을 띠는 제도정치세력의 입장이 수렴된 결과라고 할 수 있다. 이것은 87년의 대중적인 민주화투쟁을 가능하게 하였지만, 다른 한편에서는 6·29선언과 같은 행태로 지배세력이 미봉적인 방식으로 대중들의 민주화투쟁의 물꼬를 돌릴 수 있는 조건을 제공하기도 했다. 필자는 87년 6월 항쟁이 한편에서 성공이면서 동시에 실패가 되는 '6월 민주항쟁의 이중성'이 바로 여기에서 출현한다고 생각한다(조희연 1999b 참조).

개발독재국가/국가주의적 발전동원체제 하에서 사회운동 혹은 운동정치는 '배제된 제도정치'세력을 포괄하는 형태로 확장되었으며, 그 대중적·국민적 기반이 확장되어갔다 그리고 운동정치 내부에서 급진적 분파의 출현 등 이념적 급진화과정을 경험하였으며, 그러한 발전·분화 과정에도 불구하고 반독재투쟁의 전투적 실현이라는 시대적 과제를 중심으로 수렴되었다고 할 수 있다. 이것을 우리는 사회운동의 '구심력적 심화'로 표현한다.14)

---

14) 우리는 개발독재국가 하에서 나타나는 이러한 변화를 원심력적 분화 혹은 경쟁적 분화에 대응하는 의미에서 '구심력적 심화'(조희연 1998b, 13)라고 사용하기도 하고, 단순히 '심화'(조희연 2000c)라는 개념으로 명명하기도 한다. 오도넬(O'Donnell 1973)은 초기 단계의 발전국가가 관료적 권위주의 체제로 변화하게 되는 구조적 조건의 하나로 '산업구조의 심화'를 이야기한다. 필자는 이 개념을 확대하여 권위주의 국가 하에서 저항운동의 이념적 급진화와 각계각층으로의 확산, 내부의 이질성의 확대에도 불구하고 반독재라는 과제를 중심으로 집중화되는 현상을 사회운동

3) 87년 이후 민주주의 이행과정에서 '선택적 포섭'의 정치와 운동정치의 변화

87년 6월 항쟁은 민주주의를 구성하는 제도정치 자체의 위기를 의미하는 것이었다. 그것은 과거의 권위주의국가 혹은 권위주의적 지배가 민중들의 이반으로 인하여 극단적인 위기에 처하게 된 사건이었고, 여기서 권위주의는 민주주의로 이행하게 된다. 87년 6월 항쟁 국면에서는 민주주의 이행과정의 성격이 어떻게 관철될 것인가를 둘러싸고 두 가지 경로가 존재하였다. 하나는 위로부터의 보수적 민주화의 경로이며, 다른 하나는 아래로부터의 급진적 민주화의 경로였다. 전자는 구체제가 급진적으로 해체되지 않고 구체제의 지배적 세력들이 일정한 이니셔티브를 견지하는 속에서 민주주의로의 이행이 이루어지게 되는 경로를 의미하며, 후자는 구체제가 급진적으로 해체되면서 구체제와 단절된 저항적 세력들이 이니셔티브를 가지고 민주주의로의 이행이 이루어지는 경로를 의미한다. 한국에서 민주주의로의 이행과정은 위로부터의 보수적 민주화의 경로를 따라 전개되었다(조희연 1998a, 149-150).

이러한 민주주의 이행의 구체적인 형태, 즉 국가 혹은 지배의 형태적 변화는 군부권위주의 정권이 '민선(民選)군부정권'을 거쳐 '민선민간정권'으로 이행하는 과정을 밟았다. 이러한 변화는 기존의 제도정치에 의해 포섭되지 않는 운동정치의 혁명화를 저지하고 민중적 투쟁의 완화와 체제내화, 제도정치 내로 포섭하기 위한 것이었다. 이 과정은 그람시가 이야기한대로 민중적 저항에 의해 위기에 처하게 된 지배의 위기를 극복하기 위한 지배의 혁신과정, 즉 수동혁명의 과정이라고 할 수 있다.15)

의 '심화'(deepening)로 개념화하고 있다. 그러나 민주주의 이행과정이 시작되면서 사회운동은 집중화에서 분산화와 분화의 경향을 보이게 된다. 이것을 '경쟁적 분화'(competitive differentiation) 혹은 원심력적 분화로 개념화하고 있다.

15) 수동혁명은 피지배계급으로부터 통치에 대한 동의를 확보하기 위하여 지배계급이

이러한 '부르주아적' 대의민주주의의 복원을 주요 내용으로 하는 민선민간정권(民選民間政權)으로의 전환은 단순히 미국이나 지배세력의 '음모'에 의해서만 실현되는 것은 아니며, 앞서 서술한 바와 같이 사회적 투쟁 혹은 계급적 투쟁이 지배의 정치적 형식 변화를 강제하는 동력이 된다. 이후 제도정치와 운동정치의 역동적인 상호관계는 민주주의의 형식 속에서 전개되게 된다.

이러한 복원된 민주주의 하에서 위기에 처한 제도정치는 '선택적 포섭'을 통하여 재구조화되고 변형되게 된다. 87년 이후 제도정치의 변화 과정은 선택적 포섭을 통하여 제도정치의 변형주의적 재편을 도모하는 과정이 된다. 아래로부터의 운동정치의 성장으로 인하여, 기존에 권위주의국가에 의해 통제되던 제도정치가 더 이상 '동의'를 지속할 수 없는 상황에서,16) 제도정치의 '변형주의'적 재편이 나타나게 된다.

87년 이후의 민주주의 이행 과정은 기존 제도정치의 불안정을 극복하고 새로운 정당성을 획득함으로써 정치적 안정을 도모하기 위한 제도정당의 '변형주의'(transformism)적 재편 과정이라고 할 수 있다. 87년 이후의 일련의 제도정치 변화과정은 한편에서는 이러한 제도정치 자체의 변신 과정이었다고 할 수 있다. 변형주의(transformism)17)라고 하는 것은 특정 국면에서 지배적 정당이 운동정치를 상징하는 개인

자기변혁을 추구하는 행위라고 할 수 있다(Gramsci 1971, 106-114). 수동혁명의 대쌍(對雙)이 되는 능동혁명의 가능성이 수동혁명의 기본 동력으로 작용하게 된다. 수동혁명은 이런 점에서 지배의 위기에 대응하는 지배 혹은 국가의 재조직화로 규정될 수 있다.

16) 87년 6월 항쟁 이전에는 권위주의국가에 의해 종속되어 있던 반민주적 제도정치에 대한 불신과 불만이 팽배해 있었다. 일반적으로 민주화가 되면 이러한 불신과 불만이 축소될 것으로 생각하지만, 현재 우리가 경험하는 바와 같이 이전과는 다른 엄청난 정치적 불신과 제도정치에 대한 불만이 존재하고 있다. 이는 시민사회의 활성화와 변화에 상응하여 자기쇄신과 변화를 하지 못하는 제도정치에 대한 불신과 불만이라고 할 수 있다. 필자는 이를 '정치지체' 현상이라고 표현하고, 제도정치가 수행하여야 할 '대의'가 시민사회단체들에 의해 수행되고 있다는 점에서 '대의의 대행'이라고 표현하고 있다(조희연 2000b 참조).

17) 변형주의는 수동혁명의 과정에서 나타나는 변화의 한 형태로 규정될 수 있다. 이에 대해서는, Gramsci(1971, 58), Jessop(1982, 150), 최장집(1995) 참조.

이나 집단의 일부를 포섭함으로써 지배의 정당성을 획득하는 과정을 지칭한다. 이러한 변형주의적 재편은 기존 제도정당의 불완전하고 불철저한 변형의 과정이기 때문에, 또 그 과정에서 내부의 저항으로 인해 언제나 그러한 변형이 불철저하게 전개되기 때문에, 한 단계의 변형주의적 재편은 후속 변형주의적 재편을 결과하게 된다.

한편 사회운동의 변화는 군부권위주의 정권 타도를 중심으로 집중화되고 통합되던 상황에서 자율적인 제도정치영역 및 시민사회의 확장으로 사회운동의 발전이 보다 복합적인 양상을 띠는 것을 의미한다. 자율적인—비록 제한적이지만—제도정치영역 및 시민사회의 확장은 운동정치에 대해 양면적인 효과를 갖는다. 먼저 제도정치영역의 확장은 한편으로 제도정치에 의한 운동정치 혹은 그 이슈를 포섭(co-optation)하는 효과를 가지며, 다른 한편으로는 '운동정치의 제도정치 진입'을 위한 공간—예컨대 진보정치세력화를 실험할 수 있는 여지—을 부여하는 효과를 갖는다.

다음으로 시민사회의 확장은 한편으로는 온건한 사회운동이 출현할 수 있는 공간을 부여함으로써 사회운동의 다원화(pluralization)를 추동하는 효과를 가지며, 다른 한편으로는 계급적 대중운동 자체의 조직적 발전 및 저항운동의 다양한 영역으로의 확산을 가능하게 하는 효과를 갖는다. 그 결과 준자율적인 정당정치영역의 확장으로 인하여 정당정치영역 내부에서 '제도정치에 의한 운동정치의 포섭'의 경향과 '운동정치의 제도정치 진입'의 경향이 갈등하며 공존하게 된다. 시민사회 내부에서는 과거의 반독재운동과 동일시되지 않는 새로운 사회운동의 분화의 경향과 그 반대의 경향이 긴장하며 공존하게 된다. 군부권위주의 정권 하에서 사회운동이 '구심력적 심화'를 경험하였다고 하면, 80년대 후반 이후 현재까지 사회운동 내부에서는 '경쟁적 분화' 혹은 '원심력적 분화'(centrifugal differentiation)와 민중운동의 심화 및 확장의 경향이 공존하였던 것으로 보여진다. 전자의 예는 다양한 시민운동, 특히 온건한 시민운동들이 출현하고 그것들이 민중운동과 구별되는 정체성을 갖는 것 등에서 찾아볼 수 있으며, 후자의 예는 노동조합의 조직적 발전으로 민주노총이 만들어지는 것이나 진보적 시민운동이 출현하는 것에서 찾아볼 수 있다.

시민운동에 의한 시민정치의 출현과 그 역할의 확대 또한 읽을 수 있다. 국가와 제도정치는 보수적 세력들의 저항—이 저항은 지역주의에 의해 정당화된다—에 의해 개혁과 변화가 지체되고(정치지체), 시민사회의 압력이 없으면 개혁이 전진할 수 없는 상황이 나타나게 된다. 바로 여기서 시민정치에 의한 제도정치 역할의 대행현상, 즉 대의의 대행현상이 나타나게 된다.

반독재투쟁을 주도하였던 민주화운동이나 민중운동의 입장에서 보면 이러한 변화는 한편에서는 정당정치영역 및 시민사회 내부에서 원심력적 분화경향이며, 다른 한편에서는—주체적 대응에 따라서는—자기 발전 및 확장을 도모할 수 있는 가능성 확대이다. 군부독재 시기에는 사회운동이 민중운동 및 재야운동의 전투적 투쟁에 절대적으로 의존하고 있었기 때문에, 자연스럽게 사회운동 내부에서의 주도성은 전투적인 민중운동에게 부여되고 있었다. 그러나 민주화의 진전은 민중운동으로 하여금 전투성을 견지하면서도 다층적인 대응을 통해 '민주적 헤게모니'를 확립하려는 시도를 하지 않으면 역으로 자신의 입지가 좁아지는 상황을 만들게 된다.

87년 이후 민중운동의 조직적, 정치적 발전은 지속되었고—예컨대, 87년 민주노조운동이 95년 민주노총으로까지의 발전—민중운동에 의한 민중정치를 제도정치로 확장하려는 시도를 하게 되지만, 이것이 아직은 현실화되지 못하고 있다. 또한 이 시기에 나타나는 특징은 민중정치의 구성적 내용에 있어 노동정치가 더욱 중심적인 지위를 갖게 된다는 것이다. 이것은 민중운동 내에서 노동운동이 더욱 중심적인 지위를 갖게 되는 것에 상응하는 것이다.

이처럼 지배의 변화 속에서 운동정치는 제도정치와의 관계 속에서 포섭과 경쟁 양 측면의 도전을 받게 된다. 예컨대 제도정치는 운동정치를 부단히 포섭함으로써 제도정치의 '구조'를 손상시키지 않으면 제도정치를 확장하고자 하며, 운동정치는 제도정치의 풍부화의 계기가 아니라 '대체' 제도정치의 가능성을 부단히 탐색하게 된다.

먼저 제도정치영역이 확장됨에 따라 '제도정치에 의한 운동정치의 포섭'과 '운동정치의 독자적인 제도정치 진입'의 긴장에 대해서 살펴보기로 하자(조희연 1998b, 13). 제도정치의 기능이 극도로 축소되고 운동정치가 그것을 대신하던 군부권위주의 정권 시기와 달리 민주화에 따라 제도정치공간이 확장되고 그로 인해 제도정치가 일정하게 시민사회의 대의기능을 갖게 됨으로써, 제도정치와 사회운동의 상호관계가 달라지게 된다. 구체적으로는 군부정권 시기 제도정치로부터 배제당하였던 온건정치세력의 재편입을 가져오게 된다. 이는 이전과 달리 '제도정치와 운동정치의 분리'를 낳게 된다. 정당정치영역의 부분적인 확장 속에서 급진적 저항운동에 참여하였던 개인이나 집단들 중 일부는 확장되는 제도정치에 참여하기 위하여 온건야당 내부로 포섭되기도 한다. 이것은 사회운동을 제도정치 내로 포섭하는 결과를 가져오게 된다.

이러한 운동정치를 제도정치로 포섭하는 경향에 대응하여 운동정치에게는 제도정치공간으로 진보적 진입을 해야 하는 과제가 제기되게 된다. 87년부터 진보정치세력화를 위한 시도는 여러 차례의 대선과 총선을 통해서 이루어졌으나, 그러한 시도는 성공을 거두지 못하였다. 이것은 한편으로는 노동운동이나 민중운동의 역량 부족이라는 점에서 기인하기도 하지만, 다른 한편에서는 우리 정당정치영역의 불완전성과 보수적 폐쇄성이 지속적으로 강고하게 존재하는 데 더 크게 기인한다. 예컨대 노동운동의 조직적, 대중적 발전은 비록 여러 제약성이 있음에도 불구하고 시민사회 내에서의 노동운동의 중심적 위치를 강화해 왔다. 그러나 시민사회와 정당정치의 괴리는 시민사회 내에서의 노동운동의 지위에 상응하는 정당정치영역 재편을 가로막아 왔다. 이는 '운동과 정치의 괴리'로 상징되는 한국 정당정치의 한 특징을 말해 준다. 이런 점에서 볼 때, 제도정치의 폐쇄성을 뚫고 어떻게 지체된 계급정치로의 이행을 가속화할 것인가 하는 과제가 제기된다.

한국 민주주의의 불완전성과 '헤게모니 없는 지배'는 천민적 자본주의와 '헤게모니 없는 자본독재'와 상호 조응관계에 있다고 할 수 있다. 그런 관계 속에서 배제적 성격의 제도정치가 유지되고 있기는 하지만 그만큼 지배 자체의 불안정성이 존재하게 되고, 이는 역으로 진보적 세력들의 정치화의 여지를 광범하게 남겨놓고 있다.

다음으로 자율적인 시민사회의 확장이 갖는 사회운동적 효과를 살펴보기로 하자. 앞에서 지적한 대로 시민사회의 확장은 시민사회 내에서의 사회운동의 원심력적 분화와 전투적 사회운동의 확장간에 긴장을 가져오게 된다. 먼저 국가의 변화가 제공하는 정치적, 사회적 공간 속에서 과거의 전투적인 저항운동이 다양한 지역적, 전문적 사회영역으로 확장되게 되며, 군부권위주의 정권의 극단적인 탄압 속에서 그 대중적, 조직적 확장을 제약당하고 있었던 노동운동 등 대중운동의 발전이 나타나게 된다. 물론 이러한 대중운동의 조직적 발전은 완성된 것이 아니다. 현 시기 대중운동은 지배의 변화가 가져오는 민주주의적 공간의 확장 속에서 어떻게 그 조직적, 정치적 발전을 전진시킬 것인가 하는 과제를 여전히 떠 안고 있다. 앞서 지적한 대로 80년대 후반 이후 진행되는 지배의 변화는 한편으로는 지배의 재구성적 연속이며, 다른 한편으로는 지배의 형태적 변화로서의 성격을 지니고 있다. 국가 및 지배의 이러한 양면성은 억압정책과 유화정책의 선택적 배합으로 나타나게 된다. 80년대 후반 이후 지배의 유화과정 속에서 정부는 노동운동, 학생운동, 민중운동 등이 지배를 위협하게 되면 공안정국 조성 등 억압적 배제전략을 구사하였고, 그러한 전략의 부작용이 강화되면 다시 선택적으로 유화전략을 구사하였다. 어떤 점에서 이것이 바로 저강도 민주주의의 본질이라고 할 수 있다. 바로 이러한 저강도 민주주의 전략 속에서 어떻게 대중운동의 발전을 도모할 것인가가 중요하게 된다.

다음으로 시민사회의 확장이라고 하는 지배의 변화는 대중운동 발전의 공간을 확장할 뿐만 아니라, 다른 한편에서 사회운동의 원심력적 분화경향을 강화하게 된다. 자율적인 시민사회의 확장은 과거의 전투적이고 급진적인 민중운동과 달리 온건한 '신사회운동'(new social movement)의 분화 출현을 가능하게 하였다. 그러나 90년대 이후 이러한 원심력적 분화현상에 대응하여 저항운동의 새로운 운동영역으로의 확장을 위한 시도들도 나타나게 되었다. 원심력적 분화경향에 대한 반경향은 보수적 시민운동 내부에서 진보적 목소리가 커지게 되는 것으로도 나타났고, 진보적 시민운동체의 출현으로도 나타났다. 90년대 초반 이후 한편으로는 온건한 시민운동체 내부에서 진보적 경향이 강화되고, 다른 한편으로는 새로운 진보적인 시민운동조직들이 다양한 영역에서 출현하는 것으로 나타났다.

앞서 서술한 바와 같이, 제도정치의 변형주의적 재편과정은 금단의 정치와 배제의 정치를 극복하고 민주주의의 온전화를 위한 과정이 되어야 했으나, 현실에 있어서의 변형주의적 과정 자체도 대단히 불철저하게 진행되었다. 민주주의 이행과정의 왜곡화로 표현될 수 있는 이러한 상황으로 인하여, 권위주의적 제도정치는 자신에 대항하였던 저항적 운동정치를 포괄하는 개방적인 제도정치로 전환되지 못함으로써 한국 민주주의는 불완전성을 지닌 가운데 정체된 채로 존재하게 되는 것이다.

그런데 이러한 제도정치의 불철저한 변화에도 불구하고 그것에 시민사회가 적응하면 제도정치의 안정성은 확보될 수 있다. 그러나 제도정치의 변화의 불철저함에 비하여, 87년 이후 시민적·계급적 역동성은 더욱 진전되어 왔고, 이처럼 시민사회의 활성화로 인해 (변화가 지체되는) 제도정치와 (활성화되는) 시민사회간의 괴리는 더욱 커지게 되었다. 87년 이후 우리 사회가 민주개혁의 과도기에 있다고 할 때, 민주개혁이 가져오는 가장 중요한 변화는 군부권위주의 체제의 약화, 즉 탈권위주의화이다. 그런데 이러한 탈권위주의화에 따라 권위주의 국가권력에 억눌려 있던 시민사회의 독자화와 활성화가 진전되게 된다.18) 87년 이후 탈권위주의화는 기존의 국가권력이 갖고 있는 압도적 사회통제력이 현저하게 약화되면서 대중들의 행동조직을 위한 제도적 공간이 확대된다는 것을 의미하고(P. D. Oxburn 1995), 이는 시민사회에 대한 억압을 약화시킴으로써 계급적 역동성(class activism)과 시민적 역동성(civic activism)이 강화될 수 있는 조건을 부여하게 된다.19)

이처럼 제도정치의 불철저한 변형주의적 재편, 민주화에 따른 제도정치의 개방화, 그럼에도 불구하고 민중적 시민적 역동성의 증대, 그 결과 제도정치와 운동정치의 괴리 확대 등의 현상이 바로 '정치지체' 현상이다(조희연 2000c). 87년 6월 항쟁의 의미는 권위주의국가에 의해 통제되어 오던 제도정치―이것은 시민사회를 대표하기보다는 군부권위주의 국가에 종속됨으로써 시민사회의 표출을 억제하고 군부권위주의 국가의 의지를 시민사회에 강제하는 매개역할을 하게 된다―에 의한 '정치독점'이 깨어지는 것을 의미한다. 권위주의적 제도정치가 새롭게 정당성을 갖게 되기 위해서는 활성화된 민중정치와 시민정치를 반영하는 제도정치의 재구축을 통해서 가능하다. 정치지체는 87년 이후

---

18) 80년대의 이러한 활성화된 시민사회는 '민중 주도적인 시민사회'였다고 할 수 있다(정대화 1995). 87년 이전 시기까지의 전투적인 반독재투쟁이 87년을 분기점으로 소멸하였다는 점에서 '시민사회의 보수화'(최장집 1993)를 이야기할 수 있지만, 87년 이후 시민사회는 87년 이전의 전투적인 양상으로 표출되지는 않았지만 다양한 시민적 운동이 사회각계로 확산되어 갔다는 점에서 87년 이전과 다른 시민사회의 역동성이 존재하였다고 생각된다(김호기 1995).
19) 라이언(J. J. Ryan 1994)은 민주화가 (혁명)운동에 가져오는 충격과 영향에 따라, '운동의 파괴'(destruction of the movement), '협약을 통한 굴복'(negotiated surrender), '협약을 통한 제도화'(negotiated settlement), '체제의 전복'(overthrow of the regime) 등 네 가지 경우가 나타나는 것을 설명하였다. 그랬을 때 한국의 이행은 운동의 파괴나 체제의 전복과 같은 '양극'의 중간에 위치하는 경우로 판단된다.

민주주의 이행 과정에서 활성화된 민중정치와 시민정치를 반영하는 형태로 제도정치가 변화되어야 함에도 불구하고 그것이 고착됨으로써 나타나는 현상이라고 할 수 있다.[20]

근대 민주주의는 정치를 대의정치와 정당정치의 틀 내로 한정하고 시민사회의 다양한 정치성을 대의정치와 정당정치의 틀 내로 '대의'하는 것이었다. 그러나 20세기, 특별히 2차대전 이후의 서구 시민사회의 활성화는 제도화된 정치로만 포괄되지 않는 시민사회의 새로운 정치화를 담고 있었다. 이른바 '신사회운동'으로 표현되는 시민사회의 정치화는 이미 근대적인 제도정치의 틀을 뛰어넘는 비제도정치적 '정치성'을 담고 있다고 할 수 있다. 전통적으로 정치는 제도정치를 포함하는 국가의 영역에 속하는 것으로 간주되었다. 이런 점에서 정치의 '탈국가화'라는 변화가 정치지체의 이면에는 존재하고 있다고 할 수 있다. 제도정치—혹은 넓은 의미에서의 국가—에 의한 정치독점이 깨어짐으로써, 정치의 위기가 나타나게 되었다고 할 수 있다. 이런 점에서 근대정치의 '제도정치적' 한계성을 넘어 시민사회가 활성화됨으로써, 앞서 지적한 바와 같이 민주주의의 내용을 구성하는 정치는 제도정치로만 한정될 수 없다. 그런 점에서 시민사회의 계급적·시민적 역동성이 운동정치로 표출되고 그것이 제도정치와 소통하는 구조를 만들어내는 것이 중요하다.

한국의 제도정치는 분명 위기에 처해 있다. 그런데 그 위기는 시민사회를 반영하는 '지체되지 않은' 제도정치가 형성되지 않았기 때문이기도 하지만, 제도정치로 환원되지 않는 시민사회의 정치 혹은 운동정치가 부단히 새로 형성되기 때문이기도 하다. 이런 점에서 제도정치와 운

---

[20] 이런 결과로 강력한 계급운동이 있지만 제도정치의 '계급정치'적 전환은 억압된다 (조희연 1998b, 2장 1절). 그 결과 제도정치는 "사회의 계급구조와 계급관계의 역학으로부터 탈구되고 자립화되어"(임영일 1992), 시민사회의 계급관계를 반영하지 못하는 왜곡된 정치게임의 장이 되어버린다. 이것이 제도정치의 한국적 특수성이라고 할 수 있다.

동정치의 개방적인 상호관계를 인식하고 제도화하는 것이 필요하다고 하겠다. 특정 시기의 '사회'세력이 폭넓은 지지를 받는 운동정치를 배경으로 하여 제도'정치'세력으로 진입하게 된다고 하더라도, 경제적 변화와 시민사회의 새로운 역동성의 증대로 인하여 제도정치와 새로운 운동정치 간에는 새로운 괴리가 나타나게 될 것으로 예측할 수 있다. 따라서 제도정치와 시민사회의 역동성 간에는 '종식시킬 수 없는' 괴리가 존재하게 된다는 점을 인정하고, 그 괴리를 보완하는 운동정치의 독자적인 지위를 설정할 필요가 있다. 이런 점에서 이 글은 운동정치와 제도정치의 역동적인 상호관계의 프레임으로 해방 이후 한국 민주주의의 동학을 해명해보고자 하는 시도라고 할 수 있다.

<표 1-2> 제도정치와 운동정치의 상관관계로 본 한국 민주주의 변화

	시기구분		국가	제도정치	시민사회(운동정치)	비고
국가 형성 시대	해방~6·25전쟁			반공규율사회와 '정치'의 '금단(禁斷)'의 정치' 형성. 전후 독립국가의 성격을 둘러싼 투쟁기.		반공규율사회의 형성. 그 결과로 진보당 사건도 전후의 우익적 제도정치 표면에 대한 시민사회의 반란. 그러나 좌절. 우익 고착화
	민간권위주의정권	종전~4.19혁명	반공규율사회 위에서 안보국가의 등장.	제도정치의 이데올로기적·정치적 표면임의 재설정(좌익정치가 우익정치체제도 정치질서의 성립)	운동정치의 부재. 좌익적 사회운동의 '공식적' 소멸.	
권위주의 시대	4·19혁명~5·16쿠데타		과도기		사회운동의 제한적 전출. 혁신적, 좌익적 운동의 등장.	
	군부권위주의정권(1차): 박정희정부	5·16~10월유신	국가주의적 발전동원체제	국가주의적 '배제의 정치' 형성. 이 체제의 등장으로 제도정치의 재설정. 50년대적인 제도적 복귀 시도.	좌익적 운동정치의 소멸.	산업화의 진전에 따라 자본주의적 비판적 운동정치의 등장.
		10월유신~79.10.26	국가주의적 발전동원체제	제도정치 자체의 협애화, 반권위주의적 제도정치세력들의 축출	제도정치의 배제, 배제된 일부 제도정치인들의 운동정치 참여, 운동정치의 본격화	민중운동의 등장은 이중적 의미(자본주의적 비판적 운동정치이면서 급진적 운동정치의 부활)

시기구분		국가	제도정치	시민사회(운동정치)	비고
79.10.26~80.5.17		과도기			
군부권위주의 정권(2차): 전두환정부	80.5.17~ 87년 대선	국가주의적 원체계	'제도정치' 자체의 협애화, 반권위주의적 제도정치세력들의 '축출'의 화, 운동정치의 확장에 의한 제도정치 내의 균열.	극도로 협애화된 제도정치로 인하여, 운동정치의 동명화 경향. 이중적 경향 —1)배제된 제도 정치인들의 제도임과, 2)민주혁명을 달성하고자 하는 경향.	70년대적 경향이 가속화. 전두환의 정치규제는 제도정치의 협애화.
민주주의 이행시대	민선노부정권: 노태우 정부	국가주의적 원체계의 민주적 개혁을 위한 파도기.	민주적 개방화의 시작과 제도정치의 선택적 개방. 운동정치의 선택적 포섭. '아래부터의 보수적 민주화'의 진행과 '정치지체'.	운동정치의 확장을 위한 시도와 제도정치화를 위한 시도. 시민정치의 등장	지역주의가 제도정치의 이데올로기적 개방화를 제약. 이중적 제약 —1)좌익정치의 제도정치와 약체, 2)위로부터 보수적 민주화'라는 제한된 구조 속에서, 시민정치에 의한 '아래의 대행'
	민선민간정권(1차): 김영삼 정부	국가주의적 원체계의 민주적 개혁을 위한 파도기.	"제도정치의 재개방화, 운동정치의 선택적 포섭"의 화대	사회운동의 경쟁적 분화	지역주의가 제도정치의 이데올로기적 개방화를 제약. 이중적 제약 —1)좌익정치의 제도정치와 약체, 2)위로부터 보수적 민주화'라는 제한된 구조 속에서, 시민정치에 의한 '아래의 대행'

 참고문헌

그람시. 이상훈 역. 1986. 『옥중수고 I』, 거름.
김동춘. 1997. 『분단과 한국사회』, 역사비평사.
김호기. 1993. 「그람시적 시민사회론과 비판이론의 시민사회론」, 한국산업사회연구회, 『경제와 사회』, 가을호.
_____. 1995. 『현대자본주의와 한국사회: 국가·시민사회·민주주의』, 사회비평사.
로크/J. S. 밀. 이극찬 역. 1992. 『통치론/자유론』, 삼성출판사.
라클라우/무페. 김성기 외 역. 1991. 『사회변혁과 헤게모니』, 터.
레닌. 강철민 옮김. 1991. 『국가와 혁명』, 새날.
맑스. 김재기 편역. 1988. 「공산당 선언」, 『마르크스·엥겔스 저작선』, 거름.
박영도. 2000. 「세계화 시대의 민주주의: 그 딜레마와 전망」, 한국산업사회학회, 『경제와 사회』, 제45호.
배링턴 무어. 진덕규 옮김. 1985. 『독재와 민주주의의 사회적 기원』, 까치.
알뛰세. 이진수 역. 1992. 「이데올로기와 이데올로기적 국가기구」, 『레닌과 철학』, 백의.
울리히 벡. 1998a. 『정치의 재발견』, 거름.
_____. 1998b. 「정치의 재창조」, 임현진·정일준 옮김, 『성찰적 근대화』, 한울.
유팔무·김호기 편. 1995. 『시민사회와 시민운동』, 한울.
임영일. 1992. 「한국의 산업화와 계급정치」, 한국사회학회·정치학회 편, 『한국의 국가와 시민사회』, 한울.
정대화. 1995. 「한국의 정치변동, 1987~1992: 국가·정치사회·시민사회의 관계를 중심으로」, 서울대 정치학과 박사학위논문.
정태석. 2001. 「6월 항쟁 이후 한국 시민사회의 변화와 사회운동론의 이데올로기」, 한국산업사회학회, 『경제와 사회』, 봄호 특별부록.
조희연. 1998a. 『한국의 국가, 민주주의, 정치변동』, 당대.
_____. 1998b. 『한국의 민주주의와 사회운동』, 당대.
_____. 1999a. 「한국의 경제성장과 정치변동」, 『성공회대학논총』, 13호, 성공회대 출판부.
_____. 1999b. 「종합적 시민운동의 성격과 변화전망」, 『당대비평』, 겨울.
_____. 2000a. 「광주민중항쟁과 80년대 민주화운동~87년 이전까지를 중심으로」, 2000년 비판사회학대회 발표문, 9월 23일.
_____. 2000b. 「민주주의 이행과 제도정치·민중정치·시민정치」, 한국산업사회학회, 『경제와 사회』, 여름호.
_____. 2000c. "Democratic Transition and Social Movement Change in South Korea," 『성공회대학논총』, 15호.

최장집. 1993. 『한국 민주주의의 이론』, 한길사.
_____. 1995. 「변형주의와 한국의 민주주의」, 『사회비평』, 13호.
Gramsci, A. 1971. *Selections from the Prison Notebooks*, London: Lawrence and Wishart.
Jessop, B. 1982. *The Capitalist State*, Oxford: Martin Robertson.
Offe. 1985. "New Social Movements: Challenging the Boundaries of Institutional Politics", *Social Research*, Vol. 52.
Oxburn, Philip, D. 1995. *Organizing Civil Society: the Popular Sectors and the Struggle for Democracy in Chile*, Pennsylvania University Press.
Rueschmeyer, D. and E. H. Stephens and J. D. Stephens. 1992. *Capitalist Development and Democracy*, Chicago: Univ. of Chicago Press.
Ryan, Jeffrey J. 1994. "The Impact of Democratization on Revolutionary Movements," *Comparative Politics*, October.

제2부

식민지 시대·국가형성 시대

제2장

식민지 시대 민족해방운동의 근대적 성격과 민주주의

전명혁

1. 머리말 : '특수한 근대'로서의 식민지 조선

베링턴 무어(B. Moore)는 근대 사회로의 세 가지 길[1]과 더불어 네 번째 길로 영국의 식민지배를 경험한 인도의 근대화의 길을 설명한다. 그러나 19세기말 20세기초 근대 사회의 형성기와 더불어 곧바로 일본 제국주의의 독점적 식민지로 편입되면서 자생적인 근대화의 길이 차단되고 식민지적 자본주의, '식민지적 근대'의 길을 걷게 되고 또한 해방과 동시에 두 가지 체제로 양분된 우리 사회의 근대화의 길은, 인도적 코스와 유사하지만 또 다른 근대적 길을 경험하였다.

식민지 시대의 역사적 경험은 해방 이후 한국 사회의 정치, 경제, 사회 전반을 제약하여 왔다. 이러한 점에서 식민지 시대 사회성격을 해명하는 작업은 한국현대사회에 대한 분석과 밀접히 연관되어 있다.

최근 '식민지 근대화' 문제를 둘러싼 '개발' '수탈' 논쟁은 그 논쟁의 찬반을 떠나 그동안 '민족해방운동사적 관점'으로 일관하여 식민지 시대 역사를 해석해 온 연구 경향에 대해 이를 이론적으로 한층 발전시켜

---
[1] 베링턴 무어는 근대 사회로의 이행의 길을 첫째, 자본주의와 의회민주주의가 결합한 부르주아혁명의 길(영국, 프랑스, 미국), 둘째, 위로부터의 자본주의의 길을 통해 파시즘의 형태로 간 반동적 노선(독일, 일본), 셋째, 농업사회에서 사회주의혁명을 통한 공산주의의 길(러시아, 중국)의 세 가지 길로 설명하고 있다(1985, 417).

식민지 시대 역사상을 풍부하게 하였다는 측면에서 고무적이다(역사문제연구소 편 1996).

'식민지'와 '근대성'(Modernity) 또는 '식민지적 근대'라는 문제틀은 모순적이고 중층적 의미를 내포하고 있다. 서구적 근대와 대비되는 일본 제국주의의 국가권력인 조선총독부의 식민지 지배는 전통적인 봉건적 지배와는 질을 달리하는 왜곡되었지만 '특수한 근대'였다.

일본 제국주의의 식민지 지배라는 억압적 조건 속에서 근대적 노동·농민·청년·여성운동 등 각 부문운동에서 근대적 사회운동이 폭발하기 시작했다. 이것은 조선 봉건 말기의 농민전쟁에서 보여지는 반봉건적 요구와는 질적으로 다른 내용을 담고 있었다. 또한 3·1운동을 전후한 시기 근대적 사회사상으로서 민족주의, 무정부주의, 사회주의 사상이 본격적으로 유입되면서, 1920~30년대에는 사회주의운동이 민족해방운동의 주도적 흐름을 차지하게 되었다. 사회주의운동의 지향은 결국 부르주아 민주주의적 과제 즉 일반 민주주의적 과제라는 최소강령적 요구와 반(反)자본주의적 요구를 동시에 지향하고 있다는 점에서, 근대적 요구와 동시에 '반(反)근대' 또는 '탈(脫)근대'의 지향점을 보여주는 운동이었다. 이와 같이 식민지 시대는 봉건적 유제의 청산과 식민지적 억압으로부터의 해방으로서 근대의 과제와 근대화, 즉 자본주의의 모순의 지양으로서 반근대의 과제가 중층적으로 결합되어 있었다.

이 글은 일제하 식민지 시대 민족해방운동 과정에서 제기된 민주주의 과제의 문제를 분석함으로써, 식민지의 경험을 통해 굴절된 한국 근대사회 형성의 특수성을 밝히려는 하나의 시도이다.

2. 독점적 식민지배체제로의 편입과 조선총독부 국가권력의 성격

1910년 8월 한일합방으로 조선에는 식민지 통치의 최고 권력기관인 조선총독부가 설치되었고, 오직 일본 천황에게만 책임을 지는 조선총독을 정점으로 한 무단적 통치체제가 수립되었다. 그 결과 조선은 일제의 총독부 국가권력에 의한 독점적 식민지배체제로 편입되었다. 조선총독부는 행정부, 사법부, 군사령부를 모두 합친 것과 같은 권한을 갖고 있었고, 조선인에 대한 생사여탈권을 손에 쥔 총독의 명령은 일본 의회의 동의를 필요로 하지 않았으며, 또 일본 정부의 통제를 받지 않았다.

일제는 1910년대 헌병경찰제라는 무단적 통치체제를 도입하여 식민지 민중을 무력적으로 억압하였다. 헌병경찰은 의병 토벌, 첩보 수집 등의 임무와 범죄즉결처분권, 강제집행권, 민사소송조정권 등 무려 87개조에 이르는 광범한 권한을 갖고 있으면서, 조선 민중을 자의적으로 탄압하였다[2](조국 편저 1992, 70). 그리고 1910년 「집회 단속에 관한 건」을 제정하여 사실상 모든 정치집회를 금지하고 국내에서 활동하고 있던 일체의 단체를 해산하였으며, 신문지법·출판법을 확대 적용하여 신문과 잡지 등 출판물을 강제 폐간시켰다. 이처럼 표면적으로는 근대적인 문물제도를 도입하였는지는 몰라도, 실제로는 언론, 출판, 집회, 결사 등 기본권을 완전히 부정하였던 것이다.

3·1운동 이후 1920년대에 들어와 조선총독부는 헌병경찰제를 보통경찰제로 바꾸고 부분적인 언론, 출판, 집회, 결사의 자유를 허용하는 이른바 '문화정치'를 표방하고 나섰다. 문화정치의 실시에 따라 헌병경찰제의 폐지, 관리와 교원의 대검 착용 폐지, 언론·출판·집회·결사의 제한적 허용 등 부분적인 개량적 조치들이 이루어졌다. 그러나 일제는 문화정치라는 구호 하에서도 군대와 경찰병력을 계속 증가시켰다.[3] 그리고 특별고등경찰, 사복경찰, 밀정 등에 의한 독립운동가, 지식인, 학생 등에 대한 미행, 사찰, 임시검문, 불심검문, 예비검속 등을 강화하여,

---

[2] 특히 당시 일제는 갑오개혁 때 폐지된 태형(笞刑)을 1912년 부활시켜 사용, 조선 민중에 대한 야만적 테러를 자행하기도 했다고 한다(송건호 1980, 31-32).
[3] 1919년 736개소이던 경찰관서는 1920년에 2,746개소로, 1919년에 6,387명이던 경찰 수는 1920년에 20,134명으로 급증하였다.

당시 조선 전역을 거대한 감시소로 만들어버렸다. 나아가 "정치변혁을 목적으로 다수가 공동하여 안녕 질서를 방해 또는 방해하고자 한 자들"에게 적용한 「대정8년제령(大正8年制令) 제7호」, 즉 「정치에 관한 범죄처벌의 건」을 더욱 강화하여 1925년 5월 7일 「치안유지법」을 시행 공포하였다.4) 이제 사회주의 사상과 운동에 대처할 수 있는 법이 필요하게 된 것인데, 즉 제령 7호의 주요 대상이 민족운동이었다고 한다면, 이 치안유지법의 주요 대상은 사회주의 사상과 운동이었다고 할 수 있다. 이러한 의도 아래 이후 일제 식민통치의 최고의 법적 도구였고, 또 현 국가보안법의 전신인 치안유지법이 마침내 조선 사회에 등장한 것이었다.

한편 일제는 1919년 3·1운동 이후 참정권 문제가 제기되면서 지방행정기관에 부수되는 각급 자문기관을 설치하는 지방제도의 개편을 시행했다. 그러나 그것은 내용적으로 중앙권력의 일부를 지방에 나누어 맡겨서 지배체제의 강화를 도모하는 것에 불과하였다.

1920년, 1923년, 1926년, 1929년의 4회에 걸쳐 실시된 부와 면 협의회원 등 지방통치기관의 자문기관 선거는 민주적인 보통선거가 아니라 극단적인 제한선거였다. 우선 선거가 실시된 지역이 일본인과 한국인 지주의 집주지(集住地)인 전국 12개의 부(府)와 24개의 지정면(指定面)에 한정되었다. 그리고 선거가 실시된 부와 지정면 협의회원의 선거자격도 총독부에 의해 극도의 제한을 받았다. 즉, 선거권과 피선거권은 25세 이상의 남자로서 독립된 생계를 영위하고 1년 이상 그 단체의 주민으로서 조선총독이 지정한 부세, 읍면세 연액 5원 이상을 납부하는 자만으로 자격을 제한하는 특권적인 것이었다. 절대 다수인 2,500여개의 보통면에서는 임명제에 의해 협의회원을 지정하였기 때문에 조선

---

4) 1925년 4월 법률 제46호로 공포된 「치안유지법」은 전문 7조로 구성되었다. 그 제1조는 "국체를 변혁 또는 사유재산제도를 부인할 목적으로 결사를 조직하거나 또 그 점을 알고 이에 가입한 자는 10년 이하의 징역 또는 금고에 처함. 전항의 미수죄는 이를 벌함"으로 규정되어 있었다(김준엽·김창순 1986, 339).

민중은 자문기관의 설치와 선거의 시행에 대해 일반적으로 무관심 내지는 부정적 반응을 보일 뿐이었다(강동진 1984, 333).

일제는 1930년 12월 「지방제도개정방침」을 발표하는데 그 골자는 첫째, 그 전까지의 부·지정면 자문기관을 의결기관으로 하고 둘째, 부협의회를 부회로 지정면을 읍(邑)으로 개칭해서 읍회로 고쳐 부르며 셋째, 임명제였던 면협의회를 새로 선거제로 한 것이었다.

이에 따라 도평의회, 부평의회, 지정면협의회는 각각 도(道)회, 부(府)회, 읍(邑)회로 개칭되고 대의원 명칭도 도회의원, 부회의원, 읍회의원으로 되었다. 1933년 무렵 도(道), 부(府), 읍(邑)에 도지사, 부윤, 읍장을 그 의장으로 하는 지방자치제를 실시한 바 있다. 그러나 이들은 의결기관이라기보다는 자문기관의 지위를 겨우 면한 정도였다. 집행기관인 도지사, 부윤, 읍장은 총독부가 임명한 관리였고 도의회 의원의 정수는 조선총독이 도에 따라 20~50인으로 정하였는데, 그 정수의 2/3는 각 선거구에서의 부회, 읍회의 의원과 면협의회 의원이 선거하는 간접선거제였고, 또 정수의 1/3은 도지사가 임명하였다.

지방의회에 대한 통제 감독은 매우 강력하여 도에 대하여는 총독이, 그리고 부, 읍, 면에 대해서는 도지사가 각각 직권으로 예산의 증액 또는 삭감을 명할 수 있었다. 조선총독이 지방의회의 해산을 명할 수 있었으며 부회에 대하여는 군수나 도지사가 각각 정회를 명할 수 있었다. 따라서 지방자치를 표방하면서 실제로는 중앙집권적 통치체제를 유지하려는 형식적 지배정책에 불과하였다.

한편 1929년 말부터 세계 자본주의는 전면적 공황 상황으로 돌입하게 되었으며, 일본도 예외는 아니었다. 국제노동운동과 식민지 해방운동은 급격히 고양되었으며, 식민지 조선에서도 원산총파업을 시작으로 급격한 정세의 고양이 이루어졌다. 당시 노동운동과 농민운동은 혁명적 노조와 농조의 지도 하에 대중적 시위와 폭동의 형태를 띠고 전투적으로 투쟁을 전개하였다.

안팎으로 위기 상황에 직면한 일본은 그 토대의 취약성으로 인하여 선진 자본주의 국가처럼 '뉴딜'(New Deal)과 같은 정책을 구사할 수는 없었다. 남은 선택은 '군국주의화', '파쇼화' 길의 강화뿐이었으며, 그 과정에서 위기의 탈출구를 1931년 9월 중국 동북지방에 대한 침략에서 찾고자 했다. 이에 따라 식민지 조선은 대륙 침략의 '견고한 후방지', '병참기지'로 자리매김되었고, 조선의 운동세력에 대한 탄압 강화와 문화정치 하에서 극히 제한적이나마 허용된 자유의 박탈이 뒤따르는 것은 당연했다. 운동세력에게 사형을 부과하는 치안유지법 개정(1928. 6. 29. 칙령 제129호), 사상전향제도의 정식 도입(1931. 3. 27. 사법차관 통첩 제270호), 조선사상범보호관찰령 시행(1936. 12.) 등은 그 몇몇 예에 불과했다. 당시 식민지 조선은 1928년부터 1935년까지 치안유지법 사건으로 검거된 사람의 수가 약 1만6천 여명, 그 중 보호관찰대상에 붙여질 적격자는 약 6천4백 여명에 달하였다. 그리고 1933년 이후 1938년까지의 시기에는 약 8천 여명으로, 1938년 7월부터 1940년 4월까지 보호관찰에 접수된 사람의 수는 총 12,604명으로 급증했다.

나아가 일제는 1931년 만주사변과 1937년 중일전쟁을 일으키면서 1938년 5월 '국가총동원법'을 제정하여 대륙침략을 위해 식민지 조선의 노동력과 자금, 물자 등을 원활하게 공급할 수 있는 법적 근거를 마련하고(곽건홍 1998, 33), '내선일체'(內鮮一體)라는 목표 하에 '대동아공영권'을 건설하기 위해 조선인에 대한 '황국신민화 정책'을 획책하였다.

이와 같이 일제는 본국의 파시즘적 국가권력의 강력한 통제하에 그 대리체제인 식민지 국가권력으로 조선총독부를 두고 조선 민중을 직접적으로 탄압하였다. 그들은 자치론을 통해 타협적 민족주의자와 비타협적 민족주의자 진영으로 민족진영을 분리시켜 민족주의세력의 분열을 획책하고 민족해방운동을 무력화시키려 하였다. 또한 일제는 1930년대 전시체제기부터 해방 직전까지 신사참배, 일본어 강제보급, 창씨개명 등 '황민화정책'을 노골적으로 시행하면서 파시즘적 통치권력의 성격을 구체화하였다.

이러한 예에서 알 수 있는 것처럼, 일제 조선총독부에 의한 식민통치 35년의 역사는 조선 민중들에게는 한 마디로 '숨막히는 질식의 시대'이자 '민주주의 교살의 시대'였다고 할 수 있다.

3. 식민지 시대 근대 사회사상의 수용 : 민족주의의 분화와 사회주의

1884년 갑신정변과 1894년 갑오농민전쟁과 같은 반봉건적 근대지향적 변혁의 길이 실패하고 질곡된 가운데 성립한 식민지배체제는, '서구적 근대화의 길'을 차단하고 '식민지적 근대'라는 왜곡된 형태를 강요하였다. 19세기말 개화사상과 독립협회운동 등에서 보여지는 서구적 의미에서의 국민국가적 지향과, 1900년대 애국계몽기에 사회진화론의 수용을 통한 국권회복운동 등은 제국주의의 침략에 저항하는 민족주의로 나타나게 된다.

그러나 1919년 식민지 조선에서 일본제국주의에 항거하는 전민족적·혁명적 항일봉기였던 3·1운동에서 나타났던 이른바 '민족대표 33인'의 투항주의적인 태도는 민족주의의 사상적 허약함을 식민지 민중들에게 보여주었다. 식민지 민중에게는 민족독립과 해방을 위한 보다 강력한 사상이 요구되었다.

이 무렵 1917년 10월 러시아혁명의 물결은 중국과 일본 그리고 식민지 조선에서도 거센 파도처럼 밀려들어왔고, 사회주의사상은 식민지 지식인들에게 근대 민족해방운동의 한 이념적 무기로서 자리잡게 되었다(전명혁 1999a, 334). 서구에서 사회주의사상의 형성·발전과정은 근대 자본주의의 형성과 더불어 성장했던 노동자운동과 맑스주의의 융합 과정이었다고 할 수 있다. 그러나 서구와는 달리 우리나라는 일본 제국주의의 식민지라는 특수한 조건 속에서 근대적 사회사상으로서 사회주의

사상이 유입되었고 급격히 보급되기 시작했다.

민족주의와 사회주의는 이념적으로 커다란 차이가 존재하지만 식민지라는 상황을 고려해 볼 때 단순히 이를 대립되는 것으로 파악하는 것에는 난점이 따른다. 이러한 점에서 신간회 초대 회장인 월남 이상재가 <조선일보> 1928년 4월 1일자에 "민족주의는 사회주의의 근원이며, 사회주의는 민족주의의 본류"(서중석 1985, 272에서 재인용)라고 말한 뜻을 환기할 만하다.

3·1 운동 직전 동경 유학생들의 「2·8독립선언서」에는 "이미 군국주의적 야심을 포기하고 정의와 자유를 기초로 한 러시아는 신국가의 건설에 종사하는 중이며……정의와 자유를 기초로 한 민주주의 상에 선진국의 모범에 따라 신국가를 건설……"이라고 러시아혁명의 결과에 따른 세계사의 새로운 분위기를 나타내고 있다. 또 3·1 운동 직후 한용운은 「조선독립의 서」에서 "정의·인도, 즉 평화의 신은 독일 인민들의 손을 빌어 세계의 군국주의를 타파함이니, 곧 전쟁 중의 독일혁명이 이 것이다. 독일혁명은 사회당의 손에서 일어난 즉, 그 유래가 오래되고 또한 러시아의 자극을 받은 바 있나니……"라고 하여 러시아혁명의 영향을 받은 1918년 독일혁명의 의의를 언급하고 있다.

1919년 3·1 운동은 식민지 민중에게 일본 제국주의의 폭압성과 대중적인 정치의식을 각인시키는 거대한 역사적 경험이었다. 조선인 혁명가 김산—본명은 장지락—의 일대기를 그린 『아리랑』은 3·1운동 당시 김산의 역사적 경험을 다음과 같이 묘사하고 있다.

> 이것이 나로서는 처음으로 정치의식에 눈을 뜨게 된 계기였다. 대중운동의 힘이 내 존재를 뿌리로부터 뒤흔들어 놓았다. 나는 하루종일 거리를 뛰어다녔고 아무 시위에나 가담하여 목이 터져라 외쳐댔다. …… 나는 힘의 의미와 무저항의 공허함을 깨달았다. … 전국에서 도합 200만 명 이상이 시위에 참가하였다. 재산도, 농삿일도, 일신상의 안전도 애국열의 물

결 속에서 모조리 잊어버렸다. 이것은 인류역사가 시작된 이래 가장 특이한 운동이었을 것이다(님 웨일즈 1992, 63-65).

박은식은 1920년 『독립운동지혈사』에서 러시아혁명에 대한 벅찬 감격과 기대를, "러시아 공산당은 서두에 적기를 내걸고 전제정치를 타도하여 민중에게 자유와 평등을 가져오고 제민족의 자유와 자결을 선포하였다. 과거에 극단적인 침략주의자가 극단적인 공화주의자로 바뀌었다. 이것은 세계 개조의 최초의 신호탄이 되었다"라고 서술하고 있다.

이와 같이 식민지하에서 사회주의사상은 1917년 10월 러시아혁명과 1차대전 직후 고양된 국제혁명운동의 영향, 민족자결주의론에 대한 자각 등의 국제적 조건과 일제의 가혹한 식민통치에 따른 민족적, 계급적 모순의 첨예화, 3·1운동 이후 정치의식의 고양 등을 계기로 국내 신문, 잡지 등의 언론매체를 통해 수용되었다.

이 무렵 일간지와 정기 간행물은 유물사관, 소비에트 혁명정부와 레닌에 관한 기사를 종종 다루고 있었다. 1921년 6월 3일부터 8월 31일까지 무려 73회에 걸쳐 「니콜라이 레닌은 어떠한 사람인가」라는 표제 하에 <동아일보>는 그의 일생, 활동, 볼세비키혁명 등을 연재하였다.

국내에서 3·1 운동을 거치면서 일부 민족주의자와 식민지 지식인들은 자신의 이론적·실천적 무기력함을 고백할 수밖에 없었고 무정부주의, 사회주의, 맑스-레닌주의 등 다양한 사회사상을 소개하면서 민족해방운동의 이념적 무기로서 수용하게 되었다.

1920~1922년 무렵 국내에서 발간된 『개벽』『공제』『아성』『신생활』 등 잡지에는 크로포트킨 등 무정부주의에 대한 글이 빈번하게 소개되는 등 민족주의, 무정부주의, 사회주의 등이 혼재되면서 그 내부에 분화과정이 일어나는 시기였다.5) '서울파' 고려공산동맹의 지도자인 김사국은 1924년 3월 코민테른에 「조선내 공산주의조직의 발생과 활동 약

---

5) 한국에서 아나키즘의 수용과정에 대한 연구는 이호룡(2000)를 참조.

사」를 다음과 같이 보고했다.

    유죄판결을 받은 '독립단'의 모든 성원들은 1921년에 형기를 마치고 자유의 몸이 되었다. 그러나 그들은 3개의 이념적 사조 즉 문화운동자와 테러리스트 및 마르크스-공산주의자의 3개의 그룹으로 나뉘어졌다. 문화주의자들은 혁명적 활동의 방법을 부인하였고, 진화론을 선전하였다. 테러리스트들은 조직적인 테러와 점령기관의 파괴를 위해 크고 작은 테러의 시도를 적극 옹호했다. 공산주의자들은 지하조직을 강화하고 주로 산업노동자와 혁명지향적인 청년들의 조직사업을 수행하였다(김사국 1924).

이에 따르면 1921년 시기 민족주의자가 민족개량주의자(문화주의자), 무정부주의자(테러리스트), 사회주의자(마르크스-레닌주의자)로 분화되고 있음을 보여준다.

이와 같이 1919년 3·1운동을 전후한 시기에 국내에 들어오는 자유주의, 민족주의, 무정부주의, 사회주의 등 다양한 근대적 사회사상들은 식민지 지식인들에게 수용되고, 1920년대 이후 사회주의사상이 민족해방운동의 주도적 이념으로 자리잡게 되었다.

한편 식민지 조선의 농민은 토지조사사업 등을 근간으로 하는 식민지적 자본의 본원적 축적과 제국주의적 초과이윤 착취의 과정 속에서 점차 근대적 임노동자로 전화하게 된다. 식민지 권력의 폭력적 착취구조와 그들의 억압적 지배장치 속에서 식민지 민중은 규율화된 근대적 노동자, 농민으로 형성되었다(강이수 1997, 118-119). 한편으로 그것은 식민지 자본주의체제의 산업과 통제에 포섭되는 '근대적 주체'(박태호 1997, 44-48)의 형성과정이었다.

그러나 식민지 조선에서 사회주의는 근대적 민족해방의 과제와 함께, 동시에 반(反)근대 또는 탈(脫)근대의 사상으로서 계급해방을 동시에 추구하였다. 즉, 근대적 과제와 반근대의 과제가 중층적으로 결합되어 있었던 것이다.

4. 민족해방운동의 근대적 성격과 민주주의 과제

1910년 한일합방과 더불어 헌병경찰제를 도입하여 무단통치로 조선을 식민지배한 일본제국주의는 1919년 3·1운동 이후 통치방향을 '문화정치'로 바꾸면서 부분적이나마 언론, 출판, 집회, 결사의 자유를 허용하였다. 이 결과 <조선일보>, <동아일보>, <시대일보> 등의 일간지와 『개벽』『창조』 등의 잡지, 그리고 전국 각지에 수백여개의 근대적 노동, 농민, 청년, 여성운동단체가 조직되었다. 1920년 4월에 창립된 조선노동공제회는 다음과 같은 강령을 내걸었다.

一. 인권의 자유평등과 민족적 차별의 철폐를 기함.
一. 식민지교육 지양과 대중문화의 발전을 기함.
一. 노동자의 기술양성과 직업소개를 기함.
一. 노동보험 및 쟁의권획득을 기함.
一. 각종 노예의 해방과 상호부조를 기함.

조선노동공제회의 강령에서 나타나는 '인권의 자유평등'은 인간의 보편적 가치인 근대적 시민권, 자연권 사상 즉 자유주의를 의미한다(박태호 1997, 44-48). '민족적 차별의 철폐'는 일제의 식민지로부터의 해방의 사상으로서 민족주의를, '노동자의 기술양성과 직업소개'와 '노동보험 및 쟁의권획득'은 자본주의하에서 '근대적 주체'로서 노동의 권리를, '상호부조'는 러시아의 아나키스트 크로포트킨의 상호부조론을 수용한 무정부주의적 사고를 보여주고 있다. 이것은 1920년 초 조선노동공제회 창립 시기에 이미 민족주의, 무정부주의, 사회주의적 지향을 갖는 지식인들이 혼재되어 있으면서, 그 내부의 사상적 분화과정이 활발히 이루어지고 있음을 의미한다.

조선노동공제회 내부의 이념적 분화과정에서 1922년 10월 분립된 조선노동연맹회는 무산자동맹회의 윤덕병, 신백우, 김한, 원우관 등 '사회주의자그룹'(이후 화요파)6)이 조선노동공제회를 일방적으로 해체하고 조직하였다. 이 무렵 국내에는 '김윤식 사회장사건'과 '사기공산당사건' 등을 계기로 민족주의자·무정부주의자 진영 내에서 사회주의자가 출현하는 시기였다. 1921년 창립된 서울청년회는 그 내부에서 김사국을 비롯한 '공산주의자그룹'(서울파)이 형성되고, 1923년 2월 고려공산동맹이 창립되었다(전명혁 1999b, 152-153).

조선노동연맹회는 "1. 우리는 사회역사의 필연적인 진화법칙에 따라 신사회 건설을 기도함 2. 우리는 공동의 힘으로 생활을 개조키 위하여 이에 관한 지식의 계발, 기술의 진보를 기도함 3. 오인은 현사회의 계급적 의식에 의하여 일치단결을 기도함"이라는 내용의 「강령」과 함께, 다음과 같은 「선언」을 내걸었다.

> 인류 최초의 발생의 혼적을 탐구하면 자유이고 평등이다. 평등이고 자유이다. 그러한 자유와 평등 평등과 자유가 기만년을 경과하여 모든 역사 모든 도정에서 계급사회를 형성하여 소수인의 간교, 잔악한 칼이 우리 노동자의 인격을 섬멸하고 생활을 압박하면서 부지불식간에 현대와 같이 불합리한 자본주의의 제도까지 도달하였다.……그러나 오인은 결코 기계가 아니라 인격자이다. 노동력은 상품으로 매매할 것이 아니라 공동사회의 안전을 성립하려는 인간성의 정당한 발작이라. 그러므로 우리의 단결력에 의하여 우리의 해방을 완전케 하고 신노동문화의 건설에 분투코자 함이다.……공장에서 임금노예는 가련한 여공, 유약한 유년공까지 창백한 안색으로 죽음의 길

---

6) 무산자동맹회는 1922년 6월 국내에서 조직된 조선공산당('중립당')의 합법적인 단체였다.

을 걸어가고 농촌에서 소작농노들은 생활불안으로 유리언걸이 빈번하다. ······조선의 노동자도 자유와 평등과 평화를 위하여 만국의 노동자와 단결하여 분투코자 하노라"(<동아일보> 1922/10/21).

조선노동연맹회의 「선언」은 자본주의가 인간의 노동력을 상품화, 기계화하고 임금노예화하는 모순을 지적하며 '신노동문화의 건설'과 '공동사회의 안전을 성립'하기 위해 조선의 노동자도 '만국의 노동자와 단결'하여 투쟁할 것을 주장하였다. 「선언」은 인간의 보편적 가치인 '자유와 평등'에서 시작하여 계급사회의 모순을 지적하면서 이에 대한 해결의 대안을 맑스의 1848년 「공산당 선언」의 마지막 구절, 즉 "만국의 노동자여 단결하라!"로 요약하였다. 이미 이들은 식민지 조선에서 노동자 국제주의의 의미와 그것의 적용을 인식하고 있었던 것이다. 조선노동연맹회는 1923년 메이데이 때 장충단공원에서 1만여명의 민중이 참여하는 대대적인 시위행렬을 계획하였으나 일제 경찰의 사전중지로 실행하지 못하고, 세계노동절을 축하하는 기념강연회를 개최하였다(한국노동조합총연맹 1979, 134).

1923년 9월 무렵부터 국내 사회주의분파들은 전국적인 노동-농민운동조직인 조선노농총동맹 결성을 둘러싸고 격렬한 조직적 대립을 나타냈다. 서울파는 조선노농대회준비회, 북풍파는 남선노농동맹, 화요파는 조선노동연맹회를 통해 전국적 노동·농민운동체를 건설하려는 전망을 가졌다. 그러다가 마침내 1924년 4월 조선노농총동맹이 결성되었다.

창립대회에는 182개의 노동, 농민운동단체와 295명의 대표들이 참석하였다. 50명의 조선노농총동맹 중앙위원은 서울파 24인, 북풍파 18인, 화요파 7인 등으로 구성되었다. 노농총동맹은 조선의 노동자 농민운동이 무산계급 해방운동 노선임을 명시하고 전국의 노동자 농민조직을 총망라한 전국 조직이었다. 창립 당시 노농총동맹은 260여개의 단체와 5만3천여명의 회원을 포괄하고 있었다(전명혁 1998, 93).

조선노농총동맹은 "1. 오인은 노농계급을 해방하고 완전한 신사회를 실현하는 것을 목적으로 함 2. 우리는 단결의 위력으로 최후의 승리를 얻을 때까기 철저하게 자본가 계급과 투쟁할 것임 3. 우리는 노동자계급의 복리증진 및 경제적 향상을 꾀함"이라는 내용의 강령을 주창하였다. 조선노농총동맹은 8시간 노동제와 최저임금제 등의 노동문제와 소작료를 3할로 인하할 것과 '동척'(동양척식회사)의 일본인 이민을 폐지할 것 등의 농업문제 등을 해결하기 위한 활동을 하였다.

일제하의 노동운동은 노동법도 없었으므로 일정한 법 절차나 냉각·조정기간 없이 곧바로 동맹파업으로 들어가는 것이 일반적이었다. 동맹파업에서는 임금문제, 일본인감독 배척, 인간적인 대우개선 요구, 노동자들에 대한 부당해고 반대, 노동시간의 연장 반대와 노동시간 단축 요구, 경찰의 파업간섭 반대, 조선인에 대한 민족적 차별 반대 등이 주로 제기되었다(강동진 1980, 193). 이들의 투쟁은 노동자와 농민계급의 이해에 기초하였지만, 이들 문제의 궁극적 해결은 일본 제국주의 총독부 권력과의 투쟁에 있었기 때문에 반제 민족해방운동과 필연적으로 연결될 수밖에 없었다.

1925년 4월 국내에서 처음으로 사회주의 정당인 조선공산당이 조직되었다. 조선공산당은 창립 당시 「강령」을 작성하지는 않았지만, 1926년 6월7일에 발표된 「조선공산당선언」에는 강령적 내용을 담고 있었다. 「조선공산당선언」에는 민주공화국을 건설하되 국가의 최고 및 일체 권력은 국민으로부터 조직한 직접, 비밀(부기명투표), 보통 및 평등의 선거로 성립한 입법부에 있을 일, 주 8시간 노동제 실시, 직업조합의 조직 및 동맹파업의 자유, 야간노동 금지, 아동노동 금지, 산모의 산전 2주 산후 4주간 노동금지, 대토지 소유자와 회사 및 은행이 점유한 토지를 몰수하여 국가의 토지와 함께 농민에게 교부할 일, 소작료를 3할 이내로 할 일, 농민조합을 법률로 승인할 일 등 40개항에 이르는 전술적 슬로건이 담겨져 있었다(조선공산당 만주총국 1926). 그 내용은 대체로 일반 민주주의적 과제, 즉 부르주아 민주주의혁명의 과제를 내용으로 하는 최소강령적 성격을 띠고 있다(전명혁 1997, 93-95).

「조선공산당선언」에는 1910년 이래 일본 제국주의의 조선 침략의 본질과 3·1 운동, 6·10 만세운동 등 조선 민중의 투쟁에 대해서 약술하면서, 조선공산주의자들은 조선의 완전한 해방의 과제를 실행하기 위하여 일본 제국주의에 대립한 조선의 모든 역량을 집합하여 민족혁명유일전선을 작성하고 적의 영루(營壘)를 향하여 정확한 공격을 준비 또한 개시하여야 할 것이라고 했다. 그리고 이 '민족혁명유일전선'을 위해 전 민족의 87%를 구성하는 노동자, 농민계급과 도시소부르주아, 지식인 및 부르주아와의 연합을 제시하고 있기도 하다(조선공산당 만주총국 1926).

또한「조선공산당선언」은 조선공산당이 세계 사회주의혁명의 대본영―국제공산당―의 일분대(一分隊)로, 압박받는 조선군중을 세계 피압박민족의 해방운동과 세계 무산자혁명, 특히 일본의 사회주의혁명과 또 쏘베트사회주의연합공화국과 밀접한 동맹을 지어 그들의 제국주의자에 대한 투쟁을 지도할 것(조선공산당 만주총국 1926, 353)이라고 하여 세계혁명운동과의 국제적 연대를 천명하였다.

1928년 3월 조선공산당 중앙집행위원회는「조선민족해방운동에 관한 테제」(「정치논강」)에서 당시 조선혁명의 성격을 '부르주아 민주주의혁명'으로 파악하면서, "조선의 장래 권력형태는 조선사회의 정세에 기초한 혁명적 인민공화국이어야 한다. 조선에 소비에트공화국을 건설하는 것은 좌익소아병적 견해이고 부르주아공화국을 건설하는 것은 우경적 견해"라고 하면서 "조선의 장래 권력 조직은 조선사회의 실정에 기초한 혁명적 인민공화국에 있어야 한다"고 언급하고 있다. 이와 같이 조선공산당은 일본 제국주의에 대항하여 식민지 조선에서 민족해방의 과제를 비롯한 일반 민주주의적 과제와 더불어 '인민공화국의 수립'을 국가 건설의 가능한 형태로서 제기하였다.

조선공산당의 국가권력 형태에 대한 이러한 인식은 1928년 2월 3차 당대회에서 채택한 「보고서」의 9항에서 "현재 광범한 프롤레타리아계급의 앞에 소비에트공화국을 건설하는 것은 불가능하다. 따라서 시민적 공화국을 건설하는 것도 불가능하다. 투쟁은 노농대중의 민주주의적 집권자를 갖는 인민공화국을 위한 것이어야 한다"(경성지방법원 검사국 사상부 1928, 132)는 내용과 일맥상통하는 것이다.

소비에트정부의 수립과 시민적 부르주아 정부의 수립을 각각 좌·우편향으로 비판하면서 조공이 권력형태로서 제기한 인민공화국은, 아마도 프롤레타리아독재와 부르주아권력의 중간적 형태로서 '노동자와 농민의 혁명적 민주주의적 독재'를 상정하는 것 같다. 그러나 부르주아 민주주의혁명의 기본적인 과제, 즉 조공의 슬로건에서도 제기되어 있는 토지혁명을 비롯한 노동자와 농민의 기본적 권리보장 등의 해결은 그것의 완수와 동시에 연속적인 혁명의 과정을 수반하게 된다. 또한 부르주아 민주주의적 과제의 완성은 사회주의혁명의 과정 속에서 완수될 수 있는 것이었다.

1927년 2월에는 중국의 국공합작(國共合作)과 코민테른의 식민지·반식민지 통일전선전술의 영향 속에서 혁명적 민족주의자와 사회주의자의 통일전선체로서 신간회가 결성되었다. 1927년 2월 15일 경성 YMCA 회관에서 조선공산당의 김준연과 한위건, 조선일보의 신석우와 안재홍, 시대일보의 홍명희와 이승복, 기독교계의 이갑성과 이승훈, 천도교 구파의 권동진, 불교계의 한용운, 해외의 신채호와 문일평 등 27명의 발기로 신간회 창립대회가 열렸다. 신간회는 회장에 이상재를, 부회장에 홍명희를 선출하고 "1. 우리는 정치적 경제적 각성을 촉진한다. 1. 우리는 단결을 공고히 한다. 1. 우리는 기회주의를 일체 부인한다"는 강령을 내걸었다(역사학연구소 1995, 178).

신간회의 강령을 통해서도 알 수 있듯이 이 시기 사회주의자와 비타협적 민족주의자들은 타협적 민족주의자, 즉 민족개량주의자들이 일제가 조선의회를 설립하여 조선에 대한 정치적 자유를 허용하여 준다는 자치론(自治論)에 회유되어 가는 현실 속에서, 반자치론(反自治論)을 통해 그 정치적 기만성을 폭로하기 위한 민중적인 사회운동의 전선체로서 신간회를 결성하였다.

신간회는 창립된 지 불과 10개월만에 전국에 100여 개의 지회를 설립하는 등 1931년 5월 해체될 때까지 경성을 비롯한 주요도시와 군 단위에 140여 개의 지회가 설립되었고 동경, 대판 등지에까지 지회가 설립되는 등 지회의 조직률은 상당히 활발하였다. 신간회 지회들은 순회강연회 실시, 노동야학 참여, 교양강좌의 설치, 소작분규에 대한 조사, 동척회사의 횡포에 대한 저항, 토지개량회사 폐지운동, 유림에 대한 견제, 조선인 본위의 교육 요구, 관리 및 경찰의 부정이나 불의에 대한 조사와 경고, 언론·집회·결사의 자유 요구, 단결권·파업권의 보장 등 근대적 민주주의 슬로건을 요구사항으로 내걸었다(이균영 1993, 377).

이와 같이 1927년~1931년 시기 일제의 탄압에도 불구하고 신간회는 합법적 공간 속에서 사회운동이 존재할 수 있는 조건을 마련하였고, 식민지 시대 조선 민중이 근대 정치운동을 경험할 수 있는 외연을 확대하였다.

5. 맺음말: 민족해방·계급해방·일반 민주주의적 과제의 중층결합적 표출

일제 식민지 지배체제는 조선 봉건사회의 해체기부터 형성되어 온 자생적인 근대적 요소를 파괴하였다. 그러나 조선총독부 국가권력에 의해 폭력적으로 시행된 토지조사사업 등은 일본 독점자본의 주관적 착취의 의도와는 무관하게, 식민지 조선에서 자본-임노동 관계를 형성하는 '자본의 본원적 축적'의 역사적 과정이었다(전명혁 1995, 784).

1920~30년대 식민지 조선 사회는 일본 제국주의에 의한 물리적 폭력과 더불어 자본주의경제가 이식됨으로써 식민지 자본주의가 성립되고, 식민지 국가권력의 제국주의적 초과이윤 수탈에 조응하는 노동력과 제도가 내면화됨으로써 식민지적 근대가 형성되었다. 그러나 근대 국민국가 수립이 압살당하고 국가와 사회운용의 헤게모니는 식민지 국가권력인 총독부에 의해 장악됨으로써, 사회 각 분야에서 근대적 주체들은 민주주의를 경험할 수 있는 제도적 장치들이 봉쇄되었다(정태헌 1996, 250). 이렇게 본다면, 식민지 권력에 대한 '아래로부터의 저항' 속에서 비로소 주체적인 민주주의의 맹아를 형성시켜가게 되었다고 할 수 있다.

3·1운동을 전후한 시기 자유주의, 민족주의, 무정부주의, 사회주의 등 근대적 사회사상이 도입되고 식민지 지식인들은 이를 수용하게 되었다. 식민지의 유교적 지식인들의 일부는 3·1운동을 경험하면서 민족주의 등의 사상적 무력성을 절감하면서 점차 사회주의를 수용하고 사회주의자로 변모하기도 하였다. 식민지 조선에서 사회주의는 아직 근대적 사상과 제도가 안착되지 않고 혼재되어 있는 가운데, 왜곡된 전근대의 유제와 결합된 왜곡된 근대성을 넘어서서 근대성과 반근대성(또는 탈근대성)을 동시에 성취하기 위한 운동으로 위치지워질 수 있다.

3·1운동 이후 식민지 조선 사회의 민주주의투쟁은 제국주의에 반대하는 민족해방운동으로 폭발되었다. 1920~30년대 노동운동, 농민운동, 청년운동, 여성운동 등은 근대적 주체로서 자신의 계급계층적 이해요구를 제기했지만, 이러한 요구들은 반제 민족해방의 과제와 긴밀히 결합되어 있었다. 그리고 이러한 각 부문운동은 사회주의운동과 밀접히 연결되어 있었다. 조선공산당을 비롯한 사회주의 운동세력과 신간회 등 전선체 운동은 8시간 노동제 실시, 언론·출판·집회·결사의 자유, 단결권, 파업권, 소작료 인하 등 일반 민주주의적 과제를 최소 요구로서 제기하였다. 결국 근대 시민적 주체가 식민지적 근대를 통해 변용되면서

일제하 식민지 시대는 민족해방과 계급해방의 과제 그리고 일반 민주주의 슬로건이 중층적으로 결합되어 표출되었던 것이다.

이상의 논의를 통해 볼 때, 일제 식민지 시기는 아래로부터의 자생적인 근대적 동력을 압살하면서 위로부터의 '왜곡된 근대성'을 이식하는 과정이었다. 1920년대 이후의 민족해방운동—민족주의건 사회주의운동이건—은 이러한 전근대적인 봉건적 유제와 결합된 왜곡된 근대성이 가져온 파괴적 결과에 대항하기 위한 운동이었다고 평가할 수 있다. 정치적 근대성의 핵심적인 내용이 바로 민주주의라고 할 때, 1920년대 이후의 민족해방운동은 바로 한국적 민주주의의 쟁취를 향한 아래로부터의 투쟁의 성격을 담고 있다고 할 수 있다. 결론적으로 말해서 1917년 러시아혁명이 '『자본』에 반(反)하는 혁명'(A. 그람시 1985, 304)이었다면, 식민지 시대 조선의 민족해방운동은 봉건적 유제와 결합된 왜곡된 근대성을 극복하면서 동시에, 근대성 일반을 뛰어넘는다는 의미에서 '근대성에 반하는' 운동의 성격을 동시에 지니고 있었다고 할 수 있다.

참고문헌

A. 그람시. 1985. 「『자본론』에 반대한 혁명」, 松田道雄 편, 『러시아-혁명의 기록』, 형성사.
강동진. 1980. 「3·1운동 이후의 노동운동과 원산총파업」, 『한국 노동문제의 구조』, 광민사.
_____. 1984. 『일제의 한국침략정책사』, 한길사.
강이수. 1997. 「공장체제와 노동규율」, 김진균·정근식 편, 『근대주체와 식민지 규율권력』, 문화과학사.
京城地方法院檢事局思想部. 1928. 「秘密結社朝鮮共産黨竝高麗共産靑年會事件檢擧ノ件」, 10월.
곽건홍. 1998. 「일제하 조선의 전시 노동정책 연구」, 고려대 사학과 박사학위 논문.
김사국. 1924. 「조선내 공산주의조직의 발생과 활동 약사」, 코민테른 집행위원회에 대한 김사국의 보고 제1호, 3월 17일(러시아현대사문서보관연구센터 ф.495 оп.135 д.96 л.47-57).
김준엽·김창순. 1986. 『한국공산주의운동사 2』, 청계연구소.
님 웨일즈. 조우화 옮김. 1992. 『아리랑』, 동녘.
박태호. 1997. 「근대적 주체의 역사이론을 위하여」, 김진균·정근식 편, 『근대주체와 식민지규율권력』, 문화과학사.
베링턴 무어. 진덕규 옮김. 1985. 『독재와 민주주의의 사회적 기원』, 까치.
서중석. 1985. 「일제시대 사회주의자들의 민족관과 계급관」, 『한국 민족주의론 III』, 창비사.
역사문제연구소 편. 1996. 『한국의 '근대'와 '근대성' 비판』, 역사비평사.
송건호. 1980. 『한국현대사론』, 한국신학연구소.
역사학연구소. 1995. 『강좌 한국근현대사』, 풀빛.
이균영. 1993. 『신간회연구』, 역사비평사.
이호룡. 2000. 「한국인의 아나키즘 수용과 전개」, 서울대 국사학과 박사학위 논문.
전명혁. 1995. 「1930년대 식민지 조선의 사회성격에 대한 이론사적 검토」, 『皐村 申延澈敎授 停年退任紀念 史學論叢』, 일월서각.
_____. 1997. 「1920년대 공산주의운동의 기원과 조선공산당」, 역사학연구소 편, 『한국 공산 주의운동사 연구-현황과 전망』, 아세아문화사.
_____. 1998. 「1920년대 국내사회주의운동 연구-서울파를 중심으로」, 성균관대 사학과 박사 학위 논문.
_____. 1999a. 「사회주의사상의 도입과 조선공산당 창건」, 『진보평론』, 2호.

_____. 1999b. 「서울청년회의 분화와 서울파의 형성」, 『외대사학』 제9집.
정태헌. 1996. 「한국의 식민지적 근대화 모순과 그 실체」, 역사문제연구소 편, 『한국의 '근대'와 '근대성' 비판』, 역사비평사.
조국 편저. 1992. 『사상의 자유』, 살림터.
조선공산당 만주총국. 1926. 「朝鮮共産黨宣言」, 『불꽃』, 제7호, 9월 1일.
한국노동조합총연맹. 1979. 『한국노동조합운동사』.

제 3 장

한국의 국가 형성과 민주주의

정해구

1. 머리말

한국의 민주주의는 1945년 해방 이후 분단과 전쟁을 통해 강력한 반공 분단국가가 등장했던 국가 형성의 시기, 이에 뒤이어 1960년대부터 본격적으로 추진되었던 산업화 시기, 그리고 앞의 두 시기 동안 행해졌던 장기간의 반공독재 및 개발독재에서 비로소 벗어나게 되었던 1980년대 후반의 민주주의 이행기를 거쳐 지금에 이르고 있다. 그렇다면 한국 민주주의는 현재 어느 수준에 이른 것일까? 그리고 그것이 '지체'를 보이고 있다면 그 원인은 무엇일까?

1987년 민주적 개방 이후에 대한 평가를 중심으로 놓고 볼 때, 대부분의 논자들은 한국 민주주의가 그 형식적, 절차적 측면에서는 일정한 진전을 이루었다고 보고 있다. 그것은 민주적 개방 이후 일정 정도 국가권력의 억압성이 약화되었고, 선거 등 형식적 민주주의의 최소한의 규칙과 절차들이 수용되었기 때문이다. 그러나 동시에 실질적 민주주의의 측면이나 경제적 민주주의 측면[1]에서는 많은 문제점들이 존재한다

---

[1] 통상 실질적 민주주의와 경제적 민주주의는 동일시되는 경향이 있으나, 여기에서의 실질적 민주주의란 절차적 민주주의를 넘어 사회 각계각층의 실질적 참여가 이루어지는 정치적 차원에서의 실질적 민주주의를 의미한다. 정치적 차원의 실질적 민주주의에 대해서는 손호철(1995, 446-447) 참조.

는 점 또한 공통적으로 지적하고 있다. 전자와 관련해서 그것은 지역주의 정치로 인해 시민사회의 각종 요구나 이해의 반영 또는 정치참여 등이, 특히 노동자를 비롯한 사회적 약자의 그것들이 제대로 이루어지지 않고 있기 때문이다. 또한 후자와 관련해서도 경제적 불평등의 문제가 여전히 심각한 문제로 남아 있기 때문이다.

이처럼 한국 민주주의는 반공독재와 개발독재 기간 동안 별다른 진전을 보이지 못하다가 1987년 민주적 개방 이후 일정 정도의 발전을 이룩했다고 볼 수 있다. 물론 민주적 개방 이후 한국 민주주의의 이같은 발전은 그 이전 독재기간 동안 강력하게 전개되었던 반독재 민주화운동이란 원천이 있었기 때문에 가능한 것이었다. 그러나 민주적 개방 이후 이같은 민주주의의 일정한 발전이 있었음에도 불구하고, 그것이 많은 사람들의 기대의 수준에는 훨씬 미치지 못했다는 점 또한 분명한 사실이다. 더구나 여타 나라에서는 그 유례를 쉽게 찾아보기 힘든 격렬한 반독재 민주화운동이 한국에서 전개되었다는 점을 감안한다면, 한국 민주주의 발전이 사람들이 기대하고 예상했던 수준에 미치지 못했음은 더욱 분명한 일이다. 그렇다면 그 원인은 무엇인가?

앞에서 언급한 바와 같이, 일단 그 원인은 일정한 발전을 이루기는 했지만 사람들이 생각했던 수준에는 이르지 못했던 1987년 민주적 개방 이후의 한국 민주주의 지체에서 찾을 수 있을 것이다. 즉 민주적 개방 당시 정초(定礎)선거(founding elections)[2]를 통해 전격 등장한 후 지금까지 이어지고 있는 지역주의 정치와, 이를 통해 온존할 수 있었던 '구(舊)정치'의 존재가 민주적 개방 이후 한국 민주주의의 진전을 가로막고 있는 것이다. 그러나 한국 민주주의의 지체 원인이 여기에서만 비롯된 것일까? 보다 거시적인 차원에서 한국 민주주의를 제약해온 구조

---

[2] 정초선거란 민주적 개방 시에 치뤄지는, 이후 정치적 경쟁의 틀을 결정하는 선거로, 여기에서는 1987년 12월의 대통령선거와 1988년 4월의 총선을 지칭한다. 정초선거에 대해서는, G. O'Donnell & P. C. Schmitter(1986, 57-64) 참조.

적 원인은 없었던 것일까?

그런 견지에서 본다면, 한국 민주주의의 지체를 가져왔던 또 다른 원인은 1987년 민주적 개방 이전에 형성되었던 거대한 지배구조에서 확인할 수 있다. 즉 국가 형성 및 이에 바탕을 둔 반공독재를 통해, 또한 산업화 및 이에 바탕을 둔 개발독재를 통해 우리 사회의 권력구조 및 기득권구조 그리고 이를 정당화해 주었던 헤게모니 구조가 형성되었는데, 이 같이 장기간 동안 정치 및 사회 전반에 걸쳐 형성되었던 거대한 지배구조가 한국 민주주의 발전을 제약하는 구조적 원인이 되었던 것이다. 특히 이 지배구조의 형성은 해방 직후의 국가 형성으로부터 시작되었는데, 바로 이 국가 형성 자체가 그와 더불어 시작되었던 초기 한국 민주주의에 강력한 부정적 영향을 미쳤다고 할 수 있다. 즉 1945년 해방 이후 이루어졌던 강력한 반공 분단국가 형성은 그것과 더불어 시작되었던 한국 민주주의를—비록 '조숙'한[3] 것이기는 했지만—처음부터 기형적인 형태로 출발하지 않을 수 없게 만들었던 것이다. 이와 관련하여, 이 글은 해방 직후 국가 형성의 강력한 영향을 받으며 이루어졌던 자유민주주의의 제도화의 모습과, 그로 인해 야기되었던 한국 민주주의의 특징적 모습을 파악하기 위한 것이다.

2. 한국의 국가 형성과 자유민주주의 제도화의 문제틀

서구의 민주주의, 즉 자유민주주의는 자본주의 경제의 발전 또는 산업화에 따른 결과로서, 국가권력으로부터 재산권을 위시한 시민적 자유 및 권리의 보장을 중심으로 발전되었던 자유주의와, 시민들의 평등한 정치적 참여를 요구하는 민주주의가 결합되어 만들어진 것이라 할 수

---

[3] 이 당시의 한국 민주주의가 '조숙한 민주주의'였다는 주장에 대해서는, 최장집(1996, 20-23) 참조. 이에 대해서는 뒤에서 자세히 논의될 것이다.

있다. 전자가 자본주의적 산업화에 따라 시민사회의 지배계급이 된 부르주아계급의 요구였다면, 후자는 이에 대항하여 보통선거권의 확대 등 정치적 참정권의 확대를 주장했던 노동계급 중심의 요구라 할 수 있었다. 그런 점에서 본다면 자유민주주의는 이 양 계급 사이에 이루어진 일종의 계급타협의 결과라 할 수 있다.

자유민주주의 정치체제는 바로 이같은 자유주의 또는 자유민주주의가 정치적 제도로서 구축됨으로써 형성된 것이다. 즉 그것은 부르주아계급이 의회를 중심으로 절대주의 국가에 대항하고 마침내는 이를 타도했던 한편, 점차적인 보통선거권의 확대를 통해 모든 시민들에게 평등한 정치적 참여를 보장해줌으로써 만들어질 수 있었던 대의민주제 중심의 정치체제라 할 수 있었다. 그 결과 서구 자유민주주의 체제의 국가는, 정치적 대표체계의 제반 절차 및 제도를 통해 시민사회의 각종 요구와 이해가 반영됨으로써 아래로부터의 정치 참여가 보장되고, 그럼으로써 국가의 자의적인 권력 행사가 통제될 수 있는 그러한 국가가 되었던 것이다.

그러나 한국의 국가 형성과 자유민주주의의 제도화는 서구의 그것과는 다른 역사적 맥락에서 이루어졌다. 서구의 경험과는 달리, 한국에서의 국가 형성은 국제적 냉전의 강화 속에서 미국의 대한정책적 이해에 따라 사회의 아래로부터의 요구를 배제하고 분쇄하면서 위로부터 일방적으로 이루어졌으며, 자유민주주의 제도화 역시 이같은 국가 형성을 정당화시키기 위해 위로부터 도입된 것이었다. 그 결과, 한국의 국가는 사회를 반영하고 이에 의해 통제되었던 것이 아니라, 역으로 국가가 사회를 통제하고 국가에 의해 사회가 재편되는 전도된 모습을 보여주었다. 또한 자유민주주의 제도화 역시 이같은 국가 형성에 종속된 것으로써, 사회의 요구를 반영하기보다는 국가의 요구를 더욱 크게 반영하고 있었다. 이처럼 한국의 국가 형성과 자유민주주의 제도화는 서구의 경험과는 전혀 다른 맥락 속에서 이루어졌고, 그런 만큼 그 문제들이 갖는 역사적 성격 또한 서구와 다르지 않을 수 없다. 한국 국가 형성과 자유민주주의 제도화에 대한 분석에 있어 나름의 새로운 문제틀이 요구되는 이유는 바로 이 때문이다.

그렇다면 우리는 당시 한국의 국가 형성 및 자유민주주의 제도화 문제에 접근하기 위해 어떠한 문제틀을 모색해야 할 것인가? 이와 관련하여 몇몇 연구는 '미국의 한계선'(American boundary)이란 개념을 도입, 해방 후 국가 형성 및 민주주의 문제에 대해 나름의 분석을 시도한 바 있다. 이에 따르면, 미국의 한계선은 "남한 국가가 반공국가이어야 하되 자유민주주의 체제를 갖추어야 한다는 당시 상황에서 극히 이율배반적인 미국의 이중적 목표를 지적하는 것"이며, 또한 그것은 "분단국가의 최소한의 안정이라는 하한선과 민주주의의 최소한 유지라는 상한선 사이의 정치적 공간"으로서 "한국의 정치행위자들이 미국의 직·간접적인 개입 없이 행위할 수 있는 자율의 공간"으로 설명되고 있다(박찬표 1997, 10). "여기에서 좀 더 본질적인 한계선은 반공체제를 안정적으로 유지해야 한다는 하한선"임은 물론이다(최장집 1996, 22).

즉, 해방 후 한국의 국가 형성과 자유민주주의의 제도화는 미국이 의도했던 두 목표, 즉 더 이상 양보할 수 없는 하한의 목표로서 분단국가의 최소한의 안정을 지키기 위한 남한 반공체제의 구축이라는 목표와, 이 전자의 목표에 종속되고 모순되는 것이기도 했지만 그럼에도 불구하고 그것은 적어도 민주적이어야 한다는 상한의 목표 속에서 이루어졌다는 것이다. 또한 한국의 정치행위자들은 미국이 설정한 이러한 정치적 공간에서만 자율적인 활동의 여지를 가질 수 있었다는 것이다.[4]

---

[4] 이와 관련, 위의 박찬표의 연구는 '미국의 한계선' 개념을 활용하여 미군정기 자유민주주의의 초기 제도화가 어떻게 이루어졌는지를 실증적으로 규명하고 있다. 이를 통해 박찬표는 남한에 반공체제의 구축을 가져온 것은 대소봉쇄를 위한 반공블록 구축을 제1의 정책목표로 했던 미국의 대한정책의 결과이며, 점령의 최종국면에서 집중적으로 이루어졌던 자유민주주의 제도화는 남한 단선·단정수립을 정당화하기 위한 조치로서 수행되었음을 밝히고 있다(1997, 334-339).

'미국의 한계선' 개념을 이용한 이같은 분석은 당시의 남한 국가 형성과 자유민주주의 제도화에 있어 가장 결정적인 역할을 했던 미국의 정책적 의도를 분석의 중심에 놓고 있다는 점에서, 매우 타당한 분석이라 할 수 있을 것이다. 또한 그것은 미국의 반공체제 구축 의도뿐만 아니라 자유민주주의 제도화 의도까지 포함하고 있다는 점에서, 전자에만 초점을 맞추었던 과거의 연구에 비해 진일보한 균형잡힌 시도라 할 수 있다. 그러나 '미국의 한계선' 개념은 자칫 미국의 대한정책적 의도가 무매개적으로 주입된 것이라는 인상을 줄 수도 있다. 오히려 정확히 말한다면, 미국의 대한정책은 당시 일제가 남겨놓았던 한국사회의 제반 모순의 분출과 결합하고 충돌하면서 해방정국의 갈등을 만들어냈고, 그 최종적 결과가 한국의 국가 형성과 자유민주주의 제도화로 나타났던 것이다. 그런 점에서 당시의 국가 형성과 자유민주주의 제도화는 '미국의 한계선'에 의해 한정 지워진 것이기도 했지만, 동시에 그것은 '격렬한 국내적 갈등의 동학'(dynamics)을 거쳐 그렇게 되었다고 볼 수 있다. 즉 미국의 대한정책적 의도는 그것이 당시 한국 사회 내부의 갈등을 통과하면서 그 국내 정치적 결과를 우리에게 남겨주었던 것이다.

이러한 점을 감안해 볼 때, 당시의 국가 형성 및 자유민주주의 제도화에 대한 분석은 새로운 문제틀을 필요로 한다. <그림 3-1>은 일제식 지배체제가 남긴 유산과 한반도 주변의 국제적 냉전의 전개가 영향을 미치는 가운데, 남한에서 반공 분단국가 및 반공체제가 어떻게 구축되었고 그 속에서 자유민주주의의 제도화가 어떻게 이루어졌는지를 전체적으로 조망하기 위한 문제틀이다. 이와 관련, 이 글은 미국의 대한정책적 영향을 고려하기는 하지만, 주로 그것이 국내의 제반 갈등과 결합하면서 만들어냈던 국내 정치적 동학에 그 초점을 맞출 것이다.

<그림 3-1>이 보여주고 있듯이, 한국 국가 형성의 이 시기는 일제 식민지배체제로부터 반공체제로의 탈식민 체제 재편이 이루어졌던

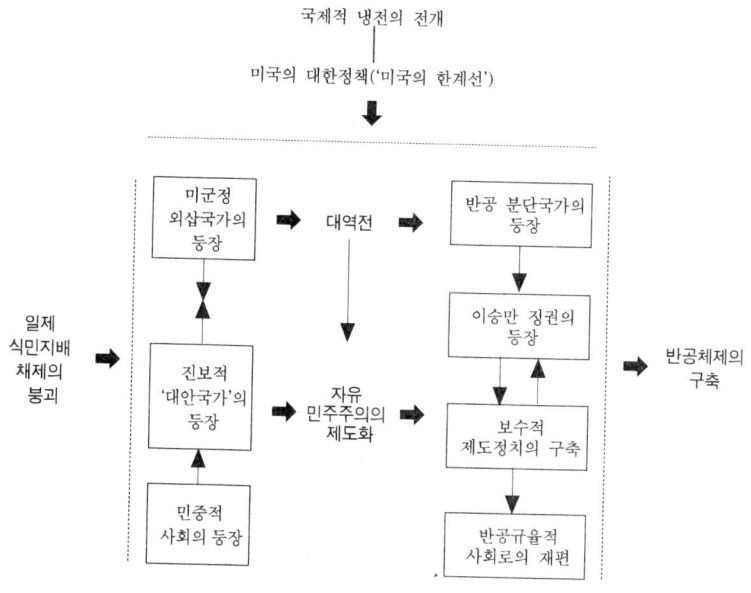

<그림 3-1> 한국의 국가 형성 및 자유민주주의의 제도화의 문제틀

시기이다. 그러나 이 시기 반공체제로의 재편이 사전적으로 정해져 있었던 것은 아니다. 당시의 상황에 따라 그것은 좌우연합체제 또는 사회주의체제라는 체제 전환으로 이어질 수 있었던 가능성도 있었다. 그러나 체제 재편 과정에서 미국의 대한정책적 이해가 작용했던 결과로써, 또한 당시 전개되었던 갈등의 최종적 결과로써 남한에서는 반공체제가 구축되기에 이르렀던 것이다.

그렇지만 반공체제로의 이같은 체제 재편에 있어 가장 관건적이었던 요소는 국가 형성의 문제였다. 즉 일제로부터 해방된 상황에서 어떤 국가가 등장하느냐에 따라 체제가 선택되지 않을 수 없었는데, 미군이 진주한 남한에서는 강력한 반공 분단국가가 들어섬으로써 그 억압적 힘에 의해 반공체제로의 강제적 재편이 가능하게 되었던 것이다. 이같은 반공 분단국가를 앞세운 반공체제로의 재편에 있어 우리가 특히 주목해야 할 것은 그것이 대역전5)의 결과라는 점이다. 즉 일제로부터의 해방과 더불어 폭발적으로 등장했던 민중적 사회는 좌파 중심의 '진보적 대안국가' 구축으로 이어졌지만, 그러나 그것은 미국의 대한정책에 근거한 외삽국가 미군정의 개입에 의해 결국 '반공 분단국가'의 구축으로 귀결되었던 것이다. 그리고 그러한 대역전의 과정에서 해방정국 초기의 민중적 사회에 바탕을 두었던 진보적 대안국가는 마침내 파괴되지 않을 수 없었던 것이다.

이와 관련, 우리는 반공 분단국가가 가지고 있는 다음과 같은 성격을 주목할 필요가 있을 것이다. 우선 그 하나는 반공 분단국가에 각인되어 있는 '외생성'이다. 즉 그것은 지정학적으로 미소 냉전의 최전선에 위치하고 있는 한반도의 상징적 위치에서 야기되었던 것으로서, 남한 반공 분단국가의 등장에 미국의 대한정책적 이해가 반영됨에 따라 불가피하게 수반될 수밖에 없었던 성격이다. 다음으로 반공 분단국가가 갖는 또 하나의 특성으로 주목할 것은 '억압성'이다. 이는 일제 식민권력의 붕괴에 즈음하여 그동안 억압되어 왔거나 또는 앞으로 기대될 제반 이해와 요구가 분출했던 해방정국의 혁명적 상황에 직면하여, 그리고 이러한 상황 속에서 사회의 각 부문과 전국의 각 지역을 재빨리 자신의 지지기반으로 조직화시켰던 좌파진영의 도전에 직면하여, 외생적 성격의 반공 분단국가가 이를 분쇄하기 위해서는 필연적으로 갖지 않으면 안 되는 성격이었다.

이같은 성격을 지닌 반공 분단국가의 형성이 반공체제 구축에 있어 가장 우선적인 일이었다면, 자유민주주의의 제도화는 이를 정당화시키는 데 필요한 이차적인 조치였다고 할 수 있다. 그런 만큼 당시의 자유

---

5) '대역전'이라는 용어는 최장집(1996, 54-63)에서 빌어온 것이다.

민주주의 제도화는 반공 분단국가가 한계 지우는 범위를 넘어설 수 없었다. 즉 미군정은 좌우의 모든 정치세력들이 참여, 국가권력 장악을 둘러싸고 갈등을 거듭했던 당시의 정치사회에 대해, 반공주의 기준에 의해 제도권 정치에 참여시킬 정치세력과 배제시킬 정치세력들을 선별해 냈고, 이같은 선별을 통해 수용된 정치세력들만이 그 기반 위에서 활동할 수 있는 제도적 장치로서 자유민주주의의 절차와 규칙을 도입했던 것이다. 그런 점에서 그것은 반공 분단국가의 '국가다원주의'(최장집 1989, 130) 하에서 구축된 자유민주주의 제도화라 할 수 있었다.

3. 대역전(大逆轉)의 국가 형성 : '진보적 대안국가'에서 '반공 분단국가'로의 재편

해방정국의 3년은 무척이나 짧은 기간이었다. 그렇지만 그것은 한국의 국가 형성을 사실상 결정지었던 기간이었다. 그러나 그 결정은 진보적 대안국가가 반공 분단국가로 대체되었던 '대역전'의 과정을 거치지 않을 수 없었다. 후자의 국가 억압력이 먼저 구축되었던 전자의 기반을 파괴하면서 자신의 국가 위상을 확보해갔기 때문이다. 그렇다면 이같은 대역전의 과정은 어떻게 이루어졌는가? 그것은 다음에서 살펴보는 바와 같이, 외삽국가 미군정으로부터 출범한 남한 반공국가가 해방정국 초기 좌파세력 주도로 등장했던 진보적 대안국가를 파괴하면서, 최종적으로는 반공 분단국가로 귀결되는 과정을 통해서 이루어졌다고 할 수 있을 것이다.

1) 진보적 대안국가의 등장

1945년 8월 15일 일제로부터의 해방이 알려지자 '민중적 사회의 폭발'이라고 불릴 수 있는 현상이 벌어졌다. 이제껏 인내와 침묵을 지켜왔던 대중들이 갑작스럽게 움직이기 시작했으며, 자신의 감정과 의견을 개진하기 시작했고, 그들 스스로를 조직하기 시작했다. 그것은 "수십년 간의 억제 뒤를 따르는 맑은 공기"(브루스 커밍스 1986, 107)와 같은 것이었으며, "근대사회가 '빅뱅'과 같이 탄생한" 것이자 '열광의 순간'(Moment of Madness)이 도래한 것(최장집 1996, 48-49)이나 다름없었다. 물론 그것은 35년 동안의 식민지배로부터의 해방으로 인한 기쁨과 환희, 그리고 향후 자주 독립국가 수립에 대한 기대가 분출된 것이었다. 그러나 보다 근본적인 측면에서 볼 때, 그것은 일제의 강압적 식민통치가 갑작스럽게 종식됨에 따라 그 강압과 지배 속에 억눌려있던 계급적, 민족적 모순을 비롯한 각종의 모순들이 한꺼번에 분출됨으로써 야기되었던 대중의 참여 폭발 현상이라 할 수 있었다. 그런 점에서 그것은 혁명적 성격 또한 드러내고 있었다.6)

해방과 더불어 야기되었던 이러한 상황은 이내 각종 단체의 조직화로 이어졌다. 그중 가장 주목할 만한 것은 건국준비와 치안유지를 위해 여운형 주도에 의해 결성되었던 건국준비위원회(건준)였다. 해방 다음날인 8월 16일 서울에서 조직되었던 중앙 건준의 경우, 초기에 좌우합작적 성격을 보여주고 있었다. 그러나 그것은 2, 3차 조직개편을 거치면서 공산주의자들이 대거 참여하는 한편 안재홍의 신간회 계열이 탈퇴함으로써 범좌파적인 성격으로 변화해갔다. 다른 한편 중앙 건준의 결성은 8월말에 이르러 거의 남한 전역에 걸친 전국 145개 지역에서 건준지부 결성으로 이어졌는데, 그것은 위로부터의 조직화라기보다는 중앙에서의 건준 결성 소식을 듣고 각 지역에서 아래로부터 자발적으로 조직된 것이라 할 수 있었다.7)

---

6) 커밍스(Bruce Cumings)는 이와 같은 혁명적 상황의 도래를 일제 식민지배가 남겨놓은 유산, 즉 지주-소작관계, 세계시장과의 연결, 심각한 인구 유출, 일제에 의한 동원과 저항, 외부세계에 대한 노출 등에서 찾고 있다(1986, 73-105).
7) 건준의 결성 및 조직 재편에 대해서는, 홍인숙(1985) 참조.

9월 6일 중앙 건준은 긴급히 조선인민공화국(인공)으로 재편되었다. 물론 그것은 전국인민대표자대회를 통해 이루어지기는 했지만, 그 대회는 정식 절차를 거쳐 준비된 것이 아니었고 그 대표들 역시 범좌파 중심의 임시적 대표들에 불과했다. 그런 만큼 그것은 여운형의 말 그대로 '비상한 때'를 맞아 '비상한 방법'으로 수립된 것이라 할 수 있었다. 어쨌든 인공은 55명이 중앙인민위원을 임명하는 등 중앙인민위원회를 구성했고, 이승만을 주석으로 하고 여운형을 부주석으로 하는 총 51명에 달하는 정부조각 명단까지 발표했다. 해방 후 채 1개월도 되지 않았던 시점에서 비록 그 절차가 졸속으로 이루어지기는 했지만, 그들은 정부 조직 편성을 기도하고 나섰던 것이다. 그렇다면 그들은 미군 진주 바로 직전의 시점에서, 또한 해외의 독립운동 단체들도 미처 입국하지 못했던 이같은 시점에서 왜 정부 조직에 조급히 나섰던 것일까? 그것은 곧 진주할 미군으로부터 이같은 사실을 기정사실로 인정받는 한편, 곧 귀국할 중경 임시정부에 정부 대 정부로서 대항하고자 했던 것이라 할 수 있었다.[8]

  이처럼 중앙 건준이 인공으로 재편되자, 각 지방의 건준 역시 지방인민위원회로 개편되었다. 그리하여 중앙에서 지방에 이르기까지 인민정권이 구축되었는데, 인민정권의 실제적인 기반은 성급히 조직된 중앙 인공에 있었다기보다는, 오히려 지역주민들의 자발적인 지지 위에서 남한 전역에 걸쳐 결성되어 지방에 따라서는 실제 통치기능을 행사했던 이들 지방인민위원회에 있었다고 보는 것이 타당할 것이다. 지방인민위원회 연구에 선구적인 업적을 보여주었던 커밍스에 따르면, 인민위원회가 조직된 군은 남한 전역에 걸쳐 130개 군에 이르렀다(1986, 8장 특히 352-353 참조). <표 3-1>은 지방인민위원회의 각 지역별 상황인데, 이에 따르면 전체 134개 군 가운데 지방인민위원회가 결성되었던 군은

---

[8] 건준의 인공으로의 재편 과정에 대해서는, 김남식(1984, 45-50) 참조.

<표 3-1> 지방인민위원회의 지역별 상황

도/군수	총군수(A)	조직 군(B)	B/A(%)	통치 군(C)	C/A(%)
경 기	21	19	90	6	29
강 원	12	10	83	4	33
충 남	14	13	93	9	64
충 북	10	7	70	3	30
전 남	21	21	100	14	66
전 북	14	14	100	7	50
경 남	19	19	100	16	84
경 북	22	22	100	8	36
제 주	1	1	100	1	100
총 계	134	126*	94	68	51

자료 : 서울대학교 인문대학 한국현대사연구회, 『해방정국과 민족통일전선』, 세계, 1987, 87-89.
이 도표의 조직 군 126개는 커밍스가 언급한 130개 군과 약간 다른데, 그 이유에 대해서는 위의 책에 설명되어 있지 않다.

126개(94%)에 이르며, 그중 통치기능을 행사했던 군은 68개(51%)에 이르렀다.

한편 인공과 인민위원회를 결성했던 범좌파진영은 정당을 결성하고 나섰다. 9월 11일에는 박헌영의 지도하에 조선공산당이 재건되었고, 건준 결성을 주도했던 여운형의 건국동맹계열은 11월 22일 조선인민당을 결성하였다. 또한 1946년 1월 5일에는 북한에서 내려온 한빈을 중심으로 독립동맹 경성위원회가 발족되어, 백남운이 그 위원장을 맡았다. 이와 더불어 각종 대중단체의 전국조직화도 이루어졌다. 그리하여 16개 산별노조 및 11개 지방평의회로 이루어진 조선노동조합전국평의회(전평)가 11월 5~6일에 결성되었고, 12월 8~9일에는 전국농민조합총연맹(전농)이 결성되었다. 또한 12월 11일에는 전국청년단체총동맹(청맹)이, 12월 22~24일에는 조선부녀총동맹(부총)이 결성되었다. 좌파진영과 연계된 이같은 대중단체의 전국 조직화의 결과, 이들 단체는 해방 후 몇 개월도 안 되는 사이에 남한에서 약 400만 명을 상회하는 회원을 포괄하게 되었다.9)

이처럼 범좌파세력이 해방정국 초기에 남한 전역에 걸쳐 상황을 장악할 수 있었던 것은 이같은 부문별, 지역별 조직화의 덕분이라 할 수 있었다. 그러나 여기에서 우리가 유의하지 않으면 안될 것은, 그것이 좌파세력에 의한 위로부터의 일방적인 동원화가 아니라는 점이다. 오히려 대중들의 요구와 참여에 대응하여 좌파세력이 이를 조직화시키고 전국화시켰다는 점에서, 그것은 아래로부터의 대중적 요구 및 참여와 좌파세력의 위로부터의 지도력이 결합된 것이라고 할 수 있었다. 또한 당시의 대중과 좌파세력이 이렇게 결합될 수 있었던 원인은, 좌파세력이 이들 대중의 혁명적 요구를 대변해주고 있었다는 점에서 찾을 수 있을 것이다. 요컨대, 좌파세력과 대중은 상호 결합 하에 하나의 '혁명적 블록'을 구축했던 것이다.

그렇다면 그들의 혁명적 요구란 무엇인가? 우리는 그것을 인공의 주장과 슬로건을 통해 확인해볼 수 있을 것이다. 우선 인공의 '강령'은 완전한 자주독립국가의 건설, 일본 제국주의와 봉건적 잔재 일소 및 진정한 민주주의의 실현, 대중생활의 급속한 향상 등을 내세우고 있었다. 그리고 '시정방침'은 일제 법률제도의 즉시 철폐, 일제 및 민족반역자의 토지 몰수와 농민에 대한 무상분배, 비몰수 토지의 소작료 3·7제, 일제 및 민족반역자의 공장시설 몰수와 국유화 등등을 내세우고 있었다(민족주의민족전선 편 1988, 96-97). 그들은 이러한 주장들을, 이승만까지 포괄한 조각명단이 시사하듯이 민족통일전선적 정권 수립을 통해 구현시키고자 했던 것이다. 물론 좌파세력 내부의 주장에는 강·온노선의 차이가 있었다.10) 그러나 인공을 통해 나타났던 주장은 진보적 민주주의

---

9) 각 정당 및 대중단체 조직에 대한 자세한 내용은, 민주주의민족전선 편(1988, 제4장 해당 부분) 참조. 이 책은 1946년 문우인서관 발행의 『조선해방 1년사』를 재간행한 것이다.
10) 이와 관련하여 좌파세력 내 강경파라 할 수 있는 박헌영의 조공의 경우—「조선공산당 1945년 8월테제: 현정세와 우리의 임무」라는 문건에서 알 수 있는 것처럼—진보적 민주주의를 내세우고 있었다. 부르주아민주주의라 지칭되었던 그것은 노동자 농민의 독재를 거쳐 궁극적으로는 사회주의를 지향하는 것이었다. 또한 그들은

의 비교적 온건한 내용으로서, 대체적으로 친일파 척결, 토지문제의 해결, 민족통일전선적 인민정권의 수립 등으로 요약될 수 있었다.

결국 건준의 좌우합작적 성격이 인공의 수립에 의해 범좌파세력의 연합으로 변화되었고, 성급한 인공의 수립이 이후 좌우 갈등의 소지를 증대시켰던 것은 사실이지만, 당시 중앙의 인공과 지방의 인민위원회가 대중들의 강력한 지지를 받았다는 것 또한 분명한 사실이다. 물론 그 이유는 일제 때부터 독립운동을 전개해왔던 그들이 대중들의 혁명적 요구를 대변해주고 있었기 때문이다. 다시 말해 그들은 대중들의 혁명적 요구에 부응하는 지도력을 신속하게 제공, 대중들의 신임 위에서 해방정국 초기의 상황을 장악할 수 있었던 것이다. 그런 점에서 인공과 지방인민위원회의 등장은 해방정국에서 일종의 '진보적 대안국가' (counter state)11)의 등장이라 할 수 있었다.

2) 반공국가로의 역전

해방정국에서 한반도를 둘러싼 미소의 대립과 미군의 남한 진주가 없었더라면—즉, '순수' 해방공간이었다면—, 아마도 좌파진영의 이같은 진보적 대안국가의 등장은 이후 일부 우파적 독립운동세력을 포괄하는 가운데 자주적인 독립국가 수립으로 발전했을 것이다. 그러나 현실은 좌파진영의 이같은 진보적 대안국가 등장을 그대로 놔두지 않았다. 무엇보다도 먼저, 한반도를 둘러싼 미소의 대립 속에서 남한에 등장

민족통일전선적 인민정권의 수립을 주장하고 있었지만 민족 부르주아지나 지주와의 연대는 고려하지 않았고 토지문제의 해결에 있어서도 일제 및 민족반역자의 토지뿐만 아니라 대지주의 토지 몰수까지 주장하고 있었다(김남식 1984, 515-529). 반면 이에 비해 좌파진영 내 온건파인 여운형의 경우 진보적 민주주의를 주장하고 있으면서도 사회주의 지향은 분명하게 표명되지 않았다. 또한 후자의 경우 민족통일전선의 범위는 애국적 자본가와 지주까지 포괄하고 있었다(김오성 1986, 12-28).

11) 이 국가는 통일된 민족지도자들에 의해 주도되며 탈식민 후 독립국가 수립과정에서 민족국가로의 질서 있는 전환이 가능한 국가를 의미한다(Anthony D. Smith 1983, 51; 최장집 1996, 148에서 재인용). 그러나 여기에서는 지도부의 통일성보다 대중들의 지지에 그 초점을 맞춘 대안국가를 의미한다.

했던 미군정이 진보적 대안국가의 존재를 부인했던 한편, 이를 탄압해 나갔기 때문이다. 따라서 미국측과는 물론 심지어는 소련측과의 논의도 없이 남한 좌파진영에 의해 독자적으로 등장한 것으로 보이는12) 이같은 진보적 대안국가는, 불가피하게 외삽국가 미군정과 충돌하지 않을 수 없었던 운명에 직면하게 되었다.

해방 직후 서울에는 소련군이 진주하는 것으로 알려졌고, 이에 우파진영은 상당 정도 위축되었다. 그러나 8월말에 이르러 '일반명령 제1호'에 의해 38선 이남에 미군이 진주한다는 사실이 분명해졌다. 그리하여 9월 8일 남한에 첫 발을 내디딘 미군은 남한에 대한 군사점령과 점령통치기구 수립을 추진해나갔다. 즉 미 24군단 7사단의 인천상륙으로부터 시작된 군사점령은 10월 중순에 이르러 남한 전역으로 확대되었고, 뒤이어 10월 하순부터는 대민행정을 담당할 군정요원이 진주함에 따라 그 해 말까지 전국적인 행정조직망을 비롯하여 경찰조직, 사법조직이 재건되었다. 이로써 미군정의 점령통치기구 구축은 일단 완료되게 되었던 것이다.13) 그러나 미군정의 이같은 점령통치기구의 구축은 유감스럽게도 일제 총독부 관료체제의 분명한 단절을 가져오지 못했다. 미군정 관료체제가 일제 총독부 관료체제의 기반 위에서 구축되었기 때문이다.

그렇다면 이같은 미군의 남한 군사점령 및 미군정 수립 과정에서 미 당국이 가장 우선적으로 고려했던 것은 무엇인가? 그것은 일본군의 무장해제라기보다는 소련의 남한 점령을 저지하는 한편, 좌파진영의 현지 주도권 장악을 저지하는 것이었다(박찬표 1997, 31). 그리하여 미군정

---

12) 이와 관련하여 다음과 같은 북한측 언급(조선로동당 중앙위 당역사연구소 1989, 249)은 당시 북한측과 소련측도 인공 수립에 대해 알지 못했거나 이에 반대했음을 시사한다. 그것은 "북조선 제2차 확대집행위원회에서는……위대한 수령님께서는 박헌영 도당이 저들 몇몇이 서울의 뒷고방에서 조작한 '인민공화국'을 들고 나온 데 대하여 강한 타격을 안기었다"는 것이었다.
13) 미군의 군사점령과 점령통치기구 수립에 대한 자세한 설명은 박찬표(1997, 18-96) 참조.

이 가장 먼저 착수한 것은 인공의 정부적 실체를 부인하는 한편, 미군정 관료체제를 전국적으로 확대시킴으로써 지방인민위원회의 통치기능을 부인하고 이를 자신의 통치기능으로 대체하는 것이었다. 또한 미군정은 해방 초기 상황을 장악했던 좌파진영의 헤게모니에 대항시키기 위해 우파세력을 강화시키고자 했는데, 그것은 한민당에 대한 지원 그리고 이승만 및 임정세력의 귀국 등을 통해 이루어졌다. 그 결과 1945년 말 무렵 미군정은 일단 지방인민위원회로부터 통치기능을 되찾을 수 있었고, 좌파진영에 대항할 수 있는 우파진영의 구축에도 어느 정도 성공할 수 있었다.

물론 미군정의 이같은 조치에 좌파진영이 반발했던 것은 사실이다. 그러나 좌파진영은 이에 적극 반발하기보다는 이를 어느 정도 수용하는 태도를 보여주었다. 그것은 힘의 관계상 불가피한 것이기도 했지만, 다른 한편 좌파진영이 해방정국 초기부터 미군정과 직접 충돌하는 위험을 회피하고자 했기 때문이었다. 그리하여 1945년 말의 시점에서 미군정은 남한을 통치하는 공식적인 정부로서 등장하기에 이르렀고, 해방 초기 인공 수립과 지방인민위원회 구축을 통해 공식적인 정부를 주장했던 진보적 대안국가는 이제 잠재적인 것으로서 그 위상이 바뀌어지게 되었다.

우리는 이상의 내용을 통해 해방 후 4개월 보름 남짓한 기간 동안에 이루어진 상황을 이해할 수 있다. 즉, 그것은 아래로부터 제기되었던 대중들의 혁명적 요구와 참여에 대해 그 조직력과 지도력을 제공함으로써 자신들 주도의 진보적 대안국가를 추구했던 좌파진영에 대해, 미 당국은 미군정이라는 외삽국가 수립을 통해 소련과 연계되었다고 믿어지는 이들의 주도권 장악을 저지하고자 했다는 점이다. 다시 말해 내부로부터 그리고 아래로부터 조직된 좌파진영의 진보적 대안국가는, 미국의 이해를 관철시키기 위한 밖으로부터 그리고 위로부터 조직된 외삽국가 미군정에 의해 일단 그 정부적 위상을 부인 당하지 않으면 안 되게 되었던 것이다.

물론 당시의 시점에서 양측의 정면 충돌은 회피되고 있었다. 그러나 그것은 조만간 전면적으로 확대될 가능성을 내포한 것이었다. 이와 관련하여, 양측의 본격적인 충돌은 제1차 미소공위 결렬을 전후한 시기로부터 시작되었다. 그러나 이를 살펴보기에 앞서 우리는 미군정 수립 과정에서 그리고 그 이후에 미군정이 자신의 관료체제를 어떤 방식으로 조직했으며, 특히 무엇보다도 먼저 경찰과 군 등 억압적 국가기구를 어떻게 조직하고 확대시켜나갔는지를 살펴볼 필요가 있다. 그것은 외삽국가 미군정이 억압적 국가기구를 필두로 한 관료체제를 앞세워 그 행정력과 강제력을 어떻게 증대시켜 나갈 수 있었는지를 파악할 필요가 있기 때문이다.

우선 1946년 1월초 미 전술군 지휘계통에서 벗어나 독자적인 민사행정체제로서 등장한 '주한미군정'은 1946년에 들어 중앙집권화를 위한 조치를 취해나갔다(박찬표 1997, 110-116). 그러나 미군정 관료체제 구축과 관련, 우리가 보다 관심을 기울일 필요가 있는 것은 미군정의 한인 관료 충원 문제였다. 그것은 이들 한인 집단이 국가권력에 접근할 수 있는 통로를 확보하는 것을 의미하는 것으로써, 국가권력 장악을 둘러싼 정치세력들의 경쟁과 갈등에서 이들 한인 관료들의 태도가 대단히 중요한 역할을 수행할 수 있었기 때문이다.

이와 관련, 군정 초기에 미군정은 한민당계 인사들 가운데서 많은 고위 관료들을 충원했다. 그것은 좌파진영이 헤게모니를 장악했던 해방정국의 초기 상황에서, "연로하고 보다 교육 받은 한국인들 가운데 수백 명의 보수주의자들"인 이들이 당시의 "정치상황에서 가장 고무적인 유일한 요소"였기 때문이다(미 국무성 편 1984, 56). 좌파세력과 대치하고 있는 상황에서 그들은 가장 반공적이고 친미적일 수 있는 세력이었던 것이다. 한편 한민당계 인사들과 더불어 미군정 관료로서 집중 충원된 사람들은 친일관료들이었다. 미군정 관료체제가 총독부 관료체제를

<표 3-2> 미군정기 경찰병력의 증강(1945~48년) (단위: 명)

시 기	병력 규모	시 기	병력 규모
1945. 11. 15	15,000	1948. 1. 30	30,000
1946. 7. 31	22,620	4. 30	34,000
1947. 2. 28	26,386	6. 25	34,900
7. 31	28,552	8. 20	35,000

자료 : 서주석, 「한국의 국가체제 형성 과정」, 서울대 외교학과 박사학위 논문, 1996, 177.

기반으로 구축된 이상, 총독부의 한인 관료들은 미군정 관료체제에 집중적으로 충원될 수 있었기 때문이다. 더구나 북한에서 대거 월남한 친일관료들의 존재는 미군정이 활용할 수 있는 한인 관리들의 자원을 증대시켜 주는 것이기도 했다.14)

다음으로 우리는 억압적 국가기구로서 해방정국 과정에서 좌파진영 탄압에 가장 중요한 역할을 수행했던 경찰집단을 살펴볼 수 있는데, <표 3-2>는 미군정 기간 동안 경찰력이 어떻게 증대되었는지를 보여주고 있다.

<표 3-2>가 보여주는 바와 같이, 해방 직후 경찰력은 비약적으로 그 규모가 증대되었다. 우선 미군정은 군정 초기 경찰 정원을 23,000명으로 설정하고 이를 1945년 말까지 충원하고자 했다. 그러나 일제 시기 남북한을 합한 경찰정원이 23,700명이었던 점에서, 이는 남한지역에만 일제 말보다 거의 2배에 가까운 경찰력을 보유하겠다는 미군정의 태도를 드러내주고 있었다(박찬표 1997, 78-79). 뿐만 아니라 <표 3-2>는 1946년에 들어서도 경찰력이 지속적으로 증대되고 있음을 보여주고 있다. 그 결과, 1946년 7월 말 경찰력의 규모는 초기보다 무려 13,000명 이상이 증대한 28,552명으로 증대되어 있었다. 한편 경찰력의 이같은

---

14) 미군정에 의한 한민당계 인사 및 친일관료들의 충원에 대해서는 안진(1990, 88-98) 참조.

증대와 더불어 미군정은 수 차례에 걸친 경찰기구 개혁을 통해 경찰력을 중앙집권화시켰다.15) 그렇다면 미군정이 무엇보다도 먼저 경찰력의 급속한 증대와 중앙집권화를 추진하고 나섰던 배경은 무엇인가?

물론 그 일차적인 이유는 치안 유지였다. 그러나 그것은 단순한 치안 유지가 아니라 좌파세력의 도전에 대처하는 한편 이를 약화·파괴시키기 위한 성격을 지니고 있었다. 그런 점에서 그것은 강한 반공적 성격, 나아가 반혁명적인 성격을 띠고 있었다. 뿐만 아니라 경찰의 이같은 역할과 관련하여 우리가 간과해서는 안 될 것은, 이같은 경찰의 성격이 과거 친일 경찰의 생존 및 강화로 이어졌다는 점이다.16) 반공의 명분은 그들로 하여금 친일경력의 약점을 정당화해줄 수 있었고, 또한 친일 경력의 그들로서는 가장 강력하게 친일파 척결을 주장했던 좌파세력을 분쇄하는 것이 필수적인 일이기도 했기 때문이다. 따라서 그들은 가장 강력한 반공집단이 될 수 있었다. 더구나 북한에서의 처벌을 피해 남쪽으로 내려온 친일경찰에 대한 미군정의 충원은 그들이 진정 반공의 전위대가 될 수 있도록 만들어주었다.

한편 우리는 미군정의 또 하나의 억압적 국가기구로서 군을 들 수 있는데, 미군정은 정식 정부수립 이후에 이루어져야 할 군의 창설을 이미 미군정 초기에 추진해나가고 있었다. 즉 미군정은 그 초기에 남한 내부의 혁명세력을 견제하기 위해 국립경찰을 지원할 수 있는 국방군 창설을 계획한 바 있었다. 그러나 이같은 계획이 소련과의 협상을 염두에 둔 본국의 반대에 부딪치자, 그들은 1945년 12월 말경 이른바 '뱀부계획'(Bamboo Plan) 아래 국립경찰을 지원할 수 있는 국방경비대를 설치하기로 했던 것이다. 그리하여 각 지역에서 연대 단위로 창설되기

---

15) 경찰기구의 중앙집권화 과정에 대해서는 류상영(1987, 32-70) 참조.
16) 1946년 현재, 경찰 고위간부의 친일경찰 분포는 치안감 100%(1명중 1명), 청장 63%(8명중 5명), 국장 80%(10명중 8명), 총경 83%(30명중 20명), 경감 75%(139명중 104명), 경위 83%(969명중 806명)로서, 전체 평균 82%(1157명중 949명)에 달했다(안진 1990, 116).

시작했던 국방경비대는 1946년 말 현재 9개 연대가, 그리고 1948년 말까지는 15개 연대가 창설되기에 이르렀다. 이러한 국방경비대의 상층 간부의 충원 역시 일본군과 만주군 출신들로 이루어짐으로써 그 친일적 성격을 탈피하기 어려웠다.[17]

이상에서 살펴본 바와 같이, 미군정은 초기부터 한민당 등 우파계열 인사들과 친일 관료를 중심으로 경찰과 군 등 억압적 국가기구를 비롯한 관료체제를 구축했다. 무엇보다도 먼저 이루어졌던 우파 반공세력 중심의 이같은 관료체제의 정비와 강화, 특히 억압적 국가기구의 정비와 강화는 좌파진영의 도전에 대해 치안과 질서를 지키기 위한 것으로서, 사실상 남한 국가의 '반공국가화'를 물리적으로 뒷받침해주는 것이었다. 이 같이 강력한 반공적 성격을 갖는 억압적 국가기구, 특히 경찰의 능력이 유감없이 발휘될 기회는 곧 도래했다. 미군정의 본격적인 좌파세력 탄압으로 양측의 본격적인 충돌이 야기되었기 때문이다.

미군정의 좌파 탄압은 이미 지방 차원에서는 1946년 3월부터 시작되고 있었다. 그러나 그것이 전국적인 차원에서 본격적으로 이루어졌던 것은 제1차 미소공위가 결렬된 1946년 5월부터였다. 미군정은 좌우합작 지원을 통해 여운형 중심의 온건 좌파세력은 끌어들였던 반면, 박헌영 중심의 강경 좌파세력에 대해서는 본격적인 탄압에 나섰던 것이다. 우선 미군정은 정판사 위조지폐사건,『해방일보』폐간, 조봉암 서신 사건 등을 통해 좌파세력의 위신을 추락시켰다. 나아가 9월 초 미군정은 좌파계열 신문인『조선인민보』,『현대일보』,『중앙일보』등을 정간시키는 한편, 박헌영, 이강국, 이주하 등 강경 좌파 지도부에 대한 체포령을 내렸다. 미군정의 이같은 대대적인 탄압에 대해 강경 좌파세력은 7월 말 '정당방위의 역공세,' 즉 '신전술'[18]을 통해 정면 대응을 시도하였

---

17) 국방경비대 창설 과정에 대해서는 안진(1990, 140-148) 참조. 그러나 국방경비대 하급대원에 는 좌파세력이 상당 정도 침투해 있었다. 이후 그것은 여순반란사건 등 군 반란사건의 단초가 되었다.
18) 신전술의 구체적 내용에 대해서는 박일원(1984, 30-31) 참조.

다. 이로써 이제까지 회피되고 있었던 양측의 충돌은 본격화되지 않을 수 없었다.

이같은 양자의 충돌과정에서 발생했던 것이 1946년의 9월총파업과 10월인민항쟁이었다. 해방 직후 '노동자공장관리운동'을 전개해왔던 좌파계열의 조선노동조합전국평의회(전평)는 제1차 미소공위를 맞아 미군정에 비교적 협조적인 '산업건설운동'을 전개해온 바 있었다. 그러나 그들은 강경 좌파세력의 신전술로의 노선 전환 속에서 이제 '총파업' 전술을 구사하게 되었던 것이다. 그 결과, 9월 24일부터 본격적으로 이루어졌던 9월총파업은 남한 전역에서 25만 1천여 명의 노동자들이 참여한 가운데 10월초까지 격렬하게 전개되었다.19) 그러나 사태는 총파업으로 그치지 않았다. 그것은 10월 초 대구항쟁으로부터 시작된 10월인민항쟁이 경북지역, 경남지역, 충남 서북부지역, 경기 38선 부근, 강원 동해안지역, 전남지역 등 남한 전역에 걸쳐 확산되었기 때문이다. 수백만 명의 대중들이 참여한 가운데 전개된 그것은 12월 중순에까지 이어지면서 많은 희생자를 내지 않을 수 없었다.20)

9월총파업과 10월항쟁의 발발은 미군정 탄압에 대항하기 위한 강경 좌파계열의 전술로서 시작되었음은 분명한 일이다. 그러나 그것은 좌파세력의 특정 목표 달성을 위한 위로부터의 동원만으로 설명되지는 않는다. 오히려 9월총파업과 10월항쟁 발발의 상당한 원인은 아래로부터 대중들의 요구가 거부된 데 따른 분노에서 비롯되었다고 보는 것이 타당할 것이다. 즉 친일파 척결, 토지문제 해결, 인민정권 수립 등의 그들의 요구가 거부되었을 뿐만 아니라 오히려 그것을 대변했던 좌파세력이 탄압을 받는 사태에 직면하여, 그리고 대중들의 생활을 어렵게 만들었던 물가 및 식량문제 등 사회경제적 상황의 악화로 인해 그들은 좌절하지 않을 수 없었고, 그 좌절의 분노는 총파업과 인민항쟁의 계기가

---

19) 9월총파업에 이르렀던 과정에 대해서는, 정해구(1989) 참조.
20) 10월인민항쟁에 대해서는 정해구(1988) 참조.

주어짐으로써 폭발하지 않을 수 없었던 것이다.21)

그럼에도 불구하고 이같은 9월총파업과 10월항쟁이 경찰력을 앞세운 미군정의 강력한 탄압에 의해 진압되었을 때, 그것은 좌파세력의 사회적, 지역적 기반의 붕괴로 이어지지 않을 수 없었다. 좌파세력의 가장 강력한 대중단체라 할 수 있는 전평의 노동운동이 총파업을 거치면서 약화되었고, 통치기능은 비록 상실했지만 그럼에도 여전히 각 지역에서 그 영향력을 지니고 있던 인민위원회의 대부분이 10월항쟁을 거치면서 분쇄되었기 때문이다. 반대로 이에 대한 진압을 통하여 경찰은 진정한 반공경찰로서 자신의 존재와 강력함을 과시할 수 있었다. 그런 점에서 9월총파업 및 10월항쟁에 대한 경찰력을 앞세운 미군정의 진압은 진보적 대안국가의 사회적, 지역적 기반을 사실상 붕괴시킴으로써, 미군정이 진정한 반공국가로 등장할 수 있는 계기가 되었다고 할 수 있다.

3) 반공 분단국가로의 귀결

위에서 살펴본 바와 같이 좌파세력 중심의 진보적 대안국가가 반공국가로 역전되었을 때까지만 하더라도, 그것이 곧장 분단국가의 수립을 의미했던 것은 아니다. 물론 미군정의 이같은 시도가 한편으로 남한 단독정부 수립을 염두에 두며 이루어졌던 것은 사실이다. 하지만 당시까지만 해도 모스크바삼상회의 결정에 따라 미소공위 협상을 통한 통일 임시정부 수립의 가능성이 완전히 부정된 것은 아니었다.22) 그러나 세

---

21) 정해구(1988, 149)는 10월인민항쟁의 성격을 다음과 같이 규정하고 있다. "10월인민항쟁은 일제하에서 민중을 괴롭힌 자들이 미군정의 후원에 의해서 현재에도 그 지위를 유지하면서 계속 민중을 괴롭히는 상황과 미군정의 정책 실패로 인한 생활난(특히 식량문제와 하곡수집, 인플레 등)에 저항하여, 민중이 그들을 징벌하고 인민위원회 중심으로 새로운 행정과 치안을 수립하려 했던 항쟁의 성격을 보여준다."
22) 미국의 대한정책을 국제주의적(internationalist) 논리와 국가주의적(nationalist) 논리를 들어 설명하고 있는 커밍스는, 미군 진주 이후 1945년 말까지는 현지 미 점령당국에 의해 후자의 논리에 기반한 남한 단독정부 추진이 이루어졌고, 1946년에 들어서는 위의 양 정책 논리가 충돌하게 됨으로써 신탁통치를 통한 통일정부 수립의 흐름과 단독정부 지향의 흐름이 충돌하게 되었다고 설명하고 있다(1986, 제6장과 제7장 참조).

계적 냉전이 강화되고 미국의 동아시아 전략 변화가 이루어졌던 1947년 초에 들어 미국의 대한정책은 사실상 남한 단독정부 수립으로 귀착되었고, 그것은 제2차 미소공위 결렬를 통해 분명하게 드러났다(박찬표 1997, 222-228 참조). 그 결과, 1947년 후반 무렵 남북한 분단국가 수립은 이제 되돌릴 수 없는 분명한 사실이 되고 말았다.

이러한 상황에서 미 당국에게 중요했던 것은 남한 분단국가의 국내외적 정통성, 특히 국제적 정통성을 만들어내는 일이었다.23) 좌파세력을 상당 정도 약화시킨 당시의 상황에서 내부의 정통성을 만들어내는 것은 상대적으로 덜 어려운 일이었다. 문제는 남한 분단국가 수립에 대한 국제적 정통성을 어떻게 만들어낼 것인가 하는 일이었다. 이같은 문제에 직면하여 미국은 한국문제를 유엔에서 처리토록 함으로써, 남한 분단국가 수립에 대한 국제적 정통성을 확보하고자 했다. 그 결과 유엔은 1947년 11월 14일 인구 비례에 의한 남북한 총선거에 의한 정부수립과 이를 감시하기 위한 유엔한국임시위원단의 창설을 결의했고, 뒤이어 소련측과 북한측이 유엔한위의 북한 입국을 거부하는 가운데 1948년 2월 26일 유엔 소총회는 가능한 지역 내의 총선, 즉 남한지역만의 총선을 결정하기에 이르렀다. 이로써 미국은 남한 분단국가 수립을 정당화할 수 있는 명분을 갖게 되었다.

이같은 상황이 진행되는 동안 미군정은 한편으로는 남한만의 단독선거를 준비해나갔고, 다른 한편으로는 분단국가 수립을 위한 물리적 정지작업을 추진해갔다. 후자와 관련, 미군정은 우선 1947년 8월 11~14일의 기간 동안 '8·15폭동음모사건'이란 이름으로 남로당, 근로인민당, 전평, 전농, 여성동맹, 민애청 등 민주주의민족전선 관련 단체의 대부분 간부들을 비롯하여 전국적으로 수천 명의 좌파 인사들을 검거했다(김남식 1984, 295-298 참조). 그러나 그것은 좌파세력의 8·15집회에 대

---

23) 주권국가 수립에 있어 국내외적 정통성의 획득 문제에 대해서는 최장집(1989, 121) 참조.

한 예비 검거조치로서, 사실상 미소공위 결렬을 염두에 둔 미군정의 대대적인 좌파세력 탄압조치였다. 또한 미군정은 이 사건 이후부터 이듬해 8월 남한 단독정부가 수립될 때까지 국가기구 및 관료조직에 침투한 좌파세력의 축출(red purge)에 나섰다. 이같은 좌파 추방의 결과, 1947년 8월부터 48년 5월까지 신문에 나타난 산발적인 검거 인원 만해도 1,300명에 이르렀다.24)

미소공위 결렬에 즈음하여 미군정에 의해 취해졌던 8·15검거 조치 및 좌파추방 조치는 좌파세력에 대한 노골적인 파괴 의사의 표시였다. 좌파세력 역시 미소공위가 결렬되고 단독정부 수립이 분명해진 상황에서 더 이상 합법투쟁의 외양을 갖출 필요를 느끼지 않았다. 따라서 양자의 충돌은 다시 한번 불가피해졌으며, 그것은 1948년 초 좌파세력 주도의 이른바 '2·7구국투쟁'을 필두로 5월 제헌의회 선거에 이르기까지의 3개월 간에 걸친 대대적인 '단선단정 파탄투쟁'으로 나타났다.25) 요컨대, 미군정과 좌파세력 사이에는 1946년 후반 9월총파업 및 10월항쟁의 첫 충돌에 이어 또 한번의 정면 충돌이 야기되지 않을 수 없었는데, <표 3-3>은 경찰 및 좌우파세력 전체에 걸쳐 700명 이상의 사망자를 낸 이 충돌의 격렬성을 보여주고 있다.

그러나 좌파진영의 이러한 저항 역시 실패하지 않을 수 없었다. 이로써 진보적 대안국가를 전복하면서 등장했던 미군정 반공국가는 반공분단국가 수립으로 이어지지 않을 수 없었다. 결국, 해방과 더불어 아래로부터의 요구에 기반하여 좌파세력을 중심으로 등장했던 진보적 대안국가는 외삽국가 미군정에 의해 파괴되지 않을 수 없었으며, 그 역전의 과정을 통해 등장했던 반공국가는 결국 분단과 더불어 반공 분단국가

---

24) 미군정의 국가기구 및 관료체제로부터의 좌파추방 조치에 대해서는 박찬표(1997, 243-246) 참조.
25) 이 과정에서 제주도에서 발생했던 4·3항쟁은 이미 1946년 후반 육지에서 발생했던 10월항쟁과 유사한 민중항쟁적 성격을 보여주었던 한편, 당시 전개되었던 단선단정 반대투쟁의 성격 또한 보여주고 있었다.

<표 3-3> 남한 공산주의자들의 활동 현황(1948년 1월~5월)

구 분	횟수, 희생자수	구 분	횟수, 희생자수
시내 공격	78	파업·맹휴	64
경찰지서 공격	384	각종 파괴**	371
관공서 공격	34	경찰 사망	102
선거기관 공격	126	좌파 사망	375
소요·시위*	515	우파 사망	259

자료: G-2, Weekly Summary, No.143(1948. 6. 4-11), 한림대 아세아문제연구소 편, 『주간정보요약』, 5권, 1989, 289쪽을 이용하여 작성
* 우익단체 사무소 및 가옥 방화 및 공격 포함 ** 통신, 철로, 기관차, 도로, 교량, 동력선 등

로 이어졌다고 할 수 있다. 다시 말해, 남한에서 이루어졌던 반공 분단국가의 등장 과정은 미국의 대한반도적 이해 속에서 미군정이라는 외삽국가가 그 국가권력의 억압력을 통해 위로부터 사회와 지방을 장악하고, 그럼으로써 해방 초기 진보적 대안국가 및 그 기반을 파괴함으로써 만들어졌던 결과라고 할 수 있었다. 그런 점에서 그것은 진보적 대안국가가 반공 분단국가의 물리적 억압력에 의해 파괴됨으로써 이루어졌던 '대역전'을 통한 국가 형성이 아닐 수 없었다.

4. '국가다원주의'와 자유민주주의의 제도화

서구의 자유민주주의가 자본주의 사회 발전을 반영하여 자유주의와 민주주의의 결합을 통해 이루어졌음은 앞에서 말한 바와 같다. 그러나 한국의 자유민주주의는 당시의 한국사회를 반영했다기보다는 미국의 대한정책에 근거하여 미군정에 의해 위로부터 만들어진 것이었다. 따라서 한국의 자유민주주의의 제도화는 당시의 한국사회의 아래로부터의 요구를 반영했다기보다는, 미국의 대한정책적 의도를 강하게 반영하고 있었다. 그런 점에서 본다면 한국의 자유민주주의는 서구의 자유민주주

의의 모습을 갖추고는 있었지만, 그것을 만들어냈던 환경과 토양은 서구의 그것과 전혀 다른 것이었다. 그렇다면 구체적으로 미군정 하에서 자유민주주의의 제도화는 어떻게 이루어졌는가? 이와 관련하여 최장집은 미군정 당국에 의해 형성된 당시의 이익대표체계와 관련, 이를 '국가다원주의'라는 개념을 가지고 이렇게 설명하고 있다(1989, 130).

> 국가다원주의는 민주주의적이며 개량적인 정치과정의 외양을 가지나 국가가 위로부터 다원주의 구조를 형성하는 것을 특징으로 한다. 이것은……이데올로기를 달리하는 모든 사회세력과 집단들이 구조 내에 참여할 수 있으며 체제 선택의 이슈까지도 정치적 경쟁의 쟁점으로 부각될 수 있게 할 것이나, 그럼에도 불구하고 국가목표에 부응하는 단체의 활동은 고무, 지원되고 그에 부응하지 않는 단체의 활동은 억제되거나 불이익을 받게되는 하나의 정치적 경쟁의 틀을 의미한다.……그러므로 국가다원주의는 자유다원주의와 비교하여 볼 때 다원주의국가라고 하는 측면에서는 동일하나 국가가 특정의 시민사회를 형성하고 그 정치적, 사회적 지지기반을 능동적으로 편성, 재편성하고 발전시킨다는 점에서 근본적으로 상이하다.

해방정국 초기 한국의 정치사회가 아래로부터의 각종 요구와 이해에 바탕을 두고 등장했던 각종의 사회단체나 정치세력의 참여와 경쟁 속에서 출범했던 것은 사실이다. 그렇지만 그 정치적 참여와 경쟁은 외삽국가에서 반공국가로, 그리고 최종적으로는 반공 분단국가로 발전해나갔던 미군정에 의해 점차 제약되고 틀지워지지 않을 수 없었다. 그리고 그 과정을 통해 특정 세력은 미군정이 허용하는 합법적 제도정치에 정착할 수 있게 되었던 반면, 또 다른 세력은 미군정에 의해 그로부터 배제되지 않을 수 없었다. 우리는 이 같이 미군정의 '국가다원주의' 하에서 이루어졌던 그 구체적 과정을, 주로 정치세력 재편의 측면과 자유민주주의의 각종 절차 및 제도 도입이라는 측면에서 다음과 같이 살펴볼 수 있을 것이다.

1) 정치세력의 재편

해방정국 3년은 그 중심 이슈의 변화 및 이에 따른 정치세력의 재편을 중심으로 볼 때, 다음과 같이 세 국면으로 구분할 수 있다. 첫 국면은 1945년 8월 15일 해방으로부터 각종 정치세력이 등장하여 좌우 정치세력의 대칭적 배열이 이루어졌던 1945년 말까지의 시기이다. 두 번째 국면은 한반도문제에 대한 모스크바삼상회의 결정 발표를 계기로 좌우세력간에 찬반탁 갈등이 전개되었던 1945년 말부터 1947년 중반까지의 시기이다. 그 세 번째 국면은 제2차 미소공위 결렬로 인해 남한 단독정부 수립이 분명해짐에 따라 정치세력의 새로운 재편이 이루어졌던 1947년 후반부터 1948년 8월 15일까지의 시기이다. 그렇다면 이같은 각 국면에 있어 미군정은 정치세력들의 정치적 경쟁을 어떻게 제약하고 틀지웠는가?

우선 해방정국의 첫 국면에서, 1945년 8월 해방과 더불어 해방정국의 초기 상황을 장악했던 것은 건준 및 인공 수립을 통해 진보적 대안국가의 등장을 가능하게 했던 범좌파세력들이라 할 수 있었다. 물론 당시 우파세력의 활동이 전혀 없었던 것은 아니다. 9월 16일 한국민주당이 결성되었기 때문이다. 그러나 그것은 미군의 진주에 힘입은 것으로써, 그것만으로 해방정국 초기의 좌우파 간의 힘의 불균형을 메꿀 수 있었던 것은 아니다. 이같은 상황에서 미군정 당국은 일단 자신의 지지기반인 우파세력을 강화시켜 좌우파세력의 불균형을 시정하고자 했다. 이를 위해 우선 미군정은 인공 수립을 통해 대안국가의 권력집단으로 행동하고자 했던 좌파세력에 대해 인공의 정부 '행세' 또는 '참칭'을 부인했던 한편, 이들을 다른 정치세력과 동등하게 취급하고자 했다[26]. 뿐

---

26) 이를테면 미군정은 9월 17일 '정당은 오라' 성명을 통해 모든 정치세력을 형식상 동등하게 취급했는데, 이는 국가권력 집단으로서의 좌파세력을 정치사회의 한 정치세력으로 끌어내리면서 각 정치세력의 '평준화' 효과로 이어졌다(최장집 1996, 125-129).

만 아니라 미군정은 좌파진영에 대항할 수 있는 우파진영의 강화를 꾀했는데, 그것은 이승만 및 김구 등 임시정부 요인들을 귀국시켜 이들을 중심으로 우파진영의 결집을 도모하고자 했던 시도로 나타났다(미 국무성 편 1984, 59-60, 81, 104, 127-128, 140-142 참조).

그렇다면, 해방정국의 초기 국면에서 미군정이 이러한 조치를 취해야 했던 원인은 무엇인가? 남한에 대한 본국의 구체적인 정책지침이 아직 형성되지 못한 상태에서 현지의 점령당국이 무엇보다도 먼저 주목한 것은, 소련과 연계된 것으로 보이는 좌파세력의 주도권 강화에 대한 우려였다. 즉 남한 전역이 정치적으로 두 개의 선명한 그룹, 즉 '급진적 공산주의계'와 '보수계'로 나뉘어져 있는 것으로 보았던 그들은 특히 "외부의 전문가 그룹의 선동을 받고 있는 냄새를 풍기고 있는" 전자의 주도권 강화를 우려했다(미 국무성 편 1984, 56-57, 70-72, 80-81, 83). 미군정이 한민당과 연계했던 한편 이승만과 김구 등 임시정부 계열의 우파세력을 불러들여 이들을 중심으로 우파블록을 구축, 좌파세력에 대항시키고자 했던 것은 바로 이러한 이유에서였다.27) 아무튼, 이러한 미군정의 초기 시도는 대체로 성공적이었다. 1945년 말경 좌우파세력은 우파세력의 강화로 대칭 병렬화의 모습을 갖출 수 있게 되었기 때문이다.

이상과 같은 해방정국의 첫 국면은, 1945년 말에 발표되었던 한반도 문제에 대한 모스크바삼상회의 결정을 계기로 임시정부 수립 및 찬반탁 문제가 갈등의 핵심적 이슈로 등장했던 한편 이를 둘러싸고 국내의 좌우파세력이 찬반탁의 양 진영으로 나뉘어 대립했던 두 번째 국면으로 전환되었다. 이같은 새로운 상황에서 남북한의 미군정과 소군정은 자신에게 유리한 미소 공위 협상을 위해 남북에서 자신을 지지하는 공

---

27) 나아가 현지 미군정 당국의 이러한 시도는 신탁통치안 대신, 궁극적으로는 남한 단정의 가능성까지도 염두에 둔 김구 중심의 '정무위원회'(governing committee: 책에서는 '행정위원회'로 번역-필자) 안으로 발전하기까지 하였다. 이같은 내용을 담고 있는 랭던(W. Langdon) 안에 대해서는, 미국무성 편(1984, 150-153) 참조.

위 협의대상 정당·사회단체의 대표기구를 조직화하기 시작했다. 미군정의 경우, 그것은 우파세력 중심의 남조선대표민주의원(민주의원)의 급조로 나타났다. 반면 소군정의 경우, 그것은 북한에서는 북조선임시인민위원회의 수립으로, 남한에서는 범좌파 중심의 민주주의민족전선(민전)의 결성으로 나타났다. 그러나 1946년 3월에 시작되었던 제1차 미소공위는 임시정부의 수립에 대한 구체적인 문제를 검토하기도 전에 공위 협의대상 정당·사회단체의 범위를 둘러싸고 그 합의를 이루지 못했다. 그 결과 제1차 미소공위는 5월 초 결렬되지 않을 수 없었다.

미군정이 위로부터 남한 정치세력의 재편을 도모하고 나선 것은 제1차 미소공위가 결렬된 바로 이같은 상황에서였다. 그리하여 그들은 김규식의 온건 우파세력과 여운형의 온건 좌파세력 주도의 좌우합작운동을 지원하기 시작했다. 이 같이 미군정의 지원 속에서 시작된 좌우합작운동은 그 도중에 강경 좌우파세력이 이탈함으로써 결국 온건 좌우파세력 중심의 합작운동으로 좁혀질 수밖에 없었다. 그리하여 10월 7일 그들은 7개항의 합의에 이를 수 있었다. 뿐만 아니라, 김규식이 이끄는 온건 우파 중심의 좌우합작세력은 같은 해 12월 12일 개원한 남조선과도입법의원에도 참여했다.[28] 그러나 좌우합작 및 과도입법의원 수립이 추진되고 있던 바로 그 시간에, 미군정은 앞에서 언급한 바와 같이 강경 좌파세력에 대해서는 강력한 억압정책을 수행하고 있었다.

그 결과, 1946년 말의 시점에서 미군정에 의해 재편된 남한 정치세력의 모습은 강경 우파세력, 온건 좌우파세력 중심의 중도파세력, 그리고 강경 좌파세력 등으로 분립되는 양상을 보여주었다. 그렇다면 미군정이 제1차 미소공위 결렬을 계기로 새삼스럽게 이러한 인위적인 정계 재편을 추진하고 나섰던 이유는 무엇인가? 우선 그것은 미 국무성의 새로운 대한정책지침에 의한 것이었다.[29] 즉 미국은 국무성이 중심이 되어 제1

---

[28] 김규식과 같이 좌우합작을 이끌었던 여운형은 남로당 결성을 둘러싼 좌파 내부의 분열에 휩쓸리면서 과도입법의원 수립에 대해 반대 입장을 표명했다.

차 미소공위 결렬을 전후하여 미군정 당국에 새로운 대한정책의 지침을 내렸는데, 그것은 대체적으로 '중도파 중심의 정치세력 통합' 및 '광범한 사회·경제적 개혁을 내용으로 하는 자유주의적 개혁정책'(박찬표 1997, 151-160)이라 할 수 있었다. 따라서 해방정국 초기에 현지에서의 상황 판단에 의거하여 우파세력 강화 정책을 추진해왔던 미군정이었지만, 이제 그들은 미 국무성 지침에 의거하여 중도파 강화의 새 정책을 추진하게 되었던 것이다.

그러나 미군정이 미 국무성 지침을 그대로 실천한 것은 아니었다. 오히려 그들은 그 지침을 그들 방식에 맞도록 실천했다. 즉 그들은 남한에서 '자유주의적 개혁'의 맥락이 아니라, '강경 좌파 배제'의 맥락에서 자신의 통일전선 정책을 추진했던 것이다. 다시 말해서 그들은 좌우합작을 통해 독자적인 그룹으로 등장한 중도파세력을 우파세력과 더불어 과도입법의원에 참여시켰던 한편, 강경 좌파세력에 대해서는 강력한 탄압을 시행했던 것이다. 그런 점에서 강경 좌파세력에 대한 탄압정책은, 이들만을 배제한 채 우파 및 중도파의 통일전선을 이루고자 했던 군정정책과 짝을 이루는 것이었다. 어쨌든 미군정의 이같은 시도는 개혁이라는 측면에서는 실패였지만,30) 통일전선이라는 측면에서는 성공적이었다. 그 결과 강경 우파세력과 중도파세력—특히 김규식 중심의 온건 중도파세력—의 두 그룹은 미군정이 허용하는 제도정치의 참여세력이 될 수 있었다. 그러나 강경 좌파세력은 제1장에서 언급하고 있는 것처럼, 미군정에 의한 '금단의 정치' 속에서 이제 그 배제세력이 되지 않을 수 없었다.

그러나 미군정의 통일전선 정책에 의해 새롭게 등장했던 중도파세력

---

29) 이에 대해서는 미국무성 편(1984) 가운데, '국무성이 기초한 육군대장 더글라스 맥아더에게 보내는 메시지 초안'(235-236), '국무성 점령지구담당 차관보(힐드링)가 육군성 작전처에 보내는 비망록'(292-299) 참조.
30) 경제적 측면의 '자유주의 개혁'이었던 경제안정화 및 부흥계획은 이를 위한 재정 확보책이 마련되지 않아 무산되었다(박찬표 1997, 161-168) 참조.

은 비록 당시의 시점에서 미군정의 지원을 받고 있었다 할지라도 기본적으로 그 지위가 취약했다. 우선 중도파세력의 경우 좌우합작에 참여했던 여운형 세력이 과도입법의원 구성에는 참여하지 않음으로써 온전한 중도파로 기능하기가 어려웠다. 뿐만 아니라, 더욱 중요한 것으로서 이들 중도파세력의 기본적인 취약성은 이들이 반공의 전위대가 될 수 없었다는 점에 있었다. 그들은 미국과 미군정이 민주주의적 외양을 위해, 또는 강경 좌파세력 고립의 통일전선정책을 위해 끌어들여진 세력이었을 뿐이다. 따라서 그들의 지향이 미국 및 미군정 대한정책의 최우선적인 목표인 반공과 상충하게 될 때, 그들에 대한 미국 및 미군정의 지지는 언제나 철회될 가능성을 지니고 있었다. 뿐만 아니라 그들은 미군정 관료기구, 특히 억압적 관료기구를 사실상 장악해나갔던 경찰 등 반공 관료세력과 연결되어 있지 않았다. 그런 점에서 볼 때, 중도파세력은 미군정의 지원이 중단되거나 약화될 때에는 그 취약함이 그대로 드러날 수밖에 없는 세력이었다.

한편 미군정에 의한 인위적인 정치세력 재편이 이루어졌던 해방정국의 두 번째 국면은, 1947년 중반 제2차 미소공위가 결렬되면서 남한의 단독선거 및 단독정부 수립이 보다 분명해진 새로운 상황에 직면했다. 따라서 이같은 단선단정문제를 둘러싸고 새로운 정치적 갈등이 전개되었던 해방정국의 세 번째 국면이 시작되었던 것이다. 이 새로운 상황에서 남한 내 정치세력은 다시 한번 재편되었다.

우선 이승만과 김구 그리고 한민당 등이 주도했던 강경 우파세력 내부에 변화가 있었다. 이승만세력과 한민당 등은 남한 단선단정을 지지하고 나선 반면, 김구의 임정세력은 남북협상을 통한 남북총선을 주장함으로써 그들과 입장을 달리했기 때문이다. 두 세력은 해방정국 초기 주도권을 장악했던 좌파세력에 대한 반대를 위해 연대했으나, 엄밀히 살펴보면 사실 두 세력의 지향과 정서는 서로 다른 것이었다. 자신들의 이해를 위해 반탁운동에 동참했고 나아가 남한 단선단정노선을 적극

지지 추진했던 이승만세력과 한민당은 기본적으로 반공주의세력이었다. 그러나 그들은 반좌파 연대를 위해, 또한 자신들의 민족주의적 취약성을 보완해줄 수 있었기 때문에 임정 법통의 민족주의세력인 김구세력과 연대했던 것이다. 그러나 이제 반좌파 연대보다는 단선단정의 문제가 보다 핵심적인 문제로 등장한 상황에서, 또한 그들의 반공주의적 이해가 김구세력의 민족주의적 성향과 충돌하게 된 상황에서, 더구나 김구의 단선단정 동참이 새로운 정치적 경쟁자를 증가시키는 상황에서 그들은 김구의 민족주의세력과 기꺼이 결별할 수 있었던 것이다.

이와는 달리, 강한 우파적 민족주의 성향을 지녔던 김구의 임정세력은 중경임시정부가 해방 후 정식 정부로 추대될 수 있기를 바랐고 이를 위해 노력했던 것이 사실이다.31) 그리고 이를 위해, 나아가 반좌파 연대를 위해 그들은 반탁운동을 주도하면서 이승만 및 한민당세력과 협력했던 것이다. 그러나 이같은 임정 추대운동이 실패하고 남한 단선단정의 선택이 주어졌을 때, 그들의 민족주의적 성향은 이를 받아들이기 어려웠던 것이다. 그리하여 김구 임정세력은 남북협상에 의한 남북총선을 주장하기에 이르렀던 것이다.

그러나 김구세력의 이같은 태도는 다음과 같은 점에서 모순적이고 비현실적이었다. 그 하나는 모스크바삼상회의 결정이 무산되었을 때 그것이 남북한 분단정권의 수립으로 이어질 수 있으리라는 것은 그리 예상하기 어려운 일이 아니었다는 것이다. 그러나 가장 강력한 반탁운동을 전개했던 김구세력은 모스크바삼상회의 결정의 붕괴로 인한, 어쩌면 그 논리적 결과일 수 있는 남북한 분단정권 수립을 받아들이려 하지 않았다. 다음으로 남북협상을 통한 남북총선의 가능성 역시 그리 크지 않았다는 점이다. 그러나 그들은 현실성이 결여된 그러한 길을 선택했다. 그러나 이같은 모순성과 비현실성에도 불구하고, 아니 그 모순성과 비

---

31) 해방정국에서 김구 임정세력의 활동을 임시정부 추대운동이라는 관점에서의 분석은 서중석(1991) 참조.

현실성을 가능하게 했고 결국 그들이 그러한 길을 선택할 수 있게끔 추동했던 것은 바로 그들의 정의적(情意的) 민족주의적 성향이었다는 것 또한 분명한 사실이다.32)

　단선단정을 지지한 강경 우파세력으로부터 이탈한 김구세력은 그 주장을 더욱 강화, 남북한에 주둔하고 있는 양군의 즉각적인 철수 하에 남북 총선을 시행할 것을 주장했고, 그러한 주장의 바탕 위에서 남북협상을 주장했다. 나아가, 이같은 남북협상을 주장한 김구세력은 그동안 좌우합작운동에 뒤이어 민족자주연맹을 결성했던 김규식 주도의 중도파세력과 결합, 남북협상세력으로 발전했다. 이와 관련해 미군정의 지원 하에 좌우합작을 이끌었고 과도입법의원에 참여했던 김규식은, 단선단정이 분명해져 갔던 새로운 상황에서 유엔감시하 남북총선에 의한 통일정부 수립에 일말의 기대를 걸고 있었다. 그리고 이러한 기대 속에서 그는 김구세력과 결합, 이를 위한 남북협상에 나서게 되었다. 물론 유엔의 한국문제 결정과 무관한 남북협상의 성공 가능성에 회의했던 그는 남한만의 단독선거를 결정했던 1948년 2월 말 유엔소총회 결정 이후 남북협상에 소극적이기는 했다. 그렇지만 남북협상을 적극 추진했던 김구의 노력과 더불어 마침내 북행에 나서게 되었다.33) 그러나 남북협상이 남한 단독정부 수립과 남북한 분단정권 수립을 저지할 수 있었던 것은 아니며, 북행에 나섰던 그들 역시 이를 알고 있었다. 그러나 분단에 눈감을 수 없었던 그들은 이러한 실패의 예상에도 불구하고 북행

---

32) 이와 관련, 최장집(1989, 134, 148)은 해방정국에서의 김구의 행동에 대해 다음과 같이 평가하고 있다. "이승만-한민당 그룹과 유사하게 과격한 사회주의적 개혁이념이나 공산주의 혁명이념을 혐오하는, 정의적(情意的) 민족주의 이념을 바탕에 깔고 전투적 애국주의를 체득한 김구는 미국이든 소련이든 민족국가 통일에 장애가 되는 외세의 논리를 배격하고자 했다." "급변하는 사태의 복합적 국면을 이해하고 이에 대응하는 데 김구만큼 더디고 효과적이지 못한 지도자는 많지 않다."

33) 김규식과 김구는 처음에는 유엔소총회로부터 남북요인회담 승인을 기대했다. 그것은 이를 통해 북한측을 설득, 남북한 총선거의 돌파구를 마련해보고자 했기 때문이다. 그러나 유엔소총회에 의해 이러한 요구가 무산되자, 김구의 적극적인 노력과 김규식의 소극적인 태도 속에서 남북협상이 추진되기에 이르렀다. 이 과정에 대한 자세한 내용은 정해구(1995, 133-145) 참조.

에 나서지 않을 수 없었던 것이다.

그렇다면 해방정국의 두 번째 국면에서 자신의 직접적인 개입에 의해 자신의 지지기반으로서 구축해놓았던 우파세력 및 중도파세력이 단선단정노선을 둘러싸고 이 같이 다시 한번 재편되어갔을 때, 미군정은 어떠한 태도를 취했는가? 그들은 김구 및 김규식세력 중심으로 남북협상세력이 새롭게 등장하는 것을 경계하기는 했지만, 이를 적극적으로 저지하고자 하지는 않았다. 그것은 우선 미소공위가 결렬된 마당에서 이제는 구태여 중도파세력을 끌어들일 이유가 없어졌기 때문이다. 더구나 김구세력은 소련측이 주장했던 양군 철수의 주장까지 내놓는 터였다. 오히려 이제 유엔의 이름으로 남한 단선단정이 나름의 정당성을 갖게 된 상황에서, 그들의 최대 관심은 이를 정당화해줄 남한 내부의 선거에 집중되어 있었다. 따라서 이승만세력 및 한민당 등 극우적인 강경 우파세력만이 남한 단선단정에 참여하게 되었을지라도, 그들에게 중요해진 것은 이제 실질적인 민주세력이 아니라 민주주의적인 것을 과시할 수 있는 정부수립의 선거 절차였다.

2) 자유민주주의 절차와 제도의 도입

이상에서 살펴본 바와 같이, 미군정은 자신의 국가다원주의 하에서 해방정국의 정치세력을 재편해갔다. 그 결과 이승만세력과 한민당 등 강경 우파세력들은 남한 단독정부 수립의 5·10선거 시 이에 참여했던 단정 지지세력의 주축이 될 수 있었다. 반면 좌파세력은 미군정이 허용했던 합법적인 제도정치권에서 점차 배제되었을 뿐만 아니라 미군정의 강력한 탄압에 의해 약화되지 않을 수 없었다. 한편 중도파세력은 미군정의 통일전선 정책에 의해 일시 미군정으로부터 지원을 받기도 했으나, 단선단정 추진의 현실에서 김구의 우파 민족주의세력과 함께 남북협상을 추진하게 되면서 그들 역시 미군정의 제도정치권으로부터 멀어지지 않을 수 없었다. 정치세력 재편의 이같은 과정과 더불어, 미군정은 다른 한편으로 각종의 자유민주주의적 절차와 제도를 도입함으로써 제도정치권의 정치적 경쟁의 틀을 구축했는데, 그 구체적 과정을 살펴보면 다음과 같다.

우선 미군정 초기 민주주의에 대한 미국의 대한정책적 지침은 분명치 않았다. 그러나 국내 정치세력의 활동과 관련하여 미 본국은 미군정에 다음과 같은 지침을 내리고 있었다. 즉 일본의 군국주의적인 이념과 선전의 보급이 아닌 한, 또한 군사적 안보에 필요한 최소한의 통제 및 검열에 저촉되지 않은 한, 또한 군사점령의 목표 및 요구와 일치하지 않은 정치활동이 아닌 한, 사상 언론 출판 집회의 4대 자유는 보장되도록 해야 한다는 것이었다.34) 그러나 민주주의와 관련, 현지의 미 점령당국의 사고를 사로잡은 것은 위와 같은 4대 자유의 보장이 아니라 공산주의자들의 주도권 장악에 대한 우려였다. 따라서 그들에게 민주주의란 '공산주의가 아닌 것,' 즉 반공주의였으며 민주세력이란 공산주의세력에 대항하여 맞설 수 있는 친미적 보수세력이었다고 할 수 있다.35)

그러나 미군정 초기 민주주의에 대한 미국 및 미군정의 사고는 그 윤곽만을 시사했을 뿐, 그 분명한 내용을 갖추었던 것은 아니다. 오히려 민주주의에 대해 분명한 생각을 갖추고 있었던 것은 좌파세력들로서, 그들은 우파세력보다 민주주의라는 용어를 더욱 빈번히, 그리고 더욱 친숙하게 사용했다. 즉 해방정국 초기 좌파세력에게 민주주의란 '진보적 민주주의'로서, 그것은 대체로 다음과 같은 의미를 지니고 있었다. 그것은 친일파 청산 및 토지개혁 등 일제 식민지배의 반제반봉건적 유제의 청산을 의미했다. 또한 그것은 민주주의 발전에 있어 '반동적' 민주주의가 아닌 '진보적' 민주주의로 나아가는 것을 의미했는데, 좌파세

---

34) 미 국무성 편(1984) 가운데, '한국의 미군 점령지역내 민간행정업무에 대하여 태평양방면 미군 최고사령관에게 보내는 최초 기본훈령'의 '9. 정치활동'(92-93) 참조.
35) 앞에서 살펴본 바와 같이, 그들은 미군정 초기 남한 전역이 정치적으로 외부의 선동을 받고 있는 것으로 보이는 '급진적 공산주의계'와 '보수계'로 나뉘어져 있는 것으로 보았는데, 그들은 후자의 보수주의자들을 민주주의세력으로 보았다. 미 국무성 편(1984, 56-57, 70-72) 참조.

력 내부에서 '진보적'인 것의 해석에 대해서는 일정한 차이를 보였다. 이를테면 여운형의 경우 그것은 대체로 사회민주주의를 의미했던 것으로 보이며, 박헌영의 경우 그것은 사회주의 지향의 부르주아민주주의, 즉 인민민주주의를 의미했던 것으로 보인다.[36]

그렇지만 해방정국 초기 미군정과 좌파세력이 민주주의 문제의 해석을 놓고 직접 갈등을 빚지는 않았다. 그러나 한반도 문제에 대한 모스크바삼상회의 결정 이후 미소는 그 결정 내용의 '민주주의' 개념[37]의 해석을 둘러싸고 특히 공위 협상에서 대립하지 않을 수 없었다. 그것은 민주주의란 개념이 미국 및 소련측에 의해, 또한 이에 따라 우파 및 좌파쪽에 의해 각기 다르게 해석되었고, 그것의 해석 여하에 따라 양측의 입장이 이에 크게 영향을 받을 수밖에 없었기 때문이다. 우선 미국측은 그 용어가 사상 언론 출판 집회의 4대 자유를 의미하는 것으로서, 모스크바결정 자체에 반대할 수 있는 자유도 포함되는 것으로 해석했다.

반면 소련측은 그 용어가 일제 통치의 잔재 청산을 의미하는 것으로서 해석했다. 물론 공위 협상과 관련하여 이같은 미국측의 해석에는 모스크바결정 자체를 반대, 격렬한 반탁운동을 전개했던 강경 우파세력까지도 공위 협의대상에 포함시키기 위한 의도가 반영되어 있었으며, 소련측의 해석은 모스크바결정을 지지하는 민주주의적인 정당 및 사회단체만을 공위 협의대상으로 하고자 했던 의도를 반영하고 있었다(정해구 1995, 49).

아무튼, 민주주의에 대한 이같은 미소의 해석 차이는 있었지만, 미군정의 경우 일단 정당 활동의 자유를 인정했다. 그러나 그것은 제한적이지 않을 수 없었다. 우선 미국의 대한정책은 특정 정당, 단체 및 정치적

---

36) 해방정국 초기의 좌파세력의 '진보적 민주주의'에 대해서는 정해구(1994, 14-21) 참조.
37) 임시정부 수립에 대한 모스크바 결정의 첫 사항은 "조선을 민주주의 독립국으로 발전시키고 일제 통치의 잔재를 신속히 청산시키기 위하여 민주주의적 임시정부를 수립한다"는 것이었다(『동아일보』, 1945년 12월 30일자 참조).

결사의 활동이 군사점령의 목표 및 요구와 일치하지 않을 경우 그 폐지를 지시하고 있었다(미국무성 편 1984, 92). 뿐만 아니라, 보다 구체적으로 미군정은 1946년 2월 '미군정 법령 제55호'의 공포를 통해 정당등록제를 실시함으로써 정당의 비밀활동을 금지시키는 한편 정당의 등록의무를 부과했다. 이에 불응 시 미군정은 그 정당을 해산할 수 있었다. 여기에 더하여 미군정은 1946년 5월 '미군정 법령 72호'를 통해 '군정위반의 죄'를 공포했는데, 무려 그 죄목을 82개나 열거하고 있었던 이 법령은 정당 및 사회단체의 정치활동을 규제할 수 있는 또 다른 근거가 되었다.[38] 정당활동 자유에 대한 이같은 제한과 규제들이 주로 좌파세력을 대상으로 마련되었음은 물론이다.

이상에서 우리가 살펴보았던 것은 민주주의에 대한 미 당국의 관념, 이에 대한 해석, 그리고 이에 근거한 정당활동의 자유 등에 관한 문제들이었다. 이를 통해 알 수 있듯이, 미국은 민주주의를 사상 언론 출판 집회의 4대 자유 중심으로 인식하고 있었으며 이러한 인식을 중심으로 소련 및 좌파측의 민주주의 해석에 대응하고자 했다. 그러나 시민적 자유권 중심의 이같은 민주주의 개념은 민주주의에 대한 지나치게 협소한 해석으로서, 소련 및 좌파측이 민주주의의 이름 아래 주장했던 제반 민주개혁의 문제에 대해 설득력 있는 대응논리를 보여주지 못하는 것이었다. 한편 정당활동의 자유 및 복수정당제의 용인 등, 경쟁적 정당제도의 문제에 있어 미군정은 기본적으로 이를 허용하는 태도를 취했다. 그러나 그것 역시 미군정에 의해 상당 정도 제한되지 않을 수 없었는데, 특히 좌파세력의 경우 그 제한은 그들의 활동에 결정적인 영향을 미칠 수 있는 것이었다.

한편 우리는 자유민주주의체제의 핵심적 장치라 할 수 있는 대의제 문제, 즉 의회와 선거 등과 관련하여 미군정이 어떠한 절차와 제도를

---

38) '미군정 법령 제55호'에 대해서는 국사편찬위원회 편(1969, 126-128) 참조. '미군정 법령 제72호'에 대해서는 같은 책(538- 543) 참조.

도입했는지 살펴볼 필요가 있을 것이다. 이와 관련하여 가장 먼저 우리가 살펴볼 것은 미군정의 자문기구라 했지만 입법기관의 명칭을 띤 채 1946년 2월에 수립되었던 남조선국민대표민주의원, 즉 약칭 민주의원의 문제이다. 그것은 어떤 목적에서, 어떤 절차를 통해 만들어졌으며, 과연 자유민주주의체제의 의회에 준하는 입법기관이라 할 수 있는가?

민주의원은 표면상 군정자문기구의 위상을 띠고 있었지만, 민주의원에 부여된 핵심적 임무는 장차 미소 공위에 참여할 남한 정치세력의 대표기구로서의 역할이었다(박찬표 1997, 143). 그러나 남한 정치세력의 대표기구가 되기에 민주의원의 수립 절차는 극히 비민주적이었을 뿐만 아니라 어떤 점에서는 급조된 것이었다. 즉 그것은 미군정 굿펠로우(P. Goodfellow)의 은밀한 작업을 통해 준비되었으며, 그 수립과정 역시 반탁진영의 연합기구인 비상국민회의 최고정무위원회에 민주의원의 이름을 가져다 붙인 것에 불과했던 것이다.

또한 그 기구는 온건 좌파의 여운형세력 일부를 포함시켜 그 구색을 맞추고자 했으나 이들조차 참여를 거부함으로써 우파세력만을 포괄하지 않을 수 없었다.[39] 그런 점에서 그것은 대의제 민주주의의 의회에 준하는 대표기구라 하기는 어려웠다. 그럼에도 그것은 이후 그 해 말에 이뤄졌던 과도입법의원 수립의 선례가 됨으로써 입법기관 수립의 단초를 제공하는 것이기는 했다.

입법기관 수립과 관련하여 우리가 살펴보아야 될 또 하나의 미군정 기구는 1946년 12월 12일 개원했던 남조선과도입법의원이다. 이와 관련하여, 미군정의 정치세력 재편에 의해 중도파 중심의 좌우합작운동이 전개되었음은 앞에서 지적한 바와 같다. 미군정은 이들 좌우합작세력 중 과도입법의원에 참여했던 김규식 중심의 온건 우파세력과, 이승만세력 및 한민당 등의 강경 우파세력을 중심으로 과도입법의원을 구성했

---

39) 민주의원에 대한 자세한 내용은 브루스 커밍스(1986, 296-307)와 서중석(1991, 341-344) 참조.

는 바, 후자는 주로 미군정의 관선에 의해, 전자는 간접선거 형식의 민선 절차를 통해 선출되었다. 그런 점에서 과도입법의원은 우파세력에 더하여 온건 우파세력까지 포괄하는 그러한 모습을 띠고 있었다.

그러나 여기에도 역시 여운형의 온건 좌파세력이 참여하지 않음으로써 그 대표성은 여전히 불완전했다. 뿐만 아니라, 과도입법의원 구성에 있어 선거 절차가 도입되기는 했지만 그것은 사실상 요식행위에 불과했다. 즉 전체 의원 중 절반은 미군정에 의해 관선의 방식으로 선발되었으며, 우파 중심의 나머지 절반의 대표 역시 민선의 절차를 거치기는 했으나, 그 역시 보수주의자들만이 뽑힐 수 있도록 고안된 간접선거 방식에 의한 것이었다. 뿐만 아니라, 이같은 선거마저 경찰과 행정기구의 개입 속에서 치루어졌다. 그런 점에서 그것은 민주의원에 비하여 진일보한 것이기는 하지만, 여전히 아래로부터의 의사가 반영된 것이 아닌, 오히려 그 요식행위적 절차만을 빌려 미군정의 의도와 우파세력의 영향력만이 반영될 수 있었던 입법기관이라 할 수 있었다. 따라서 과도입법의원 역시 입법기관 본래적 의미를 지니기는 어려웠다.[40]

민주의원이나 과도입법의원 수립은 남한 단독정부 수립을 염두에 두지 않았던 것은 아니지만, 다른 한편으로 미소공위 협의에 대비한 남한 정치세력의 대표기구로서의 역할 또한 염두에 둔 것이었다. 그러나 결국 제2차 미소공위가 결렬됨으로써 남한 단선단정이 본격적으로 추진되게 됨에 따라, 이제 미군정에게 최우선적으로 요구되었던 일은 선거를 통해 국민의 대표기관인 국회를 구성하는 문제였다. 이같은 과정에서 미국 및 미군정에게 불가피하게 요청되었던 것은 남한정부 수립의 국내외적 정통성 문제였다. 그 외적 정통성의 문제에 있어 미국은 한국 문제를 유엔에 회부함으로써 그 문제를 해결할 수 있었다. 그러나 다른 한편으로 미국은 국제사회가 주시하는 가운데 남한 단독정부 수립의

---

40) 남조선과도입법의원의 등장에 대해서는 브루스 커밍스(1986, 332-338)과 서중석 (1991, 503-508) 참조.

내적 정통성 역시 확보하지 않으면 안 되었는데, 그것은 미군정으로 하여금 선거절차의 과정을 중요시하지 않을 수 없게 만들었다. 뿐만 아니라, 선거 감시를 위해 입국한 유엔임시한국위원단은 남한의 선거가 보다 공정하게 이루어질 수 있도록 나름의 노력을 기했다.

이같은 상황에서 우선 선거법이 제정되었는데, 그것은 과도입법의원이 제정한 보통선거법을 미군정 및 유엔한위가 개입하여 그 내용을 수정하는 방식으로 이루어졌다. 여기에서 과도입법의원의 선거법은 그 내용에 있어 많은 개선을 이루었는 바, 예컨대 선거권 연령을 23에서 21세로의 하향조정, 문맹자 배제조항의 삭제, 특별선거구 삭제……등의 내용이 그것이다. 또한 유엔한위는 선거의 '자유분위기' 조성을 위한 대책을 요구했는데, 미군정은 이에 대해 영장제도의 도입 등 형사소송법 개정, 인권장전 발표, 정치범 3,140명의 사면, 사법권의 분리 및 재판의 3심제 부활, 경찰 재교육, 우익청년단체의 선거개입 방지를 위한 주의 조치, 그리고 공보원 중심의 광범위한 선거홍보 등의 조치를 취했다. 나아가, 미군정은 선거에 바로 앞선 1948년 3월 신한공사 소유의 토지에 대해 유산몰수 유상분배의 농지개혁을 실시했는데, 이 역시 선거를 의식한 조치였다.[41]

1948년 5월 10일 이상과 같은 준비 속에서 제헌국회 선거가 실시되었다. 이승만 세력 및 한민당 세력 등 주로 단선단정 지지세력들만이 참여했던 이 선거는 선거 무효가 된 제주도의 2개 선거구를 제외하고 전국에서 198명의 의원을 선출했다. 투표율은 등록자 대비 93%, 유권자 대비 85.6%(실제는 74%)의 참여를 보여주었다.[42] 그리고 5월 31일 첫 문을 연 제헌국회는 제헌헌법을 마련했던 한편 대한민국 초대 대통

---

41) 이상 제헌국회 선거를 앞두고 취해졌던 제반 조치에 대해서는 박찬표(1997, 262-321)와 정해구(1995, 150-154) 참조.
42) 당시 사용했던 인구통계는 1946년 8월의 것으로써, 1948년 8월 실제 인구를 감안한다면 유권자 대비 투표율은 85.6%가 아니라 74% 정도가 된다. 이에 대한 자세한 내용은 정해구(1995, 156-158) 참조.

령으로서 이승만을 선출함으로써 그 첫 임무를 수행했다. 그러나 이같은 남한 단독선거와 단독정부 수립의 이면에는 김구의 우파적 민족주의세력과 김규식의 온건 우파세력 등 남북협상세력의 선거 불참과, 남로당 중심의 남한 좌파세력에 의한 남한 단선단정 파탄의 강력한 투쟁이 존재했던 것 또한 사실이다. 어쨌든, 남한 단독정부 수립에 즈음하여 이루어졌던 이상의 선거 준비와 이에 다른 제반 개혁조치 그리고 이에 뒤이어 치루어졌던 5·10선거는 한국에서 보통선거제와 의회 중심의대의제 민주주의가 전면 도입되는 계기가 되었다.

5. 맺음말

이상을 통해 살펴본 바와 같이, 한국의 탈식민 국가 형성은 해방 직후 아래로부터 분출되었던 민중적 이해와 요구를 바탕으로 좌파세력 주도의 진보적 대안국가의 형태로 그 모습을 드러냈다. 그러나 해방 후 외삽국가로서 남한에 새로이 등장했던 미군정은 미국의 대한정책을 관철시켜나가면서 해방 초기의 진보적 대안국가를 부인하고 억압하고 파괴함으로써 점차 반공국가, 반공 분단국가로 발전해나갔다. 그 결과, 해방정국 초기의 진보적 대안국가는 마침내 반공 분단국가로 대체되지 않을 수 없었다. 그러나 이같은 과정은 단순한 갈등과 대체의 과정이 아니었다. 격렬한 정치적, 사회적 갈등을 수반했던 그것은 해방 초기의 좌파세력 중심의 헤게모니가 점차 반공 우파세력의 헤게모니로 뒤바뀌는 '대역전'의 과정이 아닐 수 없었다.

해방 후 한국의 국가 형성과 동시에 이루어졌던 자유민주주의의 각종 절차 도입과 제도화는 한국 국가 형성의 이같은 과정과 조건으로부터 자유스러울 수가 없었다. 또한 그것은 이같은 반공국가가 부여하는 제약 속에서 정치세력의 재편과 함께 이루어지지 않을 수 없었다. 다시 말해, 그것은 미군정의 '국가다원주의' 하에서 이루어졌던 것이다. 따라서 당시의 자유민주주의 제도화는 사회의 제반 요구와 이해를 반영하고 그들의 정치참여가 보장되는 방식의 아래로부터의 정치적 대표체계를 만들어냈던 것이 아니라, 미국의 대한정책 또는 반공 분단국가가 허용하는 범위 내에서 주로 친미적이고 보수적인 정치세력들만의 이해가 반영되고 그들만의 참여가 가능했던 제도정치적 장치를 구축했던 것이라 할 수 있었다.

그러나 그럼에도 불구하고 그것은 '조숙한 민주주의'(premature democracy)가 아닐 수 없었다. 그것은 그 이전에 어떤 근대적인 민주주의 경쟁이나 제도를 실천해본 경험도 없었던 상태에서, 또한 자유민주주의를 뒷받침할 사회정치적 기반이나 이를 지탱할 정치세력이 형성되지 못한 상태에서 보통선거권과 대의제 민주주의 등 자유민주주의의 제반 절차와 제도가 한꺼번에 주어졌기 때문이다(최장집 1996, 20-23; 박찬표 1997, 341). 물론 미국에게 있어 민주주의의 목표는 남한에서 미국의 가장 우선적인 목표인 반공국가의 수립을 넘어서는 것은 아니지만, 그럼에도 이같은 반공국가를 정당화시키기 위해서 불가피하게 요구되는 또 하나의 목표였다.

한편 반공국가의 강화 및 확대는 해방정국의 민중적 사회, 즉 구체적으로 말해 사회 각 부분의 대중조직과 지방 인민위원회 체제에 대한 파괴를 동반하면서 이루어졌다. 그러나 민중적 사회는 파괴된 채로 그냥 남겨지지는 않았다. 그것은 그 파괴된 바탕 위에서 반공국가에 의해 사회가 새롭게 포획되고 재편되었기 때문이다. 우리는 해방정국 과정을 통해, 그리고 특히 한국전쟁 등 그 이후의 과정을 통해 전개되었던 그러한 과정을 '반공규율사회'로의 재편 과정이라 할 수 있을 것이다. 여기에서 '반공규율사회'란 반공 분단의식이 사회에 내재화되어 하나의 '의사(疑似)합의' 상태로 나타나는 상황으로써, 반공의 논리가 모든 것을 통제하고 규율화하는 논리라 할 수 있다(조희연 1998, 87-95).

결국, 해방정국 3년의 기간 동안 그 기본적인 골격이 만들어졌던 이같은 반공 분단국가의 형성과 자유민주주의 제도화의 틀은 이후 상당 기간 동안 변화하지 않았다. 변화하지 않았을 뿐만 아니라, 반공 분단국가의 강화는 한국전쟁을 거치면서 더욱 강화된 측면도 없지 않았다. 한국전쟁이 반공 분단국가를 더욱 고착화하고 정당화시키는 결과를 가져왔기 때문이다. 한국 민주주의의 전개는 해방 이후, 나아가 한국전쟁이 만들어놓은 이같은 결과, 즉 반공 분단국가의 강화와 그 안에서 제약받지 않을 수 없었던 자유민주주의의 기반 위에서 이루어지지 않으면 안 되었다. 한반도 냉전체제에 의해 뒷받침되고 강력한 물리력과 이데올로기로 무장된 반공 분단국가가 정치와 사회를 압도하는 이러한 조건 위에서, 한국 민주주의는 출발하지 않을 수 없었던 것이다.

참고문헌

국사편찬위원회 편. 1969. 『자료 대한민국사 2』.
김남식. 1984. 『남로당 연구』, 돌베개.
김오성. 1986. 「인민당의 노선」, 이정식·한홍구 편, 『한국현대사 자료총서 II』, 돌베개.
류상영. 1987. 「초창기 한국경찰의 성장 과정과 그 성격에 관한 연구(1945~1050)」, 연세대 정치학과 석사학위 논문.
미 국무성 편. 김국태 역. 1984. 『해방 3년과 미국 1』, 돌베개.
민주주의민족전선 편. 1988. 『해방조선 1』, 과학과 사상.
박일원. 1984. 『남로당의 조직과 전술』, 세계.
박찬표. 1997. 『한국의 국가 형성과 민주주의』, 고려대학교 출판부.
브루스 커밍스. 1986. 『한국전쟁의 기원』, 일조각.
서울대학교 인문대학 한국현대사연구회. 1987. 『해방정국과 민족통일전선』, 세계.
서주석. 1996. 「한국의 국가체제 형성 과정」, 서울대 외교학과 박사학위 논문.
서중석. 1991. 『한국현대민족운동 연구』, 역사비평사.
손호철. 1995. 『현대 한국정치』, (주)사회평론.
안진. 1990. 「미군정기 국가기구 형성과정에 관한 연구」, 서울대 사회학과 박사학위 논문.
정해구. 1988. 『10월인민항쟁 연구』, 열음사.
_____. 1989. 「미군정과 좌파의 노동운동」, 한국산업사회연구회 편, 『경제와 사회』, 제2권 1호, 까치.
_____. 1994. 「미군정기 이데올로기 갈등과 반공주의」, 『한국정치의 지배이데올로기와 대항이데올로기』, 역사비평사.
_____. 1995. 「남북한 분단정권 수립과정 연구」, 고려대 정치외교학과 박사학위 논문.
조선로동당 중앙위 당역사연구소 지음. 1989. 『조선로동당략사』(1979년판), 돌베개.
조희연. 1998. 『한국의 국가·민주주의·정치변동』, 당대.
최장집. 1989. 『한국현대정치의 구조와 변화』, 까치.
_____. 1996. 「한국의 자본주의 발전과 민주주의, 1945~1995」, 『한국민주주의의 조건과 전망』, 나남출판.
홍인숙. 1985. 「건국준비위원회의 조직과 활동」, 『해방전후사의 인식 2』, 한길사.
G-2. Weekly Summary. No.143 (1948. 6. 4-11), 한림대 아세아문제연구소

편, 1989, 『주간정보요약』, 5권.
O'Donnell, G. & P. C. Schmitter. 1986. *Transition from Authoritarian Rule,* The Johns Hopkins University Press.
Smith, Anthony D. 1983. *State and Nation in the Third World*, Brington: Wheatsheaf Books.

제3부

권위주의 시대

제4장

안보국가 시기의 국가-제도정치-운동정치

오유석

1. 머리말

1948년 8월과 9월에 38선의 남과 북에는 분단된 두 개의 국민국가가 수립되었다. 그러나 두 분단된 국민국가의 수립은 남과 북에 살고 있는 한국인들의 의사를 반영한 것은 아니었다. 여전히 분단은 잠정적인 것이었으며, 갈라진 땅에 살고 있는 그 누구도 상대방을 '적'으로 규정하지는 않았다.

분단이 잠정적이라고 생각되었던 만큼 남한에 세워진 국가 역시 불완전할 수밖에 없었다. 해방 3년간의 국가형성과정에서 서로 갈등과 투쟁을 담당했던 많은 세력들이 분단된 국가의 형성을 받아들이지 않았기 때문에 제1공화국 이승만 정권은 위기의 연속이었다. 이 위기는 남한에 세워진 국가를 둘러싸고 초국적 권력인 중심부 미국과 공산주의 국가인 북한, 그리고 남한사회 내부의 분단국가 수립에 저항하는 시민사회와 제도정치가 총체적으로 어우러진 채 맞물려 돌아갔다. 이것은 이 신생 독립국가의 높은 불안정성을 반영하는 것이었다.

그러나 북한과의 전면전쟁의 발발은 불안정한 남한의 국가체제를 국가-제도정치-시민사회 모든 수준에서 공고화시킨 결정적인 요인이 되었다. 역설적이게도 전쟁은 불안정한 남한의 국가체제를 공고하게 만들었고, 이렇게 국가체제가 공고화되자 뒤이어 비로소 국가체제 내 민주주의에 대한 논의가 가능해졌다. 그러나 민주주의에 대한 논의의 상한과 하한이 명백히 정해져 있다는 점에서, 그것은 전쟁과 밀접한 관련을 갖는 것이었다. 이제 한국전쟁은 식민통치유산, 해방과 분할점령 그리고 분단과 함께 전후 1950년대부터 본격적으로 시작되는 한국 민주주의 출발의 제약 조건을 결정하는 매우 중요한 계기가 되었다.

2. 분단과 전쟁을 통한 '안보국가'의 공고화

1) 억압적 국가기구의 팽창과 공고화

1950년대 한국 사회는 한국전쟁의 종식과 함께 시작되었다. 전쟁은 일제하 발달된 식민지 통치기구의 유산과 미군정기의 격렬했던 정치·계급적 갈등의 부산물로서 발전한 과대성장국가를 초과대성장국가로 성장시켰다(박명림 1992, 137). 그 중에서 현저한 것은 억압적 국가기구의 팽창이었으며, 가장 크게 변한 것은 경찰과 군 그리고 관료기구였다.

한국전쟁 발발 직후 경찰은 비상경비사령부에 의해 즉시 재편성되어 군의 지연작전에 참가했다. 경찰에게는 검문검색 및 후방치안 확보의 임무가 주어졌다. 전쟁과 전쟁 후 경찰력은 잔존 공비소탕, 군경합동 토벌작전, 부역자 처리 및 검거활동을 위해 대폭 증원되어 1953년에는 총 6만3천명이 되었다.[1]

다음으로 군의 경우는 전쟁 전 약 10만명 수준에서 종전 후 약 60만

---

[1] 1955년경부터는 경찰이 전투임무로부터 해방되어 억압적 국가기구 내에서 군의 중요성이 부상되었고 경찰의 역할은 상대적으로 하락했다. 점차 인원이 감축하여 1959년 3만3천명으로, 예산에 있어서도 1953년 18%에서 1960년 5.8%로 감소했다. 그러나 이러한 현상은 어디까지나 상대적인 것으로 경찰력 그 자체가 약화된 것은 아니었다. 분단이 고착화되고 북으로부터의 혁명적 운동 방어 및 남한 내부의 공산주의자들로 인한 치안유지에 대한 역할이 감소하면서 경찰의 주된 임무는 점차 이승만 정권에 대한 반대자들을 억압하는 수단으로 동원되었다. 1960년 3·15 부정선거에서 경찰의 부정적인 역할은 극에 달했다.

명으로 강화되었다. 전쟁 전 우익청년단체라는 시민사회내의 준군사기구들은 전쟁을 통해 군대로 대치되었다. 이러한 군사기구의 강화는 대부분의 경우 민주주의에 적대적인 방향으로 영향을 끼치게 되는데, 한국에서도 군이 제3공화국 권위주의체제의 주도세력으로 부상할 수 있는 단초를 제공하게 된 계기가 바로 전쟁이었다고 할 수 있다. 군의 비대화는 곧 군의 위상을 강화시켰다. 특히 한국군은 1954년 한미합의 의정서에 의해 미군의 지휘하에 두어졌기 때문에 상대적으로 이승만 권력과 거리를 갖고 자체적인 자율성을 갖게 되었다.[2] 그리고 이렇게 군이 자생적일 수 있게끔 해주는 물적 토대는 미국의 원조물자로부터 주어졌다.

관료의 성장과 변화도 이에 못지 않았다. 전방과 후방 모두에서 대규모 국민동원과 물자동원을 필요로 하는 전쟁 수행을 위하여 징병, 징세 및 치안유지를 위한 새로운 행정 수요가 창출되었고, 이를 담당할 관료의 충원과 역할이 강화되었다. 급작스런 행정 수요가 대개 행정적 경험이 풍부한 전 총독부 관리들—관리, 판사, 군인 등 관련 분야 종사자들—에 의해 채워졌다. 원활한 전쟁 수행을 위해 이들 실무관료들이 일제 식민지 지배의 도구였다는 사실은 더 이상 문제되지 않았다. 이러한 경향은 전후 복구 및 경제재편을 위한 실질적인 행정 수요가 증가하면서 더욱 심화되었다. 이렇게 새로 발탁된 실무가형 관료들은 이승만이라는 개인의 카리스마 밑에서 자신의 전문성을 발휘함으로써 일제시대의 친일경력 때문에 거세되었던 정치적인 영향력을 되찾을 새로운 계기를 맞았다. 이들은 이승만 정권 하에서 국민의 지팡이로서 국민의 요구를 대변하기보다는, 통치자의 권위에 힘입어 자신의 권위를 내세우게 되는 통치자 지배하의 관료적 성격을 갖게 되었다. 이들 중 상당수가 여당인 자유당에 입당하여 1954년에 실시된 국회의원 선거에서 당선됨

---

[2] 그러므로 이승만은 의도적으로 군 고위장교들간에 파벌을 형성시킴으로써 군으로부터의 충성심을 얻어냈다. 이 과정에서 제한적인 군의 정치개입 경향이 강화되었다.

으로써 그들의 정치력은 보다 강화되었다(오유석 1994, 402-405).

그 다음으로 커다란 변화는 정당의 창설과 그 역할이었다. 자유당의 창설이 그것인데, 본래 이승만은 정당의 시기상조론 또는 무용론을 주장했다. 그러나 전쟁 중 발생한 국민방위군 사건과 거창 양민학살사건을 계기로 민심이 이반되었고 의회 내에 반이승만 세력들의 정치적 공세가 심화되었다. 그것은 국회에서 간접적으로 선출되는 1952년의 제2대 대통령선거에서 이승만의 당선을 위협했다. 사정이 이에 이르자 이승만은 종래의 주장을 버리고 국가가 주도하여 자유당이라는 정당을 결성하여 국회에서의 우위를 확보하고자 획책하였다. 그러나 그것만으로는 대통령 당선이 불확실해지자, 군대를 동원한 불법적 쿠데타인 1952년 부산정치파동을 일으켜 헌법 자체를 바꿔서 대통령 간선제를 직선제로 만들어 버렸다. 이것은 제도를 통한 민주주의의 추구가 아니라, 국가가 자의적으로 국가권력을 동원하여 제도 자체의 변경을 통해 민주주의를 파괴한 최초의 역사적 선례가 되었다. 그것은 전쟁이라는 국가비상사태였기 때문에 가능한 일이었다.

이로써 전전의 높은 불안정성을 갖던 분단국가는 한국전쟁을 계기로 수립된 지 단 3년만에 가장 근대적이고 억압적인 국가기구를 완벽하게 구축한 강한 국가로 부상하였다.

2) 극단적 국가 테러와 국가 이데올로기의 공고화

이러한 물리적 강제력의 독점권을 갖는 억압적 국가기구의 공고화를 통하여 국가권력의 자의적인 행사가 이루어졌다. 그 대표적인 것이 전쟁 중에 발생한 만행과 민간인 학살이었다. 공산주의와의 투쟁(=반공)의 명분을 갖는 전쟁은 국민을 보호해야 하는 군대와 경찰의 근본적인 존재 이유를 무시하고 국민에 대한 국가기구의 명백한 범죄행위조차 정당화시켰다. 공산주의와 투쟁한다는 국가안보의 명분이 국가기구에 의한 국민에 대한 가공할 학살을 정당화시켜 주면서 최소한의 '인간안보'마저도 무력화시켰다. 전쟁을 일으킨 공산주의자들의 만행을 응징한 다는 명분으로 인해 국가 테러는 잔혹성의 극치를 보여주었다. 국가 테러가 이렇게 극단적으로 나타난 이유는 분단국가의 정통성을 다투는 북한과의 전쟁과 이러한 북한과 연계된 내부 도전세력에 대한 진압, 즉 시민사회 구석까지 포진된 좌파에 대한 국내 평정을 결합했기 때문이었다(박명림 1999, 67-71). 이들 학살작전을 지휘한 간부들은 전쟁 후에도 처형되지 않고 대부분이 다시 국가기구의 고위직으로 복귀했다.

그러므로 전쟁이 끝난 후에도 이들이 내세우는 반공은 강요된 지배이념이 되었다. 그러나 그것은 허위의식이 아니라 공산 '침략'에 대한 두려움과 그것이 가져온 국가 폭력에 대한 두려움 그리고 고통과 궁핍이라는 산 경험이며, 적개심에 불타는 집단적 정서를 담은 집합적 기억이 되어 분단국가의 실질적인 국가이념이 되었다. 전쟁과 국가 테러의 경험은 다수의 남한 국민들로 하여금 반공이데올로기를 수동적 동의 내지 능동적 동의로 내면화하고, 민족과 체제와 이념의 모든 수준에서 분단을 기정사실로 내재화시키는 결정적 계기로 작용했다. 이제 반공은 국민적 강령이자 이념이요, 국민적 생활신조이자 도덕적 가치의 기준이 되었다. 반공이 사실상 국가 이데올로기가 된 것이다. 국가의 기저이념으로서의 반공이 아닌 그 어떤 다른 대안적 이념은 철저하게 봉쇄되었다. 이는 전쟁 전 이데올로기적 헤게모니와 정당성을 가질 수 없었던 취약하고도 불안정한 분단국가의 위상을 생각한다면 실로 엄청난 변화였다고 할 수 있다.

3. 반공규율사회의 형성과 '금단의 정치'

1) 반공규율사회의 형성과 운동정치의 부재

민주주의도 계급성을 띠기 때문에, 민주주의의 역사는 계급을 언급하지 않고는 이해될 수 없다. 민주주의는 그 이념에 의해서라기보다는 이념의 현실화를 통해 구체적으로 얻어지는 각 계급들의 이익에 의해 저항받기도 하고 추동되기도 한다. 민주주의로부터 이득을 얻는 이들은 민주주의의 가장 충성스런 추진세력이자 방호세력이 될 것이고, 잃을 것을 가장 많이 가지고 있는 세력들은 민주주의에 저항하고 기회가 닿는다면 민주주의를 역전시키려고 할 것이다(뤼시마이어 외 1997, 115-118). 이처럼 민주주의와 계급관계에서 볼 때 역사적으로 지주계급들이 민주주의에 대해 가장 체계적인 반대세력이었다는 것은 많은 연구를 통해 이미 밝혀져 있다.

한국에서 지주계급은 '분단국가 형성 연합세력'의 한 축이었다. 그러나 이승만 정권 수립 직후 이 연합은 곧바로 해체되고 말았다. 이승만은 공산주의자들과의 대항 차원에서 지주계급과 동맹했으나, 일단 정권을 장악한 후에는 불완전하기는 하지만 내용을 갖춘 토지개혁을 결행함으로써 이들과 결별했다. 농촌에서 지주계급의 지배력은 토지개혁과 한국전쟁을 통해 결정적으로 침식되지 않을 수 없었다. 이러한 지주계급의 소멸이 다른 제3세계 신생국들과는 다르게 한국에서 민주주의로의 이행에 긍정적 요인으로 작용했음을 부정하기 어렵다. 그러나 지주라는 반민주세력의 몰락만으로 민주주의가 성공하는 것은 아닐 것이다. 민주주의에 대한 요구를 지속적으로 요구할 수 있는 새로운 지지세력의 등장이 필요하기 때문이다. 한국전쟁 이전까지만 해도 남한사회에서 노동계급 및 민중부문의 정치적 활성화는 해방과 함께 열려진 자유로운 정치적 공간에서 대단히 높은 수준으로 나타났다. 해방공간에서 조선노동조합전국평의회(전평)는 1946년 초에 이미 50여만명의 조합원을 확보하고, 전국농민조합총연맹(전농)도 1945년 12월 결성시에 이미 330만명의 조합원을 확보했다고 알려져 있다. 이러한 조직들은 1946년 '9월 총파업', 1948년 4월 '제주도 4.3 투쟁', 1948년 10월 '여순사건' 및 궁극적으로는 1950년에서 1953년까지의 내전을 통하여 남한국가에 대한 저항을 지속했다. 그러나 식민지 민족해방운동과 해방공간의 투쟁과정에서 축적된 농민·노동자계급을 위시한 민중부문의 경제적·정치적 능력 및 조직은 한국전쟁을 통해 결정적으로 파괴되었다.

한국전쟁 이전까지만 해도 한국사회에서 농민들은 체제에 대해 가장 저항적인 집단의 하나였다. 해방 직후 농촌은 식민시대의 토지소유관계의 모순구조, 그리고 적색농조와 소작쟁의의 영향을 받아 저항적 기운이 가득 차 있었다. 그러나 전쟁의 체험과 국가에 의해 동원된 반공이데올로기는 대다수 농민들에게 그것을 행동의 검열기준으로 내면화하도록 강요하였다. 한국의 농촌은 더 이상 국가에 대한 도전세력이 되지 못했고 오히려 이승만 정권에 가장 안정된 지지세력이 되었다. 이 긴 과정은 토지개혁과 전쟁을 통한 지주세력의 사회경제적 몰락과 앞서 지적했던 국가체제의 공고화 과정과 결부되어 있었다.

이러한 농민계급과 비교하여 노동자계급은 양적, 질적인 모든 측면에서 독자적인 계급행위자로 최소한의 구조적·조직적·이데올로기적 역량을 갖추지 못하고 있었다. 이것은 노동자계급 자체의 문제 때문은 아니었다. 이승만은 집권 자유당을 창설함에 있어 한국노총을 자유당의 기간단체로 만들어버렸다. 이때부터 1960년 이승만 정권이 붕괴할 때까지 노총과 노총간부들은 집권당과 이승만에 대한 제도적 예속을 지속하게 되었다. 그리고 1950년대의 더딘 경제성장으로 인하여 노동자계급의 양적 확대가 구조적으로 제한되어 있었다.

이러한 계급적 상황과 더불어 해방공간에서 형성된 광범위한 좌익세력연합, 단독정부 수립에 반대하는 '분단 반대 저항세력연합'(anti-division nationalist opposition alliance)도 해체되었다. 좌익을 비롯한 분단체제 반대세력은 전부 월북했거나 체계적으로 제거되어 한국사회에서 그들의 요구는 조금도 수용될 공간이 존재하지 않았다. 즉 체제 반대세력이 전부 북으로의 탈출을 선택해 버림으로써 그러한 요구는 수용될 가능성이 거의 존재하지 않았던 것이다. 이들이 남한체제 내부에 남아 민주적 압력을 행사하는 대안적 세력으로 존재하고, 또 새로운 계급·계층적 요구를 형성하고 실현하려고 투쟁했을 경우 실제 한국 민주주의의 역사적 경로는 달라졌을 것이다. 그러나 역사는 그렇게 진행되지 않았다.

결과적으로 전쟁을 통해 '계급적 요구와 그것을 정치화할 좌익세력'이 축출된 상황 속에서, 전쟁 이후에도 남한에 남은 저항세력들은 모두 극도의 방어적 상태에 놓이게 되었다. 한국전쟁이 휴전으로 종결된 이후 남한의 이승만 정권은 반공이라는 이름으로 공산주의와 일정하게 공감을 갖는, 심지어 민족주의 세력에 대한 탄압도 서슴지 않았기 때문이다. 그리고 '연좌제'라는 제도를 통하여 그들의 가족 및 혈족들에 대한 사적·공적 활동을 제약하는 조치가 사회 전체적으로 확대되기도 했다.

앞서 서술한 바와 같이 우리는 이것을 '반공규율사회'의 형성이라고 말할 수 있다(조희연 1998, 92). 이것은 냉전과 내전의 결합으로 인하여 반공이데올로기가 '의사합의'(pseudo-consensus)로 내재화된 특유한 우익적 사회라고 규정할 수 있다. 다시 말해서 이 반공규율사회는 모든 개인 및 집단간의 사회적 관계와 행위가 우익적으로 규정된 사회, 즉 우익적 프레임화(framing) 안에서 재구조화된 사회로서 반공주의가 국민들을 규율화하고 국가적 목표를 향하여 국민들을 '군기'잡는 중요한 메카니즘으로 작동하는 사회라고 할 수 있다. 반공주의에 기초한 국민적 총동원체제는 자연스럽게 반공을 향한 국민적 동의와 반공의식에 기초한 자기 통제 메카니즘을 정착시키게 된다. 이러한 조건에서는 반공 이외에 다른 대안적 이념을 갖는 운동정치는 원천적으로 봉쇄되기 때문에 노동자계급 및 민중부문은 더욱 탈정치화, 비활성화되어 밑으로부터의 어떠한 저항운동도 불가능한 운동의 '공백상태'를 초래하게 된다.

2) 제도정치의 우익적 프레임화 : '금단의 정치'

국가체제의 공고화, 그에 대항할 힘을 원천적으로 상실케 하는 반공규율사회의 형성이 정치적 대표체계에도 영향을 미침으로써, 민주주의적인 제도정치보다는 권위주의적인 제도정치를 강화시켰다. 미국의 압력에 의해 도입되고 유지되었던 민주주의적 정치제도들은 한국전쟁을 거치면서 심각히 훼손되었다. 이승만이 전쟁을 계기로 자신을 반대하는 세력들을 제거하고자 했기 때문이었다. 이승만에게 반대자는 좌파와 야당이었다. 좌파의 제거는 특별한 제도적 파괴를 필요로 하지 않았지만, 야당에 대한 억압은 제도 자체를 바꾸지 않으면 불가능한 것이었다. 1951년 전시 중 국가 주도의 자유당 창당, 민의의 조작을 위해 급조된 지방자치제도의 실시, 1952년 대통령 간선제를 직선제로 바꾼 부산정치파동 등 일련의 정치과정을 통해 이승만은 선거와 기존 정당을 통한 정치적 대표체계 과정을 무시하고, 국가기구인 경찰과 준 국가기구인 관변 사회단체를 통해 국민대중을 위로부터 직접 동원하는 통치방식을 선택했다. 즉, 청년, 노동, 농민, 여성, 반공에 기반하고 있는 각종 관변 사회단체들이 선거와 정당을 통한 대표의 과정과 대표체계의 역할을 대행함으로써 대의정치, 의회주의는 무력화되었다.

이러한 정치를 민주주의라고 부르더라도, 그것은 대의민주주의라기보다는 '국민투표제적 민주주의'(plebiscitary democracy)라고 부를 수 있다(최장집 1996, 204). 이것은 주요 의제에 대한 국가의 문제접근과 해결방식이 선거, 정당, 의회가 중심이 되는 대의민주주의를 선호하기보다는, 국가권력과 국민이 직접적 관계를 형성하여 의회를 통한 결정을 무력화시킴으로써 의회를 압박하는 것을 의미한다. 이 경우 국민들의 의사는 진정한 의미의 이성과 판단력을 갖춘 것이라고 말하기 어렵다. 이때 국민대중들은 관제단체들을 통한 민의 조작에 동원된 것이지 진정한 의미의 참여와 감시자가 된 것은 아니기 때문이다. 국민들은 단지 국가와 최고지도자의 의사에 부합하는 이익과 의사만을 표출할 수 있을 뿐이다. 이러한 당시의 상황을 풍자하여 한때 '우의마의'(牛意馬意)라는 조어까지 유행할 정도였다. 요컨대 이승만은 의회에서 자신의 지지기반이 협애하다는 것을 알고, 의회의 결정과정을 무시하고 국민과의 직접대면을 통해 대표과정과 제도를 국가의 개입을 통해 생략해버린 것이다.3) 이런 정치과정을 지켜보던 한 외신기자의 보도대로 "한국에서 민주주의가 이루어지기를 바라는 것은 마치 쓰레기 더미에서 장미꽃이 피기를 바라는 것과 같다"고 할 정도로, 1950년대 한국의 민주주의는 형해화되고 침식되었다.

그러나 민주주의 정치제도의 파행적 운영에도 불구하고, 이승만 독재정치는 안정적으로 제도화되지 못했다. 이승만 정권은 야당으로부터 끊임없이 저항을 받고 흔들렸으며 강력한 도전에 직면하지 않을 수 없었다. 그것이 가능했던 여러 요인들이 있겠지만 결정적인 것은 중단 없이 지속된 자유민주주의적 절차의 고수, 즉 선거를 통한 경쟁의 제도화였다. 물론 이승만 정권이 이 제도를 폐기하고 극우체제나 파시즘으로 더 나아갈 수 있었음에도 불구하고 그렇게 하지 못한 것은 미국의 압력때문이었다. 미국은 한국이 강력한 반공주의국가로 존속할 수 있는 모든 조건을 제공하는 대신에, 최소한의 민주주의적 절차가 지켜지지 않으면 안될 조건을 부여한 초국적 권력이었다.

1955년 이승만 독재가 법적으로 제도적으로 강고하게 구축되어가고 있을 때, 이면에서는 그에 대한 도전과 저항의 요소들이 서서히 자라나고 있었다. 그와 같은 도전은, 이승만이 반공주의를 내세워 또 다른 반공국가의 이념적 원리인 자유민주주의의 정치적 규범을 스스로 앞장서서 파괴하는 독재정치를 자행함으로써 필연적으로 제기될 수밖에 없는 것이었다. 독재정치가 강화되자 반공규율사회 내에서 많은 사람들이 '공산주의 반대가 곧 민주주의'라는 동일시 인식으로부터 탈출하여, 서

---

3) 그러나 이러한 직접적인 국가-시민사회 관계형성은 정치적 대표체계의 문제해결 능력을 심대하게 훼손시켰다. 따라서 시민사회가 더 이상 국가 동원에 의해 작동되기 어려운 한계 상황에 직면하였을 때, 오히려 정권 자체의 붕괴로 나가지 않으면 안될 가능성을 더 높이게 된다. 역사적으로 볼 때 4·19 혁명은 정치적 대표체계가 제대로 작동되지 않는 상황에서 시민사회로부터의 직접적인 도전에 의해 촉발된 것이라고 할 수 있다.

서히 민주주의의 독자적인 가치와 이상, 질서를 추구하기 시작했다.

원래 이승만 정권과 기본적인 이념적 지향과 성격이 크게 다르지 않았던 한민당을 모태로 한 민국당은 왜소한 야당으로 그 명맥을 이어가고 있었다. 그러나 이승만 정권의 권위주의화 과정에서 이들은 '상대적'으로 민주주의와 자유주의를 추구하는 정당으로 새롭게 변모되어 갔다. 1955년 민국당과 이승만에 반대하는 원내외의 반독재세력을 규합하는 신당추진위원회가 구성되었다. 여기에는 조선공산당의 핵심 인물이었으나 해방 후에는 이념적으로 비미비소(非美非蘇)의 중도적 길을 선택했던 조봉암도 참여하고 있었다. 신당추진위원회는 조봉암 참여문제를 놓고 둘로 갈라졌다. 민국당 계열의 '자유민주파'(보수파)는 조봉암은 물론 그의 지지자들의 참여를 반대한 반면, '민주대동파'(혁신파)에서는 문호개방을 적극 주장하였다. 자유민주파의 조봉암 진입에 대한 반대는 완강한 것이었다. 그들은 조병옥, 장면, 김도연, 김준연, 정일형, 이철승 등 대표적인 반공주의적 자유민주주의의 주창자들이었으며, 후일 민주당 정권의 핵심인물이 되는 사람들이었다. 결국 조봉암은 이들 반공보수우익세력들에 의해 반이승만 연합전선에의 진입을 거부당했다. 그리고 조봉암을 거부한 반이승만 전선은 반공규율사회적 조건에 저항하지 않고 그것에 순응하는 반공보수세력 일색의 민주당이라는 보수적 제도야당으로 새롭게 구조화되었다. 이렇게 민주당이 편협한 반공보수세력 일색으로 창당되자, 조봉암은 진보세력의 기원을 갖는 진보당을 창당하여 독자적인 정치활동을 추진하였다. 이로써 그는 전후 한국 정치사에서 제도정치의 우익적 프레임화에 도전하는 최초의 정치인이 되었다.

민주당과 진보당의 태동을 출발로 이승만 체제에 대한 이들 반대세력들의 도전은 1956년 제3대 대통령선거에서 본격적으로 표출되었다. 선거는 자유당의 이승만, 민주당의 신익희, 진보당의 조봉암의 대결로 압축되었다. 이러한 상황에서 투표를 열흘 앞두고 선거운동 도중 신익희가 갑자기 사망함으로써, 대통령선거는 자연스럽게 조봉암과 이승만의 대결로 압축되었다. 반이승만 전선을 주창했던 민주당으로서는 선택의 폭이 제한되었다. 그러나 신익희의 급작스런 죽음으로 집권 가능성이 사라졌음에도 불구하고, 민주당은 과거 공산주의자였으며 지금은 사회적 민주주의를 대안으로 내걸고 나선 조봉암과의 연합을 거부하고 오히려 이승만을 지지하는 입장을 분명하게 취하였다. 이승만의 독재를 비난하고 구국투쟁을 선언한 민주당이었지만, 그들 역시 이승만과 본질적으로 다름없는 보수반공세력이었음을 여실히 보여주고 만 것이었다.

선거 결과 진보당의 조봉암은 총유효투표의 30%를 획득했다. 여기에 민주당의 신익희에 대한 추모표—무효표—로 나온 185만 표를 합친다면, 야당으로의 정권교체는 시간문제로 인식되기에 충분한 결과였다. 이러한 결과는 이승만뿐 아니라 민주당에게도 위협적인 요인이 아닐 수 없었다. 왜냐하면 민주당이 동원할 수 있는 명분이라고는 독재에 반대하는 '민주주의' 밖에는 없는데 민주당이 주장하는 민주주의가 친미 반공주의를 전제로 한 것이라는 점이 명백한 상태에서, 민주당과 자유당의 차별성을 부각하고 국민의 지지를 받을 수 있는 길은 민주당보다 폭넓은 민주주의를 주장하는 세력이 없을 때에만 어느 정도 정권획득 가능성이 있는 것이기 때문이었다. 다시 말해서 민주당은 민주당과 자유당이라는 보수 양당체제하의 경쟁에서만 상대적으로 우위를 점할 수 있었다. 민주당이 바라는 것은 이승만 이후 집권이지, 민주주의의 실질적인 외연의 확장이 아니었다. 그러므로 친미와 반공에 의문을 제기하고 폭넓은 '피해 대중'의 민주주의를 주장하는 진보당과 같은 세력이 존재한다면, 그러한 상대적 우위는 곧 흔들리고 마는 것이었다. 따라서 이러한 사실을 누구보다도 잘 알고 있는 민주당이었기에, 조봉암과 진보당이 부상할 조짐을 보이기가 무섭게 이승만의 자유당과 연합하여 조봉암을 처형하는 데 동조한 것이다. 즉 조봉암의 처형이 제도정치권에서 저항 없이 이루어진 이유는 바로 '금단의 정치'에 동조하는 민주당의 묵시적인 동의와 협조가 있었기 때문인 것이다. 이것이 바로 그 유명한

'진보당사건'이었으며, 조봉암은 제도정치의 협애한 우익적 프레임화가 초래한 역사적 희생양이 되었던 것이다.

이렇게 조봉암과 진보당이 제거되고 이승만 정권의 권위주의화의 정도가 심해질수록 상대적으로 민주당의 민주적 대안세력으로서의 위상도 함께 높아져갔다. 그러나 보수 반공주의를 견지한 가운데 반대당으로의 전환, 즉 이념적으로나 사회경제적으로나 보수적인 정당이 단지 정치적 수준에서 민주적 대안세력으로서의 위상을 역사적으로 부여받게 된 이러한 '역사적 탈구'[4])는 1960년 민주당이 집권 후에 왜 시종일관 불안한 상태를 유지할 수밖에 없었던가를 설명해 줄 수 있는 중요한 요인이 된다(박명림 1998, 106). 만약 민주당이 1955년 반자유당 세력의 결집을 시도할 때 조봉암과의 연대를 거부하지 않았다면 민주당 정권의 이념적 스펙트럼은 더 넓어졌을 것이고, 그랬다면 민주당 정권은 붕괴되지 않았을 것이며 한국 민주주의의 미래도 달라졌을지 모른다. 그러나 민주당은 자유당에 대한 반대와 진보당에 대한 거부 중 후자를 선택할 만큼 협애한 이념적 스펙트럼을 갖고 있었다. 결국 이것은 민주당이 이승만 권위주의에 반대한다고 하더라도 이들 세력으로는 결코 냉전과 분단으로 형성된 반공주의의 한계를 넘을 수 없다는 것을 말해주는 것이며, 따라서 4·19혁명을 계승한 민주당정권이 냉전과 분단을 넘어서 민주주의를 확장하려 했던 밑으로부터의 도전에 직면하여 왜 붕괴할 수밖에 없었는지 설명해 주는 것이다.

우리는 조봉암 노선조차 수용할 수 없었던 이러한 우익적 프레임화가 구조화된 1950년대 제도정치를 '금단의 정치'라고 부를 수 있다. 이러한 구조하에서 '진보 또는 혁신'이라 지칭되는 세력들은 반공을 기본으로 하는 친미보수우익들이 주창하는 자유민주주의의 기본 질서 속에

---

4) 이것은 반공규율사회라는 제약적 조건 때문에 형성된 역사적 결과라고 할 수 있다. 모든 좌익 정치세력이 축출되고 새로운 대안 세력이 아직 형성될 수 없는 운동정치의 부재 상황이 이러한 역사적 탈구를 가능하게 했다.

<그림 4-1> 1950년대 제도정치의 우익적 프레임화 : '금단의 정치'

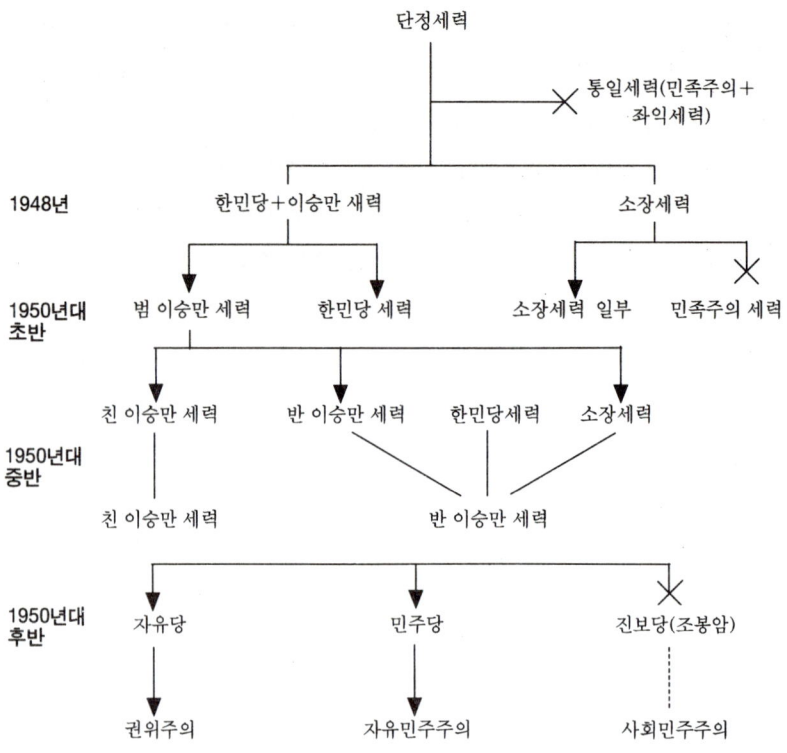

진입하지 못한 채 침묵을 강요당하지 않으면 안되었다.

4. 급격한 사회변동과 시민사회의 변화

조직화된 모든 세력의 해체와 계급구조의 역전을 초래한 한국전쟁은 남한의 사회운동을 다시 '원점'에서부터 재출범시켜야 하는 특유한 조건을 만들어냈다고 할 수 있다. 그러나 한국 민주주의 전개의 전체 과정을 염두에 둘 때, 냉전과 내전으로 형성된 경쟁적 남북관계의 형성이 반드시 부정적 영향만을 미친 것은 아니었다. 전후 새로운 조건하에서 싹트는 민주주의와 자유주의에 대한 열망과 투쟁은 전쟁 이후 새롭게 출발되는 분단국가의 정통성 문제와 깊은 연관을 맺고 있으며, 한국전쟁으로 인해 초래된 급격한 사회변동은 이후 민주주의의 발전에 중대한 함의를 담고 있기 때문이다.

우선, 한국전쟁은 한국사회에 존재하던 봉건적인 반상(班常) 신분의식을 해체한 중대한 계기의 하나였다. 오랫동안 유지되던 전통적 유교 세계관에 따른 양반-상민의 신분의식이 전쟁을 계기로 크게 약화되지 않을 수 없었다. 공산통치 하에서의 신분질서의 역전, 완전 평등을 선전하고 실현하려 한 공산사회의 경험은, 비록 인민군의 퇴각과 함께 비극적인 종말을 맞이하게 되었지만, 평등주의 의식을 확산시키면서 새로운 사회에 대한 눈뜸으로 연결되었다. 도시와 농촌, 지역과 지역, 남한과 북한 사이의 격렬한 인구이동과 사회적 유동성의 증가 역시 전통적인 공동체적 사회를 깊숙이 파괴시켰다. 1대1 대면사회 내에서 유지되던 인간관계는 해체되고, 사람들은 조밀한 공간에 밀집되어 익명성을 보장받게 되었다(박명림 1998, 78-79).

평등의식의 확산, 높은 사회적 익명성과 유동성은 급속한 도시화로 인해 더 큰 힘을 받았다. 한국전쟁으로 수많은 사람들이 월남하였는데 그들의 대부분이 도시지역에 정착하였고, 시골 고향을 떠난 피난민들 중에 많은 사람들이 또 그대로 도시에 정착했다. 전후 전국 인구에 대한 도시인구비율은 1949년에 17.2%에서 1955년에는 24.5%, 1960년에는 28%로 급속한 증가를 보였다.

도시화와 함께 교육의 팽창도 놀라웠다. 전체 인구의 문자 해득률은 1945년 22%에서 1959년 78%로 증가하였고, 중등교육 이상의 학교인구는 1945년과 비교해 볼 때 1960년에 이르러 거의 10배 가까이 증가하였다. 특히 대학생수의 증가가 두드러지게 나타나는데, 1950년대 말에는 무려 10만 명에 이르렀다(문교부 1963).

매스컴의 증가도 중요한 점이었다. 일간신문의 경우 1946년 총 38만 1,300부에서 1955년에는 198만 부로 증가하였다. 특히 1950년대의 주요 일간지들—동아일보, 경향신문 등—은 정치문제를 다루는데 있어 체제 비판적이고 민주적인 경향을 표출했다. 이러한 언론의 성격은 두 주요신문이 야당인 민주당 내 신·구파와 친화성이 있었던 점도 중요하게 작용했다. 민주당 구파의 핵심 인물이었던 김성수가 창간한 동아일보와 민주당의 신파인 장면과 긴밀한 관계를 갖고 있던 경향신문이 바로 그것이었다. 물론 이승만 정권 하에서 언론이 상대적으로 누릴 수 있었던 높은 자율성도 지적하지 않으면 안 된다. 최소한 이승만 정권은 1959년 경향신문 폐간조치가 내려지기 이전까지는 언론에 대한 탄압을 노골적으로 제도화하지는 못했다.

대중들에게 정치의식을 일깨우고 정치문제의 광범한 취급을 통해 정치에 대한 지식을 제공할 수 있는 대중매체의 작동, 광범위한 교육받은 학생집단의 존재, 상대적으로 자유롭고 사회적 익명성과 유동성이 보장되는 도시인과 도시적 삶의 확대가 1950년대 중·후반을 거치면서 급속하게 이루어졌다는 것은 중요하게 지적되어야 한다. 4·19혁명이 이러한 도시를 중심으로 학생과 도시민에 의해 주도되었다는 점을 상기해 볼 때, 이는 전쟁으로 초래된 급격한 사회변동의 결과였다고 할 수 있다.

민주주의의 확산에 영향을 주는 특정한 정치적 정향과 연계된 이러한 자유주의적인 도시적 특성은 1956년 정·부통령선거의 부통령선거 결과에서, 그리고 1958년 4대 국회의원선거의 결과에서 '도시=야당=민주당=민주'라는 등식을 낳았다. 이른바 여촌야도(與村野道)라고 표현되는 오랜 한국정치의 고유한 특성이 바로 이 시기에 형성되었다. 이러한 도시에서의 정치적 표출은 1960년 정·부통령선거를 앞두고 있는 자유당 정권에게 밑으로부터의 커다란 압력과 위기로 작용했다.

<표 4-1> 도시-농촌의 사회경제적 특성(1960)

구 분	평균교육 수준(년)	1차산업 종사자(%)	라디오 보유가구(%)	일간신문 (부)
도 시	5.2	12	31	2.9(서울)
촌락(군)	1.9	80.7	8	1(지방)

자료 : 경제기획원, 『1960년 한국인구조사』 1권, 1963, 203.

물론 이러한 시민사회의 변화와 함께 민주주의로의 돌파를 위해서는 민주주의를 실천할 수 있는 새로운 지지계급과 세력의 등장이 필요한데, 그것은 무엇보다도 부르주아계급과 노동자계급의 성장 및 이에 상응하는 계급구성의 변화라고 할 수 있다. 그러나 노동자계급의 성장은 일정 정도 산업화의 발전이 수반되어야 가능한 것이므로, 1950년대의 부진한 산업화 수준에서는 기대하기 어려웠다. 노동자계급은 성장하고는 있었지만[5] 숫적으로나 조직적으로나 매우 열세였고, 아직도 도시의 산업기반은 3차산업이 중심이었다. 그러나 노동자계급이 부재하고 자본가계급이 취약하더라도 도시의 성장을 통한 중간계급의 양적 증가와 교육을 통한 대중의식의 고양, 매스미디어의 영향을 받는 곳에서 민주주의를 향한 열망이 커질 수 있다면, 그것이 바로 4·19 직전의 한국 사회였다고 말할 수 있다.

5. '역사단절적' 운동정치의 등장과 민주주의 이행의 좌절

1) 투쟁을 통한 민주주의의 쟁취

---

[5] 이승만 정권은 1959년 1년 동안에 무려 90여 개의 노조를 해산시켰는데, 그것은 모두가 투쟁적이라는 이유 때문이었다. 이승만 정권의 탄압이 심해질수록 노동운동도 더욱 활성화되었다. 심지어 자유당의 기간단체인 대한노총 내부에서도 이승만 정권에 반대하는 이탈자가 생겨났고, 1959년 7월에는 '전국노동조합협의회'라는 대안적 노동운동 단체가 구성되었다.

1960년 4·19혁명은 안보국가의 반민주성이 극에 달하여 '자신이 국부요 국가'라는 이승만 체제가 정치적 대표체계의 우회와 민의의 조작으로도 시민사회의 변화를 더 이상 수용할 수 없는 한계에 직면하였을 때 비로소 발생했다. 이른바 3·15부정선거는 정권교체를 바라는 국민의 의사가 무시된 한국 민주주의 최대의 비극 가운데 하나였다. 자유당은 장면 타도, 이기붕 당선을 위해 관권, 금권, 폭력, 매수 등 온갖 수단을 동원하여 사전에 계획한대로 부정투표, 부정개표, 환표, 투표함 바꿔치기 등을 감행함으로써 '승리'를 조작했다. 이러한 조작된 선거는 이승만 정권이 더 이상 법률적·제도적 방식으로는 반대세력에 대한 탄압과 제약을 할 수 없음을 말해주는 것이다.

　'민주주의의 비극적 종말' 앞에서 최초로 분노를 터뜨린 것은 학업에 열중해야 할 고교생들이었다. 1960년 2월 28일은 일요일이었다. 그런데 대구 시내의 고등학생들은 일요일임에도 불구하고 등교를 해야 했다. 자유당의 불법선거운동에 동원된 것이다. 정치적 등교조치에 항거한 경북고교생들은 교사의 제지를 박차고 거리로 쏟아져 나와 학원의 자유를 달라고 외치며 부정선거 규탄데모를 벌였다. 고교생 데모는 3월 5일에는 서울에서, 8일에는 대전에서, 10일에는 수원으로 퍼져나갔다. 선거가 시작되기도 전에 이미 엄청난 부정선거가 자행되고 있었고, 그에 대한 항의 시위가 가장 도덕성에 민감하고 민주주의에 대한 신념과 정의감에 불타던 고교 학생들을 중심으로 전국에서 일어난 것이다.

　4월 11일 결정적으로 마산시위 도중 최루탄에 박혀 처참한 죽음을 당한 김주열군의 시체가 발견되면서, 혁명의 불꽃은 4월혁명으로 이어졌다. 반민주·독재에 항거하고 민주주의를 수호하려는 학생들의 시위에 민주당·언론인·지식인·도시인들이 참여하면서 사태는 점점 더 심각해져 갔다. 서울, 부산, 대구와 같은 대도시에서의 자유당 부정선거에 대한 거센 항의와 지지 철회는 많은 도시 시민과 실업자 대중의 가세에 의해 확대되어 갔다. 이러한 상황에서 미국의 개입과 대학교수단의 시위가 잇따르고, 이것은 4·19의 국면을 급변시키는데 결정적으로 작용했다. 당시 미국은 4·19가 발발하자 예의 주시하면서 사태가 원만히 수습되기를 바라고 있었다. 그러나 상황이 급변하자 4·19가 단지 독재'정권'의 타도라는 선을 넘어서 '국가체제'의 변혁으로 확대되어 미국의 한국 내 위상을 위협할지도 모른다는 우려 속에서, 미국은 적극적으로 사태 수습에 나섰다. 이승만 퇴진이라는 미국의 압력과 더불어 4월 25일 교수단의 시위는 이승만 정권에게 결정적인 타격을 가했다. 드디어 4월 26일 이승만이 퇴진 의사를 밝힘으로써 12년에 걸친 이승만 독재정권은 종말을 고하였다. 국민적 열망을 담은 민주주의가 투쟁을 통해 쟁취된 것이다.

그렇다면 무엇이 4월혁명을 가능하게 한 것일까? 그것은 학생들만의 날카로운 분노와 도덕적 감성, 선구자적 사명감 때문만은 아니었다. 4·19로 분출된 민주주의를 위한 투쟁의 주역은 선두에 선 학생들을 따르는 교수, 언론인 등을 주축으로 한 교육받은 도시 중산층의 합류와 도시를 중심으로 시민사회 저변에 흐르던 이승만 독재체제를 거부하는 민중들의 누적된 불만과 분노였다. 절대적인 궁핍, 주먹은 가깝고 법은 멀다는 폭압정치, 고문과 공작의 기술자들이 날뛰는 백색테러의 공포정치, '빽이 없으면 꽥'이라는 말이 나돌던 강력한 반공규율사회에서 희망은 어디에도 보이지 않았다. 현실에 대한 강한 비판의식도, 현실을 변화시킬 의지도, 현실을 변화시킬 주체도 찾아보기 어려웠다. 해방정국을 뒤흔들며 민중의 힘을 보여주었던 농민들은 토지개혁 이후 보수적 소농계급으로 돌아가 더 이상 그들에게 진보적 계급성을 기대하기 어려운 상황이었다. 도시 노동자계급은 원조경제를 통해 꾸준한 성장을 보이고는 있었지만, 숫적 규모는 제3차 산업부문의 더욱 빠른 성장으로 인해 상대적으로 작았고 그 역할도 부차적이었으며 더구나 아직은 어용 노동조합의 동원대상일 뿐이었다. 한국에서 자본가집단의 정치적·경제적 영향력은 여전히 미약했다. 더구나 그들은 철저하게 권력과 유착하여 성장했던 허약한 친권위주의 세력에 불과했다. 교육받은 도시의 학생들과 지식인들만이 유일하게 민주주의를 지지하고 실천할 수 있는 세력이었지만, 그들도 침묵으로 일관해 왔다. 그러나 '가시밭에서도 장미꽃은 피어난다'는 말처럼 쌓였던 불만과 모순이 표출될 수 있는 계기가 주어졌으니, 그것이 바로 1960년 3·15부정선거였던 것이다.

2) 민주주의로의 이행의 왜곡과 좌절

4월혁명으로 한국 민중들은 8·15 해방에 버금가는 희망적 상황을 맞았다. 해방의 시기에 그랬던 것처럼, 4·19 혁명과 더불어 시민사회의 급속한 조직화와 분출이 일어났다. 이것을 민주주의 이행 과정에서의 '시민사회의 폭발'이라고 부를 수 있을지 모른다(O'Donnell and Schmitter 1986, 26). 4월혁명이 열어 놓은 공간을 타고 정부 수립 이후 수면 위에서 완전히 사라지고 잠복되었던 사회의 모든 부문에서 급속한 조직화가 이루어졌고, 또 자신들의 목소리를 제도정치와 정책에 반영하려는 시도가 이루어졌다. 이 시기에 등장한 이러한 운동정치는 1953년 이전의 운동정치와의 연속성 속에서가 아니라 단절적으로 이루어졌다는 점에서, 일종의 새로운 '역사단절적' 운동정치라고 성격 규정할 수 있다.

그러나 이들은 시민사회의 저항으로 초래된 정치질서의 재편에 가장 중요한 최종적인 제도 재편의 단계에서 그들의 대표를 파견하지도, 의사를 반영시키지도 못했다. 이들 사회운동세력은 운동정치에서는 가장 큰 역할을 수행하였으나, 제도정치에서는 의사반영의 진입 가능성이 봉쇄되어 있었다. 제도정치로의 진입은 혁명적 변화를 주도하였다 하더라도 불가능한 것이었다. 따라서 모든 성공의 결실과 책임은 고스란히 구체제의 제도정치세력에게 넘어가 버렸다. 이러한 시민사회의 폭발과 그것의 제도적 결과는 이후 한국 민주주의의 이행 국면마다 자주 반복되는 중요한 특징이 되고 말았다.

그렇다면 4·19라는 격변적 정치사태로 인하여 기존의 정치적 권위가 일거에 무력화되었을 때, 민주주의의 헌법질서를 복원하기 위해 이승만 체제를 대체했던 제도정치세력은 과연 어떤 세력들이었는가? 이승만 퇴진과 함께 등장한 허정 과도정권은 4·19혁명 과제의 완수와는 거리가 멀었다. 허정 과도정권은 부정선거의 책임자로 극히 일부 관료와 자유당 의원만을 처벌하고, 총기 발포 책임자로 일부 경찰간부만 구속하고는 더 이상은 문제삼지 않았다. 과도정부의 한계는 4·19의 혁명적 과업을 비혁명적 방법으로 수행하고 정부 이양에 있어서는 민중 부문을 배제하는 정국 운영에서 분명하게 드러났다. 이러한 결과는 4월혁명의 역사성에 배치되는 것이었을 뿐 아니라, 새로 등장할 제2공화국 민주당 정권에게 4·19의 과제를 고스란히 넘겨줌으로써 혁명의 전도를 어둡게 만들었다. 왜냐하면 현실적으로 유일한 제도정치세력이었던 민주당은 민주주의로의 이행을 주도할 세력으로서는 이념적으로나 조직적으로나 이미 많은 제약과 한계를 안고 있었기 때문이다. 그들은 구체제 세력들의 요구를 거절하고 4·19의 주역들이 혁명의 이념, 조직적 행동양식, 구체적인 지향성을 갖춘 지속적인 혁명을 요구하고 나섰을 때, 시민사회와 연대하여 새로운 체제를 형성할 능력과 의지가 없었다. 그들에게는 시민사회의 의사에 의거하기보다는 몰락하는 구체제 세력의 잠정적인 생존을 보장해 주면서 타협을 유도하는 방법이 더 손쉬운 집권방법이었다. 제도정치와 운동정치의 관계로 보면, 이것은 1950년대의 반공 규율사회적 조건에 적응하면서 '금단의 정치'로 구조화되어 있었던 제도정치가 4·19혁명을 계승하는 형태로 확장되지 못하고 1950년대적 제도정치 내에서의 주도집단의 '대류(對流)' 정도로 고착되어 존재하는 것을 의미하였다. 그러므로 이러한 구체제와의 타협을 통한 '신'체제의 형성은 그 타협의 정도만큼 민주주의로의 이행에 한계를 지닐 수밖에 없는 것이었다. 그것은 한국 민주주의가 우익적 프레임 내에서 전개될 수밖에 없다는 것을 말해주는 것이었다. 이러한 민주당의 민주주의에 대한 이해는 혁명을 주도했던 학생과 시민사회의 생각과는 완전히 다른 것이었다. 결과적으로 민주당 정권의 민주주의는 반공 자유민주주의 혹은 반공규율사회적 구조의 극복을 향해 단 한 걸음도 더 나아가지 못했다.

이런 맥락에서 볼 때, 4·19혁명의 성공을 조건지었던 학생과 민주당의 연합이 오래 지속되지 못한 것은 어쩌면 당연했다. 민주당은 이미 1955년 창당과정에서 보여주었던 바로 그 이념적 협애함으로 인해, 정권형성 연합세력들 간의 보수 대 진보, 보수 대 혁신 사이의 갈등을 극복할 수 없었다. 그러므로 그들이 지지를 철회하는 상황은 민주당 정권에게 결정적으로 불리한 요소가 되었다. 더구나 민주당 정권 내에서 신·구 파간의 파벌갈등도 치열해졌다. 파벌의 갈등은 분당으로 이어졌고 제도정치 내에서의 정치적 갈등은 더욱 고조되었다. 결국 어느 정치세력과도 정치연합을 이룰 수 없는 상황에서 군부의 개입으로 민주당 정권은 붕괴하고 말았다. 바로 여기서 우리는 중요한 점을 발견할 수 있다. 즉 50년대적인 '금단의 정치'로 구조화된 제도정치, 그리고 그것을 자신의 정치적 이해에 따라 적응, 편승한 민주당의 태도는 그 협애화된 제도정치를 극복하기 위한 학생들 및 혁신세력들의 시도를 혼란으로 규정하게 만들고, 역설적으로 5·16이라고 하는 정치적 반동으로 가는 계기를 마련하였던 것이다. '이상적인' 역사발전의 경로를 상정할 수 있다면, 그것은 4·19혁명이 제도정치 변화에 대해 갖는 적극적인 의미와 관련해 50년대의 '금단의 정치'를 극복하고—혁신적 정치세력(기존의 제도정치를 뛰어넘는 운동정치)까지를 포괄하는—확장된 제도정치를 실현하는 계기로 삼았어야 할 것이었다. 그러나 현실의 역사 경로는 그렇게 진행되지 않았다. 그럼에도 불구하고, 민주당 정권은 민주적 규칙과 절차를 실천하고 대의제 민주주의 원칙에 기초한 최초의 민주정부의 경험이었다. 민주당 정권을 통한 한국 민주주의의 심화와 외연 확장의 시도는 분단국가라는 태생적 한계와 많은 제약조건으로 인하여, 그리고 군부개입으로 인하여 실패하고 말았다. 그러나 4·19를 계기로 표출된 자유와 민주주의를 향한 시민사회의 열망과 성공의 경험은 이후 한국 민주주의의 발전과 투쟁 과정에서 실현가능한 역사의 체험적 기억으로 남아 지속적인 영향을 미쳤다는 점에서, 그 의의는 매우 값진 것이라고 하지 않을 수 없다.

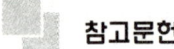 참고문헌

경제기획원. 1963. 『1960년 한국인구조사』, 1권.
뤼시마이어 외. 1997. 『자본주의 발전과 민주주의』, 나남.
문교부. 1963. 『문교통계요람』, 홍원출판사.
박명림. 1992. 「한국전쟁의 구조-기원·원인·영향」, 『청년을 위한 한국현대사』, 소나무.
____. 1998. 「1950년대 한국의 민주주의와 권위주의」, 『1950년대 남북한의 선택과 굴절』, 역사비평사.
____. 1999. 「한국전쟁과 한국정치의 변화」, 한국정신문화연구원 편, 『한국전쟁과 사회구조의 변화』, 백산서당.
오유석. 1994. 「1950년대의 정치사」, 『한국사 17』, 한길사.
조희연. 1998. 『한국의 국가·민주주의·정치변동』, 당대.
최장집. 1998. 『한국 민주주의의 조건과 전망』, 나남.
O'Donnell and Schmitter. 1986. *Transition form Authoritarian Rule: Tentative Conclusions about Uncertain Democracies*, Baltimore and London : Johns Hopkins Univ. Press.

제5장

개발독재 시기의 국가-제도정치의 성격과 변화

이광일

1. 머리말

이른바 '개발독재 시기'는 박정희 정권의 지배시기와 대체로 일치한다. 그리고 이 시기는 크게 두 부분으로 나뉘어지는데, 일반적으로 유신체제 등장이 그 분기점으로 수용되고 있다. 이러한 구분은 유신체제를 '관료권위주의', 혹은 '종속파시즘'으로 규정한 논의, 그리고 최근의 '발전국가' 논의에 이르기까지 커다란 이의 없이 수용되고 있다. 이들 논의들은 정도의 차이에도 불구하고, 유신체제 이전을 '최소민주주의'가 존재하던 시기로 규정하는 점에서 공통성을 보이고 있다.[1] 물론 여기서 말하는 최소민주주의는 이미 주어진 엘리트들의 선거명부 가운데서 자신의 대표를 선택하는 행위를 핵심으로 하는 개념이다.[2]

그런데 이러한 시기구분에 입각한 논의들은 박정희 체제를 규정하는데 내재적인 한계를 지니고 있다. 그것은 이들 논의들이 국가를 단순히

---

1) '발전국가론'에 입각한 한 논의조차도 유신체제를 전체주의로 규정하고 있다(김일영 2000, 65 참조). 그렇지만 '전체주의론'이 구동구권 국가들의 분석을 위해 제출된 기능적인 측면에 주목하는 개념이라고 할 때, 엄격한 의미에서 이 개념을 자본주의 국가형태의 하나인 유신체제에 적용하는 것은 비역사적이라는 비판에 직면할 소지를 안고 있다.
2) 이러한 의미의 논의는 Joseph A. Schumpeter(1950) 참조. 최소민주주의의 내용규정을 둘러싼 논의는 Scott Mainwaring(1992) 참조.

'사물'(thing)로 파악하고 있는 점으로부터 비롯된다.3) 즉, 기본적으로 이 논의들은 '경제결정론적 국가론'에 근거하여 국가를 '사회' 혹은 '계급'에 매몰시키거나 국가자율성에 과도히 주목하여, 계급관계를 중심으로 하는 사회관계를 단지 주변 요인으로 다루고 있기 때문이다.

그렇지만 이와 달리 국가를 계급, 계층 사이의 사회관계 및 지배관계로부터 발생하는 모순과 갈등, 투쟁과 저항이 응축된 결정체로 인식한다면(Poulantzas 1980, 2장), 유신체제의 등장은 이러한 기존의 관계가 일단락되면서 새로이 재구성되는 계기라는 점을 확인할 수 있다. 따라서 개발독재기 국가 성격과 구조의 변화를 살피는 데에는, 결국 이러한 관계들의 추이를 분석하는 것이 핵심이다. 이것은 '개발독재' 전기, 즉 5·16쿠데타로부터 제3공화정까지의 시기를 '최소민주주의'가 유지되는 시기로, 이후의 시기를 그것과는 상이한 성격의 공개적 독재체제 —종속파시즘—로 규정하는 것을 부정하는 것이 아니다. 다만 그러한 성격과 구조의 변화를 가져온 더 근본적인 원인을 "권력이 법 위에 있다"라는 테제에 주목하며 분석할 필요가 있음을 강조하는 것이다. 이 경우, 권력은 특정 사회를 구성하는 계급, 계층의 편재와 그들 사이의 지배관계를 핵심으로 한다. 따라서 여기에는 통상 좁은 의미의 국가로 상징되는 거시적인 지배관계에 더하여, 시민사회에서 그것을 재생산시키는 미시적인 지배관계의 망(network) 또한 포함된다.4)

이 때, 간과하지 말아야 할 점은 국가와 시민사회가 특정 사회를 총체적으로 재생산하는 데 상호 밀접하게 연관, 내재되어 있음에도 불구하고 형태상으로는 분리되어 있다는 점이다. 바로 이 점이 근대사회의 본질적인 재생산 메커니즘이다. 이와 같은 메커니즘과 국가가 사회관계의 응축물이라는 테제를 접목하면, 형태상 분리된 국가와 시민사회가

---

3) 이에 대한 비판은 Simon Clarke(ed.) (1991) 참조.
4) 그람시는 이것을 통합국가(integral state)라는 개념 속에서 이해하고 있으며, 알튀세는 '이데올로기적 국가기구'(ideological state apparatus)라는 개념을 통해 분석하고 있다. 이에 관해서는 Gramsci(1971)와 루이 알튀세(1991) 참조.

하나로 통일될 수 있는 가능성을 부정할 수는 없지만, 그것이 근대 자본주의사회인 한 양자의 형태상 분리 또한 역사적으로 해소될 수 없다는 사실을 확인하게 된다. 이른바 시민사회를 '삼키려는'(swallowing) 파시스트체제조차도 이로부터 예외일 수 없으며, 이것은 곧 시민사회의 존재와 그 안에서 전개되는 다양한 내용 및 형식을 지니는 '운동정치'의 상존을 인정하는 것이다.5) 따라서 상이한 계급, 계층간 모순 및 대립의 결과에 따라 국가, 시민사회, 그리고 '정치사회'가 지니는 내용과 형식, 그들 사이의 관계는 재구성될 수밖에 없다. 물론 이러한 관계 변화가 반드시 제도화와 일치하지는 않는데, 그것은 기본적으로 제도화 자체가 사회관계의 표현이라는 사실로부터 기인하는 것이지만 다른 한편 현존하는 제도의 지속성, 효과성 때문이기도 하다.

이런 맥락에서 개발독재국가는 4·19혁명, 5·16쿠데타, 6·3항쟁, 그리고 3선개헌 등 정치적으로 표현된 사회관계의 모순적 계기를 거치면서 유신체제라는 공개적 독재체제로 귀결된다. 바로 이 과정은 상대적이지만 4·19혁명을 계기로 확장된 정당의 활동, 상이한 '운동정치'로 활성화된 '시민사회'의 영역이 국가와의 긴장관계 속에서 억압, 위축, 흡수, 변형되는 과정이다. 물론 이러한 변화는 이들 영역의 물리적 증감을 의미하는 것이 아니라 사회정치적 지배관계의 변화를 뜻한다.

따라서 이 글은 개발독재국가의 성격과 구조의 변화를 살피는 데 있어 단순히 유신체제 이전에 최소민주주의 기제가 존재하였다는 점 그 자체에만 주목하지 않는다. 왜냐하면 이 글의 일차적인 관심은 4·19혁명 이후 그러한 기제의 존재를 가능하게 했던 동력들이 어떠한 사회정

---

5) 모든 사회관계에 권력이 내재한다면 이로부터 기인하는 모순의 해결행위인 정치(운동) 또한 모든 영역에 현존해 있다고 인식할 수 있다. 이런 의미에서 본다면 정치는 단순히 제도 영역에 국한되는 것은 아니며, 오히려 제도정치는 애초 광의의 정치개념이 역사적으로 형성된 근대적 지배·권력관계를 매개하며 특정한 양식으로 축소되어 온 결과로 볼 수 있다. 따라서 여기에서 사용한 '운동정치'라는 개념은 '제도정치'의 잔여범주가 아니며 그 형식과 내용에 있어서 그보다 더 본질적인 상위의 개념인 것이다.

치적 관계의 변화를 거치며, 개발독재 시기 국가 성격 및 구조의 변화, 그리고 그것의 재구성으로 이어지는가의 문제에 집중되어 있기 때문이다. 따라서 박정희 정권의 성격 및 평가와 관련, 이 글이 비판적으로 주목하는 대표적 논의들은 박정희 정권이 제3공화정 시기에는 '최소 민주주의'를 유지하였으나 이후 공개적 독재체제인 유신체제로 나아가며 이를 전면 부정했기 때문에 비판받아야 한다는 피상적인(superficial) 주장들이다(이광일 1997 참조). 이는 문제의 핵심이 '최소민주주의'의 존재 여부에 있는 것이 아니라 그것을 가능하게 했던 동력이 무엇이었는가 라는 지점에 있음을 의미한다.

앞서 지적하였듯이 한국현대사의 시대규정으로 보면, 53년 한국전쟁 이후 87년까지의 시기는 권위주의 '시대'에 해당 된다. 이 가운데 박정희 정권은 '군부'권위주의 '정권' 시기에 속하게 된다. 국가의 성격과 관련하여, 이 시기의 국가는 '개발독재국가'로 규정될 수 있다. 이것은 50년대의 안보국가를 부정하는 것이 아니라 그것을 계승·심화하는 국가이다. 그런 점에서 60년대 이후의 개발독재국가는 50년대의 안보국가적 성격을 기본적으로 전제하는 바탕 위에서 성립한 국가로 인식되어야 한다. 안보국가는 기본적으로 공산주의로부터 자신을 방어하는 '소극적인' 국가의 성격을 띠고 있다. 이 국가는 박정희 정권의 등장을 계기로 '발전' 혹은 '개발'이라고 하는 새로운 '긍정적'(positive)인 국가목표를 내세우며 개발지향적 국가로 자신을 변화시키게 된다. 그런데 이 국가는 개발이라는 목표를 위로부터 '동원'하는 방식에 의해 성취하고자 했다는 점에서, 그리고 그러한 동원에서 국가주도성이 강력하게 관철되었다는 점에서 '국가주의적 발전동원체제'로 규정될 수 있다(조희연 1998, 2장 2절). 물론 이러한 국가주의적 발전동원체제는 단순히 국가의 강력한 '힘'에 의해서만 유지·재생산되는 것이 아니라 개발을 향한 사회계급계층의 '발전론적 통합'(developmental societalization)과 개발을 향한 지배계급의 연합이 형성 되었기 때문에 가능하였다(Cho,

Hee-Yeon & Kim, Eun-Mee 1998).

2. '종속적 개발지배연합'의 형성과 국가주의적 발전동원체제의 등장

1960년대 중반 이후 형성된 '종속적 개발지배연합'은 미국의 동북아통합체제 구축을 위한 전략적 요구가 박정권의 수출지향산업화 정책과 맞물려 빚어낸 산물이었다. 전후 동북아에서 일본을 중심으로 반공의 보루를 구축하고자 한 미국의 구상은 냉전수행을 위한 달러 남발에 기인하는 50년대 말 자국 경제의 위기, 전후복구에 의한 일본경제의 전전 수준으로의 회복, 그리고 5·16쿠데타로 '근대화'를 추진할 새로운 권력주체가 남한에 등장함으로써 현실화될 수 있는 조건을 갖추게 되었다. 이 지배연합은 미국, 그 하위 동맹자로서의 일본, 그리고 박정권과 50년대 이승만 정권 하에서 성장한 관료독점자본을 잇는 위계구조로 구성되었다. 따라서 이러한 지배연합의 형성은 4·19혁명이 제기했던 민족민주적 요구가 변형되면서 최종적으로 좌절되는 과정과 맞물려 진행되었다.

애초 4·19혁명이 제기한 민주적이고 민족적인 요구—반독재 민주화, 부정축재자 처벌 및 부패척결, 자립(민족)경제 및 민족통일의 모색 등—는 '혁명을 비혁명적 방법으로 관리하겠다'는 허정 과도정부와 민주당 장면정권을 경과하면서 훼손되었다. 이승만 정권의 수석각료였던 허정은 4·19혁명으로 변한 것은 단지 대통령의 궐위상태라고 인식하였으며 더 이상 달라진 것은 없다고 보았다. 따라서 과도정부는 자신의 임무를 새로운 정부구성을 위한 선거관리로 제한하였다. 7.29선거에서의 압도적 승리를 통해 그 뒤를 이은 장면 민주당 정권 또한 4·19혁명의 계승을 역설하였지만, 대중의 힘을 바탕으로 과거를 청산하고 미래를 열어나가기보다 현상유지정책을 취하였다. 이것은 민주당 정권이 혁명의 대상인 자유당을 국회의 다수당으로 계속 인정하는 가운데 제정된 내각제헌법을 통해 구성되었다는 점에서 이미 예고된 것이었다. 즉, 혁명의 대상인 자유당이 그 수습과정에서 하나의 주체가 되었다는 사실은 혁명이 시작과 함께 봉인되고 있음을 의미하는 것이었다.

따라서 민주당정권은 혁명을 계승한다고 하였지만 대중의 힘에 의지해 4·19의 요구를 수행할 수도, 또 수행할 의지도 없었고 그렇다고 혁명을 부정할 수도 없는 상황에 처하였다. 여기에 권력분할과 당권장악을 둘러싼 구파와 신파간 갈등이 맞물려 민주당은 정국을 주도하지 못하게 되었다. 특히 극우반공을 표방하는 정치세력 이외의 집단을 용인하지 않는 냉전분단구조, 진보운동에 대한 대중들의 피해의식, 그리고 조직의 미비와 자체 분열로 인해 혁신세력들이 총선에서 참패함으로써 (박태순·김동춘 1991, 참조) '운동정치'와 그것의 요구를 제도화할 '제도정치'의 괴리는 더욱 커졌다. 바로 이러한 딜레마의 와중에서 대중의 불신은 점차 가중되었고, 결국 민주당 정부는 5·16쿠데타에 의해 붕괴되기에 이르렀다.

그렇지만 애초 5·16쿠데타세력이 4·19혁명의 쁘띠부르주아적 요구를 선험적으로 부정한 것은 아니었다. 쿠데타세력은 그것을 부정할 국내의 대중적 기반이나 대외적 지지기반을 확보하지 못하였다. 쿠데타세력이 민주당정권의 경제문제 해결에 대한 무능력, 수권능력 부재를 비판하며 '4·19혁명의 계승'과 '민족적 민주주의'를 내세운 것은 바로 이와 같은 맥락에서 이해될 수 있다. 따라서 국민대중은 쿠데타군의 '총소리'에 놀란 측면이 없지 않았지만, 처음에는 오히려 그들의 주장과 행태를 관망하거나 나아가 '공감'하는 태도를 보이기조차 하였다. 그리고 군정 초기에 실시된 정치깡패 처벌, 농어촌 고리채정리법안 공포, 50년대 이승만 정권의 특혜로 급성장한 관료독점자본 등 부정축재자의 구속조치 등은 이러한 분위기 조성에 일조하였다. 즉, 선험적으로 확신할 수는 없었지만 5·16쿠데타에 의해 4·19의 요구가 일정하게 계승, 완수될 수 있을 것으로 여겨졌으며, 당시 비판적 지식인들의 입장을 대표하였던 『사상계』(61/6, 34)도 '4·19혁명의 계승과 가능한 **빠**른 시일 내 민정이양'이라는 조건을 전제로 쿠데타를 '지지'하였다.

앞서 서술하였듯이 60년대 군부권위주의 정권의 출범과 재생산은, 기존의 안보국가로서의 기본적 성격을 유지하면서 그것을 '개발'독재국가로 '혁신'시켜 가는 과정이었다. 이 개발독재국가는 취약한 시민사회를 억압하면서 '위로부터의 동원'방식에 의해 경제발전을 추동하게 된다. 이런 점에서 보면 60년대 이후 군부권위주의 정권은 한편으로는 민중들의 민주주의적 요구를 억압하는 '반동'적 성격을 지니면서, 다른 한편에서는 4·19혁명으로 표출된 경제발전의 요구—계급적으로 '쁘띠 부르주아적' 성격이 강한—를 수용하여 새로운 지배정당성을 확립해 가는 이중성을 띠고 있다고 할 수 있다.

바로 이러한 정황 속에서 진전된 '종속형 개발지배연합'의 구축과정, 즉 박정희 정권의 권력강화 과정은 이른바 한일협정반대투쟁으로 명명되는 6·3항쟁을 기점으로 나뉘어 살펴볼 수 있다. 이중 5·16쿠데타로부터 6·3항쟁이 마무리되는 시기는 4·19혁명을 지지하는 세력과 5·16쿠데타 세력간의 힘의 교착기로 매우 중요한 의미를 지니는데, 그 이유는 이러한 세력관계가 6·3항쟁의 좌절을 통해 해소되면서 박정희 정권의 정치적 반동이 본격적으로 시작되기 때문이다(이광일 1995 참조).

그런데 처음 이 두 세력의 갈등은 직접적으로 표출되기보다 이른바 '내포적 산업화정책'을 둘러싼 쿠데타세력 내부의 논쟁을 통해 우회적으로 나타났다(기미야 다다시 1991 참조). 이 논쟁은 비교우위론에 근거한 대외개방형 수출경제정책을 요구한 미국의 전략이 '내포적 공업화정책'을 위해 내자조달 차원에서 추진된 화폐개혁 등의 실패를 계기로 채택, 관철되면서 일단락되었다. 그리고 이러한 권력 내부의 갈등은 정치적으로 일련의 '반혁명사건'을 통해 표출, 해소되었다. 특히 '혁명공약'에서 밝힌 민정이양 시기와 박정희-김종필체제의 독주 문제를 놓고 발생한 '장도영 반혁명사건'은 가장 중요한 갈등의 표출이었다(이경남

1982; 장도영 1984 참조). 이를 계기로 육군참모총장, 최고위원회 의장 및 내각수반으로 쿠데타의 형식적 리더 역할을 한 장도영이 물러나고, 쿠데타의 실세였으나 그동안 배면에 머물러 있던 박정희가 전면에 부상하게 되었다. 또한 장도영을 지지했던 육사 5기들이 대거 제거되고 김종필 등 육사 8기가 군정의 핵심분파로 부상하면서 박정희 등 이른바 '혁명주체'는 군 내부에 안정적 권력기반을 구축하게 되었다.

그럼에도 불구하고 쿠데타세력은 힘 관계에서 4·19혁명의 지지세력과 여전히 긴장관계에 있었으며, '민족적 민주주의'로 상징되는 4·19혁명을 부정할 수 없었다. 이러한 상황에서 처음에 군정은 4·19혁명의 민족민주적 요구와 한일국교수립을 통한 지역통합의 구축이라는 미국의 전략을 동시에 해결하고자 하였고, 이러한 발상은 '4·19혁명의 계승'과 케네디(J.F. Kennedy)와의 회담 이후 한일간 국교수립을 모두 성사시키겠다는 의지로 나타났다. 결국 이 두 가지 목표가 지니는 모순은 6.3항쟁을 계기로 폭발하게 되지만, 처음에 양자는 쿠데타세력들에게 대립적인 것으로 받아들여지지 않았다. 왜냐하면 4·19혁명 2기에 나타난 통일과 평화, 민족자주 등 혁신계의 '진보적 요구'는 쿠데타세력이 내세운 '반공국시'라는 명분에 의해 시민사회에서는 물론 제도 내 정치 의제로부터도 이미 배제되어 있었기 때문이다. 이것은 5·16쿠데타를 '공산주의의 책동을 타파하고 국가의 진로를 바로잡으려는 민족주의적 군사혁명'으로 규정한 당시 『사상계』의 논조에서도 일정하게 확인할 수 있다. 바로 이러한 측면에서 5·16쿠데타 직후 '탈각, 변형된 4·19의 민족적 요구'—이른바 반미(反美) 없는 반일(反日)—와 반공블록을 구축하고자 한 지역통합전략은 그 모순을 드러내지 않은 채 공존하였다.

6.3항쟁의 주도세력들 또한 동북아에서 반공전선 구축을 목표로 추진된 한일 국교정상화 자체를 반대하지 않았다. 오히려 반대세력은 적절한 배상과 주권국가로서의 의연한 협상을 요구하였으나 박정희 정권은 이를 무시하였고, 바로 이것이 군정시기 실정에 대한 대중의 누적된

불만을 폭발시키는 계기가 되었다. 즉, 한일회담반대투쟁은 4·19혁명의 요구—반독재 민주화, 부정부패 척결과 민생고 해결 등—가 군정기간 중 유보, 변형되는 가운데 쌓인 대중의 불만이 굴욕적, 비합리적으로 진행되는 한일 국교정상 회담에 대한 반감과 맞물려 발생한 것이었다. 따라서 소위 민정이양후 불과 수개월만에 발생한, 4·19 이후 최대의 국민적 저항은 군정기간에 발생한 '구악을 능가하는 신악'에 주목할 때, 더 올바르게 이해될 수 있다.6)

이런 맥락에서 볼 때, 이른바 한일회담반대투쟁은 그 통상적인 명칭과 달리 단지 한일간의 외교문제에서 비롯된 것은 아니었다. 이렇게 하여 시작된 저항은 박정희 정권의 억압적, 비타협적 대응과 이에 대한 대중투쟁이 상승작용을 일으키면서 5·16쿠데타 이후 대치관계에 있던 4·19혁명의 지지세력과 쿠데타세력 간의 긴장을 적대적 방식으로 해소시키는 계기로까지 발전되었다. 그 결과 4월혁명은 반외압세력, 반매판, 반봉건의 민족민주혁명을 위한 도정의 시작으로, 5월 군부쿠데타는 이러한 민족민주이념에 대한 정면 도전, 노골적인 대중 탄압의 시작으로 규정되기에 이르렀다.7)

따라서 4·19혁명의 대의와 요구를 복원시키고자 한 6·3항쟁의 좌절과 한일국교 수립은 기존 국가 성격 및 구조 변화의 중요한 계기가 되었다(이광일 1995, 130-134 참조). 첫째, 국가는 6·3항쟁을 좌절시킴으로써 5·16쿠데타 이후 여전히 대치, 긴장관계에 있던 시민사회 내 비판적 운동세력들을 압도하며 정치적 반동화를 강화시키기 시작하였다.8) 둘째, 지배권력 내부에서 박정희의 지위가 강화되는 계기가 되었

---

6) 신상초 (1964)와 윤형섭 (1964) 참조. 특히 "박정권은 부정부패를 청산하고 국민 앞에 사죄하라," "닷또상이 새나라냐? 새나라가 닷또상이냐?" "죽을 먹으라 하고 너희들은 잣죽을 끓여먹을 작정이야," "모주 먹고는 못살겠다" 등 당시 국민대중들이 외친 구호는 '4대 의혹사건' 등 이른바 신악(新惡)에 대한 비판이 날카롭게 투영되어 있다.
7) '민족적 민주주의 장례식'에서 발표된 조사(弔詞)를 참조(합동통신사 1965, 149).
8) 과거 종속적 파시즘의 등장을 둘러싼 논의와 관련, 바로 이 점은 5·16쿠데타를 파

다. '굴욕적 한일회담'의 막후 조정자로 국민대중의 비판대상이었던 김종필이 민심수습책의 일환으로, 또한 민정이양 후 유력한 권력계승자로서의 그의 지위에 대한 권력블록 내 반대세력의 견제책으로 '자의반 타의반' 외유하면서 박정희-김종필 체제가 균열을 보이고 박정희 1인체제의 기반이 마련되기 시작하였다. 셋째, 축적체제 또한 쁘띠부르주아적 민족주의에 기반한 노선이 최종 탈각되면서 독점자본 중심의 대외개방형 수출산업화전략이 본격적으로 추진되는 계기가 되었다.9) 따라서 국가기구 내에서 경제부문 기구들과 관료들이 차지하는 위상 및 역할이 군부에 이어 급속히 강화되었다.

군정 초기 일련의 반혁명사건을 통해 군부를 장악한 박정희 정권은 6.3항쟁의 진압과 한일국교수립을 계기로 4·19혁명의 요구, 영향력으로부터 자유스러워질 수 있게 되었다. 그 결과 미국, 동북아시아 지역맹주로 설정된 일본, 50년대 말 '원조경제'의 위기 속에서 새로운 돌파구를 마련해야 했던 관료독점자본 등이 박정희 정권을 매개로 종속적 개발지배연합을 구축하게 되었다. 그리고 이 지배연합은 4·19혁명으로 활성화되어 6.3항쟁을 주도하였던 시민사회 내 비판운동을 지속적으로 억압하며 자신들의 개발프로젝트를 심화시켜 나갔다.

3. '배제의 정치'의 심화와 공개적 독재체제로의 전화

6·3항쟁의 좌절 이후 한일협정 타결과 베트남전 개입으로 미국과 일

시즘의 등장시기로 보는 논의들에 대한 비판의 주요한 근거이다. 군부쿠데타세력은 6·3항쟁 이전까지는 체제로서의 파시즘을 강요할 수 있는 힘의 우위를 확보하지 못하였으며, 6·3항쟁을 좌절시킨 후에야 비로소 파쇼화 경향을 강화시킬 수 있었다. 5·16을 기점으로 보는 대표적 논의는 이정로(1988)와 송주명(1989)을 참조.

9) 이것이 쁘띠부르주아적 정책의 완전한 폐기를 의미하지 않는다. 이러한 흐름은 공화당기(旗)에 황소가 그려져 있는 것이 상징하듯, 부분적으로 농지세의 물납제 부활, 자립안정농가 조성사업의 중단, 그리고 협업화시범농장 시도가 좌절되는 60년대 말까지 유지된다. 이에 대해서는 조영탁(1991) 참조.

본, 그리고 독점자본의 지지를 안정적으로 확보하게 된 박정희 정권은 시민사회의 비판세력들을 본격적으로 억압하였다. 그 핵심대상은 박정희 정권에 저항하여 6·3항쟁을 주도한 학원과 언론이었다. 64년 '학원안정법파동' 이후 이른바 '정치교수, 정치학생의 추방'이라는 명목으로 학원에 대한 간섭, 통제, 탄압이 강화되었으며, 그 목적은 비판운동의 근거지인 학원을 약화시키는 것이었다. 또한 정권을 비판했던 주요 언론의 소유자 및 데스크에 대한 회유, 협박, 통제, 그리고 필화사건을 통한 기자의 파면 등으로 언론의 활동을 위축시키는 한편, 언론에 대한 재정적 특혜와 비판적 언론인들을 개별적으로 영입하여 자신들의 정치적 정당성을 확보하고자 하였다.[10]

시민사회에 대한 정치적 통제, 억압과 맞물려 국가권력은 박정희의 친정체제로 재편되었다. 김종필의 외유 이후 김형욱이 이끄는 중앙정보부와 이후락의 청와대 비서실이 행정부 내에서 점차 실권을 점유하는 한편, 주류계 길재호와 비주류계 김성곤 등이 박정희의 후원으로 이른바 신주류로 부상하면서 공화당 또한 사무처 중심에서 원내 중심의 조직구도로 재편되었다. 그 결과 사무처를 기반으로 차기 권력승계자의 입지를 모색해 왔던 김종필의 위상은 약화되었다.[11] 특히 68년 김종필의 차기대권구도 문제와 맞물려 발생한 '국민복지회사건'으로 김용태, 최영두, 송상남 등이 당에서 제명되고 69년 3선개헌에 반대한 김종필계가 야당이 국회에 제출한 문교부장관 해임안에 찬성함으로써 촉발된 '4·8항명파동'으로 양순직, 예춘호, 박종태, 김달수, 정태성 등이 제명됨으로써 김종필의 당내 위상은 회복될 수 없는 상황에 이르게 되었다.[12]

6·3항쟁이라는 국민적 저항과 좌절을 계기로 진행된 이와 같은 지배

---

10) 경향신문 공매처분, 조선일보사옥 신축을 위한 차관 제공, 68년 『신동아』 필화사건에 의한 편집간부 3인 추방 등이 그 예이다.
11) 공화당의 사전조직과 조직방식을 둘러싼 갈등 및 의미에 대해서는 최서영(1963) 참조.
12) 이에 대해서는 이성춘(1984), 예춘호(1985), 한국사료연구소 편(1973, 434-436) 참조.

권력의 재편과정은 5·16쿠데타 이후 권력구조의 골간을 이루었던 박정희-김종필 라인의 해체와 창당 이후 유지된 공화당의 권력배분구조를 변화시킴으로써 박정희 친정체제의 강화로 나아갔다. 그리고 이를 토대로 박정희 친위세력들에 의해 3선 연임의 헌법개정이 본격 시도되면서 '헌법위기'가 가시화되었다.

이에 대응하여 전개된 3선개헌 반대운동은 그 주체가 '범자유주의세력'이었다는 점에서 6.3항쟁과 크게 다르지 않았지만, 한일간의 '민족문제'가 정서적으로 개입되어 광범위한 대중적 관심과 지지를 얻을 수 있었던 6.3항쟁과는 다르게 학생, 재야운동이 중심이 되어 전개되었다. 6.3항쟁이 좌절된 후 지배권력의 탄압과 인민혁명당(1차), 동백림, 그리고 통일혁명당 사건 등13) 이른바 각종 공안조직사건의 조성으로 주체역량이 위축, 소진된 상황에서 비판적 사회운동세력들은 헌법위기에 효과적으로 대응할 수 없었다. 여기에 '1·21 청와대 무장게릴라 침투사태,' '울진·삼척지구 무장게릴라 침투사태' 등 68년 북한에 의한 일련의 무장도발은 경험과 상식에 크게 의존하는 국민대중에게 반공 및 국가안보이데올로기에 민감하게 반응하도록 하는 촉진제가 되었다(이광일 1998, 174). 또한 안보위기의 조장과 맞물려, 사회의 병영화를 목표로 한 일련의 법, 제도의 정비—직접적으로 향토예비군 창설과 대학군사훈련 실시 방침, 간접적으로는 국민교육헌장 선포 등—를 강화시켰고, 6.3항쟁 등 국가와의 대결 과정에서 느슨해졌던 반공규율사회(anti-communist regimented society)의 내면화된 자기검열 메카니즘을 본격적으로 재가동시키는 계기가 되었다.14)

그런데 69년 3선개헌과 71년 '국가보위에 관한 특별조치법'을 거쳐 공개적 독재체제인 유신체제가 등장하게 되는 시기는 국가권력의 성격변화와 관련하여 매우 중요한 계기이다. 왜냐하면 이 시기에 강화된 일

---

13) 이들 사건의 구체적인 내용에 대해서는 조희연(1993) 참조.
14) '반공규율사회'라는 개념에 대해서는 조희연(1998) 참조.

련의 정치적 반동화는 세계경제의 위기 심화, 그리고 닉슨독트린을 계기로 동북아에서 진전된 긴장완화(detente)라는 냉전구조의 일정한 변화와 맞물려 있었기 때문이다. 이 와중에서 박정희 정권의 지배를 정당화시켰던 두 축으로서의 수출지향 발전주의 프로젝트와 극우반공 이데올로기는 균열을 보이기 시작하였다. 이렇게 하여 그동안 노동력 수탈과 최소한의 기본권마저 제한당하는 상황에서도 자발적 혹은 비자발적으로 권력에 순응해 왔던 노동자, 도시빈민, 농민 등의 저항이 잇달았다. 그리고 이러한 양상은 정치적으로 71년 대통령선거와 총선을 통해 표현되었다. 특히 야당인 신민당 대통령후보 김대중은 선거과정에서 분배 중심의 '민중주의적 대중경제론,' 한반도에 이해관계를 지니고 있는 4대국보장에 의한 평화통일론, 그리고 자신이 선거에 패할 경우 총통제가 들어설 것이라며 3선개헌안 폐지 등 민주회복을 천명하여 이러한 대결 지형을 확연히 부각시켰다.

양대 선거 결과는 사회정치적 억압이 진행되는 상황에서 국민 대중이 가장 '민주적 방식'으로 인식하는 선거를 통해 정권에 대한 반대세력의 급속한 증대를 명시적으로 보여주었다는 점에서 정치적 위협의 상징이었다. 바로 이러한 맥락에서 유신체제는 3선개헌이라는 헌법파괴로부터 진전된 정치적 위기와 60년대 말 사회경제적 위기로 나타난 종속적 개발지배연합의 재생산 위기에 대응하여 등장한 공개적 독재체제였다. 이 위기의 시기에 고위경제관료였던 김정렴을 비서실장에 임명한 점, 8·3조치를 단행하여 대기업의 금융부실을 해소시켜주고 이를 기반으로 유신체제 이후 중화학공업화를 본격적으로 추진한 점 등은 이를 반증해주는 하나의 예이다.15)

유신체제의 등장으로 국가성격은 물론 국가구조 또한 근본적으로 변화되었다. 중앙정보부, 대통령비서실 등이 전면에 자리잡고 그 뒤를 기

---

15) 이에 대해서는 김정렴(1992), 이성형(1985), 김대환(1990) 등을 참조.

능적인 경제 테크노크라트들이 떠받치던 기존 구조는 더욱 강화, 고착되었다. 여기에 국가형태의 변화를 정당화시키기 위한 '이데올로기 기구들'의 기능이 확대되었다. 이러한 역할은 특히 새마을운동의 실시와 맞물려 교육부나 노동부 등 국가기구 뿐만 아니라, 한국노총 등 시민사회 내 의사국가조직화된 결사들에 의해서도 적극적으로 수행되었다. 이런 점에서 유신체제라고 하는 공개적 독재체제는 이전 시기에 진행되어 오던 '배제의 정치'의 제도화라고 표현할 수 있다.

나아가 집권당인 공화당 또한 3선개헌 이후 당내 권력지분과 지위를 확인받고자 하였던 길재호, 김성곤 등 과거 '반김종필계 4인방'이 박정희에게 반기를 들어 야당의 오치성 내무장관 해임 요구에 동조하였다가 축출됨으로써,16) 어떠한 이견그룹도 존재하지 않는 단일체적(monolithic) 조직으로 변하였다. 이런 점에서 볼 때, 60년대 말 이후 70년대의 정치과정은 '배제의 정치'가 구체화되는 과정이었다. 이것은 군부권위주의 정권을 주도하였던 군부세력과 이에 결합한 권위주의적 민간세력 가운데 소수의 완고한 독재파를 제외한 나머지를 제도정치로부터 배제하는 과정, 즉 제도정치의 왜곡화와 협애화 과정이었다17). 또한 대통령선거에 이은 71년 총선거에서 내용상 공화당이 패배한 이후 공전상태에 있던 국회는 11월 '국가보위에 관한 특별조치법'의 공포를 계기로 기능정지 상태에 빠지게 되었다.18) 이렇게 하여 3공화정에 존재하였던 이른바 최소민주주의적 요소는 자취를 감추게 되었고 공개적 독재체제가 출현하게 되었다.

이처럼 시민사회와 정당을 무력화시킨 박정희 정권은 유신체제라는

---

16) 이 사건에 대해서는 김충식(1992, 359-372) 참조.
17) 여기서 흥미로운 점은 제도정치로부터 배제된 개인이나 집단이 운동정치로 합류하게 되면서 이른바 '재야'의 범주가 나타나게 된다는 사실이다.
18) 신민당은 89석을 얻어 이전의 44석에 비해 배가 넘는 의석수를 확보하였고 개헌저지 3/1 선보다 20석을 더 많이 차지하였다. 공화당은 서울, 부산, 대구, 광주 등에서 참패하였으며 이효상 국회의장, 박준규 당무위원, 이상무 내무위원장, 최두고 건설위원장, 노재필 법사위원장 등 당의 주요인사들이 낙선하였다.

공개적 독재체제의 등장을 정당화하고 그 작동을 원활히 하기 위해 두 개의 새로운 국가 조직을 만들었다. 그 하나는 대통령의 지명으로 구성되는 유신정우회(이하 유정회)이고, 다른 하나는 직능별 대표조직의 형식을 갖는 통일주체국민회의이다. 유정회는 국회의원 총 수의 1/3을 대통령이 지명하여 구성한 것으로 국회 내에서 공개적 독재체제의 거수기 역할을 하였다. 통일주체국민회의는 국가의 중대한 통일정책, 헌법 개정을 최종적으로 승인하는 기구로 대통령의 선출, 대통령이 지명한 유정회 의원 1/3을 승인하는 권한 등이 부여되었다. 그렇지만 그 의장을 현직 대통령이 겸임하게 되어 결국 이 기구의 존재이유는 유신체제에 무소불위의 권한을 부여하는 것에 있었다.

그런데 여기에서 주목해야 할 것은 박정희 정권이 단순히 권력기구의 재편에만 그치지 않고 지배이데올로기를 적극적으로 재구성하였다는 점이다. 한편으로 박정권은 동북아에서 진전된 동서간 데탕트를 구한말 조선의 식민지화를 위해 주변 열강들이 구사한 정치적 거래와 동일시하면서 북한의 안보위협에 대응한 '국민총화론, 총화단결론'을 내세웠다. 그리고 다른 한편 민족주체론에 근거한 한국적 민주주의를 저변 토착화한다는 명분으로, '근면, 자조, 협동'에 기반한 새마을운동을 적극 추진하였다. 이 가운데 새마을운동은 단지 '잘살기 운동'의 차원에서 추진된 것이 아니라 국가형태의 변화에 대응하여 대중동원의 정치를 적극적으로 모색한 조치였다는 점에서 주목할 만하다. 박정권은 새마을운동 초기에 자신의 지지기반인 농촌을 중심으로 이 운동을 전개하고, 정권에 반대하는 세력들의 중심적 활동 공간인 도시를 '사치와 낭비의 공간'으로 호명하면서 포위, 분할지배하고자 하였다. 새마을운동이 없었다면 농민운동은 이미 70년대 말 심각한 국면에 이르렀을 것이라는 한 평가는 이 운동이 지니는 의미를 반증해 준다(현대사회연구소 1985, 627-628 참조). 이와 관련, 71년 일어난 광주대단지 사건이 빈민들에 의해 일어났지만 농업의 위기, 농민층 분해 및 몰락과 밀접하게 연관된 문제였다는 점을 지적하는 것은 새마을운동의 추진배경과 관련, 시사하는 바가 크다.

박정희 정권은 여기에 그치지 않고 이 운동을 도시새마을운동, 특히 공장새마을운동으로 확대시켜 수출입국이라는 모토 아래 강요된 유혈적 테일러주의에 대한 노동자들의 점증하는 불만을 제어하고자 하였다. 왜냐하면 자본축적의 위기 심화와 더불어 노동자들의 저항이 제고되는 상황에서, 새마을운동은 가장 생산적 영역인 수출제조업 부문의 기업체들이 집중되어 있는 도시지역으로 확장되지 않는다면 불충분하고 제한적인 것이 될 수밖에 없었기 때문이다(최장집 1988, 184-185 참조). 한마디로 새마을운동은 종속적 성장전략의 산물인 농업, 노동문제를 농민과 노동자의 무지, 안일과 타성, 그리고 게으름의 탓으로 돌리는 이데올로기 공세를 넘어 그들을 집단적, 조직적으로 동원, 통제하여 이를 해소시키고자 한 시도였다. 즉, 이 운동은 60년대 말 이후 재생산 위기와 그 속에서 효과가 급감한 반공 및 성장 이데올로기를 재구성하고자 한 국가의 헤게모니적 공세조치였다. 국가는 이와 같은 과정을 거쳐 최소 민주주의의 상징인 '제도화된 정당정치'를 무력화시키고 시민사회의 요구를 소외시키면서 배타적이고 독점적인 지위를 구축해 나갔다.

4. 국가주의적 발전동원체제의 위기: 공개적 독재체제의 붕괴

이른바 '한국적 민주주의'라고 명명된 유신체제의 출현은 시민사회의 자율성을 부정하였으며 모든 생기 있는 숨구멍을 막아버렸다. 그리고 이와 같은 변화는 일련의 긴급조치 발동으로 표현되었다.

그렇지만 이러한 변화는 중장기적으로 체제의 견고성을 훼손시키는 것이었다. 왜냐하면 근대사회가 국가와 사회의 형태상 분리, 양자를 매개하는 최소한의 대의기제를 기본구성으로 하여 작동된다고 할 때, '시민사회'와 제도화된 정치의 자율성을 배제하는 것은 그 스스로가 작동원리 자체를 부정하는 것이었기 때문이다. 그 결과 유신체제는 대중의 자발적 동의를 끌어내고 조직할 수 있는 영역을 부정하여 스스로 자신의 지지기반을 끊임없이 잠식하였다. 바로 이와 같은 상황은 저항의 공간으로서의 시민사회의 위상을 제고시켰고, 국가권력에 대한 저항의 주체와 의제 또한 변화시켰다. 기존의 정치적 대의기제는 그동안 보수 사회정치세력들의 이해를 대표하여 왔으나 이제 그들마저 배제됨으로써 그 존재 의미를 잃게 되었다. 따라서 시민사회는 '국가로부터의 자유'라는 가장 기본적인 슬로건 아래 이른바 '재야'라고 통칭되는 다양한 저항운동이 조직되는 중심영역으로 등장하였다.

그런데 이미 지적한대로 이러한 변화는 전후 장기 호황을 누려 온 세계자본주의가 위기로 접어든 상황에서, 그동안 국가의 후원 아래 조합주의적 이익을 추구해온 소수 독점자본 중심의 대외개방형 성장전략의 재생산 위기 및 재편과 맞물려 있었다. 따라서 이들 운동은 종속적 독점자본주의의 강화 속에 소외된 민중들의 이해와 요구를 부분적으로 대변하고자 하였고, 이 점에서 이전의 자유주의 운동—이른바 '자유주의 우파'—과 차이를 보였다. 특히, 70년 전태일의 분신은 노동자의 생존권을 비롯한 민중의 제반 권리 문제를 전면에 부각시키며 이러한 경향성을 촉진시킨 결정적 계기가 되었다. 이와 같은 흐름은 71년 신민당 후보로 대통령선거에 출마한 김대중의 '대중경제론'을 통해 제도 내에서도 공식적으로 표출되었다. 김대중은 독과점체제의 해체, 세제개혁 등으로 대중수탈 요인을 제거하고 노동3권의 전면 개정, 자유로운 노동운동의 보장, 근로기준법상의 맹점 시정 등을 공약하였다.[19] 그리고 이를 통해 작업조건 개선과 노동조합 결성의 자유를 외치며 분신, 자살한 전태일의 뜻을 구현하겠다고 공언하였다(동아일보 71/1/23).

---

19) 구체적인 공약 내용에 대해서는 김대중(1985, 211-220) 참조.

그렇지만 이러한 민중주의적 공약은 신민당이라는 기존 정당에 의해 담보될 수 없었다. 김대중의 대중경제론은 6·3항쟁의 좌절과 더불어 소진된 내포적 산업화론, '상대적 자급자족론'에 비해 '더 많은 시장, 더 많은 개방'을 수용하는 것이었음에도 불구하고[20]—이런 의미에서 박정권의 대외개방형 경제발전전략에 일정 정도 수렴되는 것이었다—그 실현 여부는 불투명하였다. 이 대안 프로젝트는 결국 단기적으로는 유신체제라는 공개적 독재체제의 출현에 의해 실현 불가능하게 되었지만, 그 불투명성은 무엇보다 대중의 일상적 삶과 분리되어 있던 야당—신민당—의 파벌 중심적인 구조와 정치행태로부터 비롯된 것이기도 했다. 역사적으로 오직 권력분할 내지 집권에만 관심이 있던 보수야당의 적자로서 신민당은 '민중지향적 프로그램'을 시대적 징표로 삼을 의지도, 그것을 밀고 나갈 수단도 지니고 있지 못하였다. 특히 엘리트주의적 명망가정당인 신민당은 71년 대선이 끝나자마자 당권투쟁에 돌입하여 극도의 분열상을 드러냈고, 이러한 갈등은 중앙정보부 등을 동원한 박정권의 분열공작과 연결되어 더욱 심화되었다(김충식 1992, 240-249 참조).

이런 상황에서 민중의 기본권 문제는, 전태일의 죽음이 사회정치적 약자를 대변해야 할 배운자들의 역할방기에서 비롯되었다고 반성한 지식인, 학생들, 교회—특히 도시산업선교회, 가톨릭노동청년회, 기독청년회—등 재야운동에 의해 주로 제기되고 옹호되었다. 시민사회 내 각 영역에서 성장하고 있던 이들 '비판적 자유주의' 운동세력은 그동안 최소민주주의에 집중되었던 의제를 노동자, 도시빈민 등 민중의 구체적인 생존권 문제로까지 점차 확장시켜 나갔다. 이러한 민중지향성은 정치적으로 74년 발생한 전국민주청년학생총연맹사건(이하 민청학련사건)을

---

20) 이병천은 김대중의 대중경제론이 박현채의 민족경제론을 수용, 체계화하고 재구성한 결과라고 주장한다. 이병천(2000, 100-109) 참조. 이러한 사실은 최근 임동규에 의해 확인되기도 했다(임동규 2001, 55-59 참조).

계기로 구체화되었고, 이들의 「민족, 민주, 민중선언」에서 민중은 역사의 '주체'로 부각되기에 이르렀다. 물론 이 때 민중은 여전히 다원주의적 엘리트론과의 연관 속에서 사고되었다.21)

민청학련사건은 전국적인 반유신투쟁의 조직이라는 애초 소기의 목적은 거두지 못하였지만, 다음과 같은 정치적 의미와 효과를 지니고 있었다. 첫째, 공개적 독재체제로서의 유신체제의 성격을 극명하게 드러내 주었다. 이것은 법정에서 행해진 변호인의 발언 자체를 문제삼아 긴급조치 위반으로 이들을 구속한 상징적 사건을 통해 확인되었다. 둘째, 박정희 정권은 이 사건을 용공 조작하는 과정에서 이와 무관한 재야 운동세력들까지 무차별 탄압하여 오히려 이들의 결속을 강화시키고 스스로 정당성의 위기를 심화시키는 결과를 초래하였다. 그 결과 재야는 더 긴밀히 연대를 모색하기 시작하였고 11월 27일에는 민주회복국민회의를 결성하여 반유신투쟁을 본격적으로 전개할 수 있는 조직적 기반을 마련하였다. 셋째, 이 사건을 계기로 각 부문운동 조직이 건설되었고 이들 조직은 미약한 수준에서나마 대중과 접맥되기 시작하였다. 따라서 이 사건은 재야운동이 기존 상층명망가 중심의 운동에서 대중에 기반한 조직운동으로 전환되는 중요한 계기가 되었다(이광일 1998, 180).

이처럼 시민사회 내 새로운 비판세력—'비판적 자유주의' 혹은 '자유주의 좌파'—의 성장과 그들의 지속적인 저항에 대해 유신체제는 긴급조치로 대응하였다. 특히 75년에 공포된 긴급조치 9호는 민청학련사건 이후 발동된 일련의 대통령 긴급조치들을 집약한 것으로 국민의 기본권을 완전히 봉쇄한 것은 물론, 유신체제에 대한 규범적 논의 자체를 금지시킨 기존 조치를 재확인하였다.22) 이것은 기술적인 측면에서 민주주의를 유보시킨 것일 뿐만 아니라, '지배와 피지배의 동일성'이라는

---

21) 이것은 80년대 초에 민중사회학으로 집약되지만, 이 민중 개념은 80년대 급진운동이 대두하는 과정에서 박현채에 의해 맑스주의와 본격적으로 접맥된다. 한완상(1984), 박현채(1985) 참조.
22) 긴급조치 1-9호의 내용은 합동통신사(1980, 124) 참조.

민주주의의 기본 원리를 완전히 부정한 것이었다. 따라서 이제 국가는 법적, 제도적으로 억압적 국가기구 그 자체와 동일시되기에 이르렀다. 바로 이것이 급속한 산업화로 인해 상대적이지만 성장의 혜택을 받던 도시 중간층들이 박정희 정권에 대한 지지를 철회하는 하나의 요인이 되었다. 이렇게 하여 유신체제는 대내적 자율성을 극대화시켰지만 역설적으로 그 지지기반의 최소화를 촉진시켰다.

이처럼 최소 민주주의적 제도 및 시민사회의 봉쇄는 유신체제 후반기에 들어 교회, 지식인, 학생운동 등을 매개로 비판적 자유주의운동을 더욱 활성화시켰고, 이를 통해 아직 대중적 형태를 갖추지는 못하였지만 보다 급진적인 사회 변화를 추진하는 운동의 논리 또한 태동하기 시작하였다. 크리스찬아카데미 중간집단 교육과정이나 흥사단 교육프로그램은 이들 급진적 지식인활동가들이 노동조합 등 대중조직의 리더들과 접촉할 수 있는 공간이 되었다. 이른바 크리스찬아카데미 사건과 전국민주노동자연맹(전민노련) 사건 등은 이러한 흐름 위에서 발생한 것이었다(이광일 1999, 131-150 참조). 그렇지만 이들 세력의 활동은 아직 초기단계에 불과하였고, 당시 운동의 중심은 여전히 민중지향적인 비판적 자유주의세력들의 헤게모니 아래 있었다.

이처럼 국내적으로 반유신세력들의 고조되는 저항에 직면하게 된 유신체제는, 국방정책과 인권정책을 둘러싸고 미국과 갈등에 빠져 대외적인 지지기반마저 점차 약화되었다. 카터 행정부가 등장하여 한편으로 주한미군의 단계적 철수공약이 기정사실로 되고, 다른 한편 박정희 정권의 반인권적 정치행태에 대한 비판이 강화되자 박정희는 이에 반발하여 이른바 '자주국방'정책을 추진하였다.23) 애초 닉슨독트린의 반대급부로 한국에 독자적인 무기개발을 일정하게 허용하였던 미국은 박정

---

23) 박정권은 이른바 '선도조직'(pilot agency)으로 명명되는 경제기획원 등 관료조직의 반대에도 불구하고 중화학공업화정책을 추진하였는데, 이는 당시의 대내외적인 정치군사적 요인에 의해 규정된 결정이라고 한다. 이에 대해서는 Stephan Heggard and Cheng Tenjen(1987), 김정렴(1990) 등을 참조.

권이 그 범위를 넘어, 특히 핵무기개발계획을 구체화시키자 그것을 포기시키기 위해 압력을 가중시켰다. 핵무기 개발계획은 미국에게 박정희 정권이 자신의 정치군사적 우산으로부터 벗어나 독자적인 길을 걷겠다는 것을 암시하는 것으로 인식되었다. 박정권은 미국의 압력으로 이 계획을 결국 포기하게 되지만, 이후 미국과의 관계회복은 이루어지지 않았다. 이것은 미국의 헤게모니 경계(hegemonic boundary)를 넘어서려는 시도, 특히 탈식민지 종속사회에서 '민주주의 없는 민족주의,' 결국 대내적 지지기반이 확보되지 않은 '민족주의 정책'의 실현가능성이 얼마나 협소한 지를 확인해 주었다. 애초 미국에 의해 남한이라는 대소 전진기지를 효율적으로 이끄는 것을 임무로 설정되었던 박정희 정권은 그 존재 가치를 점차 상실하게 되었다(정일준 2001 참조). 이렇게 하여 60년대 세계자본주의의 활황을 물적 기초로 한 동북아통합체제의 구축이라는 미국의 전략에 의해 초대된 박정권은 '한강의 기적'이라는 경제성장을 통해 그 성가를 날리기도 하였으나, 70년대 구조화된 세계자본주의의 위기 및 미국과의 정치군사적 갈등으로 인해 결국 이로부터 배제되는 상황에 직면하게 되었다(김동택 1998 참조).

바로 이런 국내외적 정치지형 속에서 유신체제의 붕괴와 관련, 79년 발생한 YH노동조합의 저항은 주목할만하다.[24] 왜냐하면 이것은 박정권에 대한 미국의 지지가 철회된 상황에서 내용상 범자유주의운동 세력 모두가 직간접적으로 결합하여 일어난 반유신투쟁이었기 때문이다. 이 투쟁은 도시산업선교회, 가톨릭노동청년회 등의 지원을 받은 70년대 민주노조운동, 반유신투쟁에서 주도권을 행사한 재야('자유주의 좌파'), 그리고 제도 내에서 권력분점 혹은 독점을 원천적으로 배제당한 신민당이 만들어낸 산물이었다. 따라서 YH투쟁은 단순한 경제투쟁이 아니었다. 그 이유는 기본적으로 정치가 사회관계의 재생산에 현존하기 때

---

24) 투쟁 경과에 관해서는, 전YH노동조합·한국노동자복지협의회(1984, 8-9장) 참조.

문이기도 하지만, 직접적으로는 일상의 미미한 저항에조차 강한 정치적 효과와 의미를 부여하는 파시스트체제의 이율배반적인 작동방식 때문이었다. 바로 이러한 이유로 애초 개별 사업장의 부당폐업 철회를 목표로 조직된 YH노동조합의 투쟁은 정치적인 투쟁으로 발전할 수 있었다. 이렇게 하여 평화시장 노동자 전태일의 분신을 누르고 등장했던 유신체제는 YH노동자들의 투쟁을 계기로 붕괴되는 운명을 맞게 되었다. 이것은 곧 종속적 개발지배연합에 근거한 국가주의적 발전동원체제가 위기에 처했음을 의미하는 것이었다.

　YH노동조합의 투쟁은 그것이 지니는 정치적 의미에 대한 운동 주체의 인지 여부와 무관하게, 재야의 투쟁을 관망하며 제도 안에서 타협과 투쟁을 전개하였던 신민당을 반유신투쟁의 대열에 밀착시키는 역할을 하였다는 점에서 유신체제에 대한 '최대다수자 저항연합'을 만들어 내는 결정적 계기가 되었다. 그리고 이와 같은 저항은 신민당 총재 김영삼의 국회의원 제명파동을 경과하며 부마항쟁으로 이어지고, 결국 10·26사태를 매개로 유신체제의 붕괴를 촉진시킨 구조적 동력으로 작동하였다.

5. 맺음말 : '개발독재' 시기의 국가, 제도정치, 그리고 운동정치

　개발독재 시기의 국가성격 및 구조의 변화는 제도정치와 운동정치의 위상과 기능의 변화를 동반하였다. 그 변화의 내용은 3공화정 시기에는 최소민주주의의 기제가 작동되고 있었지만, 유신체제의 등장과 더불어 그것이 정지되었다는 논지에 응축되어 있다. 그리고 이러한 주장은 일반적으로 제3공화정이 성공적인 경제성장을 이루어 대중적 지지를 확보할 수 있는 물적 기반을 마련하였다는 논리에 의해 뒷받침되고 있다.[25]

그런데 이러한 주장과 무관하게 국가를 사회정치세력들간의 모순과 대립의 산물로 파악한다면, 무엇보다 주목해야 할 것은 특정 시기의 권력이 민주적이었는가 여부가 아니라 그것을 존재하게 한 동력이 무엇인가라는 문제이다. 이것은 기본적으로 정당정치와 시민사회의 자율성—이른바 '민주주의'—이 국가에 의해 주어지는 것이 아니라, 사회관계의 부침에 의해 규정된다는 것을 의미한다.

이러한 시각에서 볼 때, 3공화정의 최소민주주의는 박정희 정권이 민주적이었기 때문이 아니라 4·19혁명에 의해 획득되고 그것이 만들어낸 사회정치적 영향력—그 동력은 6·3항쟁의 좌절기까지 4·19혁명 지지세력과 쿠데타세력의 힘의 대치로 나타났다—에 의해 규정되며 유지된 것으로 평가할 수 있다. 오히려 국가는 아래로부터의 대중적 요구에 부응하기보다 6·3항쟁의 진압을 계기로 이러한 힘의 대치를 해소시키면서 시민사회 내 비판 세력들에 대한 탄압을 강화하고 '보수 중심'의 정치구조마저 파시스트적으로 재편하기 시작하였다. 그리고 바로 이와 같은 경향은 3선개헌, 71년의 국가비상사태선언을 경과하며 유신체제라는 공개적 독재체제의 등장으로 발전, 표출되었다. 따라서 단순히 3공화정 시기에 존재한 최소민주주의에 주목하여 당시 박정희 정권이 유신체제에 비해 그나마 민주적이었다는 결론을 도출하는 논의들은 본말이 전도된 단견의 평가가 아닐 수 없다.

유신체제의 등장은 바로 이러한 과정의 마무리이자 공개적 독재체제의 시작이었다. 그것의 등장은 6·3항쟁을 계기로 구축된 '종속적 개발지배연합'의 정치적, 경제적, 이데올로기적 재생산의 위기로부터 비롯되었다. 유신체제의 등장으로 이제 국가, 제도정치 그리고 운동정치의 외적인 경계는 무의미해지고, '자율적 계약'에 의해 규율되는 것으로 인식

---

25) 최장집(1996, 219-231) 참조. 그렇지만 이 논의는 그와 같은 대중적 지지를 지니고 있던 '발전주의 동맹'이 왜 유신체제라는 공개적 독재체제로 전환되었는지에 대해 설명하지 못하고 있다는 점에서 한계를 드러내고 있다.

된 시민사회의 일상 영역조차도 국가에 의해 직접적으로 통제, 지배되기에 이르렀다. 이것은 곧 국가와 사회(경제)의 분리로 상징되는 근대 자본주의체제의 재생산형식을 경향적으로 훼손시키는 것이었기 때문에, 이 체제는 스스로 붕괴될 수밖에 없는 내적 모순을 심화시키며 자신의 반대자들을 증대시켜 나갔다. 그리고 이러한 모순은 대중의 저항—YH노동조합의 투쟁, 부마항쟁 등—에 대한 대응 방식을 둘러싸고 도드라진 지배블록 내부의 균열선을 따라 10·26사태로 발전되었고, 그 결과 공개적 독재체제로서의 유신체제는 붕괴되어 국가, 운동정치, 그리고 제도정치는 새로운 재편의 국면에 처하게 되었다.

참고문헌

기미야 다다시. 1991. 「한국의 내포적 공업화전략의 좌절: 5·16군사정부의 국가자율성의 구조적 한계」, 고려대 박사학위논문.
김대중. 1985. 『행동하는 양심으로』, 금문당.
김동택. 1998. 「기회포착의 정치가와 세계체제의 국면들」, 한국정치연구회, 『박정희를 넘어서』, 푸른숲.
김대환. 1990. 「박정희의 중화학공업화정책」, 『현대사를 어떻게 볼 것인가 IV』, 동아일보사.
김일영. 2000. 「한국의 근대성과 발전국가」, 성균관대 사회과학연구소, 『사회과학』, 통권 제50호.
김정렴. 1992. 『한국 경제정책 30년사』, 중앙일보사.
김충식. 1992. 『남산의 부장들 I』, 동아일보사.
루이 알튀세. 1991. 「이데올로기와 이데올로기국가장치」, 『아미엥에서의 주장』, 솔.
박현채. 1985. 「민중의 계급적 성격규명」, 김진균 외, 『한국사회의 계급연구 1』, 한울.
송주명. 1989. 「신식민지파시즘론의 테제들」, 한국산업사회연구회, 『경제와 사회』, 겨울호.
신상초. 1964. 「최고회의 통치시대」, 『사상계』, 5월호.
예춘호. 1985. 「3선 개헌, 그 음모와 배신」, 『신동아』, 8월호.
윤형섭. 1964. 「구호로 본 3.24의 본질」, 『사상계』, 5월호.
이경남. 1982. 「반혁명」, 『신동아』, 11월호.
이광일. 1995. 「한일회담반대운동의 전개와 성격」, 『한일협정을 다시 본다』, 아세아문화사.
_____. 1997. 「'박정희체체론' 비판」, 한국정치연구회, 『정치비평』, 3호, 가을/겨울호.
_____. 1998. 「'반체제운동'의 전개과정과 성격」, 한국정치연구회, 『박정희를 넘어서』, 푸른숲.
_____. 1999. 「한국의 민주주의와 노동정치: 급진노동운동의 이론과 실천을 중심으로」, 성균관대 정치외교학과 박사학위논문.
이병천. 2000. 「다시 민족경제론을 생각한다(1): 국민경제와 민주주의의 정치경제학」, 『민족경제론과 세계화 속의 한국경제』, 한국사회과학연구소 심포지엄 자료집, 12월.
이성춘. 1984. 「김종필은 왜 후계자가 못되었나」, 『신동아』, 8월호.
이성형. 1985. 「국가, 자본 및 자본축적」, 『한국자본주의와 국가』, 한울.

이정로. 1988. 「한국사회의 성격과 노동자계급의 임무」, 『신식민지국가독점자본주의논쟁 I』, 벼리.
임동규. 2001. 「4월혁명에서 남민전, 민주노동당까지: 민중해방의 한 길」, 민주노동당, 『이론과 실천』, 2월호.
장도영. 1984. 「나는 역사의 죄인이다」, 『신동아』, 9월호.
전YH노동조합·한국노동자복지협의회. 1984. 『YH노동조합사』, 형성사.
정일준. 2001. 「5·16직후 주한미대사 새무엘 버거 비밀보고서」, 『민족21』, 5월호.
조영탁. 1991. 「1950년대 이후 농업정책」, 『한국자본주의 분석』, 일빛.
조희연. 1993. 『한국 사회운동과 조직』, 한울.
_____. 1998. 『한국의 국가·민주주의·정치변동』, 당대.
최서영. 1963. 「공화당과 김종필 플랜」, 『사상계』, 3월호.
최장집. 1996. 「한국 정치에서의 변형주의」, 『한국민주주의의 조건과 전망』, 나남.
_____. 1988. 『한국의 노동운동과 국가』, 열음사.
한국사료연구소 편. 1973. 『해방 30년사』 제4권, 성문각.
한완상. 1984. 『민중사회학』, 종로서적.
합동통신사. 1965, 1980. 『합동연감』.
현대사회연구소. 1985. 『민중론의 분석과 대책에 관한 연구—특별연구보고서 II』.
Cho, Hee-Yeon and Kim, Eun-Mee. 1998. "State Autonomy and Its Social Conditions for Economic Develoment in South Korea and Taiwan", Eun Mee Kim ed., *The Four Asian Tigers*, San Diego Academic Press.
Clarke, Simon(ed.). 1991. *State Debate*, New York: St. Martin's Press.
Gramsci, A. 1971. *Selections from the Prison Notebooks*, New York: International Publishers.
Heggard, Stephan and Tenjen, Cheng. 1987. "State and Foreign Capital in the East Asian NICs," F. C. Deyo(ed), *The Political Economy of New Asian Industrialism*, Ithaca: Cornell University Press.
Mainwaring, Scott. 1992. "Transition to Democracy and Democratic Consolidation: Theoretical and Comparative Issues," *Issues in Democratic Consolidation*, Notre Dame: Univ. of Notre Dame Press.
Poulantzas, N. 1980. *State, Power, Socialism*, London: Verso.
Schumpeter, Joseph A. 1950. *Capitalism, Socialism and Democracy*, New York: Harper and Brothers.

제6장

개발독재국가 위기 시기의 국가-제도정치의 성격과 변화

조현연

1. 머리말

이 글은 한국 현대사의 전개과정을 시대규정상으로는 "권위주의 시대→민주주의 이행의 시대", 체제와 국가의 성격을 중심으로 하면 "반공규율사회와 '금단의 정치' 형성(1950년대)→국가주의적 발전동원체제/개발독재국가와 '배제의 정치'(1961년~1987년)→민주주의 이행에 따른 '선택적 포섭의 정치' 질서 형성(1987년 이후)"이라는 설명틀 안에서 분석하고 있다. 이 글이 다루고 있는 개발독재 위기 시기는 1979년 10·26 전후부터 1987년 13대 대통령선거에 이르기까지의 기간으로, 국가주의적 발전동원체제와 '배제의 정치'를 기본 축으로 하면서 민주주의 이행에 따른 '선택적 포섭의 정치' 질서 형성으로 나아가는 일종의 과도적 시기라고 할 수 있다. 즉, 개발독재 위기의 시기는 반공규율사회의 균열과 저항이 현재화되면서, 위기에 처한 국가주의적 발전동원체제/개발독재국가의 존속 또는 변화의 유무와 그 방향을 둘러싼 '위로부터의 길'과 '아래로부터의 길' 간에, 제한적인 타협적 민주주의 이행의 길과 급진적인 비타협적 민주주의 이행의 길간에 첨예한 갈등과 대립과 각축이 전개된 역동적인 시기였다고 할 수 있다.

한국의 80년대 역동성은 이 시기가 급속한 자본주의 산업화와 오랜 권위주의 독재 통치가 가져다 준 갖가지 모순과 긴장의 요소들이 집약적으로 표출되면서 고도의 불확실성을 내포하게 되는 전환기적 시기였다는 데서 찾을 수 있다. 적어도 80년대 중반에 이르면 어떠한 형태로든 변화는 대다수 사람들에게 하나의 기정 사실로—특히 많은 청년 학생들은 총체적인 사회변혁을 기대했고, 또 그것의 실현을 위해 생명도 바치기까지 했다—수용되었다. 이처럼 변화의 유무, 그리고 그 폭과 깊이를 둘러싸고 정치적 행위주체로서 국가를 중심으로 한 지배블록과 저항적 보수야당, 그리고 저항적 보수야당과 민족민주운동세력 간의 '체제유지적 보수연대'와 '반독재 저항연대'라는 정치적 연대관계 속에서 억압과 타협과 투쟁이라는 역동적 정치현상을 표출하게 된다. 그리고 이 정치적 역동성은 지배블록과 저항 야당간의 '갈등적 협조관계', 저항 야당과 민족민주운동 간의 '협조적 갈등관계', 지배블록과 민족민주운동간의 '적대적 대립관계'라는 동태적 대쌍관계 속에서 이루어지게 된다(조현연 1997a). 바로 이러한 두 가지 길간의 갈등과 정치적 행위주체들의 상호 관계 속에서 국가주의적 발전동원체제는 위기와 재강화, 정치적 위기의 폭발을 맞이하게 된다. 그 과정에서 한국 사회는 87년 말 '제1차 전환'을 통해 권위주의 시대에서 벗어나 민주주의 이행의 시대로 접어들게 되는데, 그러나 그것은 단절이 아닌 연속, 즉 제한적인 자유주의적 협약과 그에 따른 부분적 변형 속에서의 위로부터의 보수적 민주화의 길이 지배적이게 된다.

2. 국가주의적 발전동원체제의 위기, '배제의 정치'에서 '위기의 정치'로

국가주의적 발전동원체제/개발독재국가의 전형으로서 유신체제는 전반적인 '배제의 정치' 기조와 노동억압적·민중배제적인 공개적 독재체제를 기반으로 하여 국가가 경제적 고도성장과 종속적 자본축적을 주도하면서 총자본으로서의 역할을 수행했다는 점을 그 특징으로 하고 있다. 한 예로 70년대 중화학공업화 전략은 총자본으로서의 국가가 자본의 단기적 이익에 반하여 장기적 이익을 강력하게 추진한 가장 대표적인 사례로 꼽을 수 있다. 민간자본의 상대적 '취약성'과 유신이라는 공개적 독재체제 하에서 국가가 소유한 무소불위의 권력이 이를 가능케 했던 것이다. 즉 국내독점자본의 저항과 소극적 참여에도 불구하고 총자본으로서의 국가가 대내적인 구조적 자율성을 가지고 주도한 이러한 중화학공업화는 결국 독점자본의 지배가 중화학부문과 자본재부문에까지 확장되도록 함으로써 한국 경제에 대한 독점자본의 지배를 일단 완성시키게 된다(손호철 1993, 71 참조). 이러한 사실은 유신체제의 국가가 이전처럼 '무능한 부르주아국가'가 아니라, 국가주도하의 경제성장과 자본가계급의 형성과정을 통해, 그리고 국가관료층의 테크노크라트집단으로의 전화를 통해 유능한 독점자본가의 국가임을 입증하였다(임영일 1992, 188 참조). 이처럼 유신체제는 단순히 최고권력자의 권력에 대한 사적 이해관계에서 비롯된 국가기구의 재편과정을 넘어, 국가의 구조 자체가 이러한 기능을 중심축으로 하여 고도로 체계화되는 과정이었다.

한편 유신체제는 아무리 작은 내부적 반대나 외부적 충격이라도 허용해서는 안되는, 절대 침묵이 유지될 때만이 존립할 수 있는 허약한 체제였다. 즉 유신체제는 사회적 이해관계에 대한 정치적 대표의 기제와 사회적 갈등의 정치적 완충과 수정 장치를 결여한 극단적으로 경직된 정치체제로, 최고 정점에 모든 국가권력이 집중되어 있었다. 국가권력의 팽창과 이를 기반으로 한 권력의 초집중화라는 구조적 현상 속에서 유신체제의 이른바 '한국적 민주주의'는 스스로 평화적인 정권 이양의 탈출구를 모두 폐쇄해버렸던 것이다. 그리하여 그것은 지속적인 정치적 정당성의 위기에 봉착하면서, 중단 없는 경제성장을 통한 자기 영속이 아니면 파국적 결말이라는 극한적인 양자택일적 대안밖에 갖고 있지 못한 체제였다. 즉 이 체제는 '잘살아 보세'라는 구호로 상징되는 산업화에 대한 집합적 열정 속에서 경제성장이 지속되는 동안은 대체로 수용되었는데, 그것은 민중탄압의 정치적 비용과 정당성의 결여를 경제성장의 파급 효과(trickle-effect)로 상쇄시킬 수 있었기 때문이다. 이러한 점에서 유신체제의 경우 경제성장의 지체와 퇴조는 곧바로 권력의 정당성 차원의 저항을 폭발시키는 구조를 가지고 있었다고 할 수 있다.

유신체제는 바로 그 축적구조와 억압적 통치방식으로 인해, 즉 성장의 모순과 독재의 모순으로 인해 1970년대 말에 위기에 봉착하게 되며 급기야 1979년 10·26사건이라는 붕괴로 귀결되기에 이른다. 10·26은 오랫동안 한국의 민주정치를 질식시켜 온 '배제의 정치'가 '위기의 정치'로 변화하였음을 상징적으로 보여준 사건으로, 박정희의 죽음은 유신체제가 직면하고 있던 위기의 자연스런 결과이자 체제 붕괴를 가속화하는 촉매였다. 이 시기 위기의 구조는 종속적 산업화 과정에서 나타난 중화학 공업화의 파탄 및 재생산구조의 위기, 산업화와 도시화 속에서 급속도로 팽창한 중산층과 노동자 등 민심 이반의 확산, 제도 야당을 포함해서 느슨하지만 광범위한 반유신 저항연대의 구축, 제한적 수준에서의 한미간 갈등의 심화 등 다양한 수준의 위기의 중층적 결합으로 구성되었다. 바로 이러한 위기들의 복합적 작용 속에서 부마항쟁으로 상징되는 아래로부터의 저항이 폭발적으로 분출하게 되고, 이에 대한 대응을 둘러싸고 국가 내부의 핵심적 하위 권력분파들간의 갈등이 심화되는 가운데 유신체제는 자기균열로 몰락하게 되었다. 즉 유신체제 붕괴의 일차적이고 직접적인 요인은 국가권력 내부의 갈등과 대립 때문이었지만, 이러한 권력의 내부 갈등 자체를 규정한 것은 아래로부터의 투쟁이라는 점에서, 체제 붕괴의 궁극적으로 결정적인 요인은 민중저항이었던 것이다(Poulantzas 1976, 78, 85). 그리고 이 민중저항의 폭발을 불러일으킨 데에는 바로 유신체제의 근본적인 구조적 모순, 즉 노동

탄압적이고 민중억압적인 종속적 자본축적의 내재적 모순이 있었다. 즉 유신체제의 붕괴를 불러일으킨 위기의 성격은 단순히 일시적인 '정치위기로서의 국면적 위기' 그 자체라기보다는, 주기적인 '축적 위기로서의 유기적 위기'로부터 유발된 정치의 위기라고 할 수 있다. 따라서 유신독재 붕괴의 원인을 지배블록의 내분에서 찾으려는 경향, 즉 차지철과 김재규의 알력과 그로 인한 궁정동의 '그 때 그 사건'을 지나치게 강조하는 것은 긴 호흡의 구조적 맥락을 경시하는 '사건사'적 인식에 다름 아닌 것이다(손호철·조현연 2000 참조).

3. 국가주의적 발전동원체제의 유혈적 재구조화

10·26 이후 한국 사회는 국가의 내부 균열과 민중의 이해를 대변할 대체권력의 미성숙이라는 상황 속에서, '박정희 없는 박정희 체제'의 유지냐 해체냐를 둘러싸고 정치세력간에 복잡한 투쟁이 시작되었다. 이른바 '민주화의 봄'이라는 10·26 이후의 상황은 한편으로는 지배세력은 이미 패배했으나 피지배세력은 지배능력을 획득하지 못함으로써 생겨난 사회세력들간의 힘의 교착상태이자, 다른 한편으로는 지배세력과 도전세력이 각각 보유한 자원의 총동원을 통한 직접적이고도 전면적인 충돌 없이 형성된 권력의 공백 상태였다. 바로 이러한 상황에서 이른바 '한국판 보나파르트'로 등장하여 세계에서 가장 오래 걸린 다단계 쿠데타를 통해 권력을 장악한 것이 군내 사조직인 하나회를 중심으로 한 신군부였으며, 5·18 광주민중항쟁은 이같은 신군부의 권력 장악에 대해 마지막 장애물인 민중세력을 굴복시키는 과정에서 발생한 유혈항쟁이었다. 그리고 그 결과가 바로 구체제, 즉 국가주의적 발전동원체제/개발독재국가의 반동적 복원과 유혈적 재강화였던 것이다.

이처럼 민주화세력이 패배하고 신군부 독재세력이 승리하게 된 기본적인 배경은 물론 군부가 보유하고 있던 권력과 힘의 자원이 훨씬 우세했고, 또 신군부가 그 자원을 행사함에 있어서 단호했기 때문이라고 할 수 있다. 이에 덧붙여 국내 독점자본[1]과 국제 독점자본, 그리고 미국—구체제의 반동적 복원 과정 등 한국의 격동적 정치 국면에서의 미국의 역할 문제는 이론적으로나 실천적으로나 주요 논쟁거리의 하나라고 할 수 있는데, 이에 대해서는 뒤에서 상술하기로 한다—의 공공연한 지원 내지는 '묵인' 또한 주요한 배경으로 작용했다. 그러나 이것만으로는 설득력이 떨어진다. 당시 각 정치세력과 사회세력, 사회적 계급계층들의 상황 인식과 정치적 전략 또한 이러한 결과를 산출하는 데 상당한 몫을 담당했기 때문이다. 이런 맥락에서 기회주의적 집단으로서의 제도 야당 내부의 분열과 자유주의적 민주화투쟁을 전개해 온 재야 내부의 갈등, 분단상황과 국가의 억압적 통제에 따른 노동운동 등 기층민중운동의 조직적·정치적·이념적 한계, 5·15 서울역 회군으로 대표되는 학생운동의 실천상의 전략적 오류 등이 여기에 추가되어야 한다.

나아가 80년 민주화의 봄이 구체제의 반동적 복원으로 나아간 데에는, 즉 민주화의 좌절은 60년 4·19와는 달리 외부의 힘이 개입하기 이전에 사회 내부의 힘의 작용의 결과이기도 했다. 그것은 유신 말기와는 달리 학생을 비롯한 반체제집단의 민주화 투쟁에 대한 도시 신중산층과 쁘띠 부르주아의 직접적인 결합과 호응이 없었다는 것을 의미한다. 즉 학생들과 노동자들의 대규모 시위가 사회의 불안정과 폭력적인 정치변동을 수반할 지도 모른다는 불안감과 공포 속에서, 도시 중간층의 경우 극히 일부 지역을 예외로 한다면 대부분 구체제의 반동적 복원에 대해 침묵으로 일관하거나, 경제불황과 이를 가속화시킨 국내외 독점자

---

[1] 임영일의 경우, 이 시기 정치위기가 체제위기로까지 상향 증폭되지 않을 수 있었던 '구조적' 힘은 역시 독점대자본을 중심으로 한 자본가계급의 역량증대에서 나오고 있었다고 지적하면서, 특히 비약적으로 증대되어 있었던 독점대자본가층의 물질적 자원의 동원능력은 엄청난 사회경제적 비용을 무리없이 감당하면서 단기적 축적위기의 시기와 중첩되어 있었던 이 시기의 정치위기를 수습해갈 결정적인 간접적 기능을 담당했다고 주장한다(임영일 1992, 190).

본의 투자기피 현상 속에서 경제회복을 위한 정치적 안정을 지지하는 분위기였다. 또한 한반도의 분단상황과 그에 따른 북으로부터의 끊임없는 남침 위협을 대대적으로 부각시킴으로써 지배블록은 쉽게 고갈되지 않는 자원을 무한정 사용할 수 있었고, 이러한 분위기 속에서 대다수 중간층은 현상옹호적 태도를 취하였다.2) 이러한 사실들은 이른바 한국의 중간계급의 정치가 국면에 따라 긍정과 부정의 양면성을 동시에 갖고 있는 사회집단이라는 것을 말해준다.3) 나아가 그것은 '국가에 반하는 시민사회' 테제의 적실성보다는, 계급간 이해의 대립과 갈등에 기초한 '중산층의 지지에 의한 쿠데타' 또는 '쿠데타를 위한 정치동맹'(J. Nun 1967 참조) 테제의 적실성을 입증해주는 것이라고 할 수 있다. 결국 정치적 향방이 가늠될 결정적 시점에 계급균열과 분단균열은 중간층의 정치적 판단과 행위를 구조적으로 제약하고 있었던 것이다.

한편 서울의 봄의 최종판으로서 80년 5월의 광주는 단지 역사적 비극으로만 끝난 것은 아니었다. 그것은 신군부에 의한 무형 권력장악 시도를 좌절시켰고 이들로 하여금 군의 정치개입에 대한 엄청난 대가를 치르게 하였다. 이 요소는 지배블록의 탄압 수준을 극도로 높게 올려놓았을 뿐만 아니라 민중운동의 투쟁의 강도를 극도로 고양시킴으로써 이후 정치변동에 압도적인 영향력을 행사하였다. 즉 80년 5월 광주는 5공독재의 역사적 정통성과 지배의 도덕성을 박탈하고 운동정치의 혁명화·급진화를 촉진하는 도덕적이고 정서적인 기초를 제공함으로써 변혁지향적인 민중운동의 등장과 반독재투쟁의 가속화에 핵심적인 변수가 되었던 것이다.

구체제의 반동적 복원으로서 전두환 정권의 성립은 "신식민지국가독

---

2) 뒤에 확인된 것처럼, 당시 북한으로부터의 침공이 임박했다는 징조는 보이지 않았으며, 또 그럴 가능성도 없었다. 따라서 당시 북의 남침 위협이란 단지 지배질서의 반동적 복원과 재강화를 위한 허구적 공포의 동원에 불과했던 것이다.
3) 이것은 87년 6월 민주항쟁과 뒤이은 7-8월 노동자대투쟁을 바라보는 기층민중과 중간층의 시각과 실천상의 차이, 그에 따른 민중부문의 계급적 분화에서도 증명된다고 하겠다.

점자본주의로의 평화적 전환이 보장되지 않는 위기적 상황에 대응하는 반혁명적 체제"라는 성격을 지닌다(조희연 1998, 143). 즉 전두환 5공독재의 수립은 제3세계의 전반적인 탈군부권위주의화 추세에 역행하는 것이자 역사적으로 결코 존재해서는 안될 반역사적 정권이었지만, 그럼에도 불구하고 그것은 종속적이고 정경유착적인 독점자본의 축적양식을 연장하는 의미를 갖는 것이기도 했다. 이러한 점에서 자본축적 영역에서의 자유화의 진전과 함께 노동자들을 비롯한 피지배계급에 대한 착취와 억압성의 강화가 동시에 진행된 것은 필연적인 경로였다. 종속적 축적구조를 유지하는 가운데 취약한 국제경쟁력을 갖는 독점자본의 이익을 보장하기 위해서는 그럴 수밖에 없었기 때문이다. 즉, 노동자와 민중의 시각에서 봤을 때 전두환 5공독재는 효용성이 전혀 없었던 것인 반면, 자본의 시각에서는 그 효용성이 소진되지 않은 것이었다.

1960년대 저임금 장시간 노동의 본원적 테일러주의를 기본으로 하는 축적전략이 70년대를 경과하면서, 그리고 특히 70년대 말의 위기를 경험하면서 주변부 포드주의 전략으로 변화했지만, 그렇다고 해서 그것이 저임금 장시간 노동체제를 근본적으로 수정한 것은 아니었다. 노동생산성의 증가에 여전히 미치지 못하는 실질임금의 증가와 매우 낮은 수준을 기록하고 있는 절대적인 임금수준 등은 그 한 단면이었다. 아울러 장시간 노동의 경우, 이 시기 주당 노동시간은 80년 53.1시간, 85년 53.8시간, 87년 54.0시간으로 오히려 증가하는 추세를 보여주었다.

한편 유신독재의 유복자적 후계체제이자 유혈적 재강화로서 지배의 도덕성과 헤게모니적 정당성을 이미 상실한 전두환 정권은 유신독재가 스스로의 행위를 합리화하기 위해 사용했던 낡아버린 공식을 그대로 따르면서 '헤게모니 없는 독재'질서를 구축하는 것 이외에는 다른 선택의 여지를 가질 수 없었다. 권위주의적 발전동원국가의 경직화와 공포 통치의 강화, 질식과 침묵의 사회의 도래는 그 당연한 결과였다. 특히 노동조합과 노동운동에 대한 탄압은 가장 핵심적인 것이었는데, 그 탄압의 강도는 유신체제 그 이상이었다.4) 물론 그렇다고 해서 전두환 정권이 유신독재체제와의 차별성이 전혀 없었던 것은 아니었다. 유신체제가 정당성 획득의 일차적 자원들로 이미 사용했던 국가안보, 안정, 질서, 민족의 번영 같은 것들 외에, 전두환의 5공체제는 출발에서부터 그 자체를 과도적 정권으로 규정함으로써 정권이양의 출구를 강조하면서 정권 유지를 모색하기도 했다.5)

한편 중화학공업화의 누적된 모순을 해결하고 국가주의적 발전동원체제의 재생산 위기를 극복하기 위해 전두환 정권은 기존의 대외지향적 축적구조와 성장전략을 유지하는 가운데, 안정화와 자유화를 기본 골격으로 하면서 독점자본의 국제경쟁력을 제고시키는 일련의 정책들을 실시하게 된다. 먼저 경제안정화 정책의 경우 1970년대 동안 이상비대화된 중화학공업 분야의 중복투자를 극복하기 위한 구조조정, 불황을 전면화시키는 재정·금융 긴축정책, 환율인상, 인플레이션 억제를 위한 임금 및 추곡 수매가 동결 및 그에 따른 자본의 비용 절감 등을 포함하는 것이었다. 다음으로 경제자유화정책은 농산물 등 1차산업의 시장 개방화와 외국자본의 직접적인 투자 확대 보장 등 자본시장의 개방 및 은행의 민영화 등으로 나타났다. 이 과정은 신자유주의적 경제논리, 즉 국가는 경제를 기본적으로 시장의 자율조정능력에 맡겨야 한다는 논리에 조응하는 과정으로서, 군사작전을 방불케 하던 1970년대의 명령적 계획에서 후퇴하여 지침만을 제공하는 지시적 계획(indicative planning)으로 전환하기에 이른다.

---

4) 이 시기 노동진영에 대한 국가의 물리적 개입과 탄압의 수준에 대해, 박준식은 노동자들에 대한 아무런 법적·제도적 보호조치가 없었던 초기 자본주의 시대의 적나라한 '원생적 노사관계' 또는 '노역장'을 방불케 하는 것이었다(박준식 1988, 333-334)고 말하고 있기도 하다.
5) 유신헌법에 의한 1980년 9월의 대통령 취임식에서, 그리고 다시 5공헌법에 따른 1981년 3월의 취임식에서 전두환은 그 자신이 추구하는 민주주의는 '자유민주주의의 이념에 기초한 것'이며, 또한 '7년의 단일 임기를 통한 평화적 정권교체의 전통을 확립할 것'임을 반복하여 강조했던 것이다.

<표 6-1> 10·26~5·18 전후의 경제 지표 (단위: %)

구분	1978	1979			1980
		연간	1/4~3/4(평균)	4/4	
GNP 성장률	11.6	6.4	9.6	1.0	-5.7
고정투자 증가율	24.0	9.7	17.7	-5.8	-14.8
수출 증가율	26.5	18.4	20.5	13.1	11.6

1980년의 경우 분기별 자료가 없음. 1980년 수출의 경우 수출 촉진을 위해 연초 환율을 인상하고 환율변동제를 도입, 실시했다는 점을 고려할 필요가 있음.
자료: 경제기획원, 『경제백서 1980』, P.V 79; 『경제백서 1981』, P.V 64; 손호철, 「한국의 민주화 실험 연구: '1980년의 봄'과 '1987년 6월' 비교를 중심으로」, 1999에서 재인용.

　이러한 정책적 조치들은 물론 임금상승의 억제와 추곡수매가 동결, 생산과 분배의 영역에서 민중부문에 대한 착취와 수탈의 가속화 등 여러 가지 부정적인 왜곡 효과를 발생시켰다. 그러나 위기의 경제를 안정화시키고 또 이후 국제 경쟁력의 증대 속에서 3저호황의 주요 배경 가운데 하나가 되기도 했다는 점에서만큼은 '성공적'이었다고 평가할 수 있다. 한편 이러한 성공을 가능하게 한 데에는 국가적 차원의 경제정책만이 아니라, 또 하나의 주요 변수로서 사회정화와 삼청교육대, 노동3권의 부정과 제3자 개입금지와 블랙리스트 등으로 상징되는 5공독재의 강력한 사회통제, 특히 노동 억압성의 강화가 지적되지 않을 수 없다. 노동자를 비롯한 민중들에 대한 통제와 억압성의 강화는 종속적 축적구조를 유지하는 가운데 취약한 국제경쟁력을 갖는 독점자본의 이익을 보장하기 위해서는 필연적일 수밖에 없는 것이었다. 라틴 아메리카의 경제적 자유주의와 전제주의적 정치에 대한 보론(Atilio Boron)의 비유적 표현을 빌자면, 제5공화국의 얼굴은 '홉스와 프리드만을 결합한 야누스'였던 것이다(Boron 1981, 45-46).
　이러한 '경제적 성공'을 주요 경제지표를 통해 비교해 보면 <표 6-1>, <표 6-2>와 같다.

<표 6-2> 1980~1986 주요 경제지표의 변화 추이

	연도						
	1980	1981	1982	1983	1984	1985	1986
GNP 성장률(%)	-3.9	5.5	7.5	12.2	8.5	6.6	11.9
국제수지(100만 달러)	-5,321	-4,646	-2,650	-1,606	-1,373	-887	4,617

자료에 따라 수치상의 차이가 있음에 주의.
자료: 통계청, 『한국통계 월보』, 각호; 통계청, 『통계로 본 대한민국 50년의 경제사회상 변화』, 1998, 117; 한국은행, 『국민계정』. 손호철, 「한국의 민주화 실험 연구: '1980년의 봄'과 '1987년 6월' 비교를 중심으로」, 1999에서 재인용.

　결국 박정희의 산업화에 의해 창출된, 독점자본의 상징으로서의 재벌이라는 거대기업군은 전두환의 경제적 '성공'에 힘입어 독자적인 물적 기반을 갖춤과 동시에, 경제를 넘어 사회의 모든 영역에서까지 막강한 영향력을 갖게 되었다. 70년대까지의 경제적 지배계급에서 이제 사회적 지배계급으로 군림하게 된 것이다. 이들은 산업화 속에서 성장한 노동자계급의 중핵으로서의 핵심적 산업노동자층과 상층 화이트칼라 노동자층에 대한 헤게모니적 포섭의 기반까지 구축해가고 있었을 뿐만 아니라, 시민사회의 다양한 영역 속에서도 그 헤게모니 기반을 확충해가고 있었다(임영일 1992, 192-193 참조).

　사회적 지배계급으로서 이들은 자유주의와 이에 기반을 둔 민주주의에 대해서조차도 완강한 저항세력이었고, 또 효율지상주의적인 기술관료적 경영주의와 군사주의적 이데올로기의 강고한 보루일 뿐만 아니라 천민적 종속자본주의의 산실이기도 했다. 민주주의와 양립하기 어려운 이 재벌체제의 구축과 유지야말로 민주화를 향한 전환의 비용(transition cost)을 급상승시킨 주된 요인 가운데 하나라고 할 수 있다.

4. '배제의 정치'의 강화와 국가 종속적 제도정치의 형성

　한국정치의 특성 중의 하나는 정치의 대표체계, 즉 정당체제의 저발전과 제도 정치 자체의 협애화라고 할 수 있는데, 그것은 국가주의적 발전동원체제/개발독재국가 하에서 과대성장한 국가에 대한 대칭적인 현상이었다. 그것은 국가에 대한 종속성과 시민사회의 대표성이 결여된 불구성이 한국 제도정치의 특징이라는 것을 의미한다. 오랫동안 국가권력의 억압성과 반민주성으로 인하여 집권여당은 말할 것도 없고 야당들까지도 자유로운 의정활동과 국가에 대한 비판활동이 제약된 채 국가의 통제에 종속되어 온 것이 현실이었다. 즉 국민의 최고통치자가 그의 권력과 권위를 국민으로부터 수임받았다는 이유 때문에 위임통치(mandate)를 중심으로 하는 국민투표제적 민주주의(plebiscitary democracy)는 발전했을지는 몰라도, 사회와 국민의 이익을 표출하고 조직하는 정당과 이를 중심으로 하는 국민대의기관인 의회가 중심이 되는 대의제 민주주의는 매우 저발전되어 있다고 하지 않을 수 없다. 국민투표제적 민주주의란 상이한 계층적, 기능적, 직업적 이해관계를 인정하지 않고 국가와 국민을 직접 연결하려는 정치체제를 말하며, 무엇보다도 국가와 시민사회를 매개하는 정치사회, 곧 제도권 정당정치의 빈곤으로 특징지어진다. 이러한 국민투표제적 민주주의, 위임민주주의 하에서 국가권력은 자연 거대해지고 권위주의적 독재 통치의 경향을 보일 수밖에 없었으며, 그 귀결점이 1972년 10월유신이자 1987년까지 이어진 군사독재였다(김호기 2001, 8-9). 이처럼 한국의 정당체제는 대의제 민주주의의 하부 토대가 극히 허약하다는 사실을 여실히 보여주는데, 그것은 한국의 정치체제 속에 오랫동안 참여정치의 위기가 배태되어 왔다는 사실을 의미하는 것이기도 하다.

제도정치와 운동정치의 관계라는 기본 프리즘에서 볼 때, 국가주의적 발전동원체제의 전면적인 '위기'의 시기에 제도정치와 운동정치의 상호관계에 변화가 나타나게 된다. 앞 장에서 서술한 바와 같이 제도정치로부터 배제된 개인이나 집단들은—자발적이건 강요된 것이건—운동정치로 합류하게 된다. 국가주의적 발전동원체제 하에서 제도정치는 본래의 '대의'적 기능을 완전히 상실하고 개발독재국가의 통제된 정치로 전락하게 되며, 독재에 반대하는 일체의 분파들을 제도정치로부터 배제하여 강제적으로 운동정치로 합류하게 만든다. 이런 점에서 위기의 정치 시대에 배제된 제도정치와 운동정치의 결합이 나타나게 된다.

여기서 운동정치에 합류하게 된 '배제된' 제도정치는 양면적인 성격을 가진 채로 이 위기의 정치 시기를 지나게 된다. 즉 한편에서는 독재에 반대하는 저항적 성격을 띠게 되고 협애화된 제도정치의 확장을 위한 민주주의 투쟁의 중요한 한 분파로서의 역할을 하는 반면에, 다른 한편에서는 기존의 제도정치가 갖는 보수성을 공유하고 저항적 운동정치의 '혁명화'를 저지하면서 '제한된' 운동정치로 남아있도록 하는 역할을 하게 된다. 바로 이 점이 위기의 정치 시대의 '배제된 제도정치'의 이중성이라고 할 수 있다.

1) 배제의 정치와 '야누스의 두 얼굴'로서의 보수야당

배제의 정치가 지배하는 제도정치의 상황은 50년대 구조화된 우익적 프레임 내에서 반독재 보수정치세력의 정치적 축출이라는 성격을 띠게 된다. 이런 점에서 보수야당은 민주주의를 향한 '저항적' 정치 행위자로서의 성격을 띠게 된다. 그런데 '국가 대 민중'이라는 민주화를 위한 근본적 대립관계와 배제의 제도 정치 상황에서 보수야당은 상호 모순적인 이중 지위를 지닌다. 즉 보수야당은 군부독재를 반대하는 절차적 수준의 정치적 민주주의의 지지자로 나타나지만, 이데올로기 수준에서는 친미반공 등 보수적인 성향을 가진다. 또한 아이러니하게도 한국 보수야당의 경우 절차적 민주주의의 원칙이라는 측면에서는 권위주의적인 정부여당에 비해 상대적으로 민주주의적이지만, 자유주의적 라인을 따르는 사회경제적 개혁이라는 측면에서는 더 보수적이라는 전도된 현상을 보인다(최장집 1996, 35). 그리고 대표체계의 조직면에서 이들은 민중적 또는 중산층적, 계급적 또는 직능적 기반을 결여한 상층정치인 집단의 구조를 가지기도 한다. 말하자면 그들은 자신의 시각으로 볼 때 선거를 통하여 권력을 장악하되, 지배적 사회관계가 온존될 수 있는 '현상유지 민주주의'를 옹호하는 직업정치인 집단인 것이다. 그럼에도 불구하고 보수야당은 민중운동세력이 대변하고자 하는 민중의 기반을 많은 부분에서 정치적으로 '선점'하고 있다. 이것은 물론 분단균열과 민주 대 독재라는 정치적 대립의 역사적 결빙 구조 및 남북한간의 군사적 대치관계의 갈등적 지속화라는 상황적 요인 등이 중첩적으로 작용해 온 결과이기도 하다.

이처럼 제도정치와 운동정치라는 이중적 정치구조 속에서, 그리고 국가의 직접적인 관장하에 있었던 취약한 정치사회에서 보수야당은 '야누스의 두 얼굴'을 가진 정치집단으로 등장하게 된 것이다. 한국의 보수야당은 인맥과 지연에 따른 배타적인 붕당적 성격과 파벌적 충성서약 집단 형성, 보수야당 내 타협파와 비타협파 간의 갈등, 지배블록의 분열 공작 등에 의한 통합과 분열의 반복 등을 그 기본적인 특성으로 하고 있다. 또 계급적 기반으로부터 스스로를 자립화시켜 온 보수야당은 그 실질적인 힘의 미약성에도 불구하고, '제도로서의 정당'으로 일단 형성된 뒤에는 독자적인 정치변수로서 영향력을 행사함으로써 한국의 지배 질서를 유지하는데 매우 중요한 역할을 수행해왔다. 진보적 이념정당이 존립할 수 없는 역사구조적 조건 속에서 보수야당은 사회집단의 다양한 불만을 공식적으로 표출하도록 허용된 유일한 정치조직으로, 보수야당은 그 존재만으로도 모든 민중의 불만을 합법적으로 표현될 수 있다고 인식시킴으로써 커다란 체제유지 기능을 해온 셈이다.

반면에 보수야당은 거리의 정치를 주도해온 민주변혁운동세력을 분열시키는 역할을 수행할 뿐 아니라, 그들의 조직적인 제도적 진입을 차단하는 기능을 수행하기도 한다. 즉 보수야당은 보수 대 보수의 대립구도가 유지되는 조건하에서만이 자유민주주의의 수호자일 따름으로, 여당과 마찬가지로 야당은 정치의 제도적 공간을 확대하는 결과를 가져올 어떠한 대중적 도전에 대해서도 여당과 공동보조를 취했던 것이다 (최장집 1996, 35 참조). 또한 스스로 뚜렷한 역사적 전망을 갖지 못한 채 집권욕이 투쟁에 나서게 하는 직접적인 동인이었기 때문에, 이들이 수행해 온 민주화투쟁은 역사적인 비전이나 대안이 결핍된 정략적 투쟁에 불과한 것이었고, 언제나 동요하는 특징을 보여 왔다. 바로 이러한 상황에서 민중투쟁, 민주변혁투쟁의 열매는 제도정치만으로 협애화된 정치사회 내 여야간의 나눠먹기식 흥정물로 거듭 전락하였고, 그 역사적 의미 또한 왜곡되고 굴절되기에 이른 것이었다.

그러나 이러한 사실에도 불구하고 강권적 통치가 일상화되고 장기화됨에 따라 보수야당은 저항의 정치적 응집인자로서의 역할을 수행할 수 있었고, 이 과정에서 자신을 '국민정당'으로 내세울 수 있었다. 보수야당의 반독재 민주화투쟁의 상징적인 정치적 대표로서의 역할이 증대하지 않을 수 없게 된 것은 한국현대사의 하나의 아이러니라고 할 수 있겠다.

저항적 보수야당으로서 신한민주당의 이러한 '야누스의 두 얼굴'은 격동적 정치 국면에서, 즉 1986년의 개헌국면, 87년 6월 민주항쟁 국면과 6·29선언 이후 개헌협상국면, 그리고 7·8월 노동자대투쟁 국면에서 늘상 등장하였다. 이들은 '선명투쟁에 의한 현상 돌파'와 '대화에 의한 파국의 예방'이라는 상충된 선택 속에서 '양다리 걸치기'식의 방침을 선택하였으며, 정치 및 시국 현안은 '정치적으로' 수습해 나가야 한다는 것, 그리고 민중운동과의 관계에 있어서도 당이 주도해 나가야 하며 모든 투쟁을 평화적이고 비폭력적으로 전개할 것을 기본 방침으로 가지고 있었다. 특히 6·29선언 이후 보수야당은 민중운동세력이 노동자들의 분출로 인해 조성된 정치적·사회적 '불안과 혼란'을 활용하는 것을 막기 위해 재빨리 개헌협상을 마무리지음으로써 선거국면으로 정국을 전환하여 아래로부터의 압력에 국가와 공동으로 대응하였다. 이에 따라 개헌협상과정은 예상외로 쉽게 마무리되었는데, 이 과정은 보수야당이 민족민주운동과의 '반독재 저항연대'에서 미련없이 이탈하고 국가와 '체제유지적 보수연대'를 형성하는 과정이기도 했다.

2) 국가 종속적 제도정치와 국가다원주의적 정당체제

모든 독재의 공통적인 특성은, 어떤 유인이나 강제를 사용하든지 간에 독립적인 정치조직체를 용인할 수 없고 또 용인하지 않는다는 점에 있다. 그 이유는 체제를 위협하는 것은 독재의 정당성 붕괴 그 자체가 아니라, 대항 헤게모니의 조직, 즉 미래의 대안을 위한 집합적 프로젝트이기 때문이다(쉐보르스키 1995, 114).

1980년 '서울의 봄'이 신군부의 강철군화에 의해 꺾어진 뒤, 제도정치라는 공간은 국가에 완전히 종속된 채 무력화되어 그 역할이 실종된 가운데 유지되었다. 5공헌법이 채택되자 국가는 부칙조항을 이용하여 모든 정당을 해산시키고 국회를 폐쇄했으며 일체의 정치활동을 금지시켰다. 그리고 국회의 기능을 대체하기 위해 1980년 10월 28일 국가보위입법회의를 발족시키고 215건의 법률을 개악하거나 새로이 제정하여 5공독재의 출범을 뒷받침했다.

국가는 민주정의당(이하 민정당) 창당 준비과정에서 이미 분할통치의 정치기술에 착안한 다당제를 새로운 원내 구조로 상정, 주요 정당을 스스로 창당하여 위성정당화하였다. 즉 12·12쿠데타 주도세력을 주축으로 민정당을 결성했고 군부독재를 지지하는 친여인사를 주축으로 민주한국당(이하 민한당)과 한국국민당(이하 국민당)을 조직해냈다. 민정당의 창당은 보안사가, 민한당과 국민당의 창당작업은 중앙정보부가 실질적으로 주관했다. 여야 관계는 경쟁적 대등 관계가 아니라 상명하복의 주종관계로 이루어졌으며, 관제야당으로서 민한당과 국민당이 국가에 대한 저항성과 수권정당의 성격을 상실한 채 단지 충성야당으로서만 기능하였다. 그리하여 제도정치 일반은 국가에 완전히 종속된 일종의 '독일병정'으로서 무력화되었다.

그것은 이 시기의 제도정치가 국가다원주의적 정당체제라는 것을 의미하는데, 그것은 실질적인 반대가 허용되지 않고 대신에 국가 엘리트들이 위로부터 다원적인 구조를 갖도록 하는 정치적 대표체계이자, 동시에 반대세력을 내부로부터 호선하고 통제하는 것으로서 사회 내의 세력들에 대한 지지기반이 협소할 수밖에 없는 체제를 말한다. 바로 이러한 국가다원주의적 정당체제 하에서 정당은 국가의 분견대로서의 역할—1중대로서의 민정당, 2중대로서의 민한당, 3중대로서의 국민당—만을 충실히 수행하였던 것이다. 즉 제11대 국회와 정당은 국민들의 이해와는 무관하거나 오직 명목상의 관계만을 지녔고, 국민들의 의사가 아니라 국가와 사회적 지배계급의 입장만을 반영해서 그것이 마치 국민들의 의사인양 조작해내는 구실만을 충실히 수행했을 따름이었다. 이러한 현상은 1985년 2·12총선을 통해 저항적 보수야당으로서 신한민주당이 제도정치에 진입하면서 국가다원주의적 정당체제를 해체시킬 때까지 지속되었다.

5. 국가 종속적 제도정치의 균열적 재편과 힘의 교착 국면

1) 통제된 자유화와 '성공의 역설'

노골적인 폭력이 지배권력과 민중간의 일정한 타협을 통해 감춰지지 않는 한, 권위주의적 독재의 통치형태는 무한정으로 지속될 수 없다. 이러한 타협을 위한 조치로서 집권세력은 종종 '유화'정책, 국면 또는 무드로 특징지어지는 시민권의 부분적 회복을 내용으로 한, 어느 정도의 정치적 개방을 허용하지 않을 수 없게 된다. 이 유화정책은 일종의 '수동혁명'으로 군부독재정권의 안정화와 위기 수습을 위한 자유화조치의 일단으로 이해할 수 있다. 여기서 자유화란 구조의 변화 없이 체제의 사회적 지지 기반을 확대하기 위한 제한적 정치적 개방조치를 의미한다. 그 과정은 본질적으로 불안정성을 내포하고 있는데, 그것은 자유화의 의도하지 않은 결과로서 운동의 활성화와, 중앙집권적인 지도를 받아들이는 집단만을 통합하고 사후적으로 모든 정치적 결과를 통제하려는 체제의 집중화되고 비경쟁적인 국가제도의 폐쇄성 사이의 간격에서 기인하는 것이다. 이에 따라 일반적으로 투쟁은 불가피하게 대중적 성격을 띤 채 거리로 쏟아져 나오게 되고 통제된 자유화 과정은 실패로 끝나게 된다. 즉 자유화를 통한 정치적 개방의 과정은, 비록 그것이 통제되고 제한적인 것이라 할지라도, 전면적인 억압적 통치에 의해 약화되었던 저항세력의 조직화를 촉진하고, 자유화와 선거의 동학은 정치적 개방의 진행 경로에 대한 국가의 주도권을 약화시키는 의도하지 않은 결과를 초래하게 되는 것이다.

전두환 정권은 1983년 후반 '국민화합조치'라는 통제된 자유화정책의 시행을 통해 일시적으로나마 '부드러운 독재' 또는 '온건 독재'로의 전환을 시도했다. 이 통제된 자유화 조치는 물론 물리적 폭력 사용의 효력 감소, 김영삼의 단식과 김대중의 동조 및 이에 대한 국내외의 비상한 관심의 집중, 레이건 행정부에 의한 외적 압력 등 다양한 요소들이 결합된 결과였다.

그것은 분명 '성공'을 지향하는 권력집단의 전략적 선택이었다. 그러나 그 성공을 지향하는 전략적 선택은 권력집단의 의도대로 작동하지 않는다는 점에서 '성공의 역설'이 존재하게 된다. 즉 저항의 사회적 침묵과 경제 안정화 등 성공에 고무되어 정치적 공간을 부분적으로 개방한 상태에서도 정치과정을 자신이 의도하는 대로 이끌어갈 수 있다는 확신에서 '통제된 자유화'는 시행되었다. 그러나 유화국면의 조성은 권력집단의 의도를 뛰어넘는 운동정치의 역동적인 투쟁공간을 부여하게 됨으로써 국가종속적인 제도정치의 '추가적인' 균열을 초래하게 된다.[6]

---

[6] 여기서 '확장되는' 제도정치 혹은 '정치사회'의 이중적인 효과를 지적할 수 있다. 즉 한편에서는 급진적 운동정치를 제도적 공간으로 끌어들임으로써 운동정치의 온건화

그런 점에서 유화조치는 권력의 안정에 기여하기는커녕, 오히려 국가의 힘의 상대적 쇠퇴를 초래하였다고 할 수 있다. 3년간의 침묵을 극복하면서 각 영역에서 민중운동이 활성화되는 가운데 운동정치가 활발하게 전개되었으며, 또 1985년 2·12총선을 전후하여 자생적으로 출현한 신한민주당은 저항야당으로 자리매김했던 것이다.

2) 국가 종속적 제도정치의 균열과 재편

유화국면의 도래와 그 과정에서 치러진 2·12총선의 결과는 충성야당의 몰락과 함께 자생적 저항야당으로서 신한민주당을 출현시킴으로써 여야간 역관계의 부분적 변화와 함께 국가 종속적 제도정치의 균열과 국가다원주의적 정당체제의 해체, 그에 따른 정치사회(제도정치)의 제한적 확장 및 재편을 가져온 직접적인 배경이 되었다. 2·12 총선의 결과는 예상과는 달리 신한민주당의 승리로 나타났다. 여기에는 자생적인 저항적 보수야당으로서 신민당 자체가 갖는 폭발력, 대통령 직선제와 군의 정치적 중립과 광주항쟁 문제 등 이들이 내건 이슈의 대중적 호소력, 5공독재의 권력형 부정부패에 대한 국민적 원성 등이 작용했다. 무엇보다 중요한 변수는 유권자로서뿐 아니라 선거투쟁의 전위부대로서 대학생과 청년 등 젊은 세대의 적극적인 참여라고 할 수 있다. 한마디로 젊은 세대는 총선의 대세를 판가름한 태풍의 눈이었던 것이다. 그리고 결과적으로 이 선거투쟁을 통해 신민당과 민족민주운동간에 반독재 저항연대로서 선거연합이 형성되기도 했다. 즉 반독재 민주화와 권력변동이라는 공동의 정치적 목표를 두고 두 세력의 정치적 융합이 이루어지게 된 것이었다. 이같은 정치적 융합으로 제도정치권에 전략적 교두보를 갖고 있지 못한 민중운동은 정치적 파트너를 구하게 되었고, 반면 조직화된 대중적 기반을 갖지 못한 보수야당의 경우 사회적 파트너를

를 촉발할 수 있는 반면, 다른 한편에서는 저항적 운동정치가 제도정치로까지 확장될 수 있는 계기를 부여하게 된다(조희연 1998, 3장 1절 참조).

구하게 된 셈이었다.

2·12총선의 결과는 정국 전반에 즉각적인 영향을 미쳤다. 총선 이후의 정국은 당시 한 좌담에서의 비유적 표현처럼, "11대 국회가 5공화국 정치체제를 긍정하고 참여하는 정치이자 아스팔트 위로 뛰어나가는 정치는 안하겠다는 무언의 약속 위에서 이루어졌던 온실 속의 한계적인 정치구도"이자 "민정당으로서는 목장 울타리 속에서 길들인 말을 타고 즐기던 때"였다면, 이와는 달리 12대는 "펄펄 날뛰는 야생마를 타고 낙상하고 다치는 사태가 비일비재할 것이 예상되는" 상황이었다(주돈식 외 1985, 116). 이러한 예상 속에서 2·12총선 이후 거리에서 이루어진 군부정권 타도/퇴진이라는 투쟁의 이슈는 제도정치 영역에서는 군부집권의 상징이라고 할 수 있는 헌법의 개정 문제로 표상되었다. 즉 개헌 국면 속에서 제도정치 영역에서의 협상과 거리에서의 투쟁이 동시에 진행되었던 것이다.

그러나 이러한 과정은 정치사회의 전면적 확장이라기보다는 제한적 확장의 성격을 띤 것이었다. 이 정치사회 확장의 제한성과 관련해 특히 눈여겨봐야 할 것은 두 가지라고 할 수 있다. 먼저 하나는 자생적 저항 야당의 근원적 보수성이다. 당시 개헌 협상은 대통령직선제와 내각책임제를 둘러싸고 전개되었는데, 그것은 집권 확률을 높일 수 있는 게임 규칙을 확보하기 위한 여야간의 경쟁이었다. 대통령직선제는 비록 절차상의 민주화에 국한된 이슈였지만, 야당 정치인들의 시각에서 볼 때는 다른 어떠한 민주화의 내용보다 중요한 것이었다. 즉 정치적 행동의 목적은 권력의 추구에 있는 것으로, 따라서 불리한 게임 규칙의 성격을 지닌 대통령 간선제는 변화시켜야 할 일차적 대상이었던 반면, 경제적 정의나 인권 등은 보수야당의 처지에서 보면 부차적인 것에 불과한 것이었다.

다음으로 정치사회 확장의 제한성과 관련해 지적할 수 있는 것은 선거와 관련한 민족민주운동의 정치노선과 힘의 '분산'이다. 당시 민족민주운동은 선거를 둘러싸고 지배질서의 합리화의 기제이자 부르주아의 잔치판으로만 규정하는 '경직된 좌파'의 시각과, 선거를 통한 평화적 이행의 절대화를 주장하는 선거사회주의 또는 사회민주주의 우파의 시각, 그리고 선거를 체제 합리화와 민주변혁의 돌파구로서의 가능성이라는 양날의 칼로 인식하는 '정통좌파'의 시각 등 세 흐름이 갈등을 보이고 있었다. 바로 이러한 시각의 차이가 선거국면을 앞두고 힘의 집중보다는 힘의 분산을 필연화시켰던 것이다.

3) 분할 지배의 이중전략과 힘의 교착 국면

국가의 기본적인 통치전략이라고 할 수 있는 분할지배의 이중전략은 기본적으로 저항야당과 민중운동의 분리를 목표로 하면서, 저항야당 내의 분열까지도 도모한 것으로 나타났다. 먼저 2·12총선을 전후한 시기에 저항야당으로서 신한민주당과 민중운동의 반독재 저항연대가 구축되면서 대중적 개헌투쟁이 거리에서 급속하게 확산되자, 국가는 '임기 내 개헌 불가'라는 당초 입장에서 후퇴해, 신한민주당과 민중운동을 분리시키기 위한 이중전략을 구사했다. 즉 신한민주당에 대한 견인을 통해 개헌논의를 국회 안으로 끌어들이려는 한편, 민중운동을 '좌경·용공·극렬·폭력' 등으로 매도하면서 그에 대한 대대적인 물리적, 이데올로기적 탄압을 전개했던 것이다. 민통련 간부들에 대한 검거령과 사무실 폐쇄 조치, 북한의 금강산댐 조작 발표, 14개 민중단체에 대한 해산명령, 노동 관련 국가보안법 사건의 서막이자 노동운동에 대한 대대적인 탄압의 신호탄인 서노련 사건, 남부노동자연합 사건, 전국노동자연맹추진위 사건, 마르크스–레닌주의당 결성 사건, 반제동맹당 사건, '공산혁명분자 건국대 점거난동사건'이라고 발표된 애학투련 사건 등 일련의 조직사건의 양산과 대대적인 수배와 검거는 탄압의 몇몇 예라고 할 수 있다.

이러한 탄압과 그에 맞선 저항의 충돌 구조 속에서 1986년 말에 이르면 이른바 '힘의 교착국면'이 조성되기에 이른다. 한편에서는 저항운동이 군부독재정권에 대한 공세를 강화하여 군부정권 퇴진의 위협을 높여 놓았지만 군부독재정권의 퇴진과 권력 이전을 결정적으로 강제할 수 있는 대중적·조직적 역량의 수준에 이르지 못했다는 점에서, 다른 한편에서는 군부독재정권이 대대적인 이념공세와 탄압으로 확고하게 저항운동의 성장과 공세를 둔화시켰는데도 결정적으로 저항운동의 대중적 기반을 박탈할 수 없었다는 점에서 교착국면에 놓이게 되었던 것이다(조희연 1998, 170-171). 어느 한 쪽이 자신에게 유리한 방향에서 민주화 경로를 강제할 수 없을 정도로 힘의 교착상태는 1986년 말에서 1987년 4·13호헌조치가 나올 때까지 지속되었다.

이 힘의 교착 국면에서 국가 앞에는 다양한 가능성이 놓여져 있었다. 군부독재정권의 혁명적 퇴진이 아닌 방안으로서는 첫째, 정권과 제도야당이 권력을 분점하는 내각제 형태로의 타협(과점적 방식), 둘째, 5공헌법의 간선제 유지를 통한 재집권(독점적 방식), 셋째 대통령 직선제 수용 및 직선제를 통한 경쟁(경쟁적 방식) 등 세 가지 경로가 있었다. 전두환정권은 이 모든 경로를 다 구사해봤는데, 그것은 '과점적 방식→독점적 방식→경쟁적 방식'의 순서로 나타났다.

먼저 첫 번째 과점적 방식이 가시화되어 나타난 것이 바로 야당에 대한 포괄적 견인을 통한 여야 합의개헌과 '선 민주화 조치, 후 내각제 협상'을 주요 내용으로 하는 1986년 말의 '이민우 구상'이었다. 이것은 여야 합의개헌이 불가능해진 상황에서 야당내 분열과 선택적 견인을 통한 합의성 합헌개헌을 꾀한 것이었다. 그러나 이 방안마저 김대중과 김영삼 등 양김씨의 거부와 민중진영의 저항으로 무산되자 국가는 재집권과정에서 제기될 위험을 최소화하기 위해 두 번째 방안을 선택하게 되는데, 그것이 구체화된 것이 바로 1987년의 4·13호헌 조치였다.

6. 구체제의 파국적 위기와 미국의 역할

1) 저항의 대폭발과 구체제의 파국적 위기

4·13조치는 국가가 재집권의 과정에서 제기되는 위험을 최소화하기 위해 기존 헌법에 의한 재집권 방안으로 선택한 것이었다. 4·13조치는 전두환이 퇴임한 뒤에도 정치적 영향력을 행사한다는 구도 하에서 내려진 최후의 수순이었다. 국가는 4·13에 대한 저항을 과소평가함과 동시에 자신이 보유하고 있는 힘과 권력자원에 대해 과신했던 것이다. 그러나 그것은 민의의 흐름을 역행한 정치적 오판으로, 국가에 대한 저항을 높이는 결과를 초래하면서 민주화의 하나의 분수령이 되는 역설을 빚어냈다. 이 4·13 호헌조치로 인해 유동적이고 불안정한 교착국면은 파열의 조짐을 보이다가, 5월 18일 박종철 고문치사 은폐·조작에 대한 폭로와 뒤이은 6월 민주항쟁을 통해 급속도로 정면 돌파되기에 이른다.

전면적인 투쟁 국면의 전개는 정치적 위기의 대폭발로 이어졌으며, 지배블록의 억압과 광범위한 대중동원이 충돌하는, 그러나 폭발적인 운동정치가 지배블록의 억압을 압도하는 파국적 위기 상황을 산출해냈다. 이 파국적 위기 속에서 정치적 위기의 돌파책으로 국가는 군의 정치적 개입이라는 적나라한 물리적 폭력의 동원을 고려하였다가 철회하기도 했다.[7] 이처럼 국가가 군을 동원한 시위 진압책을 포기한 데에는, 범국민적으로 확산되어가던 시위 양상, 5월 광주가 주는 역사적 교훈, 군 내부의 반발, 미국의 압력, 경찰의 데모 억지력에 대한 믿음, 88년 올림픽 개최 등이 복합적으로 작용했다. 군의 정치적 개입을 포기한 상태에서 국가가 선택할 수 있는 길은 문제를 힘이 아닌 타협과 대화를 통한 정

---

7) 즉 6월 18일 최루탄 추방대회의 규모가 위험수위를 넘었다고 판단한 전두환은 6월 18일 밤 부산지역에 위수령 발동 명령을 보안사령관 고명승에게 지시, 명령을 받은 26사단이 기차역으로 이동중인 상황에서 6월 19일 오후 4시 45분을 기해 위수령이 취소되었던 것이다.

치력으로 해결하는 것뿐이었으며, 이제 남아 있는 선택은 '양보는 하되 부분적인 양보냐 아니면 대폭적인 양보냐'라는 양보의 수위 문제였다. 세 번째 방안, 즉 경쟁적 방식으로서의 6·29선언이 전략적으로 선택된 것은 바로 이러한 상황에서였다. 국가가 6·29선언을 통해 파국적 균형을 타개하려는 전략을 선택한 이유로는, 80년 5월 광주의 역사적 기억과 미국의 비협조로 인해 군을 정치적으로 동원할 수 없었다는 사실, 공포의 동원을 통한 통치 효과가 지극히 일시적이라는 사실, 직선제 개헌이라는 타협책이 최악이 아닌 차악으로 고려될 수 있는 전략적 대안이라는 것을 들 수 있다. 그러나 무엇보다 주요한 요인은 민중의 힘을 바탕으로 직선제 개헌을 강제했기 때문이라고 할 수 있다.

2) 한국의 민주화와 미국의 역할

이 대목에서 우리는 미국의 역할에 대해 집고 넘어갈 필요가 있다. 그것은 다음과 같은 이유에서이다. 한국 사회는 외세의 압도적 규정력(the predominance of external influences) 하에서 존재해왔다. 그것은 자유민주주의와 자본주의의 이념과 제도들이 모두 외부에서 도입된 사실에서, 그리고 특히 정치적 격동의 국면에서 한국의 민주화와 미국의 관계 등에서 잘 드러난다. 이러한 맥락에서 미국의 직간접적인 강력한 영향 아래 있어 온 한국의 국내정치, 특히 정치적 위기와 전환의 국면에서 미국의 존재 그 자체나 구체적 행위는 정치변동의 주요 변수 가운데 하나로 이해될 필요가 있다. 나아가 '영원한 우방으로서의 미국'이라는 가공의 신화와 '모든 역사적 죄악의 주범으로서의 미 제국주의'라는 단선적이고 기계적인 논리가 오랫동안 역사의 실체적 진실 파악을 가로막아 왔다는 점에서도 그럴 필요가 있다.

1980년과는 달리 1987년 한국의 경우 미국이 나름대로 한국의 정치 상황에 개입하여, 직선제 개헌을 가져오게 하는 데 어느 정도 일조했다는 점은 사실이다. 그러나 이러한 점이 헌팅턴(Samuel P. Huntington

1991)의 견해처럼 과장되거나 사실을 왜곡하는 것이어서는 안된다. 헌팅턴은 1970년대와 1980년대 미국은 민주화의 중요한 촉진자로서, 민주화에 대한 미국의 기여는 미국의 힘과 영향력의 의식적이고 직접적인 행사 이상의 것을 포함하고 있다고 주장한다. 즉 전세계 민주주의 운동들은 미국이라는 사례에서 영감을 받았고 이를 모범으로 삼았다는 것이며, 미국이 앞으로도 이러한 역할을 계속 수행할 지 여부는 미국의 의지와 능력, 그리고 다른 나라들에 대한 모델로서 매력을 미국이 가지고 있는가에 달려 있다는 것이다.

그러나 1980년 한국의 예에서 드러났듯이 이러한 헌팅턴의 주장이 사실과 다르다는 것은 쉽게 증명된다. 그리고 1987년 6월 격동의 한국 상황에서 미국이 수행한 일부 '긍정적' 역할은 시장개방 등 좁은 의미의 초국적기업의 경제적 이익의 극대화라는 고려와, 민중운동의 활성화에 따른 체제재생산의 위기와 체제변혁의 가능성에 대한 우려, 그리고 이러한 위기국면에서 미국이 군부독재를 지원할 경우 우려되는 반미주의의 심화 등 정치적 이해에 대한 고려에서 비롯된 것이라고 할 수 있다.

헌팅턴과는 달리 커밍스(Bruce Cumings 1989)는 한국의 민주화는 안정된 다원주의적 대의제도의 공고화보다는 배제되었던 이해집단의 목소리를 대변하는 통로와 문호를 제한적으로 개방하는 과정에 힘입은 것으로, 폭발하기 쉬운 민중부문을 탈동원화하기 위해 미국이 무마하고 지원한 국가, 군부 및 기업엘리트간의 갈등과 협상의 결과라고 설명하고 있다. 커밍스의 핵심 주장은 다음과 같은 세 가지로 모아진다. 첫째, 한국을 포함한 제3세계의 민주화는 억압적 국가기구의 해체없이 진행되어온 '유산된 민주화'이고, 둘째, 이같은 한계는 세계시간의 상대적 후발성과 세계체제에서의 종속적 위상과 밀접한 관계가 있으며, 셋째, 이같은 유산된 민주화도 기본적으로는 자본주의적 세계경제, 특히 헤게모니 국가인 미국의 자본의 이해에 따른 미국의 민주화 프로젝트라는 새로운 전략의 결과라는 것이다.[8]

(1) '혼란의 봄'으로서 1980년의 한국과 미국

1979년에서 1980년에 이르는 시기에 있었던 구체제의 반동적 복원과정과 관련해 미국의 역할을 이해하기 위해서는, 먼저 제3세계에 대한 미국 외교정책의 변화에 주목해볼 필요가 있다. 79년 박정희의 암살, 80년 5월의 광주와 신군부의 집권으로 이어지는 일련의 상황 전개는 군사주의의 퇴조를 바탕에 깔고 인권외교정책을 앞세웠던 카터 행정부 때의 일이었다.9) 1979년은 카터 행정부에게 외교적으로 무척 곤혹스러운 시기였다. 중동지역의 친미체제를 지탱해왔던 이란의 샤(Shah)체제의 급속한 붕괴, '소모사 없는 소모사 체제'를 유지하려 했던 카터의 구상을 무산시킨 니카라구아의 산디니스타 혁명정권의 등장 등은 '무기력한 미국'을 증명하는 셈이 되어 카터를 심각한 궁지로 몰고 갔다. 즉 전자의 사태는 미국의 중동지배전략을 그 근저에서 뒤흔드는 것이었으며, 후자는 쿠바혁명에 뒤이어 미국의 앞마당에까지 '좌익세력'이 침투한 것으로 인식되었던 것이다.

사태가 이렇게 전개되자 카터 행정부는 79년 4월부터 제3세계 외교

---

8) 커밍스의 연구에서 특히 돋보이는 것은 정치변동의 구조적 요인, 정치경제학적 설명, 세계체제적 맥락을 강조한다는 점이다. 그는 일국적 동학과 행위주체의 전략적 선택을 강조하는 지적 흐름에 반론을 제기하면서 민주화라는 단기적이고 개체특수적인 에피소드들조차도 사회구조적 시각과 세계시간 속에 위치지워진 세계구조적 시각에 의하지 않고서는 이해될 수 없다고 주장한다. 즉 아직도 종속이라는 문제의식은 유효하며 세계체제 속에서의 종속이라는 맥락 속에서 한국을 포함한 제3세계의 민주화를 이해해야 한다는 것이다.. 이러한 커밍스의 분석은 그동안 민주화 논의에서 배제되어 온 세계체제적 시각을 부각시켰다는 점에서, 그리고 미국의 압력의 근원이 무엇인지를 파헤쳤다는 점에서 의미가 있다. 그러나 이러한 의의에도 불구하고 커밍스의 연구는 정치적 이해관계를 무시한 지나친 경제주의적 분석, 일국 차원의 계급동학과 민주화투쟁의 역동성에 대한 상대적 경시라는 점에서 문제를 지니고 있다고 하겠다.
9) 카터시대 인권외교의 일시성과 이중기준에 대해서는, 이삼성(1993) 참조. 이삼성은 "카터의 인권 압박은 친미독재정권이 맑스주의 정치세력으로부터 도전을 받지 않고 있으며 미국이 경제적으로 또는 전략적으로 상당히 의존해 있지 않은 나라에 대해서만 적용했다. 그 결과 카터의 인권외교는 라틴 아메리카에만 한정되는 '라틴 아메리카 정책'에 불과했다"고 말한다(이삼성 1993, 88).

정책을 전면적으로 재검토하기 시작해, 비밀리에 일련의 국가안전보장회의 개최를 거쳐 6월경 정책의 변화에 이르게 된다. 그 주안점은 ① 현재 제3세계에서의 미국의 이해는 중대한 위협에 직면해 있는 바, ② 미국은 좀더 강력한 무력대응을 펼쳐야 하며, ③ 제3세계의 분쟁지역에 신속배치군(RDF: Rapid Deployment Forces)을 파견하는 조치를 마련한다는 것이었다. 이 '카터 독트린'은 내부지침 수준에서 비밀로 되어 있다가 79년 11월 이란 인질사태와 12월 소련의 아프가니스탄 침공이라는 사태를 거치면서 80년 연두교서로 그 모습을 공개적으로 드러냈는데, 여기서 카터는 "미국의 이해를 위협하는 일에 대해서는 군사력을 포함하여 그 어떤 수단도 모두 사용할 것"이라고 초강경한 표현을 구사하기에 이른다(조현연 1997, 57). 이러한 발언은 제3세계 정책과 관련해 미국의 국익에 손상을 주는 격변적 상황에 대한 군사적 해결 가능성을 분명하게 밝힌 것이었으며, 나아가 인권외교의 기조를 포기한 채 신보수주의로의 회귀를 의미하는 것이기도 했다. 이러한 메시지가 제3세계 군부세력의 '용기를 북돋아주는' 아주 고무적인 것으로 작용했음은 물론이었다.

바로 이러한 상황에서 미국은 한국이 민주화 과정에서 이란이나 니카라구아의 경우처럼 될 것을 우려, 반작용을 가져오더라도 친미·반공적인 신군부세력의 강력한 지도력을 확립해줌으로써 자신의 정치군사적·경제적 이해를 확실히 보장받는 길을 선택한 것이다.10) 이러한 정책

---

10) 이와 관련해 1982년 3월에 발생한 '부산미문화원 방화사건'에 주목해볼 필요가 있다. 이 사건은 5·18 민중항쟁 이후 한국의 지배세력으로 모습을 확연히 드러낸 미국의 문제를 방화라는 극단적인 방법으로 제기함으로써 커다란 충격을 불러일으켰을 뿐만 아니라, '반미의 무풍지대'인 한국에서 이후 반미투쟁이 전개되는데 선구적인 역할을 한 획기적인 사건이었다. 문부식은 항소이유서에서 그 동기를, "소위 '반공'만 표방하면, 그들 국가(미국)의 이익을 위해서는 어떠한 성격의 정부라도, 설사 그것이 한국민을 탄압하는 군부파쇼정권이라도 지원하겠다는 식의 정책이 해방 이후 지금까지 미국이 견지한 대한정책이었다고 단언할 수 있습니다. 이러한 미국의 대한정책은, 민주주의를 바라는 우리 국민의 입장에서 보면 그릇된 자세라고 아니할 수 없으며, 미국에 대한 우리 국민의 신뢰를 차츰 상실케 하는 요인이 되었다 할 것입니다. 어찌 자유민주주의의 우방국가로 자처해 온 미국이 군부독재 정권

적 기조는 이후 레이건 행정부에 이르면 커크패트릭 독트린으로 알려진, 즉 "제3세계의 어떤 독재이든 반미 내지 공산독재보다는 낫다," "친미반공이라면 독재정권이라도 지원하겠다"는 노선으로 확립되기에 이른다.

이러한 노선 아래 미국의 공식적인 입장과는 달리, 10·26 직후부터 미국은 행정부 내 고위관리들로 암호명 '체로키(Cherokee)'라는 비상대책반을 구성하여, 한국에 대해 영향력을 발휘하기 위한 노골적인 활동을 벌여 왔다. 그것은 한국의 정치상황과 인물들에 대한 주도면밀한 평가작업과 함께, 국내 주요 인사들을 만나 미국 국익을 관철하려는 입장에서 구체적인 조언과 요구를 한 것, 5·18 민중항쟁에의 군 병력 투입에 대한 승인 및 지지 통보와 미국의 직접적인 군사적 개입 방안 협의11) 등에서 여실히 드러났다. 당시 주한미대사였던 글라이스틴의 말처럼, 미국은 "박정희 대통령 암살과 12·12 군사변란 이후 한국의 정치적 전환기에 안정적인 바탕을 마련하도록 도움을 주는, 전례를 찾아볼 수 없는 적극적인 활동가"가 되어버렸던 것이다(한겨레신문 96/03/24 재인용). 나아가 비밀공개법에 따라 공개된 미국의 비밀문서에 따르면, 미국은 한국의 사회불안과 국가안보에 대한 우려와 함께 보수야당과 재야 및 학생운동을 사회불안의 구체적인 요인으로 지적하고 있다. 이것은 "학생들의 도전과 야당정치인들의 (정부에 대한) 비협조적인 태도 때문에 한국 내 불안의 상당 부분이 발생," "수는 적지만 학생들을 이용해 말썽을 촉발할 수 있는 가장 유망한 세력으로서의 재야," "재야의

을 지원할 수 있단 말입니까?"라고 말하고 있다(사상계 편집부 1988, 68).
11) 「미국은 한국의 진압을 알고 있었다」는 제목으로 광주문제를 특집기사로 다루고 있는 1996년 2월 27일자 <저널 오브 커머스>지에 따르면, "80년 5월 22일 소집된 백악관의 한 회의에서는 사태가 통제불능으로 악화될 경우 미국이 직접 군사적으로 개입하는 방안도 아울러 협의했다"고 한다. 이 회의에는 국무장관 에드먼드 머스키, 국무부 부장관 워런 크리스토퍼, 국무부 차관보 리처드 홀부룩, 국가안보보좌관 즈비그뉴 브레진스키, 국방장관 해럴드 브라운, 합창의장 데이비드 존스 및 중앙정보국장 스탠스필드 터너가 참석했던 것으로 알려졌다(한겨레신문 96/02/29).

요구에는 상습적인 형태의 과격한 요구"등의 표현에서 잘 나타나 있다 (한겨레신문 96/03/06 재인용). 결국 한국의 민중에게 희망으로 다가온 '80년 민주화의 봄'은 미국에게는 단지 '혼란의 봄'으로 비춰졌을 따름 인 것으로, 그 결과 '혼란의 봄'을 단지 말뿐인 '안정의 봄'으로 변화시 키는 데 일조하게 된 것이다.

70년대 말~80년대 초 체제변동의 시기에 있어서의 미국의 역할을 보면서 우리는 분단반공친미국가의 안정이라고 하는 미국의 대한정책 의 근본적인 하한선(下限線)을 확인할 수 있다. 즉, 반공주의적 개발독 재국가의 안정적인 유지라고 하는 기본입장 속에서 미국은 박정희 정 권의 위기가 분단반공친미국가의 파국적 해체로 나타나서는 안되도록 하는 정치적 선택을 행하였다고 볼 수 있다. 바로 이것이 80년 광주민 중항쟁을 촉발하는 간접적인 조건이 되게 된다. 분단반공친미국가의 파 국적 해체를 방지하기 위해서는, 광주대학살과 같은 극단적 조치도 지 배권력집단이 할 수 있도록 용인하는 근본적 한계선을 미국은 가지고 있었던 것이다.

(2) 1987년 6월 격동의 한국 사회와 '미국의 한계선'

통상 미국은 전략적 이해관계 면에서 세계 주요지역을 ①사활적 이 해상관지역 ②긴요한 이해상관지역 ③중요한 이해상관지역 ④이해상 관지역 등 네 가지 지역으로 구분해 왔다. 한국은 카터 행정부 때는 '중 요한 이해상관지역'으로 분류되었다가 레이건 행정부에 들어와 '긴요한 이해상관지역'을 거쳐 '사활적 이해상관지역'으로 '격상'되었다. 이러한 격상 속에서, 즉 한국에 사활적 이해관계를 가지고 있던 미국은 86년을 전후하여 대화와 타협을 통한 문제 해결을 여야 모두에게 요구하고 나 서기 시작했다. 이것은 이른바 '커크패트릭 독트린'에서 '저강도 전쟁 전략'(Low Intensity Strategy)으로 바뀐, 미국의 제3세계 전략 변화 의 한국판 변형이라고 할 수 있다. 그것은 86년 4월 14일 국무장관 슐

츠를 통해 "어떠한 독재세력에도 반대하며 민주적 중도세력이 필요"하다는 견해로 나타났으며, 이후 7개항의 조건부 내각제 구상으로 알려져 있는 이른바 '이민우 구상'의 출현과 그에 따른 민주화운동의 분열, 파괴도 이러한 미국의 의도와 일치하는 것이었다.12)

이처럼 레이건 행정부의 전략 변화의 배경에는, 고르바초프의 신사고 외교에 따른 국제환경의 변화와 그로 인한 극동에서의 안보 차원의 중요성의 상대적 저하, 이란 콘트라사건의 폭로와 정치문제화로 인한 미국 행정부 안팎의 정치적 환경의 변동, 서울올림픽이 다가오는 상황에서 한국에서 밑으로부터 전개된 국민의 정치적 도전 등 몇 가지 중요한 사태의 발전이 있었다13)(이삼성 1995).

한편 그 뒤에도 미국은 대화를 통한 사태 해결을 희망하면서 '한국인 자신에 의한 스스로의 체제 선택' 등 종래의 주장을 반복하면서 줄곧 '현상존중'의 자세를 취해 왔다. 그것은 미국이 한국에서 얻고자 하는 것이 미국 국익의 안정적 보장이지 다른 어떤 것이 아니기 때문에, 언제나 미국의 이익을 보장해 온 '현존하는 실세'에 기대지 않을 수 없다는 논리의 연장선에 놓여 있는 것이었다. 이른바 무행위(non-action)나 비결정(non-decision)을 통해 지배세력에 대한 미국의 소극적 또는 암묵적 승인도 이런 맥락에서 해석 가능하다.

그러나 6월 민주항쟁이라는 전면적 투쟁이 폭발하면서 상황이 긴박하게 돌아가자, 미국은 그동안의 '조용한 외교'정책과 결별하고, 적극적인 개입과 공개적인 압력의 자세로 전환했다. 특히 6월 18일 이후의 전

---

12) 미국은 이민우 구상에 대해 적극적으로 옹호하고 나섰다. 특히 동아시아·태평양 담당 차관보인 개스틴 시거는 87년 2월 6일 한미협회 연설을 통해 "한국은 문민정부를 지향해야 할 것"이라는 미국의 희망을 표시하면서, "여야 대결을 해결하는 혁신적 방안의 타협안 수용"을 촉구했다. 여기서 혁신적 방안이란 것은 물론 내각제 개헌을 전제한 이민우 구상을 의미하는 것이었다.
13) 이삼성(1995)은 한미관계의 본질은 '종속적 군사관계 중심의 체제'에 있으며, 그 종속적 군사관계의 중심성은 냉전이라는 역사적 요인, 한미 양국의 권력관계의 구조적 비대칭성, 그리고 그러한 관계양식을 한국 지도층이 기꺼이 정치적으로 받아들이는 태도를 포함한 다양한 요소들의 공모의 결과라고 주장하고 있기도 하다.

국적인 시위 사태, 특히 부산의 거대한 시위에 접한 레이건은 6월 19일 특사를 파견하여 전두환에게 친서를 전달, 우려를 표시하였다. 또 6월 20일에는 국무차관 더윈스키가, 6월 23일에는 한국문제의 실무 책임자인 시거 차관보가 급거 방한하여 한국문제의 '새로운 해결'을 모색하기에 이르렀다.14) 이처럼 미국이 한국의 정치상황에 신속하게 대응한 데에는, 80년 5·18 민중항쟁의 유혈진압 당시 미국이 취한 태도가 '반미의 무풍지대'인 한국의 민중운동세력들로 하여금 반미투쟁을 전개하게 한 주요 원인이었다고 판단한 것이 큰 영향을 미쳤다. 비유하자면, '죽은' 80년 5월의 광주가 '산' 미국의 발목에 족쇄를 채웠던 것이다(조현연 1997b, 175).

물론 미국은 한국 민중의 민주화 열기가 미국의 이해관계를 침해하거나 이익을 위협하지 않는 선에 머물도록 뒷수습을 했을 뿐이며, 민주화의 추진에 일차적이고도 궁극적으로 중요한 역할을 한 것은 무엇보다 민중운동과 민중들의 실천적 행동이었다는 것은 두말할 나위 없다. 즉 당시 한국 민중들의 적극적인 저항적 실천이 없었더라면 미국은 전두환 군부독재의 존속을 지지했으리라는 것은 충분히 예상 가능한 것이라고 할 수 있다.

결국 이러한 사실들은 한국의 정치변동 과정을 분석함에 있어서 종속적 구조와 함께 그 속에서 이루어지는 국내적 차원의 사회적 투쟁의 역동성을 동시에 고려해야 한다는 점을 잘 시사해준다고 하겠다. 그리고 한국의 민주화에 미친 영향과 관련한 미국의 역할에 대해 절대적 긍정성이나 절대적 부정성의 시각으로 고정해서 바라봐서는 안되며, 국내외적인 상황의 변화 속에서 미국의 정치적, 군사적, 경제적 이해 등을

---

14) 이들은 '군부개입 반대, 한국사태의 평화적 해결, 민주발전의 이룩'에 대한 미국의 희망을 국내 인사들을 만나 구체적이고 명확하게 표시하고 나섰으며, 또 6월 22일 국무성 정오 브리핑을 통해 유례없는 직설적 표현으로 군대의 사태 개입을 묵과하지 않는다는 높은 강도의 메시지를 보내 한미간에 한 때 긴장감을 고조시키기도 했다.

종합적으로 분석해야 하는 과제를 던져주고 있는 것이다. 그것은 한국 민주화 과정에 대한 미국의 태도는, 한국의 정치체제가 더 이상 독재화되어서는 안되는 하한선이 있고 또 더 이상 급진화되어서는 안되는 상한선이 있는 것으로 파악할 수 있다. 즉 분단반공친미국가의 최소한의 안정이라는 하한선과 자유민주주의의 최소한의 유지라는 상한선 사이의 정치적 공간으로서, 이른바 '미국의 한계선'(American boundary)이라는 틀이 바로 그것이다(최장집 1996, 22 참조). 이러한 미국의 '유연한' 한계선이 새로 설정되는 것은 80년대 광주민중항쟁과 80년대를 관통하는 거대한 반독재 민주화투쟁을 통하여, 미국의 대한정책이 근본적인 한계선을 견지하면서도 분단반공친미국가의 최소한의 안정성을 지키기 위해 민주주의를 제한적으로 유지하려는 태도로 변화하게 된 것이라고 평가할 수 있다.

7. 위기의 예방혁명적 재봉인과 구체제의 합헌적·변형적 재생산

6월 민주항쟁은 분명 구체제의 파국적 위기를 상징하는 사건이었다. 그러나 6월 민주항쟁은 구체제의 파국적 위기를 조성함으로써 6·29선언과 같은 새로운 지배전략을 강제하는데 성공했지만, 다른 한편에서는 6·29선언이라고 하는 새로운 '개량'적 조치에 의하여 중단되고 그 성과가 굴절되었다는 점에서 '이중성'을 내장하고 있었다고 할 수 있다. 어떤 점에서 개발독재국가/국가주의적 발전동원체제의 '혁명적' 위기상황까지 만들어냈던 6월 민주항쟁은 6·29선언에 의해 '포섭'됨으로써 아래로부터의 급진적 민주화가 아니라 위로부터의 보수적(민중배제적) 민주화를 통해 위기의 예방혁명적 재봉합으로 귀결되었다고 할 수 있다.

6월 민주항쟁에서 6·29선언을 거쳐 13대 대통령선거까지의 기간은 위기의 예방혁명적 재봉인의 과정이었다고 할 수 있다. 즉 위기는 해소되거나 극복된 것이 아니라, 그 불씨를 내장한 채 봉인된 것이었다. 물론 6·29선언을 계기로 자유화 수준의 정치적 개방에 따른 탈군부권위주의화 또는 민주주의 이행이 시작된 것은 사실이다. 그러나 6·29선언은 6월 민주항쟁에 대한 국가의 전술적 양보조치이자 이후 대통령선거를 겨냥하여 선거혁명에 대한 환상 유포와 반독재 저항연대의 분열을 노린 공세적 조치라는 성격을 동시에 지니고 있었다. 즉 6·29선언은 국가의 전술적 후퇴에 따른 자유화 수준의 정치적 개방에 머무는 것이 아니었다. 한편으로 그것은 국민대중에게는 민주화의 환상을 심어주는 동시에, 다른 한편으로는 양김씨간 협조와 반독재 저항연대와 민중연대의 틀을 동시에 와해시키면서 선거경쟁을 통해 재집권한다는 변경된 전략에 따라 전면적 반격을 노골화한 양날의 칼이었던 것이다. 그리하여 타협이 이루어지는 순간에 반독재 저항연대로서 피지배블록의 개별분파들은 민주화의 방향과 그 이후 자신의 입지를 고려하는 과정에서 분열되기에 이른 것이다. 6·29선언에서 대통령선거에 이르기까지 중간층과 노동자계급의 분열, 양김씨의 분열, 지역적 분열, 그리고 민중운동의 분열 등 연속적인 4차 분열이 바로 그것이었다.

 6·29선언은 국가와 제도야당이 타협의 당사자로 새로운 정치적 게임 규칙을 틀지우는 일종의 제한적인 자유주의적 협약이기도 했다. 또한 국가와 민주화진영간의 대립의 방법과 양상을 바꾸는 역사적 계기이기도 한 6·29선언은 이제 더 이상 '헤게모니 없는 독재'의 일방적인 억압통치가 불가능하다는 것을 자인하는 국가의 천명임과 동시에, 특히 변혁지향적 민중운동에게는 혁명적 방법에 의한 체제 변혁의 불가능함을 배우도록 강요하는 조건이기도 했다. 이와 관련해 염두에 둬야 할 것은, 1986년 8월 신한민주당에서 개헌안으로 채택된 직선제 개헌안이나 1987년 이후 저항운동의 슬로건으로 채택된 직선제 개헌이 사실은 군부독재의 단절적 퇴진이 아니라 퇴진의 형식만을 규정한 것이라는 점에서 국가의 수용 가능성, 국가와의 타협 가능성을 이미 내장하고 있었

다는 사실이다.

한편 6·29선언은 국가가 민주세력의 요구에 굴복해 전면 항복을 한 것이 아니라, 서로 협상할 수 있는 여건을 마련하려는데 목적을 둔 것이었다. 그런 의미에서 한국의 민주화는 군부독재의 청산과 함께 과거와의 단절 위에서 새롭게 민주정치가 시작된 경우가 아니라 국가와 보수야당이 잠정적으로 협약을 맺은 것이며, 따라서 단절성이 아닌 연속성이 한국 민주화 과정의 기본적인 특징이라고 할 수 있었다. 그리고 그 결과 국가와 보수야당은 상호간의 핵심적인 이익을 상호 보장하는 동시에, 국가는 이행에 대한 주도권을 상실하지 않게 되고 보수야당은 선거경쟁의 불확실성을 통해 집권의 발판을 마련할 수 있게 되었다. 반면 6·29선언은 아래로부터의 대중동원을 주도했던 민중운동세력을 주변화하는 효과를 가져왔는데, 즉 투쟁의 지형을 아래로부터 주도되는 운동에서 선거와 정당정치의 제도권으로 이전시켰던 것이다.

그것은 6·29선언 직후 개헌협상 과정과 그에 따른 정치적 틀의 재구조화과정에서 국민운동본부를 비롯한 민중운동은 협상의 주체에서 배제되고 민중적 쟁점이 묵살된 데서 잘 드러나기도 했다. 협상과정에서 국가와 보수야당이 타협한 것은 단지 '불공정한' 정치적 경쟁규칙의 확립이었을 뿐이었다. 이러한 사실들은 민주화 이행론자들의 일반적 견해, 즉 "직선제 개헌이 불확실성의 제도화에 전기를 마련했다는 점에서 그 의의를 찾을 수 있다"(임혁백, 1994, 477), "(개헌협상과정에서) 집권세력과 반대세력이 타협한 것은 일인일표의 보통평등선거제도에 기초한 '공정한' 정치적 경쟁규칙의 확립이었다", "노태우 후보의 당선은 군부쿠데타에 의한 신생 민주주의의 '급격한 사망'을 피할 수 있게 했다는 점에서 장기적으로 보면 한국 민주주의의 공고화에 역설적 기여를 했다고 볼 수도 있다"(임혁백 1994, 478)라는 논리가 간과하고 있는 역사적 진실이 무엇인지 잘 말해준다.

결국 제한적인 자유주의적 협약으로서의 6·29선언은 경쟁을 제한하고 정치권력의 접근을 방해하며 권력의 이익을 내부자들끼리만 분배하는 카르텔이 될 수 있다는 점에 그 협약의 위험이 도사리고 있는 것이었다. 6·29선언의 제한성은 이 정치적 협상을 통하여 절차적 수준에서의 민주개혁조차 충분히 이루어질 수 없었던 한계 때문이었다. 다시 말해서 그것은 구질서의 국가기구를 그대로 온존시키면서, 또 기존의 보수 여야당구조의 틀 위에서 선거의 공간을 확대하는 것이었으며, 따라서 민주화로의 이행은 구질서의 지배블록에 의해 통제된 점진적 이행이었던 것이다.

한편 6·29가 대통령 직선제 쟁취 등 범민중적 민주화투쟁의 '부분적 승리'를 상징하고 있다면, 12·16은 선거를 통한 군부독재의 합법적 재생산, 즉 범민주세력의 '부분적 패배'를 체현하고 있는 것이었다. 이 선거국면에서 지배블록은 제도적이고 이데올로기적인 수준에서 시민사회를 지역적으로, 그리고 계급적으로 분단하는 전략을 통해 민주 대 독재의 대결구도를 '안정'된 민주주의와 '불안정'한 민주주의의 대결구도로 변화시키는 전략을 추진했다. 그리고 특히 무엇보다 양김씨의 동시출마는 처음부터 선거를 승리할 수 없는 싸움으로 규정해버렸고, 이 절대적 상수가 선거과정의 흐름과 결과를 수미일관하게 지배했다. 국가는 후보자 득표비율과 지역별 득표율을 정확하게 예상하였고, 양김씨의 힘의 균형을 통한 지역갈등 조장전략으로 표를 양김씨 사이에 거의 정확하게 양분시켰다. 이런 선거 지형에서 치뤄진 13대 대선의 결과는 5공독재 하의 정치변동이 구체제의 합헌적·변형적 재생산에 따른 위기의 재봉인으로 일단락되었다.

이러한 구체제의 합헌적·변형적 재생산은 한국식의 민주화 이행 경로, 즉 위로부터의 보수적 민주화 또는 점진적인 타협적 민주화의 경로가 바람직하지 않았다는 것을 반증해준다. 무엇보다 그것은 상대적으로 '발육부진의 민주주의'(creeping democracy) 또는 '현상유지적 민주주의'(status-quo democracy)의 진행 속에서 지배질서의 상대적 안정성을 높여준 반면, 민주주의가 사회경제적 의제를 포함한 한국사회의 지배적 사회균열을 해결하는 방향으로 확장되는 데 있어서 핵심적인 역할을 하게 될 사회세력들의 조직화를 약화시켰기 때문이다. 다시 말해 민주화를 철저하게 반대하던 세력에게는 최대한의 과실을 안겨준 것과는 달리, 민주화를 주도한 세력을 철저히 배제하는 결과를 초래한 것이 한국 민주주의 이행과정의 주요한 정치적 패러독스의 하나였던 것이다.

노태우 정권이라는 민선군부정권의 성립을 계기로 하여 이후 한국의 민주화 과정이 아래로부터의 진보적 길이 무산되고 위로부터의 보수적·점진적·제한적 길이 지배적이게 되었다는 사실은 1987년 탈군부권위주의화 또는 민주화 이행 과정의 유형적 경로가 가져온 필연적인 산물이었다. 한편 6·29선언과 그에 따른 1987년 대선 이후 선거라는 정치적 경쟁의 일반적 형식은 어느 세력도 거부할 수 없는 당연한 제도로 정착하게 되는 단초를 제공하였으며, 그것은 선거 아닌 다른 이행의 방식을 원천적으로 배제·봉쇄하는 제도적 효과를 산출해냈다. 나아가 88년 총선과 90년 3당합당, 92년 대선과 97년 대선 결과가 보여주듯이 이후 모든 선거에서 민주적 개혁의 이슈나 계급정치는 예외없이 지역균열에 의해서 중층 결정되기에 이르렀다. 그것은 민주 대 독재 또는 개혁 대 반개혁, 그리고 진보 대 보수라는 정치적 대립의 구도를 변질시키는 부정적 효과를 가져왔다. 결국 지역균열의 정치적 구조화 과정을 통한 지역대립 정치의 전면화와 그에 따른 정치적 대립의 기본구도의 변질, 보수정당체제의 고착화에 따른 제도정치 지형의 협애화 지속, 민중정치-계급정치-진보정치의 정치적 무력화 등은 특히 1987년 민주화 이행 경로의 유형적 특징이 남긴 필연적인 부정적 유산이었던 것이다.

참고문헌

김호기. 2001. 「한국 시민운동의 반성과 전망」, 참여사회연구소, 『2000년 시민운동의 성과와 한계 그리고 전망』, 제13회 정책포럼 자료집, 1월 20일.
박준식. 1988. 「1980년 전후의 노동운동과 국가의 개입」, 한국산업사회연구회 편, 『오늘의 한국 자본주의와 국가』, 한길사.
사상계 편집부. 1988. 『항소이유서』, 사상계.
손호철. 1993. 『전환기의 한국정치』, 창작과비평사.
_____. 1997. 『현대 한국정치: 이론과 역사』, 사회평론.
_____. 1999. 「한국의 민주화 실험 연구: '1980년의 봄'과 '1987년 6월' 비교를 중심으로」.
손호철·조현연. 2000. 「박정희 통치 18년: 국가폭력의 일상화와 질식된 민주주의」, 부산민주공원 개관 기념심포지움 발표문.
쉐보르스키. 1995. 「이행의 게임」, 임현진·송호근 공편, 『전환의 정치, 전환의 한국사회』, 사회비평사.
이삼성. 1993. 「미국과 제3세계의 정치변동」, 『미국의 대한정책과 한국민족주의』, 한길사.
_____. 1995. 『미래의 역사에서 미국은 희망인가』, 당대.
임영일. 1992. 「한국의 산업화와 계급정치」, 한국사회학회·한국정치학회 편, 『한국의 국가와 시민사회』, 한울.
임혁백. 1994. 「5공의 민주화투쟁과 직선제 개헌」, 동아일보사, 『5공평가대토론』, 동아일보사.
조현연. 1997a. 「한국 정치변동의 동학과 민중운동: 1980년에서 1987년까지」, 외대 정외과 박사학위 논문.
_____. 1997b. 「6월민주항쟁의 이념·주체·전략」, 학술단체협의회, 『6월민주항쟁과 한국사회 10년 I』, 당대.
조희연. 1998. 『한국의 국가·민주주의·정치변동』, 당대.
주돈식 외. 1985. 「'야생신당'과 88년의 변수」, 『월간조선』, 3월호.
최장집. 1996. 『한국 민주주의의 조건과 전망』, 나남.
Boron, Atilio. 1981. "Latin America : Between Hobbes and Freedman," *New Left Review*, no. 130 (11·12월호).
Cumings, Bruce. 1989. "The Abortive Abertura: South Korea in the Light of American Experience," *New Left Review*, no. 173(January/February).
Nun, José. 1967. "The Middle Class Military Coup," Claudio Veliz, ed., *The Politics of Conformity in Latin America*, Oxford Univ. Press.
Poulantzas, Nicos. 1976. *The Crisis of Dictatorship*, London: Verso.

제7장

개발독재 시기와 위기 시기의 운동정치

허상수

1. '상대적 극단의 시기'에서 '극단의 위기 시기'로

　이 장은 개발독재 시기와 개발독재 위기 시기를 대상으로 한국 민주주의의 발전과정에서 형성된 운동정치의 변화과정을 살피려는 것이다. 권위주의 체제 아래에서 국가는 실추된 지배의 정당성을 만회하기 위하여 제도정치의 형식적 명목화와 아래로부터 제기되는 운동공간의 축소를 통해 합법적인 사회운동의 역량조차 탄압, 배제하여 버린다. 그러나 이에 저항하는 아래로부터의 '운동정치'(movement politics)는 한때의 좌절과 실패를 거듭하면서도 분화와 심화 과정을 거쳐 새로운 의제 창출과 함께 지지세력을 규합하고 이를 통해 시민사회를 구성하여 그것을 가꾸고 성숙하게 만든다. 남한사회의 1950년대는 '해방공간'에 이은 민족분단과 전쟁을 통한 '절대적 극단의 시기'라고 규정할 수 있을 것이다.1) 이에 비해 1960~70년대는 '상대적 극단의 시기'였다. 이는 후술하는 바와 같이 '금단의 정치'에서 '배제의 정치'로 나아가는 변화 과정에 다름 아니다. 그리고 1980년대는 구체제(ancient regime)로 상

---

1) '극단'의 시대는 양자택일과 흑백논리만이 존재하며 다른 대안이나 이견은 부재한 상황을 지칭한다. 거기에는 반공, 냉전, 강제와 금지 등과 같은 기호만으로도 정치적 효과를 갖게 된다. 홉스봄(E. J. Hobsbawm)은 20세기를 '극단의 세기'라고 명명한 바 있다.

징되는 '극단의 위기 시기'라고 정의할 수 있을 것이다.

　이 장에서의 분석 대상은 1961년 5월 군사쿠데타부터 1987년 말까지의 권위주의 통치시기에 국한한다. 이 시기는 전후 제3세계 개발도상국이 그러했듯이 '경제성장'과 '근대화'를 위한 '국가주의적 발전동원체제'를 구축 한 시기로, 이를 위해 한편에서는 장애물로 작용하는 제도정치의 협애화가 진행되고, 다른 한편에서는 '저항의 집적과 집중'을 통해 함양된 '운동정치에 의한 제도정치에의 도전'이 전면적으로 대치하는 시기이다. 한국사회에서 이러한 '개발독재' 30년 동안 민주화운동은 '계몽군주'의 철권통치에 저항하는 목숨을 담보로 한 '사활투쟁'—단식, 분신, 자결, 투신 등—과 '헤쳐 모여'를 통한 '각개약진'의 소산이었다. 이 시기에 운동정치의 영역에서는 '투쟁의 전국화'와 '운동의 전부문화'가 시도된 국면이기도 하였다. 한마디로 한편에서 '배제와 축출의 제도정치'를 폈다면, 다른 한편에서는 '참여와 권리의 운동정치'를 전개하여 왔다고 집약할 수 있을 것이다.

　박정희를 정점으로 한 군부독재집단과 집권여당에 의한 일당지배체제는 1950~60년대에 형성된 '반공규율사회'라는 '금단의 정치' 위에서의 '국가주의적 발전동원체제'와 '배제의 정치'를 특징으로 한다. 여기서 배제의 정치는 '우익적 프레임(frame)' 내에서의 반독재파의 축출이라는 성격으로 진행되어 동일한 프레임 내에서의 경직화와 배제를 기축으로 하여 진행된다. 박정희에 이은 전두환 체제는 반복적으로 적용된 권위주의에 의한 제도정치의 협애화와 함께 제도정치로부터 반권위주의파 혹은 반독재파가 축출되고 마는데, 이 가운데 일부가 운동정치로 전환함으로써 이것은 제도정치인의 참여에 의한 운동정치의 풍부화로 나아간다.

2. 개발 독재 시기 : 시민사회의 위축과 운동정치의 '사활투쟁'

1) '공포정치'의 서막 : 구혁명운동의 '비공식화'와 신저항운동의 등장

1960년대와 1970년대의 시기는 국가와 제도정치가 '배제의 정치'로 재편되면서, 그에 따라 운동정치의 사활적 투쟁이 전개되고 그것이 점차 확산되어가는 시기로 규정될 수 있다.

1961년의 5·16 군사쿠데타라는 '중대 사변'의 발생은 4월 혁명을 계기로 활착 가능성을 보이던 시민사회를 그 근저에까지 압살하고, 체제경쟁과 반공주의를 국가 최고규범으로 설정하여 민족분단체제를 더욱 고착시키고, 다른 의견의 개진을 원천봉쇄하는 데서 더 나아가 사회운동의 기반을 붕괴시킨 일대 사건이었다. 예를 들면 4·19 학생혁명 이래 진전을 보이던 과거 한국전쟁 전후의 민간인 피학살 진상규명 작업을 군사정권은 '반혁명'으로 규정하여 사실상 역사를 부정하는 일부터 착수하였다. 14개월 동안 실험되고 있었던 제도정치의 민주화를 마치 군사작전을 벌이듯 하는 격파전을 벌임으로써 이때부터 정치공작을 통한 '작전으로서의 정치'라는 원형이 주조되었다. 그리하여 운동정치는 사실상의 백지상태에서 재출발하지 않을 수 없었고 시민사회의 맹아는 크게 위협받게 되었다. 군사쿠데타 초기 일부 인사들은 사회혼란의 안정과 경제재건을 내세운 군부세력의 '거사'에 일정한 기대와 희망을 걸기도 한 것은 사실이다. 그렇지만 군정주체세력의 '군정연장안' 발표와 부정부패는 비판세력의 태동을 야기하였다.2)

이러한 군부엘리트에 의한 군부파시즘(military fascism)은 운동세력에 대한 대규모 탄압과 함께 군부세력의 제도정치권 개입을 위한 정

---

2) 군정주도세력은 '혁명과업'이 완수되지 않았다는 이유로 민정이양을 늦추었고 끝내는 '군정 4년 연장안'까지 발표하였다(1963. 3. 16.). 더 나아가 구정치인 활동 규제와 함께 민주공화당 창당과 그 선거자금을 마련하기 위해 4대 의혹사건, 즉 증권파동, 새나라자동차, 워커힐, 빠찡꼬 사건 등을 저질렀다.

지작업을 감행하여 정치사회에서 '불필요한' 인사들을 청소하면서 시작되었다.3) 이승만 정권시절 진보당 조봉암 처형사건으로 사실상 파괴되었으나 1960년 4월혁명 이후 재정비작업을 벌이던 사회민주주의 성향의 혁신계 인사 등 많은 중도 인사들이 국가보안법, 반공법, 집회 및 시위에 관한 법률, 비상사태하의 특별조치 등으로 검거되거나 정치활동이 규제되어 사실상 제도정치권에서 배제되었다(박태순·김동춘 1991).

이 시기에 이르러 한국전쟁 이후 그나마 잔존하여 잠복하고 있었던 구혁명운동의 '비공식화'가 완결되었고, '경제개발' 및 '일당독재'에 대응하는 신저항운동이 등장하게 되었다(조희연 1990). 이것은 반공규율사회에서 발전국가로의 전환, 즉 반공주의의 조건 속에서 국가주의와 경제성장주의의 결합을 통해 개발독재국가로 이행한 결과였다.

이러한 상황에서 전개된 1960년대의 민주화운동은 군사독재정권에 대한 반대와 헌법 수호를 골간으로 민주정부 수립을 궁극적 목표로 하는 것이었다. 엘리트집단인 학생운동에 의해 선도된 이 운동은 야당의 이합집산과 분열에도 불구하고 정치적 쟁점들을 제기하면서, 1979년 박정희 중심의 지배체제가 붕괴될 때까지 지속적으로 전개되었다(기쁨과희망사목연구원 1996-99).

군사정권에 대한 도전은 민정이양 이후 '가식적 민주주의'와 '한국적 민주주의'간의 5대 대통령 후보 윤보선과 박정희의 사상논쟁(1963. 9.)에서부터 본격화되었다.4) 이어 서울문리대에서 '민족적 민주주의 장례식'(1964. 5. 20.)을 통해 폭로된 지배블록의 허구적 민족관도 논란의 대상이 되었다. 이에 지배체제는 언론의 자유와 대학의 자율성을 제약

---

3) 박정희식 군부파시즘은 군사주의(militarism)를 특징으로 하는데, 그것은 "군부가 정당하지 않게 시민사회의 제도, 정책, 가치들에 과도한 영향을 미치는 경우"를 뜻한다. 박정희는 '군사력 강화'와 '자주국방'이라는 군비정책을 추진하면서 군의 제도와 정책, 그리고 가치들을 사회에 전파한 것이었다(전재호 2000, 133).
4) 선거 승리 이후 산업화를 추진하는 과정에서 박정희는 농민, 어민, 노동자, 소시민 등 서민대중에 기반을 둔 '민족적 민주주의'라는 이데올로기를 동원했다(조현연 2000, 312). 그러나 이것은 단지 하나의 슬로건에 지나지 않았다고 지적할 수 있다.

하기 위한 시도로 학원안정법 제정을 시도하였다. 이 밖에도 1960년대 초반의 한미행정협정 체결요구시위 등이 전개되었다.5)

이 시기 대표적인 투쟁으로는 범국민적 차원의 한일회담 반대투쟁을 꼽을 수 있다. 1950년대 말 이승만 자유당 정권에 의해 추진되던 한일 국교정상화 논의는 5·16 군사쿠데타 이후 본격적으로 추진되어 김종필·오히라 각서 교환이후 급진전되어 1964년 3월 정부가 '한일회담의 3월 타결, 4월 조인, 5월 국회 비준'이라는 추진방침을 세우게 되었다. 이에 대한 반대 투쟁은 1964년 3월 24일부터 서울지역에 비상계엄령이 발동되는 동년 6월 3일까지, 1965년 2월 18일부터 서울지역 대학에 위수령 및 휴교조치가 발동되는 동년 8월 27일에 걸쳐 재야 인사와 야권 정치세력, 학생운동권에 의해 전개되었다.

1964년 3월 9일, 야당과 사회단체대표가 '대일굴욕외교반대 범국민투쟁위원회'(위원장: 윤보선 민정당 대표)를 결성하여 전국을 순회하는 유세에 돌입하였으며, 한일회담 반대운동은 전국적인 차원에서 조직적으로 전개되었다(이종오 1988). 수교회담을 추진하는 쪽은 정부와 여당, 경제계였고, '제2의 이완용'이 될 각오로 나선 중앙정보부장 김종필이 일제 막료 출신 등 일본 반공우익들과 막후협상을 주도하였다.

동년 3월 24일 서울대생들은 '민족반역적 한일회담 즉각 중지'를 요구하며 '제국주의자 및 민족 반역자 화형식'이라는 집회를 갖고 가두시위를 전개하기 시작, 학생운동이 거세게 전개되었다. 시위는 전국으로 확산되어 점점 반정부적 성격으로 전화되었고, 5월 20일에는 서울 문리

---

5) 1962년 1월 6일에는 땔감으로 쓸 나무를 베러 갔던 파주군 양민들이 발가벗긴 채 미군 엽총에 의해 살해되는 사건이 발생하여 사회문제가 되었다. 이 사건 이후에도 또 다시 파주와 양주 등지에서 미군에 의한 폭행사건이 일어났다. 이에 학생들이 한미행정협정의 즉시 체결을 요구하였다. 이 한미행정협정의 체결로 남한은 협정 내용의 불평등성에도 불구하고 한미 관계에서 주권국가로 인정받게 되었으나, 미군의 재판권이나 미군부대에서 종사하는 한국인 노동자들의 노동 3권은 여전히 규제를 받는 상태에 놓여 있게 되었다. 그후 기회가 있을 때마다 민족운동세력은 이 협정의 개정운동을 전개하고자 하였다(허상수 1992).

대에서 서울시내 대학생 연합으로 '민족적 민주주의 장례식'이 개최, "5월 군사쿠데타는 4월의 민족민주이념에 대한 전면적인 도전이었으며 노골적인 대중 탄압의 시작이었다"라고 성토하며 격렬한 시위를 전개했다. 1964년 5월 30일, 서울대 문리대생들은 '자유쟁취권리대회'를 개최하면서 1960년대 학생운동에서는 최초로 '단식투쟁'이라는 투쟁방식으로 전환하고, 한일회담반대투쟁의 기본이념을 반매판(反買辦), 반외세(反外勢), 반봉건(半封建), 반전제(反專制)로 설정한다고 선언하였다.6) 6월 3일에는 1만여 명의 시위대가 경찰저지선을 돌파하고, 서울시내 중심가인 광화문까지 진출하여 파출소를 불태우고, 대통령 관저 외곽 경비선을 넘어 '군사쿠데타, 부정부패, 정보정치, 매판 독점 자본, 외세 의존' 등의 구호를 외치며 정권퇴진을 요구하였다. 이 투쟁은 4월혁명 이후 가장 큰 규모의 학생 대중을 운동에 결집시킨 것이었다(조희연 1993).

이처럼 반대투쟁이 격화되자 정권 존립의 위기를 느낀 박정희 독재정권은 시위사태의 강경진압에 나섰다. 박정희는 주한 미국대사와 주한 미군 사령관과 2시간에 걸쳐 요담한 이후, 같은 날 저녁 8시를 기해 서울시 일원에 비상계엄령을 선포하고 대대적인 탄압을 개시하였다. 이 6·3시위항쟁의 결과 1천2백여명이 체포되었고 384명이나 되는 많은 학생 및 민주인사들이 구속되었다(이종오 1988). 또한 '인민혁명당 사건' 발표를 통해 냉전 위기의식을 증폭시켜 투쟁을 저지하려 하기도 했다.

1965년에는 한일협정비준반대투쟁이 이른봄부터 늦여름까지 계속되었다. 이런 과정에서 운동세력들은 박정희 정권의 배후에서 한일회담에 압력을 가하고 있는 나라가 미국이라는 점을 간파하게 되어 반미감정

---

6) 1960년대 당시 학생운동세력의 활동은 일본제국주의의 식민지 유제 청산과 극복을 위한 민족경제의 수립방안에 대하여 체계적 이해와 이를 위한 실천이 아니었음도 지적되어야 할 것이다. 왜냐하면 당시 학생운동의 대중정서는 조야한 민족감정에 기반하고 있었다고 보여지기 때문이다.

이 싹트게 되었고, 급기야 미국의 간섭을 성토하고 즉각 중지를 요구하게 되었다. 그 중에는 노골적인 반미감정을 드러내는 구호들도 등장하였다. 그러나 2년 동안 거족적으로 수교회담 반대가 전개되었지만 대일 저자세 등 감정 차원에만 머물렀을 뿐, 아무도 협정 내용에 대하여 구체적이고 전문적인 논박이나 비판을 하지 못하였다. 더 나아가 한일회담 반대세력은 미국의 동아시아정책의 변화도 정확하게 파악하지 못하였다(홍인숙 2000, 272-278).

1965년 6월 22일에 조인된 한일협정—'한일기본관계조약', '한일 문화재 및 문화협력에 관한 협정', '한일어업협정', '일본거주 한국민의 법적 지위와 대우에 관한 협정', '한일 재산 및 청구권문제 해결과 경제협력에 관한 협정—은 이후 한국의 정치외교와 경제의 성격을 규정하는 중대한 요인이 되었다.

또한 국군의 해외파병에 대한 반대는 4차 파병이 있을 즈음인 1966년 1월 14일에 가서야 야당 대표에 의해 본격적으로 제기되었다. 야당인 신한당과 민주사회당 창당준비위원회뿐만 아니라 언론인 등 각계인사들에 의해 해외파병에 대한 논란이 계속되었다.7) 국군 전투병력의 베트남전 참전은 국제사회에서 많은 비동맹국가 세력의 비난과 한국정부의 외교적 고립을 자초했다.8)

1967년 6월 8일에 실시된 국회의원선거에서 집권 여당인 민주공화당이 많은 선거 부정을 저지르자 이를 비판하며 전국 각지에서 1개월 동안 부정선거 규탄시위가 계속되었다. 동년 6월 9일, 연세대 학생들의

---

7) 한국군의 베트남 전쟁 개입 논의와 파병 제의는 1954년 이승만에 의해 이루어졌다. 그후 군사쿠데타로 정통성이 결여되어 있었던 박정희의 케네디와의 1차 회담에서 재론되어 그 대가로 미국의 한국 지원을 요청하면서 본격화되었다. 특히 쿠데타 이후 1963년 형식적인 민간정부 수립 때까지 12차례의 역쿠데타 시도, 한일국교정상화에 대한 대규모 반정부 학생시위와 야당의 반대 등 제3공화국의 당면한 위기를 타개하기 위한 정치적 돌파구로서 박정희는 국군 해외 파병을 감행하게 된 것이다.
8) 그러나 베트남 참전의 결과 파월장병과 노무자들의 송금 등으로 한국경제의 부흥에 일정한 기여를 하였다는 지적도 없지 않다.

부정선거 규탄을 시작으로 전국적으로 확산된 시위는 14일 정부가 서울시내 11개 대학에 휴교령을 내린데 이어, 전국 28개 대학과 219개 고교로 확대되었고 시위는 단식투쟁과 함께 계속되었다. 21일에는 '부정부패 일소 전국 학생투쟁위원회'를 결성하고 성토대회가 개최되었다. 이런 시위 열기는 7월 3일 최고조에 이르렀는데, 서울 시내 대학 1만 6천여 명이 시위에 참가하여 6·3 항쟁 이후 최대 규모에 이르렀다. 그러나 시내 고교가 무기한 휴업에 들어가고 4일부터 조기방학에 돌입하면서 시위는 진정되었다. 그렇지만 이 시위는 학생운동 세력의 건재를 과시함과 동시에 국민들의 민주주의에 대한 열망을 거듭 재확인해 주었다.

1968년 1월에 조성된 반공 정세—북한 무장군의 대통령관저 습격기도 사건 및 미군 정보함 푸에블로호 나포사건 등—를 이용하여 박정희 정권은 당시 헌법상으로 대통령의 연임을 제한하는 규정을 개정하려는 3선 개헌을 획책하였다. 이에 직면하여 반체제 운동 세력은 1968년 6월부터 69년까지 3선 개헌 반대투쟁을 전개하였다. 특히 대구의 경북대생들은 정권의 성격을 '파시즘'으로 규정하고 집권 여당의 상징을 빗대어 '황소파시즘 화형식'을 거행하기도 했다. 이 개헌반대 운동은 1969년 9월 여당 의원만이 소집된 회의장에서 개헌안이 날치기 통과되자 소강상태에 빠졌고, 1960년대 운동은 막을 내리게 되었다.

한편 시민사회에서는 중산층 논쟁(1966)이나 경부고속도로 건설로 인한 지역불균등 발전 논란(1968), 순수-참여문학논쟁(1963) 등 분란이 없지 않았다.9) 특히 생활세계에서 민초들이 당하는 노동문제나 민족문제는 사건으로서의 영향력을 획득하기에 역부족의 상태였다. 정권이 운위하는 일방적 선전 이외에 다른 담론은 거론조차 될 수 없는 시

---

9) 중산층 논쟁은 임종철, 신용하, 박희범 등을 통해 대기업중심의 경제발전전략과 중소기업 위주의 개편방향을 둘러싸고 진행되었다. 또한 문학논쟁은 김우종, 김병걸, 김진만, 최일수, 홍사중을 한편으로 하고 서정주, 김붕구, 선우휘 등이 다른 한편에서서 진행되었고, 후에 김수영과 이어령 간에도 진행되었다.

민사회의 위축은 '공포정치'의 직접적 결과라고 지적하지 않을 수 없다.

2) 반공규율사회의 완성과 '반체제' 저항운동

(1) 혁명적 운동세력의 잠복과 비판적 자유주의 운동

박정희 정권의 철권 통치와 대국민 통제는 혁명적 운동세력의 제거와 함께 그 맹아라고 할 수 있는 잔존세력의 청소를 통해 반공규율사회를 더욱 강화하는 것이었다. 이를 위해 남북한간 군사적 대치와 준전시 상황을 악용하여 일체의 통일 논의를 독점하였으며 '학원의 병영화' 등 군사문화 중심의 새로운 질서 재편을 완료하였다. 1960년대 이후의 군부권위주의 정권은 한국전쟁 이후 반공규율사회의 형성 속에 존재하고 있는 '극우반공주의적 의사(擬似)합의'를 체제의 재생산을 위하여 악용하고 심화시키는 과정에서, 민주화운동 세력에 대한 억압과 통제를 지속적으로 추구하였던 것이다.

1960년대의 통일운동은 4월혁명 이후 혁신적 정치세력과 학생운동권에 의해 진전되어 남북교류 등이 추진되었으나, 박정희 정권의 통일정책은 '선 경제건설 후 통일론'의 기조 하에서 수립되었다. 1961년 5월 16일, 쿠데타 발발 즉시 당일 발표된 혁명공약 5호에는 "민족적 숙원인 국토 통일을 위해 공산주의와 대결할 수 있는 실력배양에 전력을 집중한다"라고 천명하고, 1967년의 대통령 연두교서에서는 "오늘의 단계에서 통일의 길은 경제 건설이며 민주 역량의 배양"이라고 언명하였다. 이로써 4월 혁명 이후 체제 경쟁은 냉전체제의 구축과 함께 1970년대 중반까지 계속되었다. 이 와중에 북한 정부 인정과 남북한 유엔 동시 가입을 주장하는 경향신문사 사장인 황용주 필화사건이 발생했다. 뒤이어 남북한 서신 교환, 체육인 및 언론인의 교환을 주장하는 서민호 사건이 발생하였다. 그러나 이런 소박한 인도주의적, 평화적 주장조차도 모두 반공법의 제재를 받아 억눌려졌다.

통일 논의가 불법화되면서 잠복하게 된 혁명적 운동세력은 암중모색과 조직 보존 및 역량 강화를 위한 조직과 투쟁을 전개하고자 하였으나, 번번히 정보기관의 수사망에 포착되어 부풀려진 조직과 활동가들로 묶여진 조작된 조직사건의 제물이 되었다. 1967년 7월, 중앙정보부는 동베를린 간첩단사건 및 민족주의비교연구회 사건을 발표하였다. 이런 사건의 발표는 모두 시민사회안에서 재부상하는 학생운동의 열기를 냉각시키고 국민대중들과 운동세력을 분할지배(divide and rule)하는 데 목적이 있었다. 또한 1968년 1월 무장한 북한 124군 특수부대원의 대통령관저 침입 기도사건을 빌미로, 전국민을 군사자원화하고 성인 남성을 향토예비군으로 재편하였다(1968. 4). 더 나아가 민방위훈련을 통해 민간인조차 군사집단화하고, 학원의 병영화를 위한 대학군사훈련교육을 실시하기로 했다. 동년 8월 통일혁명당 서울시 창당준비위원회 사건 등이 발표되었다. 더욱이 1968년 11월의 울진·삼척 무장간첩 침투사건을 계기로 군부정권은 '안보위기'를 조성하며 반공냉전의식을 보다 강화시켜 나갔다. 또한 동년 12월에는 국민교육훈장을 선포하고 반공교육 강화─'반공을 국시'로 한다는 혁명공약과 일제 천왕의 칙서를 닮은 국민교육헌장의 암송을 연상해 보라!─를 본격화하기 시작했다. 무장공비침투사건을 계기로 하여 전국민의 주민기록을 확보하여 만들어진 주민등록증과 주민통제는, 군사문화의 제도화라는 의미를 지닌 것으로 분할지배를 위한 행정체계의 완비를 말하며, 이것은 국가안보를 위한 '국민총화'의 강조로 미화되었다.

반체제 저항운동은 1969년 3선 개헌 반대투쟁을 시작으로 하여 1971년 부정선거반대투쟁과 '교련반대투쟁' 및 '학원자유수호운동'으로 줄기차게 이어졌고, 반합법 공개기구의 결성으로 조직화되었다.10) 이들

---

10) 민주수호전국청년학생총연맹(1971. 4. 14. 결성), 민주수호기독청년협의회(1971. 4. 20. 결성), '민주수호국민협의회'와 '민주수호청년협의회'(1971. 4. 21. 결성) 등 이들 4개 단체들은 공동으로 동년 4월 27일 대통령선거의 공정성을 위한 선전활동 및 부정선거규탄투쟁을 전개하였다. 군사쿠데타이후 최초의 반정부 지식인연합

은 전통적 의미에서 볼 때 변혁운동의 역사적 맥락 속에 있지 않은 인사들이 주요성원이었고, 기층 계급운동 등에 조직 기반을 두지 않는 '비판적 자유주의'의 이념을 가진 인사들이었다. 이들의 역할과 기능은 민주화운동의 '지도적' 조직이기보다는 학생, 청년운동의 투쟁 쟁점을 대중화하는 것과 함께 국민대중과 유리되지 않도록 하는 매개체의 차원에 머물고 있었다.

(2) '자본주의 비판적' 운동의 등장과 저항적 운동정치의 부활

한편 1960년대 말부터 1970년대 초반 이후 '자본주의 비판적 운동정치'가 본격적으로 등장하여 사회 각 영역에서 권리투쟁과 생존권 투쟁이 전개되었다. 1970년대 민중운동은 두 가지 의미를 지닌다. 종속적 자본주의화에 대응하는 '자본주의 비판적 운동정치'의 출현이 그 하나라면, 다른 하나는 1950년대의 우익적 프레임을 넘어서는 새로운 의미의 저항적 운동정치의 부활이다. 즉 1960년대 말에서 1970년대 초 이후에 노골화되는 권위주의적 제도정치와 배제의 (제도)정치에 대항하는 급진적 성향을 지닌 저항적 운동정치가 출현하게 되고, 지배와 저항의 세력관계에서 서로 대치하는 균형적 상황이 조성되기 시작하여 이후 1980년대에는 저항이 오히려 강화되는 경향을 보이게 되었다는 점이다.

한국전쟁 이후 노동운동이 본격적으로 전개될 수 있는 객관적 조건이 형성된 것은 국가주도형 산업화가 본격 시작된 1960년대 이후라 할 수 있다.[11] 즉 본격적인 도시화의 진전과 함께 급격한 산업화 과정에서

체라고 부를 수 있는 이 민주수호국민협의회는 나중에 민주회복국민회의(1974. 11. 24. 발족), 민주주의와 민족통일을 위한 국민연합(1979. 3. 1. 발족)의 순서로 국가권력의 탄압에 의해 이합집산을 거듭하면서도 저항운동을 선도하였다.

11) 물론 한국에서의 노동운동은 일제하에서는 반제독립투쟁을, 미군정치하에서는 이념노선에 따른 분파투쟁과 한국전쟁기의 파업투쟁 등을 적지 않게 전개해 왔다. 그러나 자본주의적 발전에 따른 본격적인 노동운동의 성장 가능성은 1970년대에 태동하였다고 지적할 수 있을 것이다.

임금노동자가 꾸준히 증가하고 제반 노동문제가 누적되어 왔기 때문이다. 그러나 군사정권은 분단 및 성장제일주의 이데올로기 속에서 노동운동은 물론 기본적인 노동조합의 조직 및 활동까지 강력히 규제·탄압하였기 때문에 경제주의적 노동조합운동조차 불가능한 상태가 계속되었다. 이러한 억압적 상황하에서 다만 비조직적인 노동운동이 산발적으로 폭발하거나 일부 활동가들에 의해 소집단활동이 노동운동 안에 조직화되기도 했다. 그러나 이 모두는 고립분산적, 자연발생적으로 나타날 수밖에 없었다. 물론 제한된 상황 속에서 이러한 일부의 노동운동은 우리나라 노동운동의 발전을 일정하게 지탱하여온 동력임은 부인할 수 없다. 산업현장은 지금까지의 '저항의 무풍지대'에서 삽시간에 상당한 폭발력을 내장한 '투쟁의 돌풍지대'로 전환하는 중이었던 셈이다.

1961~63년 군정과 자본의 노동통제정책은 경제주의적 노동운동의 전개조차 부정하는 것으로 이에 기초한 노동관계법의 개악에 초점을 둔 것이었다. 군정 이후에도 임금가이드라인이 설정되어 노동통제에 적용되었다. 당시 한국노총은 하향식 조직을 통해 4월혁명을 거치면서 부상하고 있던 자주적 노동운동세력을 거세하면서 재조직되어 집권당과 연계되어 있었고, 대한노총 시기와 같이 지배진영의 제도정치 집단과 그 세력관계를 유지하고 있었다.12)

1971년의 재집권에 성공한 박정희 정권은 조국 근대화 달성이라는 '선성장 후분배'의 정책 기조에 따라 농가에는 더욱 싼 쌀값을, 노동자에게는 더욱 싼 임금을 강요하고 국민에게는 더욱 일하는 세대가 되어 통일 국가 건설로 나가야 한다고 역설하는 등 이념공세를 강화하였다. 1971년의 대통령 선거에서 40대 기수론의 야당 후보인 김대중은 1968

---

12) 이들은 군사쿠데타 이후 자주적인 입장의 한국노련의 조직을 사실상 와해시키고 새로이 전국조직을 건설하기 위해 하향식으로 시작되어 전국적으로 단위노조 연합체를 구성하였다. 이 한국노총의 건설주체는 노동운동 지원단체나 각종 노동상담소가 아닌 정당 또는 정치조직의 지원 아래 형성되었다. 그것은 노동조합의 정의에 반하는 체제의존적 회사노조(company union)들이었다고 규정할 수 있을 것이다.

년의 반공 정세하에서 조직된 향토예비군의 폐지를 요구했으나, 집권층의 부정과 비리를 대통령 선거의 승리로 저지하기에는 역부족이었다.

이러한 상황에서 1971년에만 하더라도 6월 국립의료원 인턴파업, 7월 사법부 항명파동, 8월 10일 경기도 광주대단지 주민시위사건, 8월 서울대 등 국립대 교수들의 '자주선언', 9월 서울대 부속병원 등 종합병원 인턴 및 레지던트의 파업, 9월 15일 파월노동자 KAL 빌딩 방화습격사건이 이어졌다.

(3) 민주화운동의 성격 변화와 전태일 분신 투쟁

이런 흐름의 기폭제가 되었던 것이 바로 섬유노동자 전태일의 분신 항의투쟁(1970. 11. 13.)이었다. 그 요구 사항은 단순히 근로기준법의 준수를 요구하는 것이었지만 그것은 자본주의적 계급모순의 한 표현이었다.13) 이 사건이 사회쟁점화되는 과정을 통해 학생운동과 민주화운동의 성격 변화에 중요한 전기가 마련되었다. 즉 이 사건은 노동운동 내부와 학생운동뿐만 아니라 재야 지식인들에게까지 심대한 자극과 충격을 주어 이후 노동자-학생연대(노학연대)와 같은 새로운 연합전선의 구축을 가져오는 씨앗이 되었고, 종교계의 산업선교 활동을 강화하게 만들었다. 이런 운동의 수위가 비록 노동자의 권익 확보를 위한 권리투쟁에 국한된 것이기는 했지만, 그것은 산업화 초기 단계에서 나타나는 불가피한 운동 발전의 한 과정이었다.

1970년대 민중운동은 자신을 던져 분신 항의한 전태일 사건의 발생을 계기로 분출하기 시작하였다. 사건 발생 직후 학생운동권이 직접 나서서 장례식을 거들고 노동문제의 심각성을 사회에 고발하게 되자, 정치계나 종교계도 더 이상 이 노동문제에 대해 무관심할 수 없게 되었다.14) 이 사건의 발생으로부터 민주화운동 내에는 노동자, 농민 및 도

---

13) '인간다운 삶'에 대한 노동자들의 긴급한 요구는 국가와 자본의 노동통제나 억압이 얼마나 비인간적이고 몰인격적인 정도로 가해지는지 당시 현실을 웅변해 주고 있다.

시 빈민을 중심으로 하는 민중 중심의 운동 조류가 형성되기 시작하여, '민중의 바다'로 투신하는 소시민 출신의 활동가들이 등장하게 되었다. 뒤이어 가톨릭노동청년회와 도시산업선교회, 그리고 크리스챤아카데미와 같은 기독교 기관의 교육, 계몽 활동으로 노동운동에 대한 종교계의 지원이 활발하게 되었다(한국기독교사회연구원편, 1983: 156-213). 여기서 훈련을 받은 노동자나 농민들은 민중으로서의 각성이 일어나 이후 운동의 성장에 많은 작용을 하게 되었다.

당시 산업구조는 본격적인 경제개발정책의 전개로 경인지역과 영남 지역을 중심으로 광범위한 공단지역이 건설되어 중화학공업 등 대공장 단위에서 대량의 산업 노동자계급이 형성되었으며, 전체적으로 그 내부 구성과 사회경제적 특성, 그리고 생산력 발전수준의 급격한 고도화를 특징으로 하는 것이었다. 1960년대 말과 1970년대 초에 많은 부실기업들이 속출하고, 이를 수습하는 과정에서 박정희 정권은 1972년 8월, 사채동결과 금리인하로 대표되는 '경제안정과 성장에 관한 긴급명령'을 발표하였다. 이에 따라 기업들은 저금리 융자와 정부의 산업합리화자금 공급과 함께 사채에 대한 상환의무가 연기되는 특혜를 누릴 수 있게 되었다. 그러나 은행대출 증가에 따른 물가상승 압박으로 서민들의 생활고는 더욱 악화되었다.

이 시기는 수출주도성장기로 수출지향 산업화단계에 접어들어 본격적인 수출주도형 공업화성장전략이 적용되던 때였다. 경제성장과 수출입국을 내세운 정부의 산업정책은 1973년과 1979년의 에너지위기로 한국경제를 파국의 위기로 몰고 갔으나, 오일달러를 벌어들인 중동 건설에의 참여 기회를 잡으며 경기회복의 돌파구를 찾았다. 그러나 석유파동은 부동산가격의 폭등에 따른 자원배분의 왜곡과 투기풍조를 조장하여 빈부격차를 한층 늘려놓았고, 상대적 박탈감은 더욱 심화되었다.

---

14) 당시 민주화운동과 인권문제를 중시했던 몇 개의 기독교 교회는 '작은 해방구'의 역할을 수행하였다.

그러나 박정희는 '근로보국'을 제창하며 '일하는 해', '더 일하는 해'를 지정하여 생산과 수출을 진두에서 지휘하였다. 그래서 국가권력의 막강한 사회적 지배력은 '군부집권세력=상급 동반자, 독점자본=하급 동반자'라는 수직적 관계로 응결되고 있었다(조희연 1998, 275).

자본주의적 산업화의 진전과 이에 따른 계급갈등의 분출과 함께 1974년에는 동아일보(3. 6.)와 한국일보(12. 10.)기자들이 신분보장과 임금인상을 요구하며 언론노조를 결성하기도 했다. 이 언론노조운동은 급기야 소시민성을 가졌던 언론노동자들이 언론자유운동으로 발전하고 사회민주화운동에 동참하는 계기를 마련해 주었다. 이것은 시간이 지날수록 가혹해지는 지배블록의 억압으로 인한 시민사회의 위축이 점점 그 정도를 더해가는 상황 속에서, 자유주의적 권리의식이 성장하고 언론인 등 지식인들의 지사적 비판의식이 행동으로 표출하게 되었던 것이다.

3) 억압적 통치의 극단화와 분산적 민중투쟁

박정희 정권은 모든 국내체제를 전시체제화하는 '국가비상사태'를 선언하고(1971. 12. 6.), 국가보위에 관한 특별조치법을 야당의 반대 속에 국회에서 통과시켰으며(1971. 12. 27.), 이듬해 7·4 남북공동선언 채택과 적십자회담 개최를 빌미로 국민 대다수의 남북대화에 대한 열광적인 지지에 기초하여 남북관계 개선이라는 명분 아래 일사분란한 독재를 단행하였다. 1972년 10월의 헌법질서 정지와 12월의 '유신헌법'이 제정되었는데, 이것은 개발독재국가의 재강화를 위한 것으로 독재권력에 의한 운동정치의 전면적인 억압의 성격을 띤 것이었다.

박정희 정권은 1972년 '10월유신'을 단행하면서 이 '궁정쿠데타'—헌정질서를 스스로 전복시키면서 동일인이 정권을 재창출하였음—의 이유로 남북대화와 통일을 위해서는 정권 유지와 그 계속성이 유지되어야 한다는 명분을 내세웠다. 이것을 '한국적(토착적) 민주주의'의 주창이라고 관련이론가들에 의해 해석, 선전되었다. 다른 한편으로 대통령 선거를 간접선거로 바꾸면서 그 선거인단을 '통일주체국민회의대의원'이라고 칭하고 친여권 성향의 인사를 선거에 나서게 하여 선거에 의한 대통령 선출이라는 기만책을 구사하였다.

박정희 정권은 새마을운동과 같은 하향식 방식을 통한 농민동원, 인사정책에서의 지역차별과 군출신 인사의 등용을 통해 한편으로 억압체제를 강화하고, 다른 한편으로 선별 구제를 통해 민심 이탈을 저지하려는 발전론적 사회통합을 시도하였다. 그러나 민주화세력은 개헌청원 100만인 서명운동의 선언(1973. 12. 24.)을 시작으로 반격을 시도하였다. 이에 대해 박정희 정권은 '과대망상증에 사로잡힌 불순분자들의 황당무계한 행동'을 탄압하기 위하여 긴급조치 1, 2호(1974. 1. 8.)를 발동하고 '전국민주청년학생총연맹사건'(민청학련사건. 1974. 4. 3.)을 이유로 긴급조치 4호에 이어 9호까지 발동하여 납치, 체포, 구금, 고문과 같은 가혹행위를 일상사로 하는 인권 유린과 폭압을 계속하고, '남조선민족해방전선사건'의 발표(1979. 10. 9.)를 통해 공포정치를 완성하였다. 그것은 기존 운동세력의 대체가 아닌 절망적인 투쟁의 발로였으나, 이마저도 폭압정치의 철퇴를 맞아 좌절되고 말았다.

유신체제 하에서 박정희 정권은 국가 차원에서 통일논의를 독점하면서 사실상 통일운동을 무력화시켰다. 1971년 간접선거에 의해 재집권을 시작한 이후 박정희는 남북관계의 재정립을 정권안보의 차원에서 추진하였다. 1972년 남북공동성명을 발표하여 남북의 평화적 통일을 위한 "자주, 평화, 민족적 대단결의 3대 원칙"에 합의하고, 8월에는 남북적십자회담을 제의하고 성사시켰다. 11월에는 남북조절위원회를 개최하여 당장 남북통일이 될 듯한 환상을 국민대중과 이산가족들에게 심어 주었다. 이런 통일 논의와 진전에 대한 민주화운동세력의 입장은 초기에 매우 호의적인 반응을 나타내었다.[15] 그러나 유신독재체제가 등장하고 6·23 선언을 통해 남북한의 국제연합 동시가입을 북한에 요구하는 등, 남북대화의 정치적 의도가 노정되면서 정권의 허구가 반체제운동세력에 의해 지적되었다. 결과적으로 남북관계의 해빙 가능성은 미 제국주의와 파시즘정권에 의해, 그리고 적대적 의존관계에 있었던 북한의 무성의에 의해 냉각되고 말았다.

한편 3선 개헌 반대운동의 좌절을 딛고 1970년과 1971년에는 민주수호운동이 전개되었으나, 1960년대 말부터 조성된 반공정세를 최대한 활용한 파시즘 체제는 마침내 10월 유신을 단행하여 민주화운동의 전진을 다시 한번 가로막았다. 이 시기 학생들에 의한 민주화운동은 1971년 교련철폐운동으로부터 시작되어 4월에는 1970년대 최초의 학생운동 연합체인 '민주수호 전국청년학생연맹'이 결성되어 운동을 주도하기 시작하였다. 그 와중에 서울대에 휴업령이 내려지면서 소강상태를 맞이하다가, 8월에 대학 자주화 선언운동으로 비화되기도 했다.16) 그리고 중앙정보부원에 의한 전 대통령 후보 김대중씨에 대한 일본 도쿄에서의 납치사건(1973. 8. 8.)이 발생하고, 10월유신이 선포된 이후 최초로 1973년 10월 2일에는 서울대 문리대생들이 '정보파쇼정치 중지, 김대중사건의 진상 공개' 등 자유민주체제 확립을 요구하는 시위를 전개하였다. 이 시위 사건은 '유신체제 비판 불가'라는 금기를 깨는 역사적 의미를 지닌다. 이어 동년 12월 23일에 헌법개정청원운동본부가 설치되어

---

15) 박정희 정권의 남북대화에 대하여 예를 들어 『사상계』 발행인이었던 장준하는 「민족주의자의 길」이라는 글을 통하여 "통일은 처음부터 끝까지 민중의 일이다……. 통일은 우리가 하루하루 사는 생활과 직결된 것이다……. 통일이 없이는 가난, 부자유, 이 모든 현실적 고통은 궁극적으로 해결되지 못함을 알고 알려야 한다. 그러므로 통일문제는 민중 스스로가 관여하고 따지며 밀고 나가야 한다"라고 주장하였다(『씨알의 소리』 1972. 9.). 후에 덧붙이기를 그는 "민족통일전략의 한 단계"라는 강연 초안에서 "민족세력의 물질적 토대는 자주자족적인 민족경제와 구조적으로 복지 평등 사회인 경제체제이다……. 민족세력은 그 실체가 민중이며, 반일 반외세의 민족 세력이며, 자유를 위하여 투쟁해 온 모든 민주 민족세력이다……. 지금은 통일보다는 통일운동의 자유를 쟁취해야 할 때이다"라고 지적하기도 했다.
16) 1970년대 청년문화론을 제기한 남재희는 한국 학생운동이 민주주의나 민족주의와 같은 '통념적 진리'에 기반해 있어 획일성과 소극성으로 인하여 침체할 수밖에 없다고 진단하였다(『세대』 1970년 2월호). 1970년대는 미국에서 수입된 '통기타, 청바지와 생맥주'로 대표되는 생활양식이 풍미한 시기였다.

개헌청원 백만인 서명운동이 시작되었다. 이 운동이 지식인과 문인들에게 확산되자 1974년 1월 헌법 개정논의를 금지하는 긴급조치 1호가 발동되었다. 긴급조치는 개헌론의 절대금지, 노동운동 금지, 언론 검열 등을 주요 내용으로 하여 9호까지 계속 발동되면서 1979년 12월까지 지속되었다. 이 긴급조치를 가져 온 학생운동세력의 본격적인 저항운동은 1974년 4월의 민청학련사건으로 확대되었다.

1970년대 초반부터 박정희 정권은 '국가비상사태'를 선포하고 '국가보위에관한특별조치법'을 제정, 발효시켜 사실상 노동3권을 원천 부정하였다. 이 법 9조 1항은 노동자가 단체교섭과 단체행동을 할 경우에는 사전에 주무 관청에 조정 신청을 내야하고 그 결정에 따라야 한다고 명기하였다. 대통령은 국가 안보에 해를 주거나 국가 동원에 지장을 주는 특정 노동자의 단체 행동을 규제할 수 있다는 특별 규정을 두었다(동법 9조 2항). 이제 노동운동은 처음부터 비제도적 차원에서 전개될 수밖에 없게 되었고, 한국노총은 제도권내에 안주하여 체제순응적인 존재로서 기능할 수밖에 없게 되었다. 이 시기에 노동조합활동은 공산주의 활동과 거의 동일시되었고, 파업은 파괴이며 사회불안을 야기시킨다고 악선전되었으며, 미군부대와 외국인 투자기업 취업 노동자에게는 형식적인 노동 3권조차 규제되었다.17) 그리고 1973년에 노동조합법과 노동쟁의조정법이 개악되면서 노동조합의 교섭활동과 쟁의행위가 더욱 제약되고 노사관계에 대한 정부의 개입은 가일층 강화되었다. 이는 산업화의 진전에 따라 협약자치(Tarifautonomie)를 중심으로 하는 노동조합운동이 착근하고 발전해야 할 시점에, 관련 법률이 자주적 노동운동과 노사의 집단적 교섭을 더욱 제약함으로써 노동운동의 비극을 낳는

---

17) 어느 자본주의국가에서 산업화 초기에 노동운동의 자유를 보장한 경우는 없다. 남한의 경우 그런 산업사회에서의 노동조합 활동의 자유가 헌법상의 명목적 조항으로 보장되어 있음에도 노동기본권은 사실상 30년 이상 침해되고 억압받아 왔다. 그런 조건위에서 높은 경제성장을 달성할 수 있었던 배경을 남북한간 민족분단 상황과 운동경험의 빈약, 노동자집단의 즉자적 이해관심과 함께 고려해 볼 필요가 있다.

원인을 제공하였다(김형배 1993).

이처럼 유신정권과 자본의 노동통제정책은 경제주의적 노동운동의 전개조차 불허하는 것으로 노동관계법조차 지켜지지 않는 최악의 상황에 놓여 있었다. 여전히 임금가이드라인이 노동통제의 수단으로 적용되었고 신규 노조의 결성조차 극심한 제약 아래 있었다. 노동조합의 전국적 연합단체인 한국노총은 정부, 기업과의 유착 때문에 '어용노총'이라는 비난과 지적을 받아야 했고, 극심한 무기력상태에 놓여 있었다. 당연히 한국노총의 상층부는 민주공화당과 유신정우회와 연계되어 있었고, 한국노총 간부가 제도정치 집단과 그 세력관계를 유지하고 있었다.

이러한 억압과 통제에도 불구하고 유신독재와 그에 대한 한국노총의 투항주의적 노사협조주의와 어용화를 거부하는 민주노조운동의 흐름이 이어졌다. 즉 노동운동의 우경화와 이에 대한 비판으로서의 진정한 노동조합운동의 표현양식으로 민주적이고 자주적인 노동조합운동의 태동이 이루어진 것이다. 특히 1977년 청계피복노조의 투쟁은 유신체제하에서 노동자들이 전개했던 민주적 노동운동의 전투성을 상징적으로 보여준 것이었다. 또한 1970년대 이래 성장한 섬유산업 조직노동자들의 진출이 나타나기도 했는데, 한국모방노조의 민주화투쟁과 뒤이은 1970년대 민주노동운동의 구심으로 등장한 원풍모방노조의 활동과 동일방직노조 민주화 투쟁 등이 전개되었다. 이런 운동의 전개과정에서 조직노동자들은 운동주체로서 자주적인 저항을 보여 나갔다. 여기서 '자주적'이라 함은 외부의 지원이나 국가와 자본의 개입보다는 자신들의 방법과 역량으로 문제를 극복해 나가겠다는 자각과 경험의 축적에 바탕을 둔다는 의미였다.

1970년대 노동운동의 특징은 다음 몇 가지로 요약할 수 있다. 첫째, 요구 수준이 권리 확보에 두어져 있었다.[18] 노동쟁의 과정의 요구 내용

---

18) 일견 경제투쟁에 국한된 듯한 이런 노동조건개선투쟁은 종종 정권의 무리한 억압에 의해 정치적 투쟁으로 전화되어 나가게 되고, 이에 참여한 조직노동자들에 의해

을 보면 임금인상과 체불임금 청산, 노조 결성 및 활동 보장, 부당 해고 반대 및 부당 처우 시정 등의 초보적 경제투쟁에 국한되는 것이었으나 결국에는 정치적 성격을 띠는 투쟁으로 전화하게 되었다. 둘째, 투쟁 양식이 기본적으로 개별 운동 단위에 치우친 고립분산적이고 자연발생적인 성격을 내포하고 있었다. 또한 경우에 따라서는 극한적이고 폭발적인 양상으로 전개되었다. 이것은 노동운동 조직의 주도에 의한 조직적이고 계획적인 지도와 통제의 부재를 의미하는 것이다. 셋째, 노동 3권이 사실상 유린된 정치지형 위에서 노조 활동의 보장을 요구했던 것은 노동자 대중의 조직적 요구가 점차 집단적이고 계획적이며 조직적인 수준으로 고양되고 있음을 시사하는 것이었다. 넷째, 1970년대 초기의 노동자 개인에 의한 자해 방식의 투쟁과 운동방식에서 더욱 집단적인 형태로 투쟁과 조직 내용이 변화하고 있었다. 다섯째, 각종 형태의 노동교육이 이루어져 노동자들의 의식이 점차 대자적 계급 수준으로 각성될 여지를 안고 있었다. 그러나 조직 노동자들의 의식은 조합주의적 수준을 벗어나지 못하고 있었는데, 그 이유는 교육 주체들이 안고 있는 과학적 인식의 부재 때문이었다. 그렇지만 정치경제정세의 변화에 따라 노동자 대중운동은 얼마든지 재개, 복구, 전진할 가능성을 안고 있었다 (김낙중 1982; 김금수 1986; 전태일기념사업회 편 1990).

1970년대의 민중운동은 빈민운동과 농민운동 영역에서도 발생하였다. 빈민운동의 경우 도시 재개발과 도시 환경 개선이라는 미명하에 벌어진 빈민촌의 집단적 철거는 당연히 이를 반대하는 주민들의 반발을 사게 되었고, 개발정책에 저항하는 도시 빈민들의 집단적 저항과 마찰을 불러 일으켰다. 이는 무분별한 도시계획과 산업화에 따르는 거대 도시화가 인구의 집중과 집적을 가져옴으로써, 주거 공간의 결핍과 빈곤의 재생산을 막지 못한 데 그 근본원인이 있는 것이었다. 그 중에서도

낮은 차원에서 정치투쟁을 전개하게 만들었다.

대표적인 사례로는 광주대단지 주민 집단항의 사건이었다. 1971년 8월 1일 만6시간 동안 벌어진 5만여 명의 광주대단지 주민들의 폭발적 집단항의는 정부의 무계획적인 도시정책과 졸속행정에 반발하여 터진 것이었다. 서울시장이 주민들의 요구를 무조건 수락하겠다고 약속함으로써 일단락되었던 이 사건은 해방 이후 최대 규모의 도시빈민투쟁이었다.

1970년대의 농민운동은 해방 이후 농지개혁이 실시된 이래 이 시기에 들어와 가장 본격적으로 전개되었다고 지적할 수 있다. 이런 운동은 1970년대 초반 한국가톨릭농민회의 결성과 1970년대 중반 이후 크리스챤아카데미의 농민교육프로그램, 그리고 YMCA의 농촌개발사업으로부터 촉발된 것이었다. 농민들은 가톨릭농민회가 중심이 되어 전개되었던 **농협민주화투쟁**, 함평고구마사건, 경지정리사건, 강제경작반대투쟁, 올류 농지세 부당성개선투쟁, 새마을사업 부당성 강제집행반대투쟁, 저농산물 가격정책 반대투쟁, 피해보상투쟁, 농민운동탄압저항투쟁 등에서 볼 수 있듯이 그 이전 시기에는 찾아 볼 수 없었던 운동 내용과 방법을 통해 조직적·집단적·지속적으로 권리 신장 투쟁을 벌여 나갔다. 그러나 1970년대부터 정권은 '새마을운동'의 전개를 통해 농촌사회에 근대화론을 유포하여 이념공세와 질서재편을 강화하였다.19)

요약해서 말하자면, 1970년대 민주화운동은 다음 몇 가지의 특성을 지닌다고 할 수 있다. 첫째, 노동자·농민·도시빈민들에 의해 민중운동 역량이 본격적인 운동세력으로 등장하여 투쟁의 지속성과 전투성을 보였고, 민주운동세력이 이에 대해 강한 연대와 지원을 아끼지 않았다는 점이다.

둘째, 각계각층의 민주화운동이 점차 조직성을 보유하게 되자 지배

---

19) "새마을운동은 한국적 민주주의의 토착화를 위한 실천도장이요, 참다운 애국심을 함양하기 위한 실천도장인 동시에 10월유신 이념을 구현하기 위한 실천도장이다." 박정희 대통령 연설(1973. 11. 22. 전국새마을지도자 대회 치사 중). 『박정희 대통령 연설문집』 5권 상: 8대편, 1976, 177).

진영의 탄압도 보다 대형화되고 집요하게 되었으나 이에 굴하지 않고 소시민을 중심으로 한 운동이 줄기차게 진행되어 저항했다는 점이다. 예를 들면 언론자유수호운동을 전개하다가 1975년 3월 대량으로 해고된 언론노동자들은 동아·조선자유언론수호투쟁위원회를 만들었다. 그리고 1976년 교수 재임용에서 탈락한 대학 교수들은 1977년 12월에 해직교수협의회를 만들었다. 더욱이 독재정권을 비판하다가 제적·구속된 학생들과 정치범 가족들은 민주청년인권협의회와 구속자가족협의회를 결성하여 탄압에 굴하지 않고 활동을 전개하였다(동아자유언론수호투쟁위원회 2000).

셋째, 민주화운동을 효율적으로 전개하기 위해 그동안 동질적이면서도 분산되어 왔던 부문들이 스스로 조직화를 도모하여 활동하는 사례가 많아졌다는 점이다. 예를 들면 1974년 3월 천주교 정의구현사제단이, 11월에는 민주회복국민회의가 결성되어 지식인이나 종교인들의 민주화운동 참여가 본격화되었다.

넷째, 조직적인 연대운동이 시도되었다는 점이다. 1970년대 최초의 재야 지식인 연합체로 결성된 민주수호국민협의회는 강연회, 좌담회, 성명전, 인권탄압 사례조사, 공명선거를 위한 선거 참관인단 구성 등 다양한 활동을 전개했으나 범국민운동으로 승화되지 못하고 지식인 운동체에 머물렀다. 그러나 이 운동단체는 나중에 이런 연합체 결성의 모태로서 작용하였다. 예를 들면 한국인권운동협의회(1977. 12.)와 '민주주의와 민족통일을 위한 국민연합'이 각각 결성되어 활동하였다. 이러한 운동집단들이 점차 자신들의 계급적 한계를 절감하는 사이에 민중들은 자신들의 계급적 현실을 직시하면서 점차 집단적이고 조직적인 권리투쟁과 정치적 성격을 띤 경제투쟁을 전개하기 시작하였다.

4) 발전국가의 사회적 위기와 체제 붕괴

개발독재국가의 억압 조치는 '불만과 고통의 사회화'를 잉태, 양산하였고 형해화된 사회복지제도의 도입은 산업화의 응달을 빛이 들지 않는 사각지대로 만들었다. 독재의 후유증은 경제영역뿐만 아니라 사회, 문화 영역에까지 드리워져 한국 사회에 창의성의 거세, 진취적 기상의 포기와 같은 세기말적 풍조를 낳기도 하였고 나중에는 해외이민 풍조로 이어지기도 하였다. 1960년대 이래의 군사파시즘체제의 경직화(stiffening)는 자율적인 제도정치영역, 시민사회영역을 더욱 제한하게 되고 국가에 의한 제도정치의 종속과 복종을 전제로 해서만 존재하게 되고, 사회운동 조직은 합법적인 영역에 존재할 수 없게 되는 식민화(colonization) 현상이 일정기간 계속될 수밖에 없게 만들었다(조희연 등 2000, 131).

이러한 상황에서 1978년 10대 국회의원선거에서의 야당의 선전과 일정한 승리(신민당 32.8%, 민주공화당 31.7%, 무소속 28.1% 득표), 야당 지도부의 민주적 재편, YH 여성조합원에 의한 전투적 항거, 국회에서 야당총재의 제명, 부산·마산지역 학생시위의 발생으로 지배블럭 내 강온파간의 대책시비는 마침내 1979년 10월, 대통령암살사건의 발생으로 비화하여 18년 군사독재체제를 붕괴시키는 데 큰 작용을 하게 되었다. 특히 봉제업체인 YH(용호)상사에서 일어난 노동쟁의인 YH노조농성사건(1979. 8. 9)은 야당 정치인과 종교계 인사들의 참여, 여성노동자들의 민주당사에서의 시위 및 농성, 농성중이던 여성조합원 김경숙의 죽음으로 인해 엄청난 사회적 파장을 불러 일으켰다(전 YH노동조합 편 1984). 이 사건은 기층 민중의 생존권 요구투쟁과 보수야당의 반독재투쟁이 결합하여 광범위한 반독재민주연합이 형성되는 계기(momentum)라는 의미를 갖게 만들었다.

결국 국가에 의한 억압은 운동정치의 급진화와 확산에 오히려 지렛대 역할을 하게 되어, 1979년 10·26사건의 발생은 이런 '위기의 정치'를 무마하고자 했던 지배블록 내의 대처방법상의 논란과 차이를 직접적으로 반영한 셈이 되고 만 것이다.

이와 같은 운동의 성장과 경험 속에서 민중운동은 그 운동 주체로서 자신을 이론상으로 정립해 나가고자 하였다. 그러나 민중들은 사회운동의 선두가 소시민출신으로 이루어져, 한편으로 쟁점개발과 문제제기의 차원에서 선도투쟁을 벌이는 것을 목도하면서 자신들의 주체적 진출을 1980년대까지 유보하지 않을 수 없었다. 그 이유는 대중운동으로서 자기 발전을 하기에는 역부족인 시대상황적 한계가 너무 무거웠기 때문이었다. 지배권력은 바로 이점을 노려 긴급조치와 같은 통치행위의 극단화를 통해 일체의 정치적 논의나 집단행동을 견제하였다.

결국 이 시기의 운동은 민주변혁의 주체를 올바로 내세우지 못하고 일회적이고 분산적인 수준의 성명서 발표나 시위 운동을 전개하는, 소시민층들이 나서는 반독재 투쟁을 주된 것으로 하는 것이었다. 이것은 외세에 종속된 군부독재체제가 여타의 정치, 경제, 사회의 민주화를 위한 개혁적 발언이나 발전 방안을 극도로 억압한 데 일차적 원인이 있긴 하지만, 사회의 근본적 개조를 겨냥한 과학적 운동 방법과 사상이론의 천박함과 부재로부터 비롯하는 것이기도 하였다. 그러나 계급적 자각과 집단적 성격을 띤 민중운동의 등장은 점차 대중성을 지향하고 더욱 근본적인 사회 변혁을 꿈꾸는 조류가 형성되어 새로운 운동이 전개되는 1980년대를 맞이하게 되면서 부터라고 말할 수 있다. 이로써 한국사회는 일정한 계급형성의 과정을 거쳐 본격적인 수준의 계급투쟁이 실제로 전개될 여러 조건들을 갖추게 되었다. 그리고 이후 사회운동은 직접적 억압의 공세를 반전시키기 위한 '구심력적 심화'(centripetal deepening)의 과정을 추구하게 되었고, 학생운동 및 지식인운동의 전위화(前衛化)가 이루어지게 되었다. 여기서 전위화라는 것은 반공규율사회라고 하는 극우반공주의적 의사합의 상황 속에서 지배세력으로부터의 이데올로기적 공격에 '상대적으로 자유로운' 학생이나 지식인, 종교인들의 투쟁이 저항전선에서 선두에 놓여지게 되는 상황을 의미한다.

3. 개발독재 국가의 위기와 '시민사회의 반란'

1) 80년대 전반 개발독재 국가의 통제의 위기와 저항적 운동정치의 활성화

1979년 '12·12 군사반란'으로 정권을 찬탈한 신군부 세력의 대오정비가 막후에서 진행되고 있는 가운데, 1980년 이른바 '서울의 봄'을 맞아 재야 정치인뿐만 아니라 학생운동세력 등은 동요하기 시작하였다. 이들은 차기 정권의 향배에 대한 의구심으로 '안개정국'의 추이를 관망하고 있었다. 이런 상황에서 지식인들의 기존체제에 대한 지지의 철회와 변화의 요구는 모든 대안적 사회운동의 기본조건을 구성한다. 대학 교수들의 지식인선언 발표(1980. 4. 24.)는 지배체제로부터 지식인층의 이반을 상징적으로 보여준 사건이었다.

1980년 봄이 되자 아래로부터의 민생 현안이 집단적으로 제기되었다. 강원도 정선군 사북읍에서 약 2천 5백여명의 탄광노동자들이 노조 지도부의 관료적 어용성과 지방 경찰의 노조 지도부에 대한 비호를 이유로 비노조 파업(wildcat strike)을 일으켜 당시 인구 4만명의 탄광촌을 4일 동안 치안부재 상황과 기존 질서가 마비되는 상황으로 만들었다(1980. 4. 20)(정선지역발전연구소 2000). 이 사건을 전후하여 전국적으로 노조 결성, 임금인상, 해고 반대 등 노동조건 개선투쟁이 줄을 이었고, 5월에는 한국노총 민주화투쟁이 전개되었다(1980. 5. 11). 광주민중항쟁이 발생하기 전까지 '과도기적 정치 해빙기'의 노동운동은 격렬성, 전투성, 대규모성을 보여 주기에 충분한 운동 에너지를 발산하였다. 한국 노동운동사에서 1980년은 그 의미가 적지 않다. 왜냐하면 이후 노동운동의 전개 양상이 이 시기에 다양한 형태로 시도되었기 때문이다. 1980년 4개월 동안 노동쟁의는 전년도의 105건에서 848건으로 증가하였다. 이들의 투쟁에서 나타나는 집단적 전망은 평등주의적이고 공동체주의적이었다(최장집 1988). 그러나 그동안 극심한 침해를 받아온 노동기본권을 쟁취하기 위한 민주노조세력의 연대집회는 학생운동세력의 가두시위가 시작되자 자진 해산되고 말았다. 민주노동운동세력은 아직 본격적인 정치투쟁을 전개할 준비를 갖추지 못했다고 판단하였기 때문이다.

한편 대학사회에서는 학원민주화투쟁이 전개되었고 급기야 전국적인 수준에서 정권타도투쟁으로 비화하였다. 학생운동권 내부에서 '준비론'과 '투쟁론'이 대두하고 적극적인 정치시위와 가두투쟁이 전개되었다. 그러나 10만여 명이 참여한 서울역 시위에서도 국민대중의 참여는 저조하거나 전무하였다. 그것은 대중적 조직 토대의 불비, 신군부세력의 실체에 대한 대중의 무관심, 타 정치세력과의 연합 형성 부진, 자연발생적 노동운동의 연대 기피 등 여러 가지 요인을 지적할 수 있다. 아직 국민대중 사이에서는 1979년 12월의 군사반란의 발생과 신군부 주도의 정국 재편 음모에 대한 구체적인 물증을 확보하지 못하고 있었고, 또 제도언론이 제 목소리를 내지 못함으로써 '문제제기집단으로서의 학생운동'의 민주화 요구를 방관하고 있었다. 부분적으로 언론인들이 항의를 시도하였지만 군인들의 방해를 넘어서지 못하는 한계를 나타냈다.

이에 대해 전두환 등 쿠데타 주모자들은 5·18 비상계엄령을 통해 군부통치를 전국적으로 확대실시하고, 광주민중항쟁을 유발케 하여 공포정치를 재현하였다(전남사회문제연구소 1991; 정상용 외 1995; 손호철 1997a). 대표적으로 초헌법적인 위상을 가진 '국가보위비상대책위원회'를 구성하여 8월에는 노동조합 임원 등 전사회적 차원에서 대량 정화조치를 통해 많은 사람들을 노동현장에서 축출하였다.

공수부대의 진입과 양민학살에 대한 시민들의 무장저항, 군부에 의한 무차별적인 진압으로 나타난 광주민중항쟁의 유혈적 진압 이후 1980년대 운동정치는 변혁적 성격을 띠고 '부활'하게 된다. 정치적 간빙기에 일어났던 '민주화의 봄'은 실패와 좌절로 마감하였지만, 이때 발생한 유혈사태의 책임을 둘러싼 공방은 1980년대 내내 이어지고 끊기기를 거듭하였다. 애초부터 통치의 '도덕성'을 상실함으로써 물리적 억압의 수준을 높여갔지만, 이미 독재국가의 통제는 위기를 맞고 있었다. 이러한 위기에 '조응하여' 저항적 운동정치는 국민적인 기반을 가지면서 활성화되어갔다.

이러한 과정에서 우리는 1970년대의 반독재 민주화운동의 이념적 심화를 발견하게 된다. 어떤 점에서 민주화운동은 '새로운 시작'을 하고 있었다. 새로운 시작을 모색하는 과정이란 이미 1970년대 말에 부분적으로 진행된 정치경제학 비판 연구와 과학적 사회주의 등 운동이론의 도입과 학습이 1980년대에 들어와서는 음성적 방식으로 하위문화의 한 양상을 띠며 본격적으로 운위되기 시작하였다는 점이다(김진균·정근식 1990). 즉 분단공간에 대한 재해석, 노동운동 등 민중운동의 중요성 인식, 연합 및 동맹전술의 적용, 미국의 한반도 정책의 재평가 등 이후 민주화운동의 새로운 방향과 전개양식을 예감하는 다양한 조짐 등이 펼쳐졌다. 여기에는 노동자 계급형성, 국가론, 계급구조, 사회주의에 대한 일본과 서구 포스트 맑시스트들의 논의가 다양하게 반영되었다.[20] 이런 이론들로부터 '모순, 종속, 세계체제, 상대적 자율성, 계급형성, 착취, 부르주아지와 프롤레타리아트, 소상품생산자' 등의 개념이 소개되었고 한국사회와 관련되어 그 실천적 함의가 '자취방과 담배연기' 속에서 논의되었다. 그것은 시민사회의 '반란'을 준비하는 데 일정한 학습의 기회를 제공했다. 물론 그것만으로 행위와 실천의 충분조건이 될 수는 없었지만, 1970년대 운동정치의 혁명화와 이데올로기적 급진화, 그리고 자

---

[20] 이에 대해서는 서관모(1984), 최장집(1985), 김인동 외(1985), 조희연 외(1985), 임재경(1987), 전원하 편(1990), 손호철(1997b), Thompson(1966), Poulantzas (1975), Hunt(1977), Przeworsky(1988) 참조. 그러나 이런 흐름은 한편으로는 맑시즘에 대한 학습열풍과 함께 사회변혁에 대한 계몽적 효과와 남북문제 등 다기한 모순에 대한 인식지평의 확장을 가져 왔지만, 다른 한편으로는 '생활상의 요구'에 근거한 사상, 이론, 방법으로 발전하지 못한 채 지도노선의 결함 등 많은 난제를 '미래의 역사'에 남겨 두기도 했다.

본주의 비판적 운동정치 내부에서의 혁명적 경향이 출현하게 되는 계기들이 마련되었다.21) 1980년대 재야의 급진화 과정은 한편에서는 앞서 '자유주의 좌파'로 명명했던 1970년대의 재야가 급진적 좌파 혹은 사회주의적 좌파로 분화하는 과정이었으며, 다른 한편에서는 새로운 세대의 운동가들이 급진적 좌파 혹은 사회주의적 좌파로 변화하는 과정이었다. 또한 1970년대 운동정치의 전투성을 뛰어넘는 전략적 투쟁성이 나타나기도 하였는데, 이것은 그동안 배제된 제도정치와 급진적 운동정치의 전면적인 결합에서 비롯된 것이었다.

2) 운동정치의 체계적 저항과 '구심력적' 심화

1980년대 초반 광주민중항쟁을 통하여 민중의 저항을 무력 진압한 군사정권은 미국의 후원을 받으면서 새로운 군부독재체제를 공고화하기 위한 정지작업을 벌이게 된다. 그래서 5공화국 성립 이후 진행된 일련의 물리적 탄압을 통하여 1970년대의 반파시즘 투쟁과정에서 성장한 각계각층의 저항조직, 민중들의 생존권투쟁 조직들이 많은 탄압을 받게 된다.

1980년대 초반과 중반은 이런 군사독재정권에 대한 민중들의 저항과 그에 대한 극악한 억압의 극단적인 악순환의 과정이었다. 부산미문화원 진입과 방화사건(1982. 3. 18.)은 전두환 정권의 등장 이후 광주민중항쟁과정에서 드러난 미국의 독재정권 지원에 대한 항의와 함께, 미국반대 의사가 대중적으로 확산될 수 있는 계기를 만들어 주었다. 이미 '미국은 우리의 우방인가'라는 문제의식이 서울대 학생시위(1980. 12.)로 분출한 바 있었다. 이와 함께 이 사건의 발생은 좌절과 패배의식으로 잦아들었던 민주화운동이 재개되는 디딤돌 역할을 하였다.22) 이어 강

---

21) 이에 대해서는, 한완상 등(1987), 루시마이어(1995), 테어본(Therborn 1977) 참조.
22) 전두환 정권은 불법적 권력장악으로 인한 정권의 정통성 부재를 외부의 지원 및 민주세력의 탄압을 통해 보완하고자 다양한 노력을 경주하였다. 이에 대해 학생운동세력은 국제행사 관련 반대시위—예를 들어 1983년 IPU총회개최 반대시위, 1985년 IMF·IBRD총회개최 반대시위, 1986년 아시안게임 및 올림픽 개최반대시위 등이 있다—와, 1984년 방일반대시위, 1985년 방미반대시위 등 외교 관련 반대

원대생의 미 성조기 소각사건(1982. 4. 22.)이 연이어 일어나면서 운동은 주변부로부터 그 새싹이 움트기 시작하였다.

한편 독재권력은 대표적 민주노조였던 원풍모방노조에 대한 탄압을 본격화하여 항의농성중인 650여명의 노조원을 폭력적으로 강제 해산하였다(1982. 10. 1.). 노동운동세력을 국민대중과 이간하고 고립시키려는 고사전략이 반복적으로 적용되었다(장남수 1984; 민중석 1989 참조). 그러나 1980년 노동운동에서의 발전은 지난날의 경제투쟁을 만회하기 위한 정치투쟁이 전개되면서부터라고 지적할 수 있다. 왜냐하면 그런 정치적 연대파업을 통해 노동자계급은 대자적 계급으로 자기해방을 추구할 가능성을 확인할 수 있었기 때문이다. 구로지역 노조 연대파업 이후, 인천 등 경인지역에 서울노동운동연합 등 전국적 차원의 각종 정치투쟁조직이 건설되었고, 그래서 관련 공안당국의 기획수사의 표적이 되었다.

1980년대의 민중운동은 다양한 부문과 영역에서 전개되었다. 한국기독교농민회총연합회의 창립(1983. 3. 18.)과 농협 조합장 직선제 실시 10만명 서명운동 개시(1983. 8. 1.), 야학 교사와 관련 대학생, 노동자 50여명이 경찰에 강제 연행되어 조사를 받은 야학연합회 사건(1983. 8. 23.) 등이 발생하면서 노동자뿐만 아니라 기층 민중들의 권리신장 활동이 강화되어 나오기 시작했다. 목동 도시빈민투쟁은 생존권을 심각하게 위협하는 정부 당국의 '투기'만을 위한 철거에 저항하여 1971년의 광주대단지 철거민 폭동사태 이래 가장 치열한 정도로 1984년 8월부터 다음해 4월까지 1백여 회의 시위 및 농성을 전개하였다. 이 과정에서 종교계의 지원 역할은 중요한 기능을 수행하였으나, 지나친 의존과 '집단이주'를 통한 시혜주의라는 역기능을 낳기도 하였다(오근석 1988, 72-73). 그리고 이 무렵에 서울중심의 운동에서 벗어나 각 지방의 도시

시위를 전개하여 국제사회의 전두환 정권 승인에 반대하기 위한 항거를 했고 이 행위의 기본 목표는 전두환 정권의 퇴진에 두었다.

에서 지역운동조직이 태동하여 지역적 편중성과 공간적 협애성을 극복하려는 움직임이 활발해 지게 되었다.23) 한편 김영삼 전 신민당 총재가 민주화와 정치활동 피규제자 해금 등을 주장하며 단식투쟁을 전개하면서, 독재권력의 붕괴를 위한 균열이 제도정치 안에서부터 본격적으로 시작되기도 했다.

독재정권은 1983년 한 해에만 두 차례의 공안사범 특별사면(1983. 8. 12.과 12. 23.)과 1980년 5월 이후 학원사태와 관련하여 제적된 전국 대학 65개 대학 1,863명에 대학 복교 조치라는 이른바 유화조치를 실시하였다(1983. 12. 21.). 1984년에는 정치활동 피규제자 해금(2. 25.)과 3·1절특사라는 은전을 통해 저항세력과의 관계 개선을 시도하였다. 이런 유화조치는 지배블록의 의도와 무관하게 정치사회와 시민사회를 활성화시킨 '의도하지 않은 결과'를 낳게 되었다(윤상철 1997, 92). 이런 권위주의 정권의 억압 완화조치는 정치개방적 성격 때문에 자유화로 규정된다(Mainwaring 1992, 298). 그러나 그것은 오도넬과 슈미터(O'Donnell and Schmitter)가 구별한 자유화, 즉 '국가 등에 의한 자의적이고 불법적인 행위로부터 사회집단들과 개인들을 보호하는 효과적이고 확실한 권리를 수립하는 과정'으로서의 자유화와는 구별되는 것이었다. 더욱이 자유화를 시민사회와 관련된다고 지적한 스테판의 규정에도 미치지 못한 수준(Stepan 1988, 6)이었으며, 전두환 정권의 유화조치는 지극히 제한적인 형태의 자유화 조치일 수밖에 없었다(윤상철 1997, 93). 결국 이런 자유화의 주된 목표는 저항운동을 제한된 정치공간에 흡수함으로써 군부체제의 재안정화를 달성하고, 강경 군부정권의 온건화를 통해 국민과 운동세력의 급진화를 저지하려는 것이었다(조희연 1998, 106)고 지적할 수 있다.

---

23) 이런 지역조직으로 예를 들면 전북민주화운동협의회의 창립을 시발로 민주통일국민회의 지역 지부, 전남민주청년운동협의회, 인천사회운동연합, 충남민주운동협의회 등이 있다. 특히 1980년 '참패' 이후 광주지역에서 사회운동체의 재건은 깊은 패배주의를 극복하고 보다 강화된 대중성을 시사하였던 점에서 주목을 받았다.

1980년대 초반 반미운동의 등장 이후 청년운동조직의 결성과 학생운동 활동가들의 산업현장에서의 활동이 활발해졌고, 1985년의 서울 미문화원 점거농성(5. 23.) 등 학생운동의 성장과 함께, 노조 연대파업 등 기층 대중에 의한 민중운동의 고양은 '민주통일민중운동연합'과 같은 전국적 명성을 지닌 반체제 지식인들과 재야의 결집을 낳았다.24) 그동안 시민사회 안에서 '내연'하고 있었던 전두환 독재체제의 정당성 위기에 대한 부단한 문제제기는, 시민사회운동의 체계적 '저항' 에너지를 비축하기에 충분한 것이 되어 비등점을 향해 조금씩 전진하고 있었다.

한편 야당 정치인들에 기반을 둔 민주화추진협의회의 발족(1984. 5. 18.)과 이들에 의한 제도정치권의 민주화세력은, 1985년 2월 12일 국회의원 총선거에서의 선전과 승리를 통해 아래로부터의 운동정치에 의한 제도정치의 개방을 실현할 수 있는 가능성을 표출하였다. 즉 '제도정치와 운동정치의 결합' 상황 속에서, 두 가지 경향이 공존하게 되었다. 첫째는 운동정치를 배경으로 한 제도정치에 재진입을 하려는 제도정치인들의 경향이 나타났고, 둘째로는 제도정치와의 결합에 의해 급진적 운동정치 주도의 국민적 민주혁명을 성취하고자 하는 운동가들의 경향이 출몰하였다. 그리하여 대통령 '직선제 개헌'이 주된 목표가 되어 슬로건이 되는 과정은, 첫째 경향의 온건파의 입장과 둘째의 입장이 수렴된 결과이고 이는 나중에 6월 민주화 국민항쟁의 이중성으로 귀결되었다. 또한 운동정치의 확장에 의한 제도정치의 균열 조짐도 나타났다. 이런

---

24) 이시기에 민주화운동청년연합(1983. 9. 30.), 해직교수협의회(1983. 12. 20.), 한국노동자복지협의회(1984. 3. 10.), 80년 해직언론인협의회(1984. 3. 24.), 민중문화운동협의회(1984. 4. 14.), 전국대학생총학생회연합(1984. 4. 17.) 등이 발족 또는 창립되었으며, 민중·민주운동협의회(1984. 6. 29.)와 민주·통일국민회의(1984. 10. 16) 등은 창립이후 활동 개시 1년도 안되어 민주통일민중운동연합으로 통합 발족(1985. 3. 29)하기에 이르렀다. 이밖에도 자유실천문인협의회(1984. 12. 19.), 민중불교운동연합(1985. 5 4.), 서울노동운동연합(1985. 8. 25.), 민주화실천가족운동협의회(1985. 12. 28.), 인천지역노동자연맹(1986. 2. 7.), 민주교육실천협의회(1986. 5. 15.), 한국출판문화운동협의회(1986. 6. 21.) 등이 창립되어 유화국면에 의한 합법공간에서 공개활동을 본격화하였다.

정치 공간의 개방은 일정한 수준에서이지만 '시민사회의 부활'의 징후를 드러냈다(O'Donnell and Schmitter 1986a, 94-108). 그리하여 1970년대 선진적인 인텔리 중심의 저항운동이 1980년대 중반에는 대중적, 민중적 저항운동으로 확산, 발전하게 되었다. 나아가 대학생조직이 정비되어 민족·민주·민중민주주의 이념을 기치로 한 변혁운동노선이 일정한 세력 규합에 나서기도 했는데, 그것은 당면한 국면에서 주요 타격방향과 주요모순을 무엇으로 설정할 것인가라는 의문에 대응한 집단적 반응이었다.

한편 전두환 정권과 자본의 노동통제정책은 노동운동에서의 블랙리스트, 제3자 개입문제의 존치에서 보는 바와 같이 경제주의적 노동운동의 전개조차 불허하는 것으로 노동관계법조차 지켜지지 않는 최악의 상황에 놓여 있었다(한국기독교사회문제연구원 1987c; 김동춘 1993). 그리하여 제도권내의 노동운동은 극히 침체될 수밖에 없었고 노동조합이 존재한다고 하여도 노사자치에 기초한 단체교섭이나 노동쟁의 등 기본적인 노동권의 행사조차 상당히 제약받고 있었다.

그러나 학생운동의 경험을 산업현장에 접목시키려는 움직임이 일정한 성과를 거두면서, 나름의 활동성을 가시화하기 시작했다. 1980년의 봄과 광주민중항쟁의 전개 이후 노동운동은 새로운 환경에서 새로운 도전의 기회를 맞이하였으며, 한국노총에 대한 항의집단의 건설주체는 노동운동지원단체나 각종 노동상담소 또는 외부단체의 지원아래 형성되었다.[25] 그리고 1985년 4월의 대우자동차파업을 통해 이른바 '파업금지'라는 금기의 벽이 허물어지고, 동년 6월에 구로지역 조직노동자들이 연대하여 조직적인 파업투쟁을 전개하게 되면서 1987년 7~9월 노동자대항쟁의 맹아가 산업사회 안에서 움트고 있었다(대우자동차노조

---

25) 1980년대 초 전국민주노동자연맹사건이후 학생운동 출신의 산업현장 취업이 증가하면서 노동자의 자연발생적인 생존권투쟁 이외에도 '활동가 주도형'의 연대관계 구축 등이 지속적으로 시도되었다. 이것은 1970년대의 종교단체 중심의 지원 활동에서 일보 진전된 것으로 정치적 연대투쟁의 기반이 되었다(김영수 1999 참조).

1985; Hobsbawm 1968; Hyman 1984 참조). 경제 측면에서 이때는 권위적 자유화단계로 산업구조 조정기를 거치면서 수출주도 산업화의 수정전략을 적용하던 시기였는데,26) 당시 새로운 노동운동 조직의 건설은 상향식(bottom-up)으로 시작되어 전국적으로 단위노조, 각종 연대조직 및 지역연합이 구성되었다(허상수 1989).

전두환 정권은 박정희 시대와 같이 일본 우익세력의 지원에 힘입어 '88 서울올림픽을 유치하는 데 성공하였으며, 물가인상 억제와 함께 중산층의 환심을 사는 데 성공하여 새롭게 부상하는 시민사회를 길들이려고 하였다. 이렇게 하여 심야 통행금지의 해제, 과외수업 금지, 대학입학 문호개방, 해외여행 자유화, 컬러 텔레비전 방송 허용 등이 이루어졌다. 더욱이 경제상황은 국제경기의 흐름을 타게 되었고, 이에 전두환 정권은 경기부흥정책을 시도하였다. 이처럼 권위주의 정권은 억압과 이완을 주기적으로 반복하는 양상을 띠었고, 일련의 정치적 자유화는 1980년대 초 미국의 압력으로 시작된 경제적 자유화로 인해 경제적 기반이 강화됨으로써 가능한 것이었다(Cumings 1989). 그 주된 정치적 목표는 시민사회 안에서 안정희구세력을 구축하고 허위의식에 가득찬 중산층을 포섭하여 체제내화하는 데 있었다.

한편 야당정치권 내의 자유주의적 정치집단이 주도하여 일정한 성공을 거둔 2·12 총선 이후 전면화된 대통령 직선제 개헌 요구는, 집권 여당의 회피 지연술에 의해 시간을 끌었지만 저항세력의 연대는 이를 더 이상 지연시킬 수 없는 국면으로까지 몰고 갔다. 5·3 인천시위투쟁은 개헌운동국면에서 제도정치권의 야당세력과 운동정치권의 반합법 차원에서 나름의 역할 분담을 통해 그 세력을 과시한 계기가 되었다. 체제변혁을 주장하는 비제도화된 사회세력이 공개적으로 조직되어 집단적

---

26) 세계체제에 편입된 한국자본주의의 종속성과 '경제성장'을 가능하게 한 동원체제 및 그로 인한 자본축적의 '비밀'을 해명하지 못한 한국 노동운동은 그 구호의 선명성에도 불구하고 본격적인 계급정치가 대사회적 영향력을 발휘하는 정치운동으로까지 발전하지 못한 한계를 지닌다.

행위를 표출한 것이다(조현연 1997a). 즉 지배블록이 비타협적이고 사회운동세력이 급진적인 경우에는, 야당세력과 중간계급간에 최소 규모의 체제도전연합이 형성된다는 점이다(윤상철 1997, 131).

1986년 부천서 여성노동자 고문사건과 1987년 1월, 대학생 고문치사 사건의 발생은 독재정권의 폭력성 노출로 시민사회의 각성과 분노를 야기하고 말았다(안상수 1995). 이에 극도의 민심 이반과 체제저항세력의 줄기찬 투쟁이 계속되었다. 1986년부터 기독교단체들이 국영방송 텔레비전 시청료 거부운동을 전개하였고, 전국 29개 대학 782명의 교수들뿐만 아니라 천주교 등 종교계의 시국기도회에서 개헌 서명에 대한 지지가 확산되었다. 저항의 집중은 '민주헌법쟁취 국민운동본부'의 결성으로 나타나 투쟁의 전국화를 가져 온 6월 민주화 국민대항쟁을 이끌었다. 마침내 '저항의 집중과 집적'은 새로운 형태로 운동의 구심력을 획득하기 시작하게 된 것이다.

권위주의적 발전동원국가의 국정관리능력이 파탄을 드러내기 시작한 이런 체제위기 시기의 노동운동을 위시한 사회운동은 변혁적 사회운동의 '복원적' 태동과 활성화, 저항운동에서의 노동운동의 중심화, 민족운동의 재해석과 민족자주화에 대한 이해와 실천의 요구, 조국통일운동의 복원을 특징으로 한다(박현채 외 1985; 박현채 1988; 박현채·조희연 편 1989; 김영수 1999; 이삼성 1993 참조).

3) 저항의 임계점과 시민사회의 '폭발'

(1) 저항의 임계점과 6월 민주항쟁의 이중적 의미

내각제 개헌을 통해 영구집권을 획책하던 지배블록은 그 가능성이 불확실해지자 1987년 4·13 호헌조치를 통해 분리지배전략의 성공에 따른 자신감을 드러냈다. 그러나 변호사, 종교계 지도자, 사회 단체뿐만 아니라 문화예술인들의 시국선언과 단식투쟁으로 비화되고 전국 48개

대학 1,100명의 교수들이 시국성명에 참여하는 거센 저항이 본격화되었다.27) 1987년의 민주화대투쟁은 해방 이후 좌우투쟁과 한국전쟁을 거치면서 분단국가의 고착화와 병행하여 강고하게 형성된 보수적 지배질서에 획기적 변화의 전기를 만든 일종의 대폭발(Big Bang)에 비유할 수 있을 만한 대변화였다(최장집 1993).

주체의 측면에서 6월 항쟁은 운동정치에서 중산층의 정치적 진출을 특징으로 한다(한국기독교사회문제연구원 1987a; 박현채 외 1987). 이것은 후에 본격적인 시민운동의 등장과 운동정치내의 중요한 사회적 역할을 가져 온 핵심기반이 되었다. 그것은 지금까지 정부와 대기업과 같은 거대조직의 횡포를 견제하며 비판하는 이른바 '제도권 투쟁'을 중시하는 새로운 운동모델로 정착하게 된 시발로도 작용하였다. 따라서 민주화는 완료형이 아니라 진행형이라는 측면을 부각시켜 주고 있다.

한편 87년 6월 민주항쟁은 이중의 의미를 지닌다. 그것은 아래부터의 급진적 민주화가 아니라, 위로부터의 보수적 민주화로 진행되었다는 점(정대화 1995; 조현연 1997a, b)에 기인한다. 그 결과 제도정치에 의한 운동정치의 선택적 포섭의 방식으로 '국가와 제도정치의 재구조화'가 진행되었다. 오랫동안 시민사회를 제압해 왔던 국가권력의 지배가 운동정치의 장에서 저항세력과 대치하다가, 1980년대 이래 독재권력에 의해 배제된 제도정치와 그동안 급진적 운동정치가 연합전술을 구사하는 국민운동의 형식을 통하여 마침내 저항이 지배를 압도하는 데까지 이르렀던 것이다(조희연 1994; Wright 1993). 단일한 계급운동만으로는 변화가 달성되지 않는다. 계급연합 또는 동맹의 구축을 통해서만 변혁은 성공할 수 있는 법이다.

우선 제도정치의 경우 민주화에 따른 개방화가 요구되는데, 이것이

---

27) 이와는 달리 1987년 전두환의 호헌조치를 지지하는 세력은 전국경제인연합회 등 자본가단체, 농업협동조합중앙회 등 정부 통제하의 기업조직들, 한국반공연맹 등 관변 이념단체, 한국관광협회 등 친정부적 이익단체뿐만 아니라 한국노동조합총연맹과 한국예술인문화단체연합회 등도 포함되어 있었다.

제약되어 '정치지체'를 낳았다. 그 직접적 계기는 지역주의라고 지적할 수 있다. 그래서 민주주의를 향한 개방화가 제약되는 두 가지 요인이 포착되는데, 첫째는 한국전쟁을 거치면서 고착된 우익화된 제도정치를 좌익정치를 포함하는 방향으로 개방하지 못하는 제도정치의 이데올로기적 폐쇄성이 지속되는 것이고, 둘째는 구 세력의 저항에 의해 우익정치 자체의 합리화와 개방화—예컨대 반부패화—가 제약된다는 점이다. 이것은 시민정치의 부상을 가져오게 된다.

다음으로 항쟁의 결과 운동정치의 변화와 분화 즉 경쟁적 분화가 진행되었다. 첫째, 운동정치의 일부로서의 민중정치의 조직적·정치적 발전이 이루어진다. 또한 민중정치에서 노동정치의 중심화가 강화되기도 한다. 둘째, 이 시기에 새로운 운동정치로서의 시민정치의 등장이 가시화되기 시작한다. 즉 민주주의 이행기의 민주개혁 시기에서의 정치지체와 시민정치에 의한 '대의의 대행'이 나타난다. 그래서 '위로부터의 보수적 민주화'의 성격상 제한된 이데올로기적 지평 내에서의 비판작업이 불가피하게 되는데 이 공간을 적절히 활용하는 시민운동의 등장은 필연적인 추세가 된다(유팔무 1993). 그리하여 이 시기를 전후하여 재야운동의 경험과 지향을 가진 인사들의 참여에 의해 시민운동의 단초들이 고립분산적인 형태로 출현하여 전파되기 시작하였고 여성운동과 환경운동 등에서 일정한 활동과 그 성과들이 나타나게 되었다. 예를 들면 여성해방이론을 둘러 싼 논쟁, 온산공해병 원인과 대책을 둘러싼 논쟁과 핵발전소 안전성논쟁 등이 전개되었다(이남희 1990, 120-125; 최열 1990, 322-324). 이런 분분한 논의는 6월 민주화투쟁과 7~8월 노동자대항쟁 이후 이완된 정치적 억압구조 위에서 시민사회의 부활과 시민운동의 성장을 예감하는 중대한 사태 진전의 단초들이었다.

(2) **운동정치에서의 노동자 '계급'의 등장과 노동운동의 '시민권' 획득**

1987년 6월 범국민적 차원의 민주항쟁에 이어 7~9월에 벌어진 노동자들의 자연발생적인 대중파업은, 형식적 민주화를 넘어서고자 하는 근로대중의 요구를 집약한 것이었다. 그 요구의 주종은 노동조건의 개선, 임금인상, 노동조합 인정과 아울러 작업장 내외에서의 인간적 대우를 촉구하는 것이었다. 오랫동안 노동자계급은 급격한 정치변화에 하나의 조직화된 중요한 정치적 행위자로서 대응하지 못했다. 그 이유는 정치적, 법적, 제도적 수준에서 활동공간이 여전히 제한되어 있었고 정치세력화의 여지는 폐쇄되어 있었기 때문이었다. 그러나 1987년 6월의 국민대항쟁에 따른 '민주적 개방'은 노동자계급으로 하여금 정치적 진출을 가능하게 만들 수 있는 정치적 공간을 열게 하였다(학술단체협의회 1997). 그리하여 1987년의 민주화국민대항쟁은 노동운동사상 유례를 찾기 어려운 노동자대투쟁을 촉발하였다(한국기독교사회문제연구원 1987b). 그것은 '한국에서 근대적 노동자가 형성된 이후 노동자에 의해 추진된 최대 규모의 저항행동'(김동춘 1993) 이었다. 이것은 또한 운동정치에서 노동자계급이 집단적으로 등장하고 있음을 의미하는 것이었다.

이 노동자 항쟁을 통해 산업세계에서 조직노동자들은 그동안 불온시 되었던 파업이라는 '금기'를 분쇄하였고, 노동운동은 사회 안에서 '시민권'을 획득할 수 있었다. 역사적으로 살펴보면, 서구의 민주주의 발전은 정치적, 사회적, 경제적으로 소외받았던 집단이 시민권을 획득하는 과정이었다. 처음에는 자유주의의 진전으로 발전된 시민권, 제도화된 정치적 권리, 마지막으로 사회경제적 권리에 이르기까지 시민권의 개념 확대, 그 내용의 풍부화와 아울러 민주주의 외연도 확장될 수 있었다. 그것은 노동자계급도 사회 공동체의 일원으로서 누구나 평등하게 향유할 권리가 있다는 사실에서 비롯된 것이다(Marshall 1964). 더 나아가 산업사회에서 배제되어 왔던 노동자계급이 주도한 일정한 수준의 사회적 교환이 집단적으로 이루어진 것이다(Pizzorno 1978).

한국 노동운동사에서 1987년은 그 의미가 심중하다고 지적하지 않을 수 없다. 1987년의 6·29선언은 그간의 노동3권의 제약과 작업장내에서의 가부장적 노사관계 하에서 축적되어 왔던 근로자들의 욕구와 불만을 동시다발적으로 폭발하게 만든 직접적 계기였다. 그것은 계급투쟁지형에서 정치적 개방구조의 틈새를 만들어 주었고, 노동자대중은 특유의 계급본능으로 이를 간파하여 국면돌파를 시도하였던 것이다. 그동안 억압되었던 운동에너지가 '임계점'을 넘어 마침내 '폭발'하였던 것이다. 그 이전 매년 평균 200건 이하였던 노동쟁의가 1987년 7~9월간에만 3,241건이 발생하였는데, 이것은 그 이전 10여 년간에 발생한 총 쟁의 건수 1,860건의 거의 2배에 달하는 것이었다. 이를 통해 조직노동자들은 무적불패의 자본가를 대상으로 본격적인 계급정치의 실현을 위한 구상을 해 볼 수 있게 되었다(송호근 1991; 임영일 1993). 6월 항쟁이 형식적 민주화라는 외양을 쓰고 있었다면, 7~9월 노동자대투쟁은 실질적 민주화를 겨냥함으로써 민주주의 이행기의 초입단계에서 비가역적 민주화 또는 역진 가능성을 보이는 반동적 흐름의 재등장을 억제하는 역사적 역할을 수행할 수 있었던 것이다.

또한 노동운동조직에서도 급격한 성장이 이루어졌는데, 합법적인 노동조합조직의 증가뿐만 아니라 지역 및 업종별 노조협의회, 노동운동단체협의회 등 비제도권 조직이 노동운동의 전면에 대두하여 한국의 노동운동에 상당한 영향력을 행사하기 시작하였다(이상철 1991). 이러한 비제도권 노동운동의 새로운 출발은 그간의 제도권 노동운동 또는 단체의 무기력함과 권위주의적 정치집단의 노동통제에 대한 일반 근로자의 불만과 반발을 일정하게 반영하는 것이면서도, 동시에 부분적으로는 변혁지향적인 노동운동 이념을 표방하는 정치주의적 노동운동노선이 다시 한번 역사의 시험무대에 오르는 것이기도 하였다.[28] 하지만 그 이후 10년이 넘게 지속된 노동운동의 전개과정은 대체적으로 정치주의와

---

[28] 노동운동의 대자적 계급운동으로서의 지위 획득의 지체는 노동자 계급운동의 과학성 결핍에 기인한다고 해석되고 있는데, 여기에는 노동자대중의 조급성과 함께 지도노선의 불비가 가장 큰 문제일 수 있다고 말할 수도 있다.

경제주의의 갈등으로부터 경제주의적, 실리적인 노동조합주의의 발전과 동시에 사회개혁적 조합주의 경향의 모색과정이라 볼 수 있다(허상수 1990).

이제 노동조합은 노동운동의 제도적 장치로서 확고히 자리잡아 나가고 있으며, 노동조합운동도 여러 가지 한계가 있기는 하지만 한국의 정치·사회 및 경제에 자리매김을 새로이 하는 것이었고, 결국 노동운동의 바람직한 발전이 한국 사회의 발전에 필수불가결의 요소라는 것을 입증하는 과정이었다(허상수 1997).

당시까지 한국에서 노동운동의 자유는 극도로 제한되어 왔다. 한국노동조합총연맹만이 유일한 합법적인 독점적 지위를 점유하고 있었다. 이런 척박한 운동환경을 극복하기 위해 노동자 대중은 불가피하게 비제도권 노동운동을 전개할 수밖에 없었다. 이에 대해 국가는 자본을 대신하여 민주화의 진전이라는 선전에도 불구하고 중립적 위상 유지라는 국가의 규범을 스스로 포기하면서 노자관계에 적극 개입하였다. 한편 전두환 정권 말기에 폭발한 '사회적 전쟁'인 1987년 노동자대투쟁을 거치면서, 이른바 국가안전기획부를 주축으로 하는 관계기관장대책회의가 산업현장에서 국가와 자본을 위한 노동운동 진출을 저지하고 있었다.

이러한 억압적 국가기구의 개입은 노동운동 환경의 변화를 반영한 것이었다. 정치적 노동운동세력이 공장 안팎에 조직화를 시도하였고, 전투적 노동운동론이 대두하였으나 국가기구의 야수적 테러 통치와 야만적 폭력을 감내할 재간이 없었다(허상수 1990). 이는 아직 시민사회 내에 집단적 대안을 추구하고 대항 헤게모니를 조직할 수 있는 독립적인 세력이 성립할 수 있을 만큼 '자유화'가 완성되지는 않았기 때문이다(Przeworsky 1991, 54-58).

(3) '백가쟁명식' 논쟁의 시대로서의 1980년대

한국사회 변혁 문제와 관련한 사회운동세력의 민중론은 1970년대 이후 발전된 민중론의 본격적 대두로부터 발원하였다. 1970년대 반독재 민주화운동의 실천적 성찰 위에 구체화된 소시민적 민중논쟁과, 1980년 광주민중항쟁 이후 노동자계급의 성장과 함께 본격적으로 논의된 새로운 단계의 민중논쟁, 1987년 6월 국민대항쟁 이후 가시화된 신중간층을 변혁운동에서 어떻게 규정할 것인가를 둘러 싼 논쟁으로 이어졌다(한상진 1987; 김용기 1990, 105-111; 백욱인 1990, 112-115).

더욱이 민중운동진영 내부에서는 사회구성체 논쟁과 변혁론 논쟁이 치열하게 벌어졌다(박현채·조희연 편 1989). 이것은 1980~83년 문제제기 단계에서의 학생운동의 진로모색을 둘러 싼 무림/학림 논쟁, 야학비판/노동운동전망 논쟁, MT-MC논쟁 등과, 1984~85년의 CNP 변혁논쟁, 민민투(반제반파쇼 민족민주투쟁위원회)와 자민투(반미자주화반파쇼민주화 투쟁위원회)로 표출된 1986~87년의 NL-CA논쟁, 1988~90년의 NL-PD 변혁논쟁으로 심화되어, 학생운동뿐만 아니라 여타 사회운동 안팎에 심대한 영향을 남기게 되었다(편집부 엮음 1988a, b; 민주화운동가족실천협의회 편 1989).29) 특히 이런 논의들은 1970~80년대 비판적 사회과학이론의 수용과 연구작업의 축적, 운동 환경에 대한 인식의 심화, 냉전체제하 세계사적 사회모순의 응축으로 인한 해방적 관심 등이 논쟁을 더욱 치열하게 또는 과열하게 만들었다(김형기 1988; 서관모 1984; 박현채 1988 참조).

물론 이런 논란은 그 이전 시기부터 사회운동 내부에 내연하고 있었던 것이 사실이다(조희연 1990, 1993). 특히 민주화운동청년연합 내부의 '80년 서울의 봄 평가'와 이에 대한 비판적 고찰, '80년대 한국사회와 민족민주운동의 전개'에 대한 비판과 반비판, 그리고 이에 대한 CNP

---

29) 당시 학생운동안에서는 억압적 국가기구의 감시를 피하기 위하여 주요 용어를 영어 약자로 표현하였는데 그 대표적인 사례로는 MT-MC, NL-CA 논쟁, CNP 논쟁, NL-PD 변혁을 들 수 있다. 약자들의 의미는 아래와 같다. MT: 민주화투쟁위원회의 영어 표기의 첫글자. MC: Main Currents. NL: National Liberation. CA: Constitutional Assembly. CNP: Civil, National, People. PD: People's Democracy.

논쟁의 정리가 학생운동과 노동운동 등 민중운동 전반에서의 논의를 확산시켰다(민주화운동청년연합 1985, 1986). 그러나 1986년 4월 이후 등장한 자민투 계열 학생운동은 민족자주화 문제를 강조하여 반미투쟁, 반전반핵 및 미국 용병교육반대와 휴전협정의 평화협정으로의 대체 등 당시 일반 국민대중의 의식과 유리된 구호를 제기하면서 나서기 시작했다. 이 연장선상에서 전개한 전방입소훈련거부투쟁에서 두 학생이 분신자살하는 사태로까지 발전함으로써 대중들과 결합을 이루어내는 데 실패하였다. 민민투 계열 역시 개헌국면의 구호로 '헌법제정민중회의 소집'을 주장하여 대중과의 유리 현상을 낳을 뿐만 아니라, 지배블록으로 하여금 전체 사회운동에 대한 이념 공세의 빌미와 탄압의 계기를 제공하기도 했다(윤상철 1997, 135).

1987년 대통령 선거에서 민중운동세력은 야당후보에 대한 비판적 지지와 후보단일화, 독자후보론 사이에서 많은 노선과 조직상의 논란을 보이게 되어 이후 운동의 분화와 이합집산의 계기가 되었다. 더 나아가 이런 대립구도는 대통령 선거 이후에도 계속되어 6공화국 정권이 5공화국과의 단절인지 연속인지 여부를 묻는 논쟁으로 이어졌다(학술단체협의회 1989). 이 논쟁은 다기한 입장에도 불구하고, 국가주의적 발전동원체제/개발독재 국가에 대한 저항의 과정에서 제도정치세력과 구별되는 급진적인 운동정치세력이 집단적으로 출현하고 정착하였음을 보여주었다고 생각된다. 1987년 6월 항쟁을 통하여 확장된 제도정치 공간에 한때(1970, 80년대) 배제되었던 온건 제도정치세력들이 '귀환'하고 과거의 운동정치 '동료'들을 '선택적으로' 포섭하게 되지만, 그럼에도 불구하고 이 논쟁은 급진적인 운동정치세력이 여전히 '배제의 정치'와 '금단의 정치'로서의 성격을 유지하고 있는 한국 제도정치에 대한 도전세력으로 자리잡고 있음을 보여주는 것이라고 말할 수 있다.

1961년 군사쿠데타 이후 1987년 6월 민주화항쟁이 전개될 때까지 이 땅에는 44개의 정당이 만들어졌다. 그러나 온전한 시민사회의 권익을 대표할 만한 대중정당이나 계급정당은 존재하지 못하였다. 다만 과잉의 정치와 정치적 허무주의, 국민대중의 고통과 패배주의만이 남아 있었다. 이 질곡과 장벽을 뛰어 넘으려 했던 때가 바로 1980년대 한국 사회였다. 물론 이러한 시도는 실현되지 못하고, 한국의 제도정치는 1970, 80년대 배제된 제도정치세력들을 다시 재포섭하는 정도로 확장되는 가운데 그 근본적인 제한성은 유지되었다. 그런 점에서 한때 '백가쟁명'식으로 전개된 운동정치의 담론은 이미 그 많은 청중을 잃어버렸고, '질풍노도'와 같았던 '혁명전사'들의 실천은 한때의 꿈으로만 남게 되었는지도 모른다. 그러나 제도정치와 운동정치의 괴리를 극복하고 운동정치에 의한 제도정치의 개방적·급진적 재편이라고 하는 시대적 과제는 여전히 해결되지 않은 채 민주주의 이행의 시대의 과제로 남겨져 있다고 지적할 수 있다.

참고 문헌

기쁨과희망사목연구원. 1996~99. 『암흑 속의 햇불: 7, 80년대 민주화운동의 증언 1~6권』.
김금수. 1986. 『한국노동문제의 상황과 인식』, 풀빛.
김낙중. 1982. 『한국노동운동사-해방후편』, 청사.
김동춘. 1993. 「한국노동자의 사회적 고립, 1987년 이후 중공업 노동자의 노동조합활동을 중심으로」, 서울대학교 사회학박사학위논문.
김영수. 1999. 「한국 노동자 정치운동과 민주노조운동 간의 연대관계: 1970년에서 1995년까지」, 한국외국어대학교 정치학박사학위논문.
김용기. 1990. 「변혁주체론과 민중사회학 논쟁」, 중앙일보사, 『80년대 한국사회 대논쟁집』, 월간중앙 신년호 별책부록.
김인동 외. 1985. 『한국노동운동론 I』, 미래사.
김진균·정근식. 1990. 「광주 5월 민중항쟁의 사회경제적 배경」, 한국현대사사료연구소, 『광주 5월 민중항쟁』, 풀빛.
김형기. 1988. 『한국의 독점자본과 임노동』, 까치글방.
김형배. 1993. 『한국의 노동조합 기본권』, 후리드리히 에베르트 재단, 산업사회연구소.
대우자동차노조민주화를열망하는조합원일동. 1985. 『대우자동차임금인상투쟁』, 백산서당.
동아자유언론수호투쟁위원회. 2000. 『민주화운동 25년』, 다섯수레.
루시마이어. 1995. 「자본주의 발전과 민주주의」, 임현진·송호근 공편, 『전환의 정치, 전환의 한국사회』, 사회비평사.
민주화운동청년연합. 1985~1986. 『민주화의 길』, 9호, 10호, 15호.
민주화실천가족운동협의회 편. 1989. 『80년대 민족민주운동 10대 조직사건』, 아침.
민중석. 1989. 『남한 노동운동사 I』, 들불.
민족민주운동연구소. 1989. 『국민운동본부 I: 민주쟁취국민운동본부 평가서』.
박태순·김동춘 편. 1991. 『1960년대의 사회운동』, 까치.
박현채 외. 1985. 『한국 자본주의와 노동문제』, 돌베개.
박현채 외. 1987. 『전환: 6월투쟁과 민주화의 진로』, 사계절.
박현채. 1988. 『민족경제와 민중운동』, 창작과 비평사.
박현채·조희연 편. 1989. 『한국 사회구성체 논쟁 I, II, III』, 죽산.
백욱인. 1990. 「한국사회 계급구성 및 구조 논쟁」, 중앙일보사, 『80년대 한국사회대논쟁집』, 월간중앙 신년호 별책부록.
서관모. 1984. 『현대한국 사회의 계급구성과 계급분화-프티부르주아지의 추세를 중심으로』, 한울.
손호철. 1997a. 「80년 5·18항쟁: 민중항쟁인가, 시민항쟁인가?」, 『현대한국정치: 이론과 역사』, 사회평론.
_____. 1997b. 「한국 민주화: 이론적 쟁점」, 『현대한국정치: 이론과 역사』, 사회평론.
송호근. 1991. 「권위주의적 노동정치와 노동운동의 성장」, 『한국의 노동정치와 시장』, 나남.
안상수. 1995. 『이제야 마침표를 찍는다』, 동아일보사.
유팔무. 1993. 「한국의 시민사회론과 시민사회 분석을 위한 개념틀의 모색」, 경남대 극동문제연구소 편, 『한국 정치.사회의 새흐름』, 나남.
윤상철. 1997. 『1980년대 한국의 민주화이행과정』, 서울대학교 출판부.
오근석. 1988. 『80년대 민족민주운동』, 논장.
이남희. 1990. 「여성해방이론 둘러싼 논쟁」, 중앙일보사, 『80년대 한국사회대논쟁집』, 월간중앙 신년호 별책부록.
이삼성. 1993. 「미국과 제3세계의 정치변동」, 『미국의 대한정책과 한국민족주의』, 한길사.
이상철. 1991. 「한국노동운동의 지역적 특성, 1987~1990: 포항, 울산, 마산, 창원지역의 비교」, 서울대학교 사회학박사학위논문.
이종오. 1988. 「반제반일민족주의와 6·3운동」, 역사문제연구소, 『역사비평』 창간호.
임영일. 1993. 「한국의 노사관계와 계급정치」, 경남대 극동문제연구소 편, 『한국 정치·사회의 새 흐름』, 나남.
임재경·폴 마틴 외. 1987. 『저강도 전쟁』, 민중사.
장남수. 1984. 『빼앗긴 일터』, 창작과 비평사.
전남사회문제연구소 편. 1991. 『윤상원 평전: 들불의 초상』, 풀빛.
전원하 엮음. 1990. 『저강도전쟁의 이론과 실제-미국의 반혁명 수출과 제3세계 전략』, 친구.
전 YH노동조합. 1984. 『YH노동조합사』, 형성사.
전재호. 2000. 『반동적 근대주의자 박정희』, 책세상.
전태일기념사업회 편. 1990. 『한국노동운동 20년의 결산과 전망』, 세계.
정대화. 1995. 「한국의 정치변동, 1987~1992: 국가-정치사회-시민사회의 관계를 중심으로」, 서울대 정치학과 박사학위 논문.
정상용·유시민 외. 1995. 『광주민중항쟁』, 돌베개.
정선지역발전연구소. 2000. 『1980년 4월 사북(사북사건자료집)』.
조현연. 1997a. 「한국 정치변동의 동학과 민중운동: 1980년에서 1987년까지」, 외대 정외과 박사학위 논문.
_____. 1997b. 「6월 민주항쟁의 이념·주체·전략」, 학술단체협의회, 『6월 민주항쟁과 한국사회 10년 I』, 당대.

_____. 2000. 「'한국적 민주주의'와 유신체제」, 『논쟁으로 본 한국사회 100년』, 역사비평사.
조희연·김진균. 1985. 「분단과 사회상황의 상관성에 관한 연구」, 『분단시대와 한국 사회』, 까치.
조희연. 1989. 「현단계 한국사회구성체 논쟁의 구도와 쟁점에 관한 연구」, 박현채·조희연 편, 『한국사회구성체논쟁(Ⅲ)』, 한울.
_____. 편. 1990. 『한국 사회운동사』, 죽산.
_____. 1993. 『현대한국 사회운동과 조직』, 한울.
_____. 1994. 「한국에서의 민주주의 이행에 관한 정치사회학적 연구」, 한국사회과학연구소 편, 『동향과 전망』, 21호.
_____. 1998. 『한국의 국가 민주주의 정치변동』, 당대.
최 열. 1990. 「핵발전소 안정성 논쟁」, 중앙일보사, 『80년대 한국사회대논쟁집』, 월간중앙 신년호 별책부록.
최장집. 1985. 「해방 40년의 국가, 계급구조와 정치변화에 관한 서설」, 최장집 편, 『한국현대사 1』, 열음사.
_____. 1988. 『한국의 노동운동과 국가』, 열음사.
_____. 1989. 『한국 현대정치의 구조와 변화』, 까치.
_____. 1993. 『한국민주주의의 이론』, 한길사.
_____. 1996. 『한국민주주의의 조건과 전망』, 나남.
편집부 엮음. 1988a. 『팜플렛 조직노선』, 일송정.
편집부 엮음. 1988b. 『팜플렛 정치노선』, 일송정.
한국기독교사회문제연구원 편. 1983. 『1970년대 민주화운동과 기독교』.
한국기독교사회문제연구원 편. 1987a. 『6월 민주화투쟁』, 민중사.
한국기독교사회문제연구원 편. 1987b. 『7, 8월 노동자대투쟁』, 민중사.
한국기독교사회문제연구원 편. 1987c. 『한국사회의 노동통제』, 민중사.
한국기독교산업개발원. 1989. 『한국 사회변혁운동과 노동운동』, 정암문화사.
한상진. 1987. 『민중의 사회과학적 인식』, 문학과지성사.
학술단체협의회. 1989. 『1980년대 한국사회와 지배구조』, 풀빛.
학술단체협의회. 1997. 『6월 민주항쟁과 한국사회 10년 Ⅰ, Ⅱ』, 당대.
한완상·김기환. 1987. 「역자의 말」, 오도넬·슈미트, 『독재의 극복과 민주화』, 다리.
허상수. 1988. 「노자문제의 대두와 전망」, 『계간 선택과 비판』, 창간호.
_____. 1989. 「최근 사회변혁운동과 노동운동」, 『한국 사회변혁운동과 노동운동』, 정암문화사.
_____. 1990. 「노동자계급의 사회의식과 정치적 진출」, 『계간 민족지평』, 가을호.
_____. 1992a. 「전국적 노동조합연합단체의 조직성격 비교연구-한국노총과 전노협을 중심으로」, 성균관대 대학원 석사논문.

_____. 1992b.「사회계급 구조의 변화와 민족민주운동」,『청년을 위한 한국 현대사 1945~1991: 고난과 희망의 민족사』, 소나무.
_____. 1997.「노자관계의 변동과 전망」,『6월 민주항쟁과 한국사회 10년 II』, 당대.
홍인숙. 2000.「한일회담반대 파동」,『논쟁으로 본 한국사회 100년』, 역사비평사.
Cumings, Bruce. 1989. "The Abortive Abertura: South Korea in the Light of American Experience," *New Left Review*, no. 173(January/February).
Edwards, R. 1979. *Contested Terrain*, Basic Books.
Hobsbawm, E. J. 1968. *Labouring Men: Studies in the History of Labour*, Wedenfeld & Nicolson.
Hyman, Richard. 1984. *Strikes*, Fontana.
Hunt, A. ed. 1977. *Class and Class Structure*, Lawrence and Wishert.
Mainwaring, Scott. 1992. "Transitions to Democracy and Democratic Consolidation: Theoritical and Comparative Issues," Mainwaring, Scott, O'Donnell, G. and Valenzuela eds., *Issues in Democratic Consolidation*, University Notre Dame Pree.
Marshall, T. H. 1964. "Citizenship and Social Class" in *Class, Citizenship, and Social Development*, The Univ. of Chicago Press.
O'Donnell, G. and P. Schmitter. 1986a. *Transition from Authoritarian Rule: Tentative Conclusion about Uncertain Democracies*, Baltimore and London: The Johns Hopkins University Press.
O'Donnell, G., P. Schmitter and L. Whitehead (eds.). 1986b. *Transition from Authoritarian Rule: Comparative Perspectives*, Baltimore and London: The Johns Hopkins University Press.
Pizzorno, Alessandro. 1978. "Political Exchange and Collective Identity in Industrial Conflict," in Colin Crouch & Alessandro Pizzoro, eds., *The Resurgence of Class Conflict in Western Europe since 1968*, vol. 2, Macmillan.
Poulantzas, Nicos. 1975. *Political Power and Social Classes*, New Left Book.
Przeworsky, Adam. 1988. *Capitalism and Social Democracy*, Cambridge University Press.
Przeworsky, Adam. 1991. *Democracy and the Market: Political and Economic Reforms in Eastern Europe and Latin America*, Cambridge University Press.
Schmitter. 1992. "Interest systems and the Consolidation of Democracies",

Marks and Diamond ed., *Reexamining Democracy.*
Stepan, Alfred. 1988. *Rethinking Military Politics: Brazil and the Southern Cone,* Princeton University Press.
Therborn, Göran. 1977. "*The Rule of Capital and the Rise of Democracy,*" *New Left Review,* no. 103.
Thompson, E. P. 1966. *The Making of the English Working Class,* Vintage Books.
Wright, Eric Olin. 1993. "Class Analysis, History and Emancipation," *New Left Review,* No. 202, Nov.-Dec.

제4부

민주주의 이행 시대

제8장

한국 민주주의 이행의 성격

조현연 조희연

1. 머리말

1987년 이후 한국 사회는 이른바 '제1차적 전환'[1]을 통해 민주주의 이행의 시대로 돌입하게 된다. 이러한 한국 사회의 민주주의 이행에 대해서는 그동안 많은 연구들이 이루어져 왔으며, 이행의 모범적 사례로 거론되기도 했다. 그러나 대부분의 기존 연구들은 민주화 과정을 분석함에 있어서 국가, 제도정치(정치사회)와 운동정치(시민사회)[2]의 상호

---

[1] '제1차적 전환'이 87년 6월 민주항쟁에 의해 촉발된 민주화 이행을 의미한다면, '제2차적 전환'의 핵심은 국가주의적 발전동원체제의 국가주도형 산업화 모형과 이에 의해 자리잡은 주변부(또는 종속적) 포드주의 축적체제의 해체라고 할 수 있다. 이 1차적 전환과 2차적 전환은 한국정치와 한국사회를 지배해온 '1961년 체제', 즉 국가주의적 발전동원체제/개발독재국가 시스템의 두 축을 해체시키는 것을 의미한다. 이에 대해서는 손호철(1999) 참조.

[2] 1장에서 국가-시민사회 패러다임 및 민주주의에 대한 이 글의 이론적 입장을 정리한 바 있다. 민주주의 이행과 관련하여, 자유주의적 국가-시민사회론에 기초하는 입장은 '한국의 민주화가 시민사회의 성장에 기인한 바가 크다'는 주장을 제기한다. 그러나 민주주의 이행의 주요한 동력은 바로 시민사회 일반의 성장이 아니라 민중운동 내지 민중부문의 성장에서 찾을 수 있으며, 여기서 민중운동이나 민중부문의 성장이란 이 책의 프레임에서 보면 국가종속적 체제에 저항하는 운동정치의 성격을 갖는다. 즉 국가의 종속적 일부로서의 제도정치에 저항하여 그것의 배제적 성격을 넘어서려고 하는 저항적 운동정치가 민주주의 이행의 중요한 동력으로 기능하였다고 할 수 있다. 시민사회의 일부로서의 대자본(재벌)이나 시민사회의 국가종속적인 조직으로서의 '관변단체'들은 개발독재적 국가를 유지하는 중요한 사회적 기반으로 작용한 사실, 그리고 시민사회의 또 다른 중요한 축인 한국노총이 87년 4·13 호헌 조치에 지지성명을 발표함으로써 사실상 국가와 동맹한 사실 등은 저항적 운동정치의 실천과는 좋은 대조를 보여주는 사례이다. 이러한 점에서 한국에 관한 한, '국가

관계를 적절하게 분석하지는 못하였다. 이런 점에서 이 글에서는 앞서 밝힌 것처럼 복합적인 사회적 투쟁 과정으로 민주주의를 정의하면서, 동시에 단순히 의회민주주의 또는 대의제민주주의의 정치적 제도들로만 분석을 협애화시키지 않고 국가, 정치사회, 사회운동의 동태적 상호관계의 구조 속에서 민주화 과정을 파악하고자 한다. 민주화 과정의 특징은 무엇보다 민주주의의 복원에 있으며, 또 그것은 계급투쟁을 비롯한 복합적인 사회적 투쟁 속에서 국가-제도정치-운동정치의 세 층위 각각의 변화 및 변형, 상호 관계의 변화 및 변형, 그리고 국가의 재구조화 과정을 동반하기 때문이다.

2. 위로부터의 민중배제적 민주화와 민주주의 이행의 왜곡화

민주주의 이행(democratic transition), 즉 권위주의에서 민주주의로의 변화과정은 여러 국면을 포함하는 복합적 과정이다. 이 과정은 구 권위주의 정권의 퇴진을 위한 투쟁이 최고조에 이르고 그를 통해 권위주의 정권이 붕괴하는 국면과, 권위주의 정권의 퇴진을 계기로 하여 구 체제의 민주적 개혁을 위한 과정이 진행되는 시기로 나눌 수 있다(조희연 2000 참조). 한국의 경우 87년 6월 민주항쟁을 계기로 후자의 시기

에 반하는 시민사회' 테제는 하나의 허구적 신화에 불과한 것이다. 한국 민주화의 주대치선은 '국가' 대 단일한 실체로서의 '시민사회'의 대립 속에 존재하는 것이 아니다. 오히려 국가 대 시민사회 내의 '특정한 저항적' 집단(민중부문 혹은 운동정치)의 대립 속에 존재하였다고 할 수 있다. 굳이 시민사회라는 틀을 선호한다면, 민주화는 시민사회의 성장 그 자체가 아니라 시민사회의 계급적 분리와 시민사회의 저항적 활성화, 나아가 시민사회 내에서의 '역관계'의 변화의 결과라고 하는 것이 정확할 것이다. 앞서 지적하였듯이 민주주의라는 것이 국가와 시민사회의 분리 위에 기초하는 근대적인 정치형식이라고 할 때, 시민사회는 민주주의적 방식으로 다양한 계급계층이 투쟁하는 공간, 국가에 의해 동원화되는 국가종속적 시민사회 대 국가에 저항적인 '민중적 부문'이 각축하는 공간이라고 할 수 있다. 이런 점에서 그람시가 이야기하는 대로 시민사회는 지배세력이 지배에 대한 동의를 창출하고자 하는 공간이자, 민중세력이 대항헤게모니를 확립하고자 하는 계급투쟁의 일상적 공간이라고 할 수 있다.

로 전환하고 있다고 할 수 있는데, 이 시기에 다양한 층위에서 구체제의 민주화를 둘러싼 갈등과 투쟁이 전개된다. 즉 87년 이후 민주주의 이행의 과정은 바로 구체제의 민주적 혁신과 전환을 위한 진통과 갈등의 과정인 것이다.

통상 '권위주의화'의 과정은 쿠데타를 통한 군부독재국가의 외삽적 진입 이후 군부독재국가에 의한 정치사회의 배제적 재편과 사회운동의 통제화를 의미한다. 그리고 그것이 경직화되면 될수록 국가에 대한 종속과 복종의 경향이 강화되고, 이에 따라 국가에 의한 정치사회 또는 제도정치와 시민사회의 식민화(colonization) 현상이 출현한다. 이와는 반대로, 민주화의 과정은 사회운동의 활성화에 기초하여 이루어지는 시민사회와 정치사회와 국가의 개방적 재편을 의미한다고 할 수 있다. 물론 한 사회가 민주주의의 이행 속에서 민주화된다고 할 때, 그것이 민주주의적인 또는 대의민주주의적인 정당정치영역의 회복으로 나타나는 것은 사실이다. 그러나 좀더 실체적인 측면에서 보면 그것은 국가, 제도정치, 사회운동의 새로운 관계구조의 출현과 제도적 반영으로 나타나게 된다. 이런 점에 비춰볼 때 한국의 민주주의 이행이란 권위주의적 발전동원체제의 재구조화와 변형, 민주적 개혁을 위한 과도기로서의 성격을 지니면서, 국가와 제도정치와 시민사회의 변화 및 각각의 관계 변화 속에서 지배와 저항의 변화를 수반하게 된다고 할 수 있다. 한국 사회의 경우 억압적 정치체제와 급속한 자본주의 경제 성장에 따라 모순과 갈등이 누적적으로 잉태되고, 여기에 현존 사회주의국가들의 몰락에 따른 세계사적 전환이 가세되는 상황에서 민주화의 과정이 축적양식과 정치적 지배방식과 사회적 갈등의 규제방식에 일정한 변화가 나타나게 되는 것이다.

이러한 점들에 착목하면서 이 글에서는 한국 민주주의 이행의 특성을 위로부터의 보수적 민주화 혹은 민중배제적 민주화의 유형적 경로로 규정하고 있는데, 이는 민주주의 이행의 왜곡화를 의미한다고 할 수 있다. 일반적으로 민주화의 유형적 경로는 크게 보면 아래로부터의 민주화의 길과 위로부터의 민주화의 길로 구분된다. 아래로부터의 민주화 경로의 특성이 진보적·확장적·급진적인 민중참여적 또는 민중주체적 민주화라고 한다면, 위로부터의 경로의 특성은 보수적·제한적·점진적·민중배제적 민주화라고 할 수 있다. '민선군부정권'으로서 노태우 정권의 출범은 6월 민주항쟁이 군부정권의 합헌적 재생산으로 마무리되었음을 의미하는 것이자, 나아가 선거라는 합법적인 절차를 통해 군부정권의 위기 극복과 동시에 위로부터의 보수적·제한적·점진적인 민중배제적 민주화 이행의 개시를 공식화하는 계기이기도 했다. 이러한 민주화의 유형적 경로는 민주주의 공고화 단계로의 순조로운 진입이 아니라, 민주주의 이행의 왜곡화를 필연적으로 수반하게 된다.

물론 1987년 이후 한국사회는 아래로부터의 저항과 압박으로 인해 민주적 이행을 개시하면서 국가의 억압성이 상대적으로 약화되고 자유민주주의적 기본권이 신장된 것이 사실이다. 또 제도정치 공간이 상대적으로 확장되고 시민사회 공간이 상대적으로 활성화된 측면이 있기도 하다. 그러나 위로부터의 민중배제적 민주화라는 유형적 경로에 내장되어 있는 내재적 한계 때문에 사회경제적 민주주의는 물론이고 정치적 민주주의조차도 아직까지 제약받고 있는 것이 사실이다. 어떤 면에서 자유화는 진전되었지만, 민주화는 지체된 그런 특징을 나타내고 있는 것이다.

이러한 한국 민주주의 이행의 왜곡화와 그 특징적 현상에 대해 이 연구는, 지배의 재구성적 연속과 형태 변화로서의 저강도 민주주의, 선택적 포섭의 정치를 통한 제도정치의 변형주의적 재편과 '정치 지체', 제도정치와 운동정치의 분리, 그리고 시민사회의 전반적 보수화 경향과 시민정치에 의한 '대의의 대행' 등으로 구분하여 설명한다.

3. 지배의 변형주의적 재편 : 재구성적 연속과 형태적 변화

한국 국가의 기본적 성격과 그 특징은 과대성장성 또는 중심성과 억압성이라고 할 수 있다. 먼저 국가의 과대 성장성과 중심성은 제3세계의 중요한 특징으로 주목받아 왔다. 그것은 과대성장된 식민지 국가 유산의 역사성, 토대와 사회계급의 미성숙성 등으로 인한 것이었다. 한국의 경우도 예외는 아니어서 국가의 중심성은 한국정치의 핵심적인 특징이 되어 왔다. 그것을 더욱 강화시킨 것은 1960년대 이후 박정희 정권에 의해 주도된 국가주도형 산업화의 과정에서 확립된 종속적 국가독점자본주의체제의 변종인 국가주의적 발전동원체제/개발독재국가였다. 이러한 경향은 1980년대 들어 변화하기 시작했는데, 그간의 국가주도형 산업화의 결과로 시민사회, 특히 재벌과 이에 대립되는 노동자계급 등 민중부문이 성장함에 따라 국가의 중심성과 함께 억압성이 도전받기 시작한 것이다. 또한 전두환 정권의 경제 개방화와 경제 자유화 정책, 즉 신자유주의적 경제정책의 본격적 도입은 국가의 자율적 통제력을 서서히 약화시키기 시작했다. 결국 전두환 정권, 노태우 정권, 그리고 김영삼 정권을 거치면서 점차 강화되어 온 신자유주의적 정책은 '제2차적 전환'의 계기가 된 1997년 말 IMF 경제위기로 귀결되고 말았다.[3] 한편 한국 국가의 특징은 이러한 과대 성장성이나 중심성만으로 단순히 환원될 수는 없는데, '예외국가의 일상화'라고 부를 수 있는 억압성의 제도화 또한 주요 특징이기 때문이다. 이 국가 억압성의 경향은 1987년 제1차 전환 이후 '선택적 포섭의 정치'를 통해 변화하기 시작했다. 이러한 사실은 자본주의와 정치체제간의 연관과 관련해 기계론적

---

[3] 이후 김대중 정권 시기, 신자유주의적 세계화와 국가의 신자유주의적 정책은 국민경제에 대한 국가의 통제력을 더욱 급속히 약화시키면서 국가의 중심성의 약화를 초래하고 있다.

경제결정주의의 시각이나 구조적 맥락을 부차화시킨 정치결정주의와는 달리, 정치체제의 성격이 자본주의 축적이라는 경제의 궁극적 규정을 받기는 하지만, 그것이 계급투쟁을 비롯한 사회적 투쟁과 실천의 매개의 산물이라는 것을 확인시켜준다.

한편 국가의 중심성과 억압성이 도전받는 가운데, 그러나 민주화의 '돌파'(breakthrough)를 통해 아래로부터의 대중권력 창출은 실패한 상황에서 국가의 경우 지배의 재구성적 연속 속에서 형태적 변화와 변형을 강요받게 되었다. 1980년대 후반 이후의 민주주의 이행은 지배 자체에 대한 국민들의 '동의의 철회'로 초래된 위기를 극복하기 위하여 지배를 혁신하는 과정이라는 점에서 지배의 변형적 재편에 다름 아니며, 그람시적 표현을 빌면 '지배의 위기에 대응하는 국가권력의 재조직화'로서 '수동혁명'적 과정이 되는 것이다. 이처럼 1980년대 후반 이후 진행되는 지배의 변화는 한편으로는 지배의 재구성적 연속이자, 다른 한편으로는 이전 시기의 파시스트적 통치방식에 변화를 도입한 지배의 형태적 변화로서의 성격을 지니고 있다. 국가 및 지배의 이러한 양면성은 억압정책과 유화정책의 선택적 배합으로, 그리고 전면적 억압의 방식보다는 선별적 억압(selective repression)과 선택적 포섭의 방식 구사로 나타나게 된다. 그것은 기층민중과 중간계층을 차별화하는 이중전략이자 저강도 민주주의 전략과 의사개량주의화의 길로, 정치구도의 계급적 이중화를 의도적으로 창출해낸 것이라고 할 수 있었다. 즉 지배의 유화과정 속에서 국가는 노동운동, 학생운동, 민중운동 등이 지배를 위협하게 되면 공안정국 조성 등 억압적 배제전략을 구사하였고, 그러한 전략의 부작용이 강화되면 다시 선택적으로 유화전략을 구사하였다.

어떤 점에서 이것이 바로 민중적 투쟁의 완화와 체제내화, 그리고 제도정치 내로의 포섭을 위한 지배전략으로서 저강도 민주주의(low-intensity democracy) 전략의 본질이라고 할 수 있다. 저강도 민주주의 전략이란 우익 군사독재정권에 의해서—경우에 따라서는 미국 자체의 직접적인 정치군사적 개입을 통해서—유지되는 극우보수적 지배질서를 유지하는 방식에서 의회민주주의적 제도를 갖는 '신보수적' 지배질서로 이행하는 것을 의미한다(조희연 1998, 13-14). 즉 대중적 저항이 혁명적 민주정부의 수립으로 발전하지 못한 곳에 저강도 정책에 의한 위로부터의 보수적 변형 민주정부가 출현하게 되고, 그것은 억압기구들이 이전에 비해 통제되는 것은 사실이나 억압이 사라지지 않고 합리화된 새 양식이 작동한다는 점, 부르주아 위주의 성장정책은 변하지 않는다는 점, 형식적 민주주의가 대중의 복지 향상으로 연결되지 않는다는 점 등의 한계를 지니게 된다(칠코트, 한겨레, 97/1/7).

한편 민주주의 이행의 시대에서 한국의 국가 혹은 지배의 형태적 변화, 즉 지배의 보수(補修)의 방향은 군부권위주의정권이 '민선군부정권'을 거쳐 '민선민간정권'으로 이행하는 과정을 밟게 된다. 노태우 정권이 선거에 의해서 재집권한 군부정권이라는 의미에서 '민선군부정권'이라고 한다면, 김영삼 정권은 선거에 의해 성립한 '민선민간정권'으로, 민주화 이행의 흐름 속에서 민선군부정권이 당면한 정치적 위기 극복의 한 방식으로 군부정권의 태내에서 태어난 것이라고 할 수 있다. 이러한 변화는 기존의 제도정치에 의해 포섭되지 않는 운동정치의 급진화를 저지하고 민중적 투쟁의 완화와 체제내화, 제도정치 내로 포섭하기 위한 것이었다. 민선군부정권으로의 전환이나 '부르주아적' 대의민주주의의 복원을 주요 내용으로 하는 민선민간정권으로의 전환은 단순히 미국이나 지배세력의 '음모'에 의해서만 실현되는 것은 아니며, 사회적 투쟁 혹은 계급적 투쟁이야말로 지배의 정치적 형식 변화를 강제하는 동력이 된다. 그리하여 이후 제도정치와 운동정치의 역동적인 상호관계는 비록 제한적이기는 하지만 민주주의의 형식 속에서 전개되게 된다.[4]

---

4) 국가의 민주화라는 측면에서 또 하나 눈여겨봐야 할 것 가운데 하나로, 1980년대와 1990년대 라틴아메리카 국가들에서 볼 수 있는 '위임민주주의'(delegative democracy)라는 새로운 형태의 권위주의 정치체제의 문제가 있다. 즉 비록 선거라는 민주적 절차를 통해 최고통치자가 선출되지만, 일단 선출만 되면 모든 권력이 통치자

한편 구조적인 맥락에서 볼 때, 국가주의적 발전동원체제 하에서 고착화된 구조적 왜곡성과 그에 대한 한국판 수동혁명 과정에 따른 불철저한 개혁 또는 반개혁적인 정책 수행이 IMF로 상징되는 한국경제 파탄의 원인이라고 할 수 있다. 이러한 점에서 '제2차적 전환'[5)]을 통한 IMF 위기의 극복을 위해서는 천민적인 종속 자본주의 체제의 신자유주의적 '합리화'가 아니라, 단기적인 처방과 함께 국가주의·성장주의·반공주의의 결합으로 상징되는 국가주의적 발전동원체제의 고도성장 시스템 그 자체에 대한 근원적인 혁신이 필요하다고 할 것이다.

4. '선택적 포섭의 정치'를 통한 정치사회의 변형주의적 재편과 '정치 지체'

1) '선택적 포섭의 정치'와 정치사회의 변형주의적 재편

정치사회란 국가와 시민사회간의 역동적 상호관계를 매개하는 독립된 정치지형으로서의 핵심적 중요성을 갖는다.[6)] 시민사회가 자본주의 사회의 계급갈등과 계급투쟁을 비롯한 사회적 투쟁의 일상의 지형이라고 할 때, 정치사회는 시민사회에서의 계급갈등과 사회적 제 갈등이 권

1인에게 위임되고 집중되는, 제도화 이전의 민주주의에 머물러 있는 것이다. 이러한 현상은 여야간의 정권이 교체된 뒤에도 바뀌지 않고 있으며, 오히려 경제위기를 이유로 대통령 1인에게 권력이 집중, 강화되는 추세까지 보이고 있다.

5) 민주화라는 제1의 전환이 국가주의적 발전동원체제/개발독재국가 시스템으로 상징되는 '1961년 체제' 중 정치체제의 해체와 관련이 있다면, IMF의 위기에 따른 제2의 전환은 국가주도형 정치경제체제의 해체와 관련이 있다.

6) 여기서 정치사회라는 개념은 국가를 '좁은 의미의 국가'와 정치사회로 구분하여 인식하는 것을 전제로 한다. 물론 여기에는 전통적으로 국가의 일부라고 상정되어 온 정치사회를 독자적인 공간으로 분리시킴으로써 국가를 단순히 정부나 행정부로 축소시키는 문제점이 있는 것은 사실이다. 그러나 이러한 인식은 이론적 문제점에도 불구하고 서술적 풍부함을 얻을 수 있을 뿐만이 아니라, 민주화에 따라 선거와 정당정치의 중요성이 증대하고 있는 점에서 이에 대한 체계적 분석을 가능케 한다는 장점을 지니고 있다.

력의 문제를 지향하는 정치적 계급갈등과 사회적 실천으로 상승 발전하는 과정에서 새로이 형성되거나 또는 그보다는 국가에 종속된 하위 영역으로부터 점차 분리 발전하여 그 독자적 영역을 주장하게 되는 '정치적 계급투쟁과 사회적 투쟁의 주된 지형'이라고 할 수 있다. 즉 정치사회는 선거와 정당체제를 중심으로 구성되어 있으며, '좁은 의미에서의 국가'의 정책과 조정 능력을 시민사회에 전달하고 부과하며 시민사회의 요구와 갈등과 사회적 투쟁을 국가에 투영하는, 국가와 시민사회의 매개공간인 것이다. 국가와 시민사회와의 관계라는 측면에서 바라볼 때, 정상적인 민주사회에서 정치사회는 국가로부터의 자율성과 시민사회로부터의 대표성 내지 시민사회에 의한 민주적 통제를 기본 특징으로 한다. 즉 국가의 통제를 받지 않는 자율성을 가지고 자신들의 요구를 국가에 반영할 수 있어야 하며, 또한 시민사회의 다양한 요구와 이념을 반영, 대표해서 국가에 전달할 수 있어야 한다는 것이다. 그러나 한국전쟁 이후 한국의 정치사회와 정당체제는 ①진보정치의 소멸과 극우 반공주의적인 이데올로기 지형의 극우보수화, ②억압적 정치의 일상화로 인한 제한적인 수준의 민주 대 반민주의 균열구조가 지배해 왔다. 다시 말해서 한국 정치사회는 서구와 같은 진보정당이나 진보 대 보수의 균열구조 없이 보수정당만이 경쟁하는 보수양당체제를 기본 특징으로 해 왔다.7) 다른 한편 정당구조의 측면에서 볼 때도, 한국의 정당구조는 정당체제 못지 않게 낙후된 상태로 유지되어 왔다. 즉 한국의 제도정치는 국가로부터 자율성을 갖지 못한 채 종속된 결과로 정당은 대중정당과는 거리가 먼 일종의 간부정당에 불과했고, 정당이 국가권력을 창출해내는 것이 아니라 국가권력이 정당을 만들어 온 것이다.8) 또

---

7) 그러나 엄밀하게 말하면 전통적인 한국 정당체제는 보수 양당체제라고 볼 수도 없는데, 그것은 한국의 정당체제는 전통적으로 양당제가 아니라 강한 여당과 약한 야당이 비대칭적으로 경쟁하는 '1.5정당체제'와 유사한 모습을 보여 왔기 때문이다.
8) 1987년 민주화 이후에도 정당이 특정 정치인의 사적 소유물로 전락한 '사당정치'가 자리잡고 말았다는 사실을 주목할 필요가 있다. 그것은 두 가지 요인에 기인한다고 볼 수 있는데, 역사적인 근원으로서 박정희와 전두환의 억압정치·공작정치가 그 하

한 지역주의로 인한 정당정치의 정체성, 부패 커넥션으로 인한 정당정치의 왜곡성, 반공주의로 인한 정당정치의 이념적·정책적 폐쇄성 등의 현상도 한국 정당정치의 후진성을 특징짓고 있다(조희연 1998, 17 참조). 이처럼 오랫동안 한국의 정치사회는 정상적인 민주사회와는 달리 국가에 대한 종속성과 시민사회로부터의 분리, 그리고 정체성과 왜곡성과 폐쇄성을 그 주요 특징으로 해 오게 된 것이다.

제1장에서 밝힌 것처럼, 여기서 정치사회란 제도정치라는 개념으로 한정하여 사용한다. 그랬을 때, 국가에 의해 억압된 가운데 국가에 맞서 저항하는 전투적이고 급진적인 민중운동이 정치변동의 중심을 이루던 군부독재의 시기와는 달리, 민주화의 제한적 진전에 따라 상대적으로 확장되고 자율화된 제도정치는 지역주의적 구도의 고착화 등을 통해 지배의 재생산에 결정적인 역할을 할 수도 있고, 진보 대 보수로의 편재 등 그 내부 구성 여하에 따라 민주적 정치변화의 주요 축이 될 수도 있다.

87년 6월 민주항쟁과 민주주의 이행의 의미는 권위주의 국가에 의해 통제되어오던 제도정치—이것은 시민사회를 대표하기보다는 군부권위주의 국가에 종속됨으로써 시민사회의 표출을 억제하고 군부권위주의 국가의 의지를 시민사회에 강제하는 매개역할을 하게 된다—에 의한 '정치독점'이 깨어지는 것을 의미한다. 권위주의적 제도정치가 새롭게 정당성을 갖게 되기 위해서는 활성화된 민중정치와 시민정치를 반영하는 제도정치의 재구축을 통해서 가능하다.

국가로부터의 종속성과 관련해 한국의 제도정치는 1987년 제1차 전환 이후 일정한 자율성을 확보하면서 부분적이지만 변화해 온 것이 사실이다. 그러나 시민사회와의 관계라는 측면에서는 1987년 민주화 이후 제도정치가 오히려 퇴보하고 있는 측면이 있다. 즉 민주화에도 불구

나라면, 다른 하나는 이와 같이 발생한 사당정치를 유지시켜주는 동력으로서의 지역주의를 들 수 있다. 바로 이러한 상황하에서 민주적 정당정치는 제도화 및 공고화되지 못한 채 구래의 정당들이 이합집산하면서 전근대적 붕당정치를 되풀이해 온 것이다.

하고 사당(私黨) 정치가 지배하는 보수양당체제는 바뀌지 않음으로써, 산업화 정책에 따른 계급적 분화의 가속화와 진보운동의 복원 등 시민사회의 엄청난 변화와는 반비례적인 대표성의 격차를 보이고 있는 것이다. 나아가 정치적 균열구조 역시 민주 대 반민주의 구도를 지역주의가 대체함으로써 정당체제도 지역 정당체제로 변해버렸으며, 정당구조 역시 사당체제로 후퇴하고 말았다. 다시 말하면, 한국의 민주화는 정치사회에 관한 한 오히려 퇴행적인 부분이 더 컸다고 볼 수 있으며, 결국 시민사회에 '종속'되어야 할 정치사회가 시민사회로부터 분리, 자율화되어 그 대표성을 상실하고 있는 것이다. 정치적 경쟁의 대립축이 희석되고, 유일하게 의미 있는 정치적 언술로서의 지역주의와 지역균열의 정치가 지속됨에 따라, 결국 민주적 대안을 정치적으로 조직하기 어려운 상황이 연출되는 것이 그 한 단면이다. 바로 이처럼 과거의 국가와 제도정치의 변형주의적 재편은 제도정치가 변화된 시민사회를 '대의'하지 못하는 불완전한 그리고 왜곡된 상태를 지속시키게 되는데, 이것을 '정치지체'(조희연, 2000)라고 표현할 수 있다.

87년 이후 '복원된 민주주의' 하에서 위기에 처한 제도정치는 '선택적 포섭'을 통하여 재구조화되고 변형주의적 재편을 도모하게 된다. 즉 아래로부터의 저항적 운동정치의 성장으로 인하여 권위주의적 국가에 의해 통제되던 기존의 제도정치가 더 이상 존립할 수 없는 상황에서, 기존 제도정치의 불안정과 위기를 극복하고 새로운 정당성을 획득함으로써 정치적 안정을 도모하기 위한 제도정치의 변형주의적 재편을 도모하는 과정이 되는 것이다. 변형주의(transformism)란 '위로부터의 혁명' 또는 '수동혁명'이 수반하는 정치의 대표체계 수준에서의 한 특징이자 동시에 이를 가능하게 하는 정치사회적 메커니즘(최장집 1996, 205)으로, 즉 집권세력이 1인1표를 중심으로 한 민주주의 제도의 확대 실시로 인해 그들에게 가해지는 민주화의 압력에 대응하여 시민사회와 정치사회의 변화된 조건하에서 그들의 지배적 지위를 유지하는 전략이며 메커니즘이다(최장집 1996, 233).

그러나 이러한 변형주의적 재편은 기존 제도정당의 불완전하고도 불철저한 변형의 과정이기 때문에, 또 그 과정에서 내부의 저항으로 인해 언제나 그러한 변형이 불철저하게 전개되기 때문에, 한 단계의 변형주의적 재편은 후속 변형주의적 재편을 결과하게 된다. 제도정치의 변형주의적 재편 과정은 여소야대의 제도정치가 '전면적 변형주의'로서 3당합당으로 변화하는 과정에서 잘 드러나고 있다. 3당합당이란 구체제의 집권여당이었던 민정당과 김영삼의 민주당, 그리고 김종필의 공화당이 합당을 통하여 민자당이라는 거대여당을 만듬으로써, 즉 보수주의적(반동적) 권위주의와 보수주의적 자유주의의 결합을 실현함으로써 제1야당인 평민당을 소수로 고립시키면서 여소야대의 국회를 순식간에 여대야소의 국회로 전환시킨 사건이다.

1988년 4·26총선이 여소야대의 제도정치를 만들어내고, 또 지역별 1당독재체제의 구축을 통해 지역할거적 정치구도가 성립된 이후 제도정치의 기본 대립구도는 대구·경북지역(TK)을 대표하는 군부집권당 대 반(反)TK세력의 대립구도였다. 그러다가 1990년 3당합당을 통해 반(反)호남 정치연합이 형성됨으로써 제도정치 영역에서의 대립구도는 호남 대 반호남으로 전화되었다. 3당합당은 그동안 진전된 정치사회의 분화를 반영하는 것이자, 분화된 정치사회 영역을 재편함으로써 정치변동의 압박을 흡수하려는 것이었다. 결국 이 3당합당은 범보수세력연합을 시도함으로써 여소야대 구조의 모순으로 인한 통치의 비효율성을 극복하는 동시에 지배권력의 재생산을 위한 재집권연합 구축이라는 성격(조희연 1998, 188)을 가지며, 엘리트구조의 연속성을 확실히 하는 가운데 국가를 재강화하고 지배블록을 공고화할 뿐만 아니라, 광범한 정치참여와 기존의 엘리트구조의 상당한 변화를 가져올 아래로부터의 민주화 개혁 요구를 돌파해냄으로써 보수적 민주화를 가능하게 하는 것(최장집 1996, 237)이자, 의도적 분열을 통해 호남 대 비호남이라는 대결구도를 창출하고자 한 '2개의 국민' 헤게모니 프로젝트(손호철 1993, 223) 또는 그 변형태이기도 했다.

2) '정치 지체' : 절대적 정치 지체와 상대적 정치 지체

바로 이러한 상황의 연속 하에서 이른바 '정치 지체' 현상이 발생하게 되는 것이다. 정치 지체란 제도정치의 대단히 점진적이고 제약된 형태의 개방화, 저강도 민주주의 전략과 제도정치의 불철저한 변형주의적 재편, 민중적·시민적 역동성의 증대, 그 결과로 출현한 정치사회와 시민사회의 극심한 괴리, 제도정치와 운동정치의 괴리 확대 등의 현상을 의미한다. 그리하여 변화된 사회와 경제 현실을 정치가 제대로 반영 또는 대표하지 못하고 후진국적 구조에 고착되어 있음으로써, 또한 제도정치가 시민사회 내의 계급계층적 대립, 다양한 갈등과 의견 분포를 반영 또는 대표하지 못함으로써 기성 정치가 바로 한국 사회 발전의 병목 지점이 되고 있는 것이다.

기성 정치인과 기성 정당의 정치 독점과 정치카르텔이 사회운영능력을 상실한, 시민사회와의 편파적이고 편향적인 소통성 속에서 시민사회에 대한 대의성을 상실한 '불구화된' 정치로서의 정치 지체는 절대적 정치 지체(absolute political lag)와 상대적 정치 지체(relative political lag)로 구분 가능하다(조희연 2000 참조). 절대적 정치 지체란 다양한 구조적 요인으로 인하여 정치적 전환과 혁신 자체가 제약됨으로써 나타나는 것인 반면, 상대적 정치 지체란 통제되고 제한적인 정치적 전환에도 불구하고 시민사회가 더욱 빠른 속도로 전환함으로써 제도정치의 변화 속도와 시민사회의 변화 속도가 불비례함으로써 나타나는 것이라고 할 수 있다.

그렇다면 왜 이러한 정치 지체 현상이 출현하게 되었는가? 먼저 절대적 정치 지체의 구조적 요인(조희연 2000 참조)을 살펴보면, 첫째 한국의 민주화가 '아래로부터의 급진적 민주화'의 길이 아니라 '위로부터의 보수적 민주화'의 길을 따라 전개됨에 따라 구정치를 비롯한 구체제의 민주개혁이 갈팡질팡하거나 아니면 아주 느린 속도로 불철저하게 진행되어 왔다는 것을 지적할 수 있다. 위로부터의 보수적 민주화의 길은 기존의 국가기구 내에서 구세력이 갖는 힘과 그들의 저항 때문에 언제나 '과소개혁' 또는 불철저한 개혁으로 경도될 수밖에 없다. 즉 민주개혁이라는 역사적 과제를 부여받고 출범한 민주주의 이행 시대의 정권들은 기존의 지배블록 내에서의 기득권 구세력의 저항과 철학의 부재, 실천의지의 박약함 등으로 인하여 시대적으로 요구되는 개혁의 내용과 수준에 미치지 못하게 되고 타협하게 된다. 어떤 면에서 이러한 과소개혁의 딜레마는 위로부터의 보수적 민주화를 유형적 경로의 피할 수 없는 운명이라고 할 수 있다.

두 번째 구조적 요인으로는 군부권위주의 정권 시절의 민주 대 반민주 구도의 변형적 해체 과정에서 나타난 왜곡태로서의 극단적인 지역주의를 꼽을 수 있다. 87년 대선 승리를 위한 지배블록의 야당분열전략과 양김씨의 분열을 기점으로 안착된, 강요된 지역주의에서 자발적 지역주의로 변화된 '과잉' 지역주의적 분할구도 속에서 계급계층 변수나 현안이 되는 중요 이슈에 대한 찬반과 선호보다는 지역성 자체가 투표의 가장 중요한 기준이 되었다. 바로 이러한 극단적인 지역주의가 구권위주의 체제의 지배적인 정치세력들의 분화를 저지하고 지역주의를 통하여 자신을 방어할 수 있게 되고, 저항세력들 역시 보다 전향적인 방향으로의 분화가 저지되게 되면서 정치의 지체현상이 나타나게 되는 것이다.

셋째, 위로부터의 보수적 민주화는 국가주의적 발전동원체제/개발독재국가를 재생산하였던 가장 중요한 이데올로기적 기제로서의 분단반공주의 질서와 반공규율사회를 존속시키게 되고, 이로써 극우보수주의적 권위주의 세력들이 자기재생산을 하는 것을 용이하게 한다. 반면에 그것은 새로운 정치세력, 특히 진보적 정치세력의 정치적 진출을 저지함으로써 제도정치의 전환과 혁신의 걸림돌로 작용하게 된다. 결국 분단반공주의 질서의 변형적 존속은 구세력의 정치적 자원동원 능력을 존속시키는 반면, 저항세력들의 분화, 진보적 정치세력의 진출 저지 등을 결과하게 되고, 따라서 정당정치의 이념적 폐쇄성을 지속시키게 된다.

한편 이 정치 지체는 두 가지 측면에서 전개되는데, 먼저 한국전쟁을 거치면서 고착된 우익화된 제도정치를 좌익정치를 포함하는 방향으로 개방화하지 못한다는 것, 즉 제도정치의 이데올로기적 폐쇄성이 지속된다는 것이고, 다음으로 구세력의 저항에 의한 우익정치 자체의 합리화와 개방화가 제약된다는 것이다. 결국 정치 지체는 87년 이후 민주주의 이행의 과정에서 활성화된 민중정치와 시민정치를 반영하는 형태로 제도정치가 변화되어야 함에도 불구하고, 즉 '금단의 정치'와 '배제의 정치'를 극복하고 민주적 참여를 통한 민주주의의 온전화 또는 정상화를 위한 과정이 되지 못한 채 고착됨으로써 나타나는 현상이라고 할 수 있다. 민주주의 이행과정의 왜곡화로 표현될 수 있는 이러한 상황으로 인하여, 권위주의적 제도정치는 자신에 대항하였던 저항적 운동정치를 포괄하는 개방적이고 정상적인 제도정치로 전환되지 못함으로써, 한국 민주주의는 불완전하고 정체된 채로 존재하게 되는 것이다.

다음으로 상대적 정치 지체를 살펴보면, 그것은 탈권위주의화와 민주주의 이행에 따르는 변화로서 민중정치와 시민정치의 성장과 활성화에도 불구하고, 새로운 '소통의 정치'를 통해 제도정치가 변화하지 않은 채로 그것과 극단적으로 괴리된 채 존재해 왔다는 것이다. 이것이 바로 정치지체를 심화시키는 요인으로 작용하게 되는 것이다.

5. 제도정치와 운동정치의 분리, 운동과 정치의 괴리

제도정치의 기능이 극도로 축소되고 운동정치가 그것을 대신하던 군부권위주의 정권 시기와는 달리, 민주화에 따라 제도정치공간이 확장되고 그로 인해 제도정치가 극히 부분적이나마 시민사회의 대의기능을 갖게 됨으로써 제도정치와 사회운동의 상관관계가 달라지게 된다. 구체적으로는 군부정권시기 제도정치로부터 배제당했던 온건정치세력의 재편입이 이루어지게 된다. 이는 제도정치와 운동정치의 상대적 융합이 가능했던 이전 시기와는 달리, 사회운동의 제도정치 내로의 포섭과 그에 따른 '제도정치와 운동정치의 분리'를 낳게 된다.

그러나 이러한 제도정치의 불철저한 변형과 선택적 포섭의 정치가 진행됨으로써 자율적인 정치적, 사회적 활동공간의 확장 속에서 제도정치의 불철저성을 비판하면서 개혁을 추동하는 시민사회로부터의 압력 운동이 '고속 성장'하게 되고 또 운동정치의 역할이 강화되게 된다. 한편으로 이것은 '시민정치의 부상'이라고 표현할 수 있는, 즉 '정치 지체'가 지속되는 상황 속에서 시민정치가 정치개혁의 외적 압력의 힘으로 작용할 뿐만 아니라 어떤 의미에서는 시민정치에 의한 '대의의 대행'현상이 나타나게 된다. 이것은 제도정치가 자신의 한계로 행하지 못하는 것을 시민적 운동정치가 '대행'하는 것을 의미한다.

다른 한편 민중운동, 혹은 민중적 운동정치는 한편으로는 확장된 자율적 정치적, 사회적 공간을 활용하면서, 그 공간 자체의 정치적, 이데올로기적 제한성에 도전하면서, 정치적, 조직적 발전을 도모하게 된다. 그리고 제도정치에 의한 사회운동의 선택적 포섭을 넘어서고, 사회운동의 원심력적 분화에 대응하는 대안적 실천을 통해 사회운동의 새로운 통합을 달성해야 하는 과제에 직면하게 된다. 즉 이러한 민중적 운동정치는 사회운동의 제도정치로의 포섭의 경향에 대응하여 사회운동적 차원에서의 발전뿐만 아니라 제도정치공간에의 진보적 진입을 통해 협애화된 제도정치를 운동정치에 의해 '대체'하고자 하는 시도를 행하게 된다. 이것이 바로 진보세력의 정치세력화라는 이름으로 전개되는 것이다. 87년 이래 진보정치세력화를 위한 시도는 여러 차례의 대선과 총선을 통해서 이루어졌으나, 그러한 시도는 성공을 거두지 못하였다. 이것은 노동운동이나 민중운동의 역량 부족이라는 점에서 기인하기도 하지만, 다른 한편에서는 우리 정당정치영역의 불완전성과 보수적 폐쇄성이 지속적으로 강고하게 존재하는 데 더 크게 기인한다. 예컨대 노동운동의 조직적, 대중적 발전은 비록 여러 제약성이 있음에도 불구하고 시민사회 내에서의 노동운동의 중심적 위치를 강화하여 왔다. 그러나 시민사회와 정당정치의 괴리는 시민사회 내에서의 노동운동의 지위에 상응하는 정당정치영역의 재편을 가로막아 왔다. 이는 '운동과 정치의 괴리'로 상징되는 한국 정당정치의 한 특징을 말해준다.

이런 점에서 볼 때, 보수 일변도의 불구화된 제도정치의 폐쇄성을 뚫고 그것을 '진보 대 보수'라는 정상적인 정치적 경쟁의 구도로 대체시켜 내면서, 어떻게 지체된 계급정치로의 이행을 가속화할 것인가 하는 과제가 제기된다. 한국 민주주의의 불완전성과 '헤게모니 없는 지배'는, 천민적 자본주의와 '헤게모니 없는 자본독재'와 상호조응관계에 있다고 할 수 있다. 그런 관계 속에서 배제적 성격의 제도정치가 유지되고 있기는 하나, 그만큼 지배 자체의 불안정성이 존재하게 되고 이는 역으로 진보적 세력들의 정치화의 여지를 광범하게 남겨놓고 있다.

6. 시민사회의 전반적 보수화 경향과 시민정치에 의한 '대의의 대행'

1980년대 아래로부터의 민중들의 투쟁에 힘입어 활성화된 시민사회는 이른바 '민중주도적' 시민사회였다고 할 수 있다. 그러나 87년 민주주의 이행의 시대에 돌입한 이래 한국의 시민사회는 전반적으로 보수화 경향을 나타내 왔다. 물론 그것은 반공규율사회의 고착화에 따른 억압적 자기검열체제의 내면화, 그로 인한 사고의 경직화와 획일화의 결과적 산물이라고 할 수 있다. 반공규율사회의 특성이 민주주의 이행의 시대에 들어와 비록 약화되기는 했지만 해소되지 않은 채 존재하고 있는 것이다. 그러나 이러한 보수화 경향과 관련해 강조해야 하는 것으로—제11장에서 좀더 자세히 살펴보겠지만—천민적 소비자본주의와 신자유주의적 경향의 자본주의 득세 등으로 인한 개별화되고 파편화된 사회적 관계, 즉 '가족개인(family individual)화' 현상의 만연(김동춘 2000, 11)을 들 수 있다.

물론 그렇다고 해서 이러한 시민사회의 보수화가 사회운동의 침체를 자동적으로 초래하는 것을 의미하는 것은 아니다. 사회적 투쟁의 공간으로서 시민사회와 실천의 주체로서의 사회운동을 등치시킬 수는 없으며, 또 비록 시민사회가 전반적으로 보수화되었더라도 그러한 지배적 기조 속에서도 시민운동과 민중운동 등 사회운동의 불균등 성장에 따른 시민사회의 부분적 활성화, 잠재적 역동성이 존재할 수 있기 때문이다.

그것은 조직화된 대안적 정치세력의 부재와 제도정치의 정치적 대의기능의 왜곡에 따라, 이러한 정치적 대의기능을 '대행'하는 종합적 시민운동의 역할이 부각된 데서도 확인할 수 있다. 한국처럼 의회민주주의가 저발전되어 있고 또 개발독재국가에 의해 왜곡된 조건하에서는, 제도정치의 대의기능이 왜곡될 수밖에 없고 따라서 시민사회운동조직에 의한 '대의의 대행' 현상이 나타나게 된다. 정부가 시민사회의 요구를 제대로 반영하지 못하고, 나아가 제도정치가 대의기능을 제대로 수행하지 못함으로써 정부나 제도정당의 대의기능이 비제도적인 시민사회운동조직에 의해 수행될 수밖에 없게 만든다는 것이다(조희연 1999a; 1999b 참조). 결국 대의구조의 왜곡으로 인한 대의의 대행 현상이 참여연대와 같은 종합적 시민운동체의 역할을 극대화하게 되는 것이다. 민주주의 이행의 시대에 들어와 시민운동조직의 다양한 발전 및 그들이 실제 동원력에 비해 커다란 발언권을 갖는 것은 바로 이러한 대의구조의 왜곡에 따른 정치 지체에서 비롯되는 대의의 대행현상의 하나라고 할 수 있다. 즉 국가와 시민사회를 매개할 수 있는 정당정치가 낙후되어 시민단체가 오히려 기성 정당의 역할을 대신하는, 이른바 '준정당'으로서의 역할을 담당해 온 것이다.

 **참고문헌**

김동춘. 2000. 「민주주의와 시민단체, 시민운동」, 고려대 아세아문제연구소, 『민주화와 시민운동, 노동정당 문제』, 민주주의포럼 제1회 월례토론회 자료집, 11월 8일.
손호철. 1993. 『전환기의 한국정치』, 창작과비평사.
_____. 1999. 『신자유주의 시대의 한국정치』, 푸른숲.
조희연. 1998. 『한국의 국가·민주주의·정치변동』, 당대.
_____. 1999a. 「한국정치의 혁신과 세력교체」, 민주노동당 창당준비위원회 주최 정책토론회, 국회헌정기념관.
_____. 1999b. 「'종합적 시민운동'의 성격과 변화 전망」, 『당대비평』, 겨울호.
_____. 2000. 「민주주의 이행과 제도정치·민중정치·시민정치」, 한국산업사회학회, 『경제와 사회』, 여름호.
최장집. 1996. 『한국 민주주의의 조건과 전망』, 나남.

제9장

'민선군부정권' 시기의 국가 - 제도정치의 성격과 변화

손혁재 정기영

1. 머리말

　민선군부정권으로서 노태우 정권 시기는 권위주의 시대에서 민주주의 이행의 시대로의 돌입이라는 시대적 상황 속에서 '민주주의의 복원'이 이루어지던 시기라고 할 수 있다. 노태우는 민주화를 자신의 주요한 업적 가운데 하나로 스스로 꼽고 있다. 그러나 노태우 정권이 능동적이고 자발적으로 민주화를 추진했다기보다는 시대의 흐름에 밀려갔다고 보는 것이 더 정확한 평가이다.

　노태우는 12·12와 5·17에 적극 참여한 신군부의 한 축을 담당했던 이른바 '정치군인' 출신이다. 전두환의 육사 동기로 신군부의 2인자였던 노태우는 신군부의 우두머리이던 전두환 보안사령관이 대통령에 취임하면서 군부의 통제 책임을 맡았고, 이로써 일정한 정치적 영향력을 행사했다. 5공독재 초기 80년 광주의 충격과 삼청교육대, 언론통폐합, 사회정화 등의 공포 분위기로 인해 다소 주춤하던 민주화 요구가 5공독재 중반기로 접어들면서 다시 나타나게 되자, 노태우는 군복을 벗고 정치권으로 진입한다. 야당과 민중운동진영의 개헌 요구가 거세지는 가운데, 민정당을 대행 관리하던 노태우는 대안을 찾지 못한 전두환의 전폭적 지원을 받아 후계자로 지명되었다. 그리고 야당의 분열에 힘입어 제

13대 대통령 선거에서 노태우는 대통령에 당선되었다.

이처럼 노태우는 전두환과 함께 12·12와 5·17을 통한 신군부의 정권 장악에 앞장섰고, 전두환의 지원으로 대통령에 당선되었다. 따라서 노태우 정권은 유신독재와 전두환 5공독재의 연장선상에 있는 것으로 볼 수 있다. 실제로 5공과 6공을 '쌍생아'라 부르기도 했으며, 또 6공화국을 '5·5공화국'이라 부르기도 했다.

그러나 외형상 노태우 정권은 유신이나 전두환 정권과는 다르다고 할 수 있다. 가장 커다란 차이는 직선제를 통해 국민이 직접 대통령을 선출했기 때문에, 노태우 정권이 절차적 정당성을 확보하였다는 사실이다. 또 중선거구제에 기반한 동반당선제를 폐기하고 소선거구제를 통해 구성된 의회가 활성화되기 시작하면서, 노태우 정권은 어느 정도 민주주의적으로 국정을 운영한 측면이 없지 않다. 그러나 노태우 정권은 권위주의적 발전동원체제/개발독재 국가의 성격을 완전히 벗어난 민주주의 정부는 아니었다. 즉 노태우 정권은 민선'군부'정권으로서의 성격에서 벗어날 수가 없었다.

이 글은 민선군부정권 시기 한국의 국가와 제도정치, 시민사회와 운동정치 각각에, 그리고 상호 관계에 어떤 변화가 있었는지를 규명하는 것을 목적으로 해서 쓰여졌다.

2. '약화'된 권위주의적 발전동원체제/개발독재 국가와 민선군부정권

1) 선택적 포섭과 선별적 억압의 정치

87년 6월 민주항쟁은 정치적 반대 세력에 대한 탄압과 국민을 겨냥한 공포 등 파시스트적 통치로 유지되던 전두환 정권에 대한 일종의 '시민사회의 반란'이었다. 전두환 정권은 최대의 정치적 위기인 6월 항쟁 국면을 국민에 대한 '민주화' 약속인 6·29선언을 통해 가까스로 넘길 수 있었다. 6·29선언을 통해 정치적 경쟁의 새로운 형식인 대통령 직선제가 17년만에 수용됨으로써, 군부 지배블록과 민간 보수야당의 자유 경쟁이 형식상 이루어졌다. 그러나 국가의 외형상의 굴복에 고무된 범민주화운동 진영은 선거공간이 확대되면서 분열되었다. 먼저 반독재 민주화투쟁을 위해 손잡았던 민중운동세력과 보수야당이 분열되었다. 보수야당은 다시 김영삼으로 대표되는 '온건' 자유주의정파와 김대중으로 대표되는 '중도' 자유주의정파로 갈라졌다(조희연 2000 참조). 이같은 범민주화운동 진영의 분열에 힘입어 군부 지배블록이 내세운 노태우 후보가 형식적인 '민주주의적 절차'를 거쳐 대통령에 당선되었다. 이로 말미암아 권위주의적 발전동원체제가 해체 위기를 넘어 재편절차를 무사히 마침으로써, 군부정치가 유지되는 결과를 빚게 되었다.

이처럼 노태우 정권은 17년만의 직선제 선거를 통해 집권함으로써 전두환 정권에 비해 정치적으로 안정될 수 있는 기반을 마련했다. 박정희 정권과 전두환 정권이 상시적으로 시달리던 절차적 정통성에 대한 시비에서 벗어났기 때문이다. 그러나 6월 민주항쟁 이후 새롭게 형성된 정치적 상황에서 노태우 정권은 전두환 정권처럼 강력한 통치구조를 확립할 수 없었다. 6월 항쟁에서 폭발적으로 표출된 국민의 민주화 요구 때문에 노태우 정권은 전두환 정권처럼 파시스트적 통치라는 손쉬운 일방적 지배방식을 쓸 수 없었다. 그리하여 노태우 정권은 전면적 억압의 일방적 지배방식을 포기하고, 선택적 포섭과 선별적 억압(selective repression)의 지배방식을 채택했다. 그것은 중간계층에 대해서는 유화정책을 펴면서 기층민중에 대해서는 강경책을 구사하는 방식이었다. 이는 6월 항쟁 이후 고양된 국민의 정치의식이 요구했던 사회의 전면적 개혁을 '의사개량주의'를 통해 희석시킴으로써, 구지배세력의 기득권을 계속 유지할 수 있는 효과적 방법이기도 했다.

한편 전두환이 퇴임하고 노태우가 대통령에 취임한 직후부터 지배블록 내부의 갈등과 분열은 시작되었다. 정치적 영향력을 퇴임 후에도 유지하려는 전두환과, 전두환의 정치적 영향력을 약화시키려는 노태우의 갈등이 분열의 신호탄이었다. 이러한 지배블록 내부의 권력 갈등은 지배세력 전체의 힘을 약화시켰다.

이처럼 지배블록의 분열 속에서, 그리고 결과적으로 비록 '실패'하기는 했지만 6월 민주항쟁의 결과로 등장한 노태우 정권이 추구한 정치질서는 기본적으로 국가주의적 발전동원체제/개발독재 국가의 변형과 선택적 포섭의 정치질서라고 할 수 있다.

민주화의 과정은 단순히 군부 대통령이 퇴진하는 것을 의미하지 않는다. 민주주의 이행은 정당정치 영역 및 시민사회 내의 준자율적 활동공간의 확장을 가져오게 된다. 민주화의 진전으로 인하여 정치사회 및 자율적인 사회운동의 공간이 확장되면서 사회운동의 조건에 변화가 나타나게 된다는 말이다.

이른바 '저강도 민주주의(low intensity democracy)'[1]로의 변화, 권위주의 시대로부터의 이행은 자율적인 정당정치 영역, 시민사회를 확장함으로써 사회운동의 맥락을 변화시키게 된다.

종전의 사회운동은 군부권위주의 정권 타도 또는 퇴진에 초점을 맞추어 전개되었다. 그러나 이 시기에 와서는 비록 제한되기는 하지만 자율적인 정당정치 영역 및 시민사회의 발전이 이루어지면서 보다 복합적인 모습으로 사회운동의 실천이 나타나게 된다. 준자율적인 정당정치의 영역이 확장되게 되면, 지금까지 사회운동의 영역에서 독점적으로 제기되던 문제들이 제도정치의 영역 안으로 포섭(co-optation)되는 결과를 가져온다. 다시 말하면 기존의 정당들이 우리 사회의 전반적인 문제에 대해 불가피하게 관심을 갖기 시작한 것이다. 또 정당정치 영역이

---

1) 저강도 민주주의 전략이란 우익 군사정권에 의해서 유지되는 극우보수적 지배질서를 유지하는 방식에서 의회민주주의적 제도를 갖는 '신보수적' 지배질서로 이행하는 것을 말한다(조희연 1998, 13-14).

확장되면서 사회운동이 제도정치에 진입할 수 있는 여지가 나타나게 된다. 예컨대 진보세력의 정치세력화가 실현 가능한 현실로 다가오는 것이다. 그리하여 정당정치 영역 내부에서 제도정치에 의한 사회운동의 포섭의 경향과 사회운동의 자력에 의한 제도정치 진입의 경향이 경쟁적으로 추진되는 것이다.

또 시민사회의 영역이 확장되는 것도 다양한 변화를 가능하게 만드는 조건으로 작용한다. 종래의 전투적인 대중동원적 사회운동 이외에 온건한 사회운동이 출현할 수 있는 공간이 넓어지는 것으로, 다시 말하면 사회운동이 다원화(pluralization)될 수 있는 사회적 기반이 형성되는 것이다. 또 이 과정에서 계급적인 대중운동이 조직적으로 발전하고, 저항운동이 다양한 영역으로 확산될 가능성을 높여주기도 한다.

바로 이런 상황과 조건의 변화 속에서 권위주의적 발전동원체제/개발독재 국가의 약화 및 해체 과정을 밟기 시작하게 되는 것이다.

2) 공안통치로의 회귀

그러나 이 약화와 해체의 과정이 순조롭게 진행된 것은 아니다. 그것은 반개혁적 수구세력이 정치적 열세를 반전시키기 위해 1989년에 공안정국을 조성한 데서 여실히 드러난다. 공안정국은 다음과 같은 네 가지 의미를 동시에 갖고 있었다(정대화 1995, 218). 첫째, 6월 항쟁과 그 이후에 전개된 민주화 과정에 대한 반민주적 지배세력의 역사적 반동이다. 둘째, 여소야대 정국과 그 정치적 성과물인 5공 청산과 개혁에 대한 반개혁적 수구세력의 대반격이다. 셋째, 분단과 한국전쟁을 거치면서 형성된 남북의 극단적 대립 상황에서 근본적으로 봉쇄되었던 노동운동과 통일운동 등 사회운동의 활성화에 대한 냉전적·분단지향적 세력의 이데올로기적 저항이다. 넷째, 87년 이후 전개되는 위로부터의 보수적 민주화의 '한계'을 뛰어넘는 운동정치의 급진화와 약진에 대한 공세와 '재(再)한계화'를 위한 지배세력의 시도라고 할 수 있다.

노태우 정권이 공안정국을 조성한 형식적 명분은 무엇보다 민주화 운동세력의 잇따른 방북이었다. 1989년 3월 25일에 전국민족민주운동연합(전민련)의 고문인 문익환 목사가 평양을 방문했다. 문익환 목사는 북측 조국평화통일위원회의 초청을 받고 침체 상태에 놓인 남북통일협상 및 민간 차원의 접촉을 활성화하기 위해 유원호, 정경모 등과 함께 평양을 방문한 것이다. 김일성(조선민주주의인민공화국 주석)과 회담을 한 문익환 목사는 남북긴장을 완화시키기 위해서 정치 군사문제뿐 아니라 교류 문제도 해결해야 한다고 제의하였다. 그리고 김일성의 연방제 제안에 대해서는 남북한 사이의 현실적 차이를 고려해서 연방국가의 단계적 창설 방안을 모색하자고 제의하기도 했다.

1988년 말 이미 '체제수호선언'과 '민생치안에 관한 특별지시'로 분위기를 잡고 있던 노태우 정권은 이 사건을 빌미로 공안정국을 조성했다. 이 공안통치의 과정에서 노골적인 야만적 폭력이 다반사로 자행되었다. 민주인사들의 구속 사태 속출, 학생·재야운동단체에 대한 전면 탄압, 노동자들의 파업에 대한 가공할 진압, 수배자들에 대한 살인적인 추적 등이 줄을 잇게 된 것은 너무나도 자연스러운 현상이었던 것이다.

이 공안정국을 주도해간 것은 다름 아닌 노태우 정권 수립 초기에 권력의 핵심에서 밀려나 있던 강경보수 공안세력이었다. 노태우 정권은 민주화투쟁에 대한 탄압의 총지휘부로 검찰·경찰·안기부·보안사 등으로 공안합동수사본부를 설치했다. 이 공안합수부는 안기부의 실질적인 주도 아래 대검찰청에 정책협의회를 두고 전국 12개 지방검찰청에 공안담당 부장검사를 부장으로 하는 지역공안합동수사본부를 설치, 운영했다. 이 공안합수부는 4개의 합동수사반을 편성, 문익환 목사 방북 환영대회 및 남북교류 제의 관련 18개 단체 수사(1반), 좌경이념 출판물 일제 단속(2반), 북한 동조 재야핵심단체 이념 분석(3반), 재야 교육단체 및 교육장 수사(3반) 등으로 역할을 분담하여 탄압을 자행했다. 그리고 흡사 계엄상태를 방불케 하는 삼엄한 초강경조치를 잇따라 발표하기도 했는데, '공공시설에 대한 습격 방화시 무기 사용', '전국 지·파출소에 M16 지급, 외근 형사 상시 무기 휴대', '정당, 교회, 학원을 막론하고 성역없이 공권력 투입' 등이 그것이었다(조현연 2001, 11-12).

노태우 정권과 공안합수부는 대대적인 탄압의 과정에서 재야단체에 대한 일제 수색작업을 실시하고, 이재오(전민련 조국통일위원장)와 고은(남북작가회의 예비회담 대표)을 구속했다. 그리고 이부영(전민련 공동의장)을 국가보안법 등 위반혐의로 구속했다. 문익환 목사는 지령수수 및 잠입죄로 징역 7년을 언도받았다. 야3당에게 정국 주도권을 넘겨주고 밀려가던 노태우 정권은 공안정국에 힘입어 정국 주도권을 어느 정도 회복할 수 있었다.

한편 공안정국에 불안감을 느낀 김영삼(통일민주당 총재)은 5공청산을 조속히 매듭짓자는 노태우 정권의 제안에 합의해 주었다. 한발 물러선 김영삼과는 달리 김대중(평화민주당 총재)은 광주와 5공청산 문제가 해결되지 않으면 노태우 정권 종식 투쟁을 전개하겠다고 선언하는 등 강하게 맞섰다. 그러나 6월 27일 '서경원 의원 방북사건'이 발생함으로써 평민당의 대여 투쟁은 약화될 수밖에 없었다. 안기부는 88년 8월에 북한을 비밀리에 방문, 김일성을 만난 서경원(평민당 국회의원)을 국가보안법 위반 혐의로 구속했다. 그리고 김대중과 문동환(평민당 부총재)을 구인해서 수사하고 국가보안법상의 불고지죄로 입건했으며, 서경원 의원 방북사건과 관련해서 비판적 논조를 편 한겨레신문사를 압수 수색했다.

이런 상황에서 6월 30일에는 전대협 대표로 임수경(당시 외국어대 불문과 4학년)이 북한을 방문해 평양에서 열린 제13차 세계청년학생축전에 참가했다. 문익환 목사 방북 사건 이후 노태우 정권이 평양축전 참가 봉쇄방침을 밝히자 전대협은 임수경을 평양축전에 비밀리에 파견한 것이었다. 임수경은 평양축전에 참가하는 동안 북한학생위원회 위원장 김창룡과 함께 1995년까지 조국통일 위업을 실현하기 위한 공동투쟁 등 8개 항의 '남북청년학생공동선언문'을 발표했으며, '한반도의 평화통일을 위한 국제평화 대행진'에 참가했다. 축전이 끝나자 임수경은 천주교정의구현사제단이 파견한 문규현 신부와 함께 8월 15일에 판문점을 거쳐 돌아왔다. '통일의 꽃'으로 불린 임수경의 평양축전 참가는 한편으로는 전대협 간부를 대대적으로 검거하는 등 공안정국을 강화시키는 계기가 되기는 했지만, 다른 한편으로는 통일에 대한 국민의 관심을 매우 커지게 했다. 임수경과 문규현 신부는 이 사건으로 국가보안법 위반 혐의로 재판을 받고 징역 5년을 언도 받았으며, 관련자 63명 검거, 19명 구속, 4명이 수배되었다.

이처럼 통일운동의 활성화 속에서 노태우 정권은 한국 정치를 이끌어왔던 변수 가운데 하나인 '적색혐오증'을 활용해서 강경 통치로 복귀하고자 했다. 공안정국의 분위기 속에서 노태우 정권은 4당 총재회담을 통해 5공 청산에 대한 합의를 끌어낼 수 있었다. 전두환의 국회 증언 1회와 증언상황의 TV 녹화중계, 광주민중항쟁의 무력진압에 대한 책임을 물어 정호용(민정당 국회의원, 5·18 당시 특전사 사령관)과 이희성 당시 계엄사령관의 공직 사퇴, 이원조(민정당 국회의원)의 국회 고발 등의 조치를 약속하고 5공 청산은 마무리되었다. 결국 전두환은 12월 31일 국회에서 증언을 했으나, 광주 무력진압과 5공 비리에 관해 모두 부인했다.

한편 민주화에 편승하는 듯하던 구지배세력으로 하여금 변화에 대해서 이러한 '공포의 통치'를 시도하도록 만든 원인 가운데 하나는, 바로 사회운동의 조직화와 활성화였다. 남북분단으로 형성된 반공규율사회는 노동운동과 통일운동 등 저항적 사회운동을 억압적으로 봉쇄해왔다. 그러나 6월 항쟁의 분위기를 이어받아 진행된 87년 7~8월의 노동자 대투쟁은 노동운동을 사회운동의 중심 역량으로 끌어올렸다.

87년의 6·29선언은 그동안의 노동3권의 제약과 전근대적인 노사관계 아래서 제약되었던 노동운동의 폭발적 고양을 가져오는 하나의 계기가 되었다. 87년 이전에는 연평균 200건 정도의 노동쟁의가 일어났던 데 비해, 87년 7~9월 사이에만 3,241건이 일어났다. 이것은 그 이전 10년 동안에 일어났던 노동쟁의 총건수 1,860건의 거의 2배나 되는 것이었다. 유일한 합법조직이던 한국노동조합총연맹(한국노총)이 노동운동에서 아무런 역할도 하지 못하는 상황에서 폭발적으로 일어난 노동쟁의는 지금까지의 노동운동과는 질적으로 다른 것이었다. 노동집약적인 분야의 중소기업에서 나이 어린 미혼 여성노동자들이 근근히 명맥을 이어오던 노동운동은 대기업의 기혼 남성노동자들이 중심이 되는 노동운동으로 바뀌게 되었다. 이렇게 노동운동의 질이 변화되면서 노동운동세력의 정치세력화 가능성도 커졌다.

게다가 노동운동의 환경에도 일정한 변화가 일어났다. 가장 눈에 띠는 변화는 전두환 정권 때 안전기획부가 중심이 되어 민중 진영에 대한 탄압을 총지휘하던 이른바 '관계기관대책회의'가 노태우 정권 하에서는 현장에서 공식적으로 철수할 수밖에 없었던 점이다. 국가의 억압적 개입 기조가 후퇴하면서 노동조합의 조직률이 높아졌다. 1989년에는 노조 조직률이 18.7%에 이르렀다. 1988년의 임금인상투쟁과 노동법 개정투쟁, 1989년 3월의 서울지하철파업과 울산현대중공업의 파업에서 확인된 노동운동의 투쟁력은 지배진영의 위기감을 증폭시키기에 충분했다. 1989년 공안정국의 '의도적' 조성을 통해 노태우 정권은 노동쟁의를 강력하게 억제하는 정치적 노동운동에 대한 억압적 개입정책으로 다시 회귀하였다. 지배권력의 3자동맹의 한 축을 이루는 자본에 대한 노골적 편들기를 위한 노동탄압은 노조 조직률을 계속 하락시켜 1994년에는 노조 조직률이 14.5%로 낮아지기도 했다.

노태우 정권의 경제정책 기조는 '분배와 균형 위주의 경제전략'이었다. 그러나 1989년 3월에 여소야대 상황에서 국회를 통과한 노동관계법에 대한 거부권을 행사하면서 노태우 정권은 이같은 경제전략을 포기한 셈이 되었다. 그리하여 법정근로조건의 하향조정, 축소, 폐지, 명목규정 삭제 등 노동자의 삶의 질을 심각하게 위협하는 방향으로 노동정책의 기조도 바뀌었다. 그리고 금융실명제와 토지공개념 도입도 뒤로 미뤄졌다.

3. 제도정치의 재편과 지역균열 정치지형의 형성

1) '여소야대' 제도정치의 이중성과 지역균열 정치의 제도화

1988년 4.26 총선에서 헌정사상 처음으로 여소야대의 정치지형이 형성되었다. 88년 4.26총선을 통해 현실화된 지역균열의 정치구도는 민주주의 이행과정에서의 제도정치 혁신의 왜곡태라고 표현할 수 있다. 지역주의는 민주주의 이행의 과도기에서 군부권위주의 세력의 지배전략과 저항세력의 분열로 인하여 주어진 왜곡된 형태라는 것이다. 지역주의적 구도에서 결정적인 계기는 한편으로는 노태우 등 군부세력들의 87년 대선 승리를 위한 야당분열전략과, 다른 한편으로는 87년 양김의 분열이었다. 지역주의를 이용한 구정치세력의 자기 방어와, 그것을 넘지 못한 저항정치세력의 분열로 인하여 민주적 정당정치 질서로 이행하지 못하고 왜곡된 형태로 존재하게 된 것이 바로 현재의 지역주의적 정치구도이다. 저항세력에 대한 군부권위주의 세력의 지역적 분열전략과, 그에 효과적으로 대응하지 못하고 분열하게 된 양김씨의 오류로 인하여 지역주의적 구도는 단순히 지배블록의 '외재적' 분열전략에서 국민들이 서로를 지역적 관점에서 적대시하는 '내재적' 현실로 전화되게 된 것이다. 군부정권은 저항세력, 특히 김영삼과 김대중의 분열을 계기로 하면서 저항세력을 지역주의적 세력으로 격하시킬 수 있었다. 87년 대선을 전후하여 지역주의는 '강요된 지역주의'에서 '자발적 지역주의'로 변화하게 된다(조희연, 1998, 5장). 이런 점에서 보면, 지역주의 정치구도는 과거 개발독재국가 하에서의 저항운동 속에서 운동정치와 결합함으로써 갖게 되었던 '배제된 제도정치' 세력의 반(反)제도정치적 '급진성'이 무력화되고 지역주의에 의해 '힘을 발휘할 수 없는' 상황이 조성됨을 의미한다. 반독재 민주화라는 시대적 과제에 의해 퇴행적 수구세력으로 퇴진 및 약화를 강요당하고 있었던 구체제세력은 저항적 제도정치세력을 '또다른 지역주의'로 낙인찍음으로써 스스로를 방어할 수 있었고, 저항적 제도정치세력의 도전을 무력화시킬 수 있었던 것이다.

여소야대는 의회 안에서 야당이 정국 주도권을 장악함으로써 정부에 대한 통제와 감시를 효율적으로 할 수 있는 기반으로 작용했다. 여소야대가 됨으로써, 그동안 국가발전의 과제를 행정부에 빼앗기고 정치의 주변부로 몰락했던 의회가 정치의 중심부로 복귀하게 되었다. 물론 야3당의 정치적 성향과 계급적·사회적 지지기반이 달랐기 때문에 정책공조가 불안정하게 이루어질 수밖에 없었다. 또 노태우 정권이 상실한 정국주도권을 되찾기 위해 야3당의 불안한 정책 공조의 틈새를 비집고 들어서서 3당 합당을 꾀하게 되는 것도 이런 근본적 한계가 있었기에 가능했다.

다른 한편으로 이 여소야대 제도정치의 형성은 지역할거주의, 지역균열 정치의 제도화라는 부정적 의미를 동시에 갖고 있다고 할 수 있다. 즉 13대 총선은 대선과 마찬가지로 유권자들의 전략 투표 행위에 따른 지역 몰표 현상이 당락에 가장 큰 영향을 미치는 변수로 작용했던 것이다. 평민당은 전라남북도의 37개 의석을 모두 석권했고, 민정당은 대구의 8석을 모두 차지했으며, 민주당은 경남과 부산에서 37석중 23석을, 공화당은 충남의 18개 의석 중 13개 의석을 차지했다.

어쨌거나 5공독재와의 차별성을 통해 전두환 정권의 권력 핵심을 약화시키고 자신의 지배력을 강화시키려는 노태우 정권의 의도와 맞물려, 이 여소야대의 정치지형으로 인해 '5공 청산' 등 민주화가 강력하게 추진될 수 있었다. 5공 청산과 관련해서는 지배블록 내부에서 정치상황의 변화를 내세워 청산을 주장하는 '단절론'과, 강화된 야권에 맞서서 범여권이 힘을 합쳐야 한다는 '보수대연합론'이 맞섰다. 그리고 중간평가와 관련해서도 국민투표를 통해 정면 돌파해야 한다는 강경론과, 여야 협상을 통한 일정 정도의 양보를 해서라도 우회 통과해야 한다는 온건론이 맞서기도 했다. 노태우가 신군부세력의 2인자였기는 하지만 군부 전체를 장악하지 못한데다가, 6월 항쟁 이후 군부의 정치적 입지가 축소되었기 때문에 5공독재와 같은 일방적 강경 통치를 행사할 수가 없었다.

2) 범보수지배연합의 구축과 비정상적 의회의 정치주변부화

민중진영의 공세를 물리적으로 억압하는 한편 노태우 정권은 약화되어가던 국가지배를 강화하기 시작했다. 그 첫 번째 시도가 여소야대 국회를 야3당 공조의 와해와 야2당을 분리 포섭함으로써 여대야소로 역전시키는 것이었다. 공안정국 속에서 야3당 정책연합의 불안정한 공조를 깨뜨리고 정국의 주도권을 장악하려는 시도였다. 공안정국에서 노태우는 김영삼과 김종필(신민주공화당 총재)을 만났다. 특히 김종필과의 만남에서는 좌익에 대처하기 위해 보수연합이 필요하다는 데 합의하기도 해 범보수세력의 결집을 예고했다.

이같은 전략의 구체적 실현이 바로 3당 합당이었다. 전통적 여권의 세력집단 가운데 신군부 중심의 민정당에 편입되지 못한 세력이 중심이 된 신민주공화당과, 전통적 야권의 세력집단 가운데 상대적으로 보수적 성향을 지닌 통일민주당이 민정당의 범보수 지배연합에 동참한 것이다. 또한 3당 합당은 호남을 포위하는 비호남 지역연대의 틀을 바탕으로 함으로써 지역분열주의를 더욱 악화시켰다. 의도적 분열을 통해 호남 대 비호남이라는 대결구도를 만들고자 했던 '2개의 국민' 헤게모니 프로젝트(손호철 1993, 223)의 성공적 실현으로 노태우 정권은 안정적 기반을 구축했다. 1988년 4.26 총선 직후 정국의 기본적 대립 구도는 대구·경북 지역(TK)을 대표하는 민선군부정권 대 반(反)TK 세력의 대립이었다. 이 대립 구도를 역전시킨 것이 바로 3당 합당으로, 호남 대 반(反)호남 정치연합의 대립구도를 만들어 낸 것이다. 특히 과거 수십 년 동안 민주 대 반민주의 대립구도 속에서 민주진영의 중요한 한 축을 자임해 온 김영삼과 통일민주당이 반민주진영의 민정당·공화당 세력과 손을 잡은 것은 '내각제 합의'를 연결 고리로 삼음으로써 가능했다.

3당 합당은 여소야대의 정치구도로 인한 통치력의 약화를 범보수세력연합을 통해 극복하며, 동시에 지배권력의 안정적 재생산을 위한 재집권연합의 구축이라는 성격을 갖는다(조희연 1998, 188)고 할 수 있다. 또한 엘리트 구조의 연속성을 확실히 하는 가운데 국가를 재강화하고 지배블록을 공고화할 뿐만 아니라, 광범한 정치참여와 기존의 엘리트 구조의 상당한 변화를 가져올 아래로부터의 민주화 개혁 요구를 저지해 냄으로써 보수적 민주화를 가능하게 하는 것(최장집 1996, 237)이기도 했다.

3당 합당으로 인해 의회는 또 다시 정치의 주변부로 밀려났다. 그러나 민선군부정권의 권력강화 시도는 성공하지 못했다. 제도정치가 퇴조하면서 범보수 지배연합도 정치적으로 타격을 입었기 때문이다. 또한 3당 합당을 통해서 새롭게 형성된 지배블록 내부의 권력투쟁과 이합집산이 지배블록을 약화시켰다. 오랜 동안 권력의 정점에 서 있던 군부가 약해지면서 군부 세력과 연대했던 세력들과 새롭게 지배블록으로 편입한 세력들 사이에 권력투쟁이 치열하게 전개되었기 때문이다. 또 3당 합당이 지배블록의 합의나 국민적 지지를 기반으로 이루어진 것이 아니라 소수의 권력 핵심이 밀실에서 합의한 것(조희연 1998, 192)이기 때문에, 지배블록의 일사불란한 행동통일이 불가능했던 점도 지배블록 내부의 갈등요인으로 작용했다. 권력투쟁 과정에서 특정한 지역적 지지기반과 민주화 운동의 경력에 따른 도덕적 우월성을 확보한 민주계가 범보수지배연합의 중심을 장악하자, 이에 반발한 민정계 일부가 민자당을 뛰쳐나가기도 했다.

다행스러운 것은 이렇게 지배연합이 재편되는 과정에서도 민주주의로의 이행 그 자체를 저지하려는 반동적인 움직임은 나타나지 않았다는 점이다. 3당 합당은 민주주의의 틀은 그대로 유지하면서 의회의 구도만 보수화시키는 것이었다. 새롭게 등장한 범보수 지배연합은 의회의 구도를 보수화시키는 데는 성공했으나, 내부적으로는 지배연합 내의 권력투쟁에 휘말려 들어가게 되었다. 이 과정에서 특기할 만한 변화는 유신이나 전두환 정권에서 권력핵심을 장악하고 있던 군부의 정치적 영향력이 현저하게 약화되기 시작했다는 점이다.

3) 국가-제도정치-시민사회의 수직적 지역분할체제의 체계화

한편 노태우 정권 시기의 조류가 민주화였고 또 어느 정도 수준의 민주화가 이루어지기는 했지만, 거기에는 근본적인 한계가 있었다. 가장 커다란 한계는 1988년 4·26총선을 거치면서 지역할거주의의 강화로 인한 비정상적 정당정치·제도정치의 지속이었다. 정당들이 지역할거주의 정당으로 바뀌었고, 진보정당의 출현도 지연되었던 것이다. 정치적 대표체계와 관련하여 가장 문제가 되는 것은, 지역주의의 정치와 관련된 국가-정치사회-시민사회의 수직적 지역분할체제라고 할 수 있다. 즉 탈군부독재 민주화 이행과정 초기에 야당을 비롯한 민주화운동 진영에 대한 분열책으로 등장했던 지역감정은 이후 한국정치의 지형을 국가-정치사회-시민사회 전체를 수직적 지역분할체제로 나누어놓음으로써, 정치적 대표체제가 계급, 계층, 세대 등등 시민사회의 수평적 분획선에 따라 기능하기보다는 지역 단위의 수직적 분획선을 따라 기능하게 만든 것이다. 그리하여 이러한 수직적 지역분할체제의 정치구조는 이중의 정치독점 구조, 즉 여러 면에서 상대적으로 유리한 지역에 기반하는 정치세력이 항상적으로 우위를 차지하게끔 보장해주면서, 계급과 계층과 세대와 이념 등 시민사회의 비지역적인 다양한 이해의 반영과 그 참여를 사실상 가로막아 온 것이다(정해구 1997, 36-37).

이처럼 기성 정당들과 이들에 의해 운용되는 정당정치는 정책과 이념과 노선의 차이에 따라 분립하거나, 대중적 지지기반을 확보한 상태가 아니었다. 특정한 지역에 압도적 지지기반을 확보한 지역정당들의 존재는 민주화를 지체시키고 정당의 민주적 발전을 가로막는 결과를 가져왔다. 6월 항쟁 이후 진행된 일련의 민주화 과정이 올바른 민주주의 이행(democratic transition)을 거쳐 민주주의의 공고화(consolidation)로 나아가기 위해서는 정당질서가 확고히 재편되어야 했다. 그러나 독재 대 민주의 갈등은 넘어섰으나, 정치적 지역균열이 심화됨으로써 보수 대 진보의 새로운 대립 구도는 확립되지 못했던 것이다.

지역감정은 우리 정치를 움직여 나가는 여러 힘 가운데 하나로서 망국적인 고질병이라고 할 수 있다. 물론 지역간의 갈등과 대립은 어느 나라에나 다 있다. 그러나 문제는 우리의 지역갈등이 다른 나라와 달리 민족 통합과 국가 발전의 주된 걸림돌로 작용할 정도로 그 폐해가 매우 심각한 것이라는 사실이다. 지역감정은 일종의 허위의식이다. 애당초 지역감정이라고 하는 것은 없다. 있다면 향토의식이나 애향심 같은 것이 있을 뿐이다. 사람들에게는 누구나 자기가 태어나거나, 자라나거나, 살고 있는 곳에 대한 막연한 그리움 같은 것이 있기 때문이다. 그런데 향토애가 순수하게 나타나지 않고 극단적인 지역감정으로 나타나는 게 바로 문제의 뿌리이다.

지역감정을 처음 유발시킨 것은 박정희 정권이며, 당시 김대중과 김영삼은 피해자였다. 김종필의 경우는 적극적 가해자는 아니었으나 가해자의 편에 서 있었다. 이 시기에 호남 지역의 압도적인 김대중 지지나 부산·경남 지역의 절대적인 김영삼 지지는 지역주의의 발로가 아니라 민주화에 대한 지지였다. 그러나 87년 대통령 선거에서 김대중이 내세웠던 '4자 필승론'은 민주화에 대한 지지를 정치적으로 이용한 것이다. 물론 이것은 지역감정을 정치에 이용한 것으로 비판받아야 한다. 김종필이나 김영삼도 지역주의를 정치적 발판으로 삼았고, 이 또한 비판받아야 마땅하다. 그러나 지역감정을 심대하게 악화시킨 것은 국민의 의사를 무시한 채 이루어진, 노태우-김영삼-김종필의 3당 합당이라는 일종의 '쿠데타적 폭거'였다. 3당 합당이 호남 배제를 목표로 한 공격적인 지역연합의 성격을 띠었기 때문이다.

한편 지역감정은 박정희 정권 때 경제개발 과정에서 나타난 지역격차와 맞물려 형성되었다. 즉 지역갈등은 산업화 과정에서 나타난 소외와 차별의 결과였다. 정치적 갈등 구조가 계급이나 다른 요소가 아니라 지역을 중심으로 형성된 것이 바로 지역주의이다. 여기에 특정지역을 중심으로 취해진 편중 인사가 지역주의를 확산시켰다. 국민정서상 지역에 대한 편견이 있는 것은 사실이지만, 그것이 바로 선거와 정치에 영향을 미쳤던 것은 아니다. 지역감정이 정치에 영향을 미치기 시작한 것은 1971년의 제8대 대통령 선거에서부터이다. 1969년의 3선개헌을 통해 박정희 대통령의 장기집권 기반을 마련한 공화당이 야당의 김대중 후보가 우리나라에서 처음으로 정책선거를 주장하면서 뜻밖에 강세를 보이자 지역감정을 자극한 것이다. 바로 이때부터 지역감정이 정치에 영향을 미치기 시작했다.

공화당 정권에서 형성된 지역감정은 민정당 정권 시절에 더욱 심화되었다. 정통성 없는 전두환 정권이 지역감정을 통치기제의 하나로 삼았기 때문이다. 1987년 제13대 대통령선거와 1988년 제13대 총선에서 나타난 일정한 지역적 지지기반을 확실하게 보유한 4대 정당 사이의 대결양상이 대표적인 지역 감정의 표출이다. 그러다가 1990년대 초반에 3당 합당으로 민자당이 태어나면서 지역감정은 극도로 악화되었다. 이 과정에서 지역감정은 아주 자연스런 정치적 결정요소가 되어 버리고 말았다.

이렇게 지역감정이 한국 정치에서 가장 커다란 영향력을 갖는 정치적 변수가 되자, 지역감정 자극이 선거의 가장 중요한 전략이 되었다. 정치 현안에서 각 정당들이 제일 먼저 고려하는 것도 지역감정이다. 정당이 이념과 노선, 정책의 차이가 아니라 특정한 지역적 기반을 중심으로 한 지역정당이기 때문이다. 즉 정당의 가장 커다란 차이가 민주 대 반민주, 개혁 대 반개혁, 진보 대 보수에 있는 것이 아니라 지역에 있는 것이었다.

지역감정은 공격적 지역감정과 방어적 지역감정으로 나뉜다. 공격적 지역감정은 경제성장의 혜택을 상대적으로 많이 받은 지역의 정치인들이 그것을 정당화시키고 또 자신들의 정치적 이익을 계속적으로 확보하기 위하여 도발한 지역감정이다. 그리고 경제성장 과정에서의 푸대접에 상대적 박탈감과 피해의식을 느끼고 있던 지역의 주민들 사이에서 공격적 지역감정에 대한 본능적 방어로 나타난 것이 바로 방어적 지역감정이다.

처음에는 공격적 지역감정이 문제였으나 언제부턴가 방어적 지역감정으로 인해 이익을 보는 세력이 생겨나 그 이익을 철저하게 챙기고 나아가 부추기기까지 한다. 따라서 이제는 지역감정의 가해자와 피해자 사이의 구분이 엷어졌다. 오히려 지역감정의 볼모가 된 국민이 새로운 지역감정의 피해자가 되었고, 정치권은 정도의 차이는 있지만 모두 지역감정의 가해자가 된 상황이다. 정치권은 말로는 지역감정 극복을 주장하지만, 실제로는 지역감정을 즐기고 있는 것이다.

4) '독점자본의 저항'과 재벌의 정치세력화 실험

1990년 3당 합당으로 국회 의석의 3분의 2가 넘는 거대여당이 탄생했으나, 그렇다고 해서 범보수 지배연합의 정치적 영향력이 복원된 것은 아니었다. 1992년의 제14대 총선에서 민자당은 의석의 3분의 1을 상실함으로써 또다시 여소야대 현상이 나타났다. 3당 합당 직후 개헌선을 넘는 216석의 의석을 확보했던 민자당은 무려 72석을 잃어 원내 의석 과반수에 못 미치는 149석 밖에 획득하지 못했다. 이에 비해 통합민주당은 선거 직전의 78석에서 19석이 늘어난 97석을 획득하여 개헌저지선에 육박했다. 특히 민주당은 서울 지역의 44석 가운데 25석을 획득하였다. 14대 총선은 역대 총선의 평균 투표율(81%)보다 현저하게 낮은 71.9%의 투표율을 나타냈다. 이같은 현상들은 3당 합당에 따른 의회정치의 후퇴와 민주화의 지체현상에 대한 유권자의 정치불신이 반영된 결과였다. 또한 제14대 총선은 지역주의적 투표성향의 극복에 실패함으로써, 지역할거주의 정치가 더욱 강화되는 계기이기도 했다.

특기할 만한 것으로는, 1992년 3·24총선을 통해 현대 그룹을 모태로 삼은 국민당이 31석을 획득하여 제3당으로 등장했다는 사실이다. 당시 노태우 정권에 대한 도전은 민중진영 안에서만 일어난 것은 아니었다. 경제적 지배 집단으로서 '독점자본의 저항과 도전'이 나타나기도 했기 때문이다. 즉 현대그룹의 정주영이 정당을 만들어서 정권 장악을 꾀한 것이다. 뿌리가 없이 재벌을 기초로 창당한 국민당이 짧은 시간에 원내 교섭단체를 구성한 것은 독점자본의 정치적 지배 가능성을 보여주는 사건이었다. 그러나 국민당은 정국 운영에서 별다른 영향력을 발휘하지 못했고, 정주영이 대선 도전에서 실패한 뒤에는 정체성을 찾지 못하고 표류하다가 급기야 해체되고 말았다. 이처럼 독점재벌의 정치세력화 실험은 실패로 마무리되었다.

이와 관련해 지적할 것은 국민당이 원내 제3당으로 등장함으로써 독점자본이 제도정치까지 지배할 수 있는 가능성은 확인되었으나, 이것을 국가 대 자본의 갈등으로 볼 수는 없다는 사실이다. 그럼에도 불구하고 노태우 정권과 현대 그룹의 갈등은 국가관료 대 개별자본, 총자본 대 개별자본 내지 자본 분파 등 낮은 수준의 갈등이기는 하나, 민선군부정권 아래서의 정치 엘리뜨와 경제 엘리뜨 사이의 심각한 대립양상을 보여준 것이라고 할 수 있다.

한편 뜻밖의 총선 패배에 놀란 지배블록 내부에서 갈등이 다시 일어났다. 민자당 내 다수를 장악하고 있으면서도 당권에서 밀려나 있던 민정계가 공화계와 손잡고 총선의 패배 책임을 김영삼과 민주계에 물음으로써 당내 헤게모니를 회복하려 했던 것이다. 그러나 민주계는 이같은 정치공세에 맞서 오히려 정권 재창출을 위한 대안부재론을 내세워 탈당 불사론으로 압박함으로써 당내 입지를 더욱 강화시켰고(정대화 1995, 341) 마침내 민주계가 92년 대선에서 승리해 '제1차 보수적 민선 민간정권'을 수립할 수 있었다.

5) 제도정치에 대한 운동정치의 도전과 실패 : 진보진영의 정치세력화 실험

이 시기에 사회운동의 제도정치로의 진입 노력이 등장했다. 1950년대 조봉암과 진보당의 정치적 좌절 이후, 진보정치세력의 정치권 진입은 번번이 실패로 끝났다. 4·19혁명 이후 합법적 운동공간이 넓어졌음에도 불구하고 보수세력의 이데올로기적 공세를 저지하지 못한 진보정치세력은 7.29 선거에서 또 다시 실패를 겪었고, 5·16 이후에는 정치적 탄압으로 명맥만을 겨우 이어가는 정도였다. 진보정치세력은 87년 6월 항쟁 이후 다시 정치세력화를 꾀했으나 가시적인 성과를 끌어내지는 못했다.

노태우 정권 아래에서 모두 다섯 차례에 걸쳐 전국 단위의 선거가 치러졌다. 1988년 4월의 13대 국회의원 총선거, 1991년 3월의 기초의회 선거와 6월의 광역의회 선거, 1992년 4월의 14대 국회의원 총선거, 1992년 12월의 14대 대통령선거이다. 진보진영은 이 선거에 모두 참여하였으나 정치권 진입에 실패했다. 1988년 4월의 13대 총선에서는 한겨레민주당과 민중의당이, 1992년 4월의 14대 총선에서는 통합민중당이 정치권 진입을 노렸으나 단 한 석도 획득하지 못함으로써 진보진영의 정치적 실험은 실패로 끝나고 말았다. 30년만에 부활한 지방의회 선거에서는 몇 명의 당선자를 배출하기는 했지만, 당선율과 득표율은 극히 낮았다.

선거 국면은 노동자들의 이해관계를 정치에 반영함으로써 노동자들의 지위와 이익에 적지 않은 영향을 미칠 수 있는 합법적 열린 공간이다. 그러나 선거 국면에서 노동자들이—조직화된 노동자들까지도—노동자 '계급'의 관점에서 행동하지 않고 출신 '지역'의 관점에서 또는 파편화된 개별 유권자의 관점에서 행동했기 때문에 실패할 수밖에 없었다. 물론 이것은 노동자 개개인의 개별적 잘못이 아니다. 오랫동안 노동운동을 금지시켰기 때문에 그 결과로 노동자의 정치의식 수준이 그만큼 낮았기 때문이다.

진보진영 특히 노동운동 진영이 정치세력화에 실패한 원인은 이밖에도 여러 가지가 있겠으나, 노동조합의 정치활동을 금지한 노동조합법 12조도 커다란 걸림돌의 하나였다. 노동조합의 정치활동 금지 조항은 1998년 노·사·정 위원회에서 노동자의 목숨줄인 정리해고제를 노동계가 수용하는 대가로 폐지될 때까지, 노동운동의 정치세력화에 걸림돌로 작용했다.

이처럼 진보진영의 독자적인 정치세력화는 실패한 반면, 그 일부는 기존 보수정당을 통해서 정치에 진입하는 데 성공했다. 이른바 '재야 입당파'라고 불린 흐름이 그것이었다. 그러나 조직적 논의를 거치지 않고 개인적 자격으로 진출한 이들은 기존의 보수정치의 벽을 뛰어넘지 못하고 그 덫에 걸려 허우적거리다가 급기야 보수정치에 흡수되고 말았다. 예컨대 민중당 주도 세력 가운데 일부 인사들은 김영삼 정권이 들어선 뒤 지배연합에 투항함으로써, 진보진영의 정치세력화에 오히려 걸림돌로 작용했다는 비판을 받기도 했다. 그리하여 결국 반독재 민주화 운동의 성과는 보수정치의 한계를 분장하는 도구로 이용되었을 뿐이다.

6) 시민정치의 활성화와 제도정치의 새로운 구도 형성

한편 제도정치, 정치사회의 퇴조와 함께, 새로운 정치사회의 구도가 형성되기도 했다. 시민정치 영역의 확장과 활성화와 바로 그것이었다. 제도정치가 퇴조하면서 나타난 현상 가운데 하나로 전통적인 정치 대결 구도의 실종을 꼽을 수 있다. 즉 민주 대 반민주의 대결 구도가 정치적으로 영향력을 상실한 것이다. 이로 말미암아 민주화 운동에 헌신했던 경력이 오히려 선거에서 부정적으로 작용한다는 이유로, 일부 후보들의 경우 스스로 민주화 경력을 축소시키는 일이 발생하기도 했다.

그러나 제도정치가 퇴조하는 가운데에서도 정당정치 영역이나 시민사회 영역이 활성화되기 시작했다. 과거 권위주의 시절에는 전투적인 반독재 민주화운동과 민중운동이 비합법적인 공간에서 무자비한 탄압을 받으면서 전개되었다. 이런 파시스트적 억압의 상황에서 상대적으로 온건한 시민운동은 근본적으로 설 자리가 없었다. 그러나 80년대 민주화운동 과정에서 정치사회의 준자율적 분화가 이루어졌고, 자율성을 갖는 사회운동 공간이 생기기 시작했다. 87년 6월 항쟁이 지배블록의 의사개량주의적 정책을 통해 '위로부터의 보수적인 정치적 민주화'로 귀결되자, 비(非)민중운동적 성향을 띠는 시민운동이 새롭게 나타나 온건한 방식으로 정치사회를 변화시키려는 독자적인 발전을 이루어나가기 시작했다. 다시 말하면 6월 항쟁 이후 넓어진 자율적인 시민사회의 영역이 시민운동을 성장시킨 자양분이었다.

그러나 시민운동의 사회적 발언권이 강해지고 또 정치적으로 적지 않은 영향력을 확보했으나, 올바른 의미에서의 시민정치가 이루어진 것은 아니었다. 장기적인 방향 고민에 소홀하고 또 가시적인 구체적 실천을 선호하는 시민운동이 당면 사회 현안을 해결하는 실용주의적 운동 방식으로 흐르면서, 사회 전체의 민주 변혁적 전망을 세우지 못했기 때문이다.

4. 맺음말

1992년 제14대 대통령선거 결과는 81.9%의 투표율과, 민자당 김영삼 후보 41.4%, 민주당 김대중 후보 33.4%, 국민당 정주영 후보 16.

1%, 신정당 박찬종 후보 6.3%, 진보진영의 백기완 후보 1.0%의 득표율을 기록했다. 그리고 이를 통해 이른바 '문민정부', '민선민간정권'이라는 김영삼 정권이 들어섬으로써 민선군부정치는 막을 내렸다. 민선이기는 해도 군부가 지배블록의 중심을 이루었던 노태우 정권은, 결과적으로 민간인 출신의 헤게모니를 수용함으로써 정권 재창출에 성공했다. 군부 중심의 구지배세력으로부터 민간세력으로 헤게모니를 이전하는 방식을 통해 정치적 위기를 무사히 극복한 것이다. 이것은 여당으로부터 야당으로 정권이 교체된 것이 아니라 집권 세력 내부의 권력 이동이라는 점에서 민주화의 '반(半)이행'에 지나지 않는다. 달리 말하면 '민주 대 반민주'라는 정치적 대결 구도 속에서 민주진영에 속해 있던 세력이 집권함으로써 민선민간정권(electoral civilian government)이 들어섰지만, 그것이 온전한 민주화가 아니라 '제한적 민주주의'(최장집 1996, 248)에 그쳤음을 의미하는 것이다. 이처럼 기득권 보수세력과의 연대를 통해서 겨우 집권할 수 있었던 태생적 한계는 김영삼 정권의 민주화와 개혁을 불확실하게 만드는 기제로 작용하게 된다.

물론 민선민간정권 초기에는 기대했던 것보다 더 빠른 속도로 그리고 더 광범하게 개혁이 진행되었다. 이는 김영삼의 집권이 민자당 내부에서의 권력투쟁을 거쳐 획득한 측면이 강했으며, 따라서 구지배세력의 발언권이 제한적이었기 때문이다. 그러나 구지배세력을 완전히 배제할 정도의 세력과 영향력을 민자당의 지배블록 내에서 확보하지는 못했기 때문에, 결국은 기득권 보수세력의 요구에 밀려 개혁이 좌초되고 말았던 것이다. 다시 말하면 김영삼 정권의 개혁 실패는 노태우 정권의 성격에서 이미 예고되었다고 할 수 있을 것이다.

6월 민주항쟁의 결과 절차적인 민주주의가 이루어지고 권력의 지배 방식도 바뀌었다. 폭력과 불법을 통한 지배가, 형식적이나마 법과 의회 민주주의의 테두리 안에서 제도를 통한 합법적 지배로 바뀐 것이다. 그리고 선거를 통해서 권력을 주고받는 수준에서의 제한적인 절차적 민주주의가 '완성'된 것이다. 노태우 통치 5년의 기간은 바로 이 제한적인 절차적 민주주의가 뿌리를 내리기 시작한 시기였다. 그러나 지역과 돈에 의해서 선거 결과가 좌지우지됨으로써 선거가 갖는 교과서적 의미는 사라져버렸고, 노태우 정권도 여전히 억압적 탄압의 기제를 포기한 것은 아니었다. 따라서 절차적 민주주의의 완성은 이후 역사의 과제로 넘겨지게 되었다.

참고문헌

손호철. 1993. 『전환기의 한국정치』, 창작과 비평사.
정대화. 1995. 「한국의 정치변동, 1987~1992: 국가-정치사회-시민사회의 관계를 중심으로」, 서울대 정치학과 박사논문.
정해구. 1997. 「한국정치의 민주화와 개혁의 실패」, 『6월 민주항쟁과 한국사회 10년 Ⅱ』, 당대.
조현연. 2001. 「한국의 국가 폭력과 '잊혀진' 1991년 5월투쟁」, 91년 5월열사 10주기 기념사업 준비위원회 외, 『1991년 5월투쟁, 죽음과 폭력의 정치를 넘어』, '91년 5월투쟁' 학술심포지움 자료집, 5월 12일.
조희연. 1998. 『한국의 국가·민주주의·정치변동』, 당대.
_____. 2000. 「민주주의 이행과 제도정치·민중정치·시민정치」, 한국산업사회학회, 『경제와 사회』, 여름호.
최장집. 1996. 『한국민주주의의 조건과 전망』, 나남.
학술단체협의회. 1997. 『6월 민주항쟁과 한국사회 10년 Ⅰ, Ⅱ』, 당대.

제10장

'1차 민선민간정권' 시기의 국가-제도정치의 성격과 변화

박상병 조현연 조희연

1. 머리말

　이 글이 다루고 있는 시기는 '1차 보수적 민선민간정권'인 김영삼 정권의 수립에서 '2차 보수적 민선민간정권'인 김대중 정권의 수립에 이르기까지의 역사적 과정이다. 이른바 '문민정부'라고 일컬어지는 김영삼 정권의 특성은 무엇보다 두 가지 상반된 역사적 흐름, 즉 한편으로는 3당 합당으로 상징되는 역사반동적 보수의 흐름과, 다른 한편으로는 아래로부터의 민중 저항의 물결 속에 솟아오른 민주화투쟁의 흐름이 맞물리면서 탄생한 정권이라는데 있다고 할 수 있다.1)

　이 김영삼 정권의 출범은 민선민간정권의 탄생이라는 점에서 정치적 민주화의 의미가 과거보다 확대된 것이 사실이다. 적어도 탈(군부)권위주의 체제를 지향하는 새로운 정권이 창출되었다는 점에서 민주적 이행기의 수준을 달리한다는 점만은 분명하기 때문이다.2) 따라서 6월 민주항쟁 이후 노태우 정권 5년을 민주화 이행국면의 초기 단계라 한다

---

1) 비록 민중운동과 시민세력이 직접적인 정권 교체를 이루어내지는 못했지만, 최소한 여소야대 정국의 창출 등을 통해 반독재세력의 일부를 포섭하여 이 '문민'세력에게 대권을 주지 않고는 안되는 상황의 결과라는 점에서, 김영삼 정권의 출범은 궁극적으로는 계급투쟁을 비롯한 대중적 사회투쟁의 성과라고 할 수 있는 측면이 존재한다.
2) 이런 점을 고려해 김영삼 정권을 '민주적 공고화'를 개혁적으로 시행하려는 말 그대로의 '민주정부'로 규정한 경우도 있다(한배호, 1994).

면, 김영삼 정권은 군부권위주의 체제를 승계하면서 동시에 그 해체를 시도한다는 점에서 민주화 이행국면에서의 후기 단계로 볼 수 있다. 다만, 후기 단계는 초기 단계보다 민주화 수준이 상대적으로 심화되고 확장된다는 의미가 있기는 하지만, 그 자체가 민주적 공고화의 과정이라는 의미는 아니라고 할 수 있다.

김영삼 정권은 93년 2월 '문민시대의 개막'과 '한국병의 치유를 통한 신한국 창조'라는 화려하고도 거창한 깃발을 펄럭이며 출범했다. 이른바 김영삼 정권의 '문민정부'식 개혁의 핵심 골자는 정치개혁을 통해 군사정치문화를 청산하고, 경제개혁을 통해 국민의 참여와 창의를 바탕으로 하는 신경제의 건설, 사회개혁을 통해 부정부패를 척결한다는 것이었다. 그것은 '개혁'이라는 말로 집약되어 표현되었고, "우리가 변화와 개혁을 외면한다면 우리는 역사로부터 외면당할 것", "개혁에는 중단 없는 전진이 있을 뿐"이라는 언술의 파괴력 속에서 얼마동안 개혁이라는 상표는 김영삼 정권의 상징이 되기도 했다. '모든 권력을 청와대로'라는 기치 아래 출범 초기, 비록 문제가 많기는 했지만 사정개혁, 군 개혁, 안기부의 권한 축소, 금융실명제의 실시 등이 추진되었으며, 그 결과 김영삼 정권은 90%를 상회하는 놀라운 지지율을 나타내기도 했다. 오랜 기간동안 이루어져온 군부통치의 고통을 경험한 뒤에 등장해서인지, 자유주의적 보수의 길에 기초한 김영삼 정권의 초기 개혁은 민주화에 대한 기대상승의 효과를 창출해내면서 꽤 큰 충격을 우리 사회에 몰고 왔던 것이 사실이다. 그러나 시간이 지나면서 김영삼 정권의 개혁은 날개 없는 추락 속에서 결국─'근조 민주주의', '문민시대의 사망'이라는 말에서 드러나는 것처럼─반동적 보수로의 회귀 또는 재수구화로 귀결, 파탄나고 말았다.

이 글의 목적은 이러한 일련의 과정에 대해, 국가와 제도정치의 성격과 그 변화의 내용을 추적하면서 분석하려고 하는 것이다.

2. 계승을 통한 지배체제의 연속성

1) 1차 보수적 민선민간정권 : 부르주아 민주주의의 한국적 초보 형태로의 이행

1993년 김영삼 정권의 출범은 제3세계 민주화의 경로상 그 유례가 없는 경로의 현실화라고 할 수 있다. 즉 군부정권 반대투쟁에 동참했던 타협적인 야당이 군부집권당과 통합하여 군부집권세력과 결합한 상태에서, 그러한 야당 지도자를 수반으로 하는 민간정권이 수립되는 예외적인 경로를 밟은 것이다. 이러한 경로는 기본적으로 군부정권과 단절된 대립적인 세력의 독자적인 집권에 의해 민주화가 진전되지 않고, 집권세력의 이니셔티브 하에 위로부터의 민주화가 진전된 경로라고 규정할 수 있다. 그리하여 기존의 군부 권위주의 정권과 타협한 민간 정치세력에 의한 지배세력의 변화를 가져왔지만, 지배체제 그 자체의 변화과정을 수반하지는 못했다. 즉 '계승을 통한 지배체제의 연속성' 속에서 이를테면 기존 보수주의적 기득권 세력과의 정치연합인 3당 합당과 그 지배방식인 지역주의적 정치균열을 그대로 활용했을 뿐만 아니라, 인적 충원구조에 있어서도 단절(rupture) 보다는 연속(continuity)에 기초한 협약(pacts)관계였다고 볼 수 있다.

한편 김영삼 정권의 출범을 계기로 '헤게모니 없는 독재'에서 '지배와 헤게모니적 통치'를 결합하는 상태로 이행하기 위한 초보적인 단계로 돌입하였음을 의미하기도 한다. 즉 헤게모니가 전혀 존재하지 않던 군부독재를 정점으로 한 한국의 지배체제가 민중적 저항으로 시민사회·정치사회의 분화와 함께 국민적 동의를 일정하게 획득한 지배로의 이행을 시도하는 국면이라고 할 수 있다. 이러한 시도는 국가 자체의 정책 시행과 제도정치에서의 활동 및 시민사회의 '동의'집단의 확산을 통해서 나타나고 있다고 할 수 있기도 하다.

이러한 김영삼 정권의 국가 성격 규명과 관련해 다양한 논의가 있어 왔다. '중소자본가와 도시 중산층을 기본적인 지지 기반으로 하는 권위주의적 자유민주주의'(유팔무 1993, 148-153), '파시즘적 자유민주주의 내지는 이완된 파시즘'(김세균 1993), '군부 권위주의로부터 제한적 민주주의로의 국가성격의 변화'(최장집 1993, 400), '제한적 (자유)민주주의 내지 신식파시즘에 자유주의적 요소가 강화되지만 자유민주주의라고 볼 수 없는 파시즘적인 면과 자유민주주의적 면을 모두 가진 양면적 체제'(손호철 1993, 260) 등이 그것이다.

김영삼 정권의 국가 성격과 관련해, 우리는 그것을 '(한국형) 군부 파시즘에서 (한국형) 부르주아 정치체제 내지 부르주아 민주주의의 한국적 초보 형태로의 이행'으로 규정한다(조희연 1993, 138-168). 물론 이러한 규정이 절차적 민주주의의 완성을 의미하는 것은 아니다. 선거 및 정권 창출 과정의 절차적 민주성, 정치권력의 문민성 등 자유민주주의적 요소가 상대적으로 강화된 것은 사실이지만, ①사상, 언론, 결사의 자유 등 기본권의 확립, ②군, 정보기관 등 억압적 국가장치에 대한 국민 또는 국민 대표에 의한 통제, ③주된 통치 기제가 강제력이 아니라 헤게모니인 지배 등 절차적 민주주의의 몇 가지 조건(손호철 1997, 426)과 관련해—특히 첫 번째 조건조차 충족시키지 못하고 있다는 점에서—'제한적 절차적 민주주의'의 수준에 불과하다고 볼 수 있기 때문이다. '한국적 초보형태로의 이행'이라는 표현이 의미하는 것도 바로 이러한 맥락에서이다.

둘째, 노태우 정권이 선거에 의해서 재집권한 군부정권이라는 의미에서 '민선군부정권'이라고 한다면, 김영삼 정권은 선거에 의해 성립한 '민선민간정권'이라고 할 수 있다. 그러나 그것은 군부정권 하에서 구조화된 독재적 질서에 반하지 않고 그와 결합하는 형태로 출현하였다는 점에서, '의사민주정권' 또는 '제한적 절차적 민주주의'의 성격을 지닌 '보수적 민간정권'으로 규정할 수 있다.

한편 정치적 민주주의로 이행하는 데 요체는 선거라는 게임의 규칙이 다양한 정치적 게임의 연출자들간에 합의되고 그러한 규칙에 따른 경쟁을 불가피한 것으로 받아들이는 것이다. 따라서 한국에서는 1987년 대선에 이은 1992년 대선을 통해 대립되는 당사자들의 정치적 게임의 방식과 형식으로서의 선거가 일반적인 게임규칙으로 정착되어 가고 있다는 점에서, 한편으로는 민주주의가 정착되어 가고 있다고 표현할 수 있을 지도 모른다. 그러나 절차적 민주주의의 완성은 최소한 게임규칙의 공정성 문제가 해결될 때, 즉 선거라는 게임규칙 속에서 집권세력이 야당이 될 수 있고 야당이 여당이 될 수 있는 현실적 가능성을 인정하고 또 게임의 규칙을 준수하는 상태에 이르렀을 때 비로소 말할 수 있는 것이다. 이런 점에서 한국 사회가 "선거에 의한 야당 집권이라고 하는 절차적 민주주의의 가장 어려운 조건을 통과"한 것(최장집 1998)은, 그리고 절차적 민주주의의 불완전성이 제도적으로 교정될 수 있는 중요한 조건을 부여한 것은 김영삼 정권의 출범이 아니라 김대중 정권의 성립이라고 할 수 있다. 따라서 이른바 '거리의 정치' 시대에서 '제도의 정치' 시대로 이행하게 된 것(정대화 1998, 226)도 김영삼 정권이 아니라 김대중 정권의 출범에서부터 찾아질 수 있다.

그러나 다른 한편으로는 김영삼 정권과 김대중 정권 등 보수적 민간정권의 성립은 단지 민주주의의 심화를 위한 출발점으로서 의미가 있는 것으로 평가되어야 한다. 즉 보수적 민간정권이 한국의 민주주의 진전에서 갖는 의미는 민주주의의 제도화를 넘어서는 민주주의의 심화 여부에 달려 있기 때문이다. 그런 점에서 보수적 민간정권의 개혁이 더 높은 수준으로 발전하도록 하기 위해서는 전향적인 비판을 조직할 필요가 있다. 어떤 면에서 그것은 "기득권세력과의 대결에서 보수적 민간정권이 우위를 점하기 위해서 보수적 민간정권에 대한 비판이 '유보'되어야 한다"기보다는, 오히려 "기득권 세력과의 대결에서 보수적 민간정권이 우위를 점하기 위해서 보수적 민간정권에 대한 비판과 견제가 보다 '강화'되어야 한다"(조희연 1998a, 238-239)는 것을 의미하기도 한다.

2) 위로부터의 개혁의 실패와 지체된 민주적 공고화 : 개혁-수구화-재개혁-재수구화

국가주의적 발전동원체제의 민주적 개혁을 위한 과도기로서의 성격을 띠고 있기도 한 이 1차 보수적 민선민간정권의 국면적 시기는, 국가에 의한 개혁과 반(反)개혁의 문제를 중심으로 네 시기로 구분할 수 있다. 개혁기로서의 제1기는 집권 초기 1년으로서 개혁과 사정으로 인기가 높았던 시기이고, 수구화기로서의 제2기는 우루과이라운드가 본격화된 1993년 말부터 김종필의 탈당과 김대중의 정계 복귀로 지자체 선거에서 패배한 1995년 중반까지의 시기이다. 이 제2기에 국제경쟁력 강화라는 구호가 개혁을 대치했다는 점에서 수구화의 기간이라고 할 수 있다. 제3기는 재개혁기로서, 지자체 선거에서 패배한 뒤 전두환·노태우의 구속과 역사 바로세우기 등 개혁을 재가동하게 된다. 이러한 개혁의 재가동은 1996년 4월 11일 15대 국회의원 총선거에서 예상밖의 승리로 귀결된다. 마지막으로 제4기는 김영삼 정권이 다시 수구화되어 노동법과 안기부법 날치기 통과 등 무리수를 두다가 좌초하는 시기이다. 이것을 정리하면 아래 <표 10-1>과 같다.

먼저 김영삼 정권의 제1기로서 '개혁기'는 반(反)군부 권위주의를 향한 개혁 드라이브가 예상을 뛰어넘는 전격적인 조치와 함께 절정에 이르던 1993년의 시기이다. 특히 김영삼 정권은 지배블록 내에서 핵심적인 지위를 차지하는 군부세력들 가운데 정치지향적인 세력들, 즉 하나회와 노태우의 9·9군맥을 퇴진시킴으로써 군부정권의 핵심적인 잔재를 척결하였다. 또 군부정권의 핵심적인 권력형 비리정치인들을 사정을 매개로 하여 제거 또는 주변화시켜 나갔으며, 정경유착형 금권정치와 권력형 부정부패를 척결하기 위한 획기적인 조치인 금융실명제를 단행하

<표 10-1> 개혁-수구화-재개혁-재수구화

시기구분	기간	시기 성격	주요 내용
제1기	93년 2월 ~93년 말	개혁기	사정, 안기부 및 군 개혁, 금융실명제
제2기	94년 ~95년 6월	개혁 실종, 수구화기	지자체 선거 패배, 국가경쟁력 강화와 국제경쟁력 우선주의, 세계화 추진
제3기	95년 6월 ~96년 4월	재개혁기	전·노 구속, 역사 바로세우기
제4기	96년 5월 ~97년 말	개혁 붕괴, 재수구화기	한총련 사태, 노동법·안기부법 파동, 한보·김현철 비리, IMF 위기

였다. 이 초기 개혁은 군부정권의 잔재 청산을 일정 부분 전향적으로 수행하는 것을 의미하였으며, 90%가 넘는 지지도에서 확인되듯이 국민들로부터 압도적인 지지를 받았다.

하나회의 해체, 기무사 개혁, 군에 대한 문민통제의 강화, 부정축재 의원의 숙청, 공직자 재산 공개와 공직자윤리법의 강화, 금융실명제를 통한 정경유착의 주요 고리 단절, 음성적 정치자금 거부 선언 등 약 1년여에 걸쳐 추진된 이러한 초기 개혁은 두 가지 의도를 지니고 있었다. 한편으로 그것은 군부세력 중심의 집권여당에 소수 계파로 참여하여 당내 권력갈등을 통해 대통령 지위를 '쟁취했던' 김영삼으로서는, 이같은 개혁을 통해 군부정권의 구권력 엘리트로부터 자신과 민주계를 중심으로 하는 신권력 엘리트로 국가권력의 중심을 이동시키고자 했던 것이다. 다른 한편으로 그것은 구조적인 개혁보다는 단기적이고 전격적인 개혁조치를 통해 군부권위주의 잔재 청산을 바라는 국민적 기대에 부응함으로써 새로이 등장한 '문민정부'의 정통성과 개혁능력을 한껏 시위하기 위한 것이기도 했다(정해구 1997, 29-30). 개혁의 유형이 지배블록의 내적 합리성 제고를 위한 개혁과, 지배블록과 민중의 힘의 관계를 후자에게 유리하도록 변화시키고 이들 양자간의 관계를 민주화시키는 보다 적극적인 의미의 개혁 등 두 가지 유형이 있다고 할 때, 김영삼 정권의 초기 개혁 프로그램의 근본적 성격은 전자, 즉 '정치의 총자본적 합리화' 내지는 '지배블록의 내적 합리화'라고 할 수 있다.

그러나 이러한 초기 개혁의 드라이브는 그리 오래가지 않았다. 1993년에 들어오면서부터 '세계화'(globalization)와 국가경쟁력 강화의 논리가 개혁의 논리를 대체하면서 개혁이 주변화되고, 남북문제를 중심으로 한 극우세력 및 관료집단들의 반발로 개혁이 반전 또는 정체되기 시작하면서, 개혁의 '실종-수구화기'인 제2기에 돌입하게 되기 때문이다. 이 국면은 '정책적·정치세력적 착종' 속에서 김영삼 정권이 초기에 비해 상대적으로 불안정해지는 국면이라고 할 수 있다. 즉 이 국면은 초기 개혁과정에서 나타난 문제점을 빌미로 하여 보수관료·극우보수세력·재벌·보수언론 등의 직접적·우회적 반격이 나타나며, 이로써 정치적으로 크게 불안정해지는 시기라고 할 수 있다. 김영삼 정권의 초점이 개혁 자체에서 '세계화'로 이동하면서 이러한 경향은 더욱 강해졌다.

여기서 정책적 착종이 의미하는 것은 새로운 국정지표로서 '세계화'가 부상하면서 초기의 강력한 개혁 드라이브가 약화되고, '국가경쟁력 강화' 또는 '국제경쟁력 강화'라는 이름으로 개혁보다는 성장을 위한 정책들이 모색·추진되었다는 것이다. 그리고 정치세력적 착종의 의미는 기득권세력이나 재벌들의 조직적 또는 비조직적 반발로 김영삼 정권이 가졌던 옛 기득권세력에 대한 압도적인 우위가 변화된 것을 뜻한다. 기득권세력의 총체적인 반격으로 김영삼 정권의 보수화와 부분적인 무력화가 나타났다는 것이다. 다른 한편으로 '북핵' 위기로 인한 남북관계의 악화 속에서 김영삼 정권은 1994년 '조문파동', '주사파 파동' 등을 통해 이른바 '신공안정국'을 조성하고 나섰다. 이같은 신공안정국이 개혁 분위기를 약화시키는 데 일조했음은 물론이다. 이러한 점에서 개혁의 제2기는 경제논리와 안보논리에 의해 개혁이 상당 정도 후퇴했던 시기라 할 수 있다(정해구 1997, 30).

이러한 김영삼 정권의 보수화와 개혁의 후퇴는 정치적 기반의 안정보다는 오히려 불안정을 촉진했던 것으로 보인다. 즉 김영삼 정권이 점차 보수화되면서 '좌'로부터 비판적인 저항세력들은 정부에서 더욱 이반되어 가고, 반대로 강화될 것으로 기대된 보수적인 세력들의 지지는 확대되기는커녕 오히려 이들에 의한 공공연한 또는 암묵적인 '반개혁사보타지'의 전개로 나타남으로 해서(박상훈 1996, 193-196 참조), 지지 기반이 좌와 우로부터 동시에 약화되는 양상이 나타났다. 지지 기반의 균열현상이 더욱 커지는 가운데 1994년 말에 이르면 국정운영의 이니셔티브를 상당히 상실하여 일종의 교착상태에 빠지게 된다.

이러한 정치적 불안정화를 만회하기 위한 적극적인 노력의 하나로 김영삼은 3당 합당의 파트너였던 김종필을 제거하려는 시도를 한다. 그러나 이것은 기대했던 방향으로 가지 않고 김종필의 반발과 자민련의 결성으로 이어지면서, 오히려 김영삼 정권과 민자당의 정치적·지역적 기반을 더욱 약화시키는 방향으로 작용하게 된다. 더구나 김영삼 정권의 불완전한 개혁이 가져온 부작용과 개혁의 방법론적 오류의 누적에서 비롯된 민심의 이반은 김영삼 정권의 불안정성을 심화시켰다. 실제로 1995년 6·27 지자체 선거 이전에 이미 김영삼 정권에 대한 비판적 정서가 전국민적으로 확산되어 있었는데, 민자당 스스로도 인정한 것처럼 여기에는 각종 대형사고가 빈발하면서 정권의 위기관리 능력이나 국정운영 능력에 대한 의구심이 팽배해진 것, 피부에 와 닿지 않는 개혁과 그나마 제한된 개혁마저도 갈팡질팡하면서 중단된 것, 김종필로 대표되는 기득권 수구세력의 제거과정이 역으로 정치적 부작용을 심화시킨 것, 그리고 이른바 대구·경북정서를 자극한 사정개혁의 후유증과 한국통신사태로 인한 종교계와의 예기치 않은 갈등 등등이 작용하였다.

이러한 조건에서 치러진 6·27 지자체 선거는 집권 민자당의 참패, 지역주의적 투표 경향의 심화, 지역주의에 편승한 보수세력의 부상, 시민·사회운동 후보의 부분적인 진출 등의 특징을 나타냈다. 그리고 선거 결과는 무엇보다 김영삼 정권의 정치적 기반이 붕괴했음을 여실히 보여주었고, 또 김영삼 정권을 탄생시킨 3당 합당 구도가 내적으로 심대하게 균열되었음을 확인시켜 주었다. 김종필의 제거를 계기로 해서 나타난 지배블록의 균열은 현상적으로는 그 제거과정에서 민주계가 저지른 '전술적' 실수 탓일 수 있지만, 본질적으로는 위로부터 개혁 그 자체의 모순성에서 비롯된 것이다. 즉 위로부터의 개혁이 내장하고 있는 개혁의 대상과 개혁의 기반이 일치하는 데서 나타나는 현상으로, 그랬을 때 개혁이 진전되면 될수록 개혁의 권력적·정치적 기반은 불안정해질 수밖에 없는 것이다.

한편 6·27 지자체 선거 이후 시기는 선거에서부터 전두환과 노태우(이하 전·노) 구속을 거쳐 1996년 4·11총선에 이르는 제3기로, 김영삼 정권은 구조적 불안정기를 거쳐 구조적 파탄의 제4기로 나아가게 된다. '재개혁기'로서의 제3기는 '신지역주의적 구도' 하에서 지자체 선거에서의 패배 등으로 조성된 정국을 만회하고 정계에 복귀한 김대중의 대중적 기반을 약화시키기 위하여, 사회운동이 줄기차게 요구해 오던 전·노 구속을 단행하는 등 이른바 '역사바로세우기'의 새로운 개혁 드라이브 시기였다. 일종의 정국 돌파책으로서의 성격을 지닌 전·노 구속 조치는 지배블록 내의 권력투쟁에서 중요한 분기점이 된다. 기대와는 달리 그것이 신지역주의적 구도 하에서 김영삼 정권의 정치적 이니셔티브의 회복을 가져오기보다는, TK세력의 이반 및 집권층 내부의 갈등이 증폭되고 역으로 김영삼 정권이 구조적 불안정으로 나아가는 것을 가속화했기 때문이다.

마지막으로 4·11총선 이후 '개혁의 붕괴-재수구화기'로서의 제4기는, 총선 이후 임기말 권력누수 방지와 정권 재창출을 위해 강력한 수구화로의 재선회를 추진하는 가운데 노동법·안기부법 파동, 한보사태, 김현철의 권력형 비리사건과 급기야는 IMF 위기가 발생함으로써 김영삼 정권의 권력기반이 붕괴하여 구조적 파탄에 이르는 시기라고 할 수 있다. 김영삼 정권의 보수 회귀의 직접적 계기가 된 것은 1996년 8월의 한총련 연세대 농성사태와 9월의 북한 잠수함 침투사건에 대한 강경 대응이었다. 이같은 조치들에 내포된 실제적인 의도는 안보논리를 동원하여 강력한 보수화 정책을 시행함으로써 임기말 권력누수를 차단하기 위한 것이었다. 그리고 김영삼 정권의 구조적 파탄은 먼저 1996년 12월 26일 노동법과 안기부법의 날치기 통과와 그에 대한 노동운동의 전면적 투쟁에서부터 시작되었다. 이 과정에서 김영삼 정권의 국민적 지지도는 거의 10%대로 추락되었다. 다음으로 1997년 1월에 터진 한보비리사건과 연이은 김현철 비리 폭로는 개혁과 부패 척결을 자신의 상징으로 삼았던 김영삼 정권의 '도덕적' 보루가 결정적으로 붕괴되는 것을 의미하였다. 그리고 IMF사태의 발생은 김영삼 정권의 구조적 파탄에 완전한 쐐기를 박는 것이었다.

이러한 과정에서 97년 대선 직전 지배블록은 극심한 내분을 표출시켰으며, 나아가 지배블록 내 헤게모니 분파의 주도성이 현저하게 약화되면서 내부 갈등에 대한 최소한의 통제와 조정마저도 불가능해졌다. 물론 정권교체기에 지배블록 내의 갈등과 알력은 항상 존재하는 것이라고 할 수 있다. 그러나 문제는 그러한 갈등 속에서 헤게모니 분파, 또는 한국 정치구조 내에서는 제도화된 최고 권력으로서 대통령의 장악력이 현저하게 약화되어 지배블록 내의 갈등이 조정, 봉합되지 못했다는 사실이다. 특히 1997년 중반부터 지배블록의 내적 균열은 극단적으로 확대되어 이회창 후보나 이인제 후보 모두가 대통령에 대한 비판을 통해 정치적 차별성을 획득하려는 역설적인 상황이 나타나게 된다.3) 더구나 대선 직전에 발생한 외환위기와 IMF 구제금융 신청은 결정적으로 김영삼 정권 및 기존 지배블록의 국가관리능력에 대한 불신을 증

---

3) 지배블록의 균열은 집권여당의 당명 변경에서도 잘 드러나는데, 1990년 3당합당으로 탄생한 민자당은 김영삼이 구민정당과의 단절성을 부각시키기 위하여 신한국당으로 개명하게 된다. 그리고 1997년에는 이회창이 대통령 후보로 선출된 이후 김영삼과의 단절성을 부각시키기 위해 구민주당과 연합할 때 한나라당으로 당명을 변경하였다.

폭시켰다. 그 결과 이러한 지배블록 내의 균열을 봉합하거나 통합할 수 있는 조건을 박탈하는 한편, 야당이 선거에서 승리할 수 있는 핵심적인 조건 가운데 하나를 창출해냈던 것이다.

이처럼 '문민정부'식 개혁이 좌절되고 급기야는 붕괴 지경에까지 이르게 된 데는 여러 가지 배경이 있겠지만, 무엇보다 그 근본적인 원인은 재벌과 관료와 보수언론계로 대변되는 사회 기득권층의 반발과 이들의 이해를 정치적으로 대변해온 수구 정치인들의 저항을 누르려는 힘과 의지를 갖추지 못한 데 있었다. 여기서 힘의 부재는 개혁 주도세력에 의한 새로운 사회적 파트너의 형성과 지지층 교체의 실패를 의미하며, 의지의 부재는 건강한 역사의식에서 비롯하는 철학과 비전의 부재 또는 실종을 의미한다. 즉 김영삼 정권의 개혁 실패의 가장 일차적인 원인은 국가-정치사회-시민사회 전체에 걸친 개혁연대 구축의 부재와 그로 인한 개혁의 확대 및 심화의 부재 때문이라고 할 수 있다(정해구 1997, 35). 결국 이러한 사실들은 의미 있는 민주개혁의 과제를 실현하기 위해서는 대통령으로 상징되는 제도화된 최고권력이 제도정치권 내에 여야 대립구도를 넘어서는 개혁블록을 형성해내면서, 동시에 사회적 파트너의 교체를 통한 지지층의 형성과 확산이라는 방향 전환의 심대한 중요성을 일깨워준다고 하겠다.

한편 민주주의 이행과 관련해, '민주적 공고화'의 의미는 무엇보다도 시민사회의 이해관계를 반영할 수 있는 정치사회의 조건이 형성되어 있는가, 즉 시민사회의 집합적 행위자들의 이익과 그 참여를 정치에 매개, 조정하는 '정치적 대표체계'가 얼마나 민주적으로 기능하는가(정해구 1997, 35-36) 하는 것과 밀접하게 관련되어 있다. 시민사회의 요구를 반영해서 권위주의 체제를 해소 또는 제거하려는 구체적인 시도와 이를 통한 새로운 제도의 형성이 이뤄질 때, 비로소 '민주적 공고화'는 본 궤도에 들어선다고 볼 수 있다. 이런 점에서 김영삼 정권 기간 동안 비록 군부세력에 대한 청산작업과 역사바로세우기 같은 일련의 의미 있는 개혁적 시도가 있었던 것은 사실이지만, 그러나 그것은 운동정치의 제도적 참여나 그 정치적 반영에 따른 결과물이 아니라 권력관계의 재편을 향한 정치적 선택의 결과라 할 수 있다. 더욱이 수직적 지역분할체제의 정당정치 구조를 기반으로 하면서 제한적인 절차적 민주주의의 내용은 그대로 유지되고 있었다는 점에서 민주적 공고화를 위한 제도적 기반은 여전히 취약한 상황이었으며, 따라서 결과적으로 민주적 공고화가 지체되었다고 할 수 있다.

3. 제도정치의 재편 : 구(舊) 지역 패권체제의 붕괴와 신지역주의적 분할구도의 구조화

지역주의는 우리 선거정치의 최고 이데올로기이자 결정적인 변수로, 지역주의의 구조화는 오늘날 한국정치를 단순한 보수적 인물대결의 장으로 만들어 왔다. 나아가 지역주의로 인해 인간 이성이 마비되고 사회는 야수화하여 적의와 적대와 저주와 복수가 인간의 마음과 사회 곳곳에 넘쳐 흐른다(한겨레신문, 96.12.17)고도 한다. 이에 따라 망국병과 정치적 퇴행의 기제인 지역주의를 철폐하지 않고서는 한국사회 정치의 선진화와 역사의 진보를 이룰 수 없다는 말이 나오는 것도 어떤 면에서는 당연하다.

앞에서도 언급된 것처럼, 지역주의는 1980년대 후반 이후 한국정치의 지배적인 균열구조로 자리잡게 되었다. 즉 1987년 민주화 이후 약화되기 시작한 민주 대 반민주의 갈등구조를 지역주의가 대체함으로써 자본주의 발전과 그에 따른 계급 분화에 기초한 보수 대 진보라는 근대적 균열구조로의 전환을 가로막은 것이다. 즉 결과적으로 자본 대 노동이라는 기본적인 사회적 균열구조에 기초한 진보정당의 등장을, 이에 대응하는 대안적 균열구조를 부각시켜 가로막은 기존 보수정당의 '갈등의 전치(displacement)' 전략이 성공한 것이라고 할 수 있다.

한편 1990년 3당 통합에 의해 구축된 호남 대 비호남의 지역 패권체제는 1992년 대선에서 김영삼의 승리 속에서도 그대로 유지되었다. 다만, 김영삼의 승리에 따라 지역간 수평적 정권교체가 일어나 저항적 지역주의인 PK(부산·경남)가 패권적 지역주의로 변모하는 한편, TK(대구·경북)는 지역패권체제의 하위 파트너로서 '패권향수적 지역주의'로 전락하고 말았다는데 차이가 있다. 그러나 김영삼 정권의 세계화 전략에 따른 당의 세계화라는 이름의 세대 교체 노력은 김종필의 탈당으로 이어져 지역 패권체제의 와해를 가져오게 된다. 김종필이 탈당하여 유신잔존세력과 5·6공 세력의 일부를 규합하여 자유민주연합(자민련)을 창당하고, 또 김대중이 정계에 복귀하여 지자체 선거에서 승리함으로써 지역 패권체제가 와해된 것이다.

6·27 지자체 선거가 민주주의 이행과정에서 갖는 구조적인 의미는 무너져 김영삼 정권을 가능케 했던 3당 합당 구도가 실질적으로 해체되고 3당 합당 이전 구도로 제도정치가 재편성되었다는 사실이다. 3당 합당이라는 정치구도의 해체는 먼저 3당 합당의 한 축이었던 김종필의 민자당 탈당과 자민련 창당이었다. 그리고 김종필의 충청기반을 확인시켜 준 지자체 선거 결과는 3당 합당 이전 구도로의 복귀를 가능하게 하는 하나의 축이 된다. 다음으로 그것은 지자체 선거에서 보인 민주당의 약진을 배경으로 해서 김대중이 1995년 7월 정계에 복귀함으로써 가시화되었다. 김대중이 복귀를 함으로써 3당 합당 이전 구도로의 전환이 완료된 것이다. 특징적인 것은 김영삼 정권의 정치적 불안정화가 새로운 제도정치의 재편성으로 나타나지 않고 지역주의적 구도 내에서의 '합종연횡'의 형태로 나타났다는 사실이다. 민주주의 이행과정에서의 정치사회 영역의 확장은 지배의 재생산에서 그 영역이 갖는 중요성을 더욱 증대시키는데, 그런 점에서 이후의 시기는 3당합당 이전으로 재편된 제도정치 내에서 새로운 지배적 상층연합을 구성하고 그것을 기초로 국가

권력의 장악을 위한 경쟁 시기가 된다.

한편 이 시기는 지역 패권체제의 붕괴라는 긍정적인 측면과 지역 할거주의의 재등장과 심화라는 부정적 계기가 혼재하는 모순적 시기라고 할 수 있다. 즉 이 시기는 지역주의 정치의 측면에서 봤을 때, 패권적 지역주의(PK와 TK 일부)의 신한국당과 저항적 지역주의(호남)의 국민회의, 반사적 지역주의(충청)와 패권향수적 지역주의(TK 일부)의 연합인 자민련이라는 새로운 3개 지역당체제, 신3김체제가 자리잡은 시기이다.

1996년 4·11총선의 결과4)는 여러 측면에서 이후의 상층정치연합을 둘러싼 제도정치 내에서의 기본적인 경쟁구도를 형성시켜 준 선거였다. 한편으로는 전·노의 구속으로 김대중의 정치적 기반을 잠식하고 노태우 비자금 수수 공방으로 김대중의 도덕성을 타격하려는 전략이 총선에서는 성공하여 국민회의의 약진을 제한할 수 있었지만, 다른 한편으로는 '신여소야대' 구도가 나타남으로써 김영삼 정권의 정치적 기반이 크게 균열되었음을 보여주었다. 동시에 4·11총선은 지자체 선거를 통해 확인된 지역주의적 분할구도를 재확인시켜주는 선거이기도 했다. 제도정치가 신여소야대 구도 및 신지역주의적 분할구도로 구조화됨으로 해서, 이후의 재집권을 둘러싼 경쟁은 바로 그러한 구도 내에서 전개되었다.

이러한 구도 하에서 당시로서는 다양한 상층 정치연합의 시나리오가 가능했다. 즉 김대중 주도 하의 반(反)김영삼 연합, 김대중과 김영삼의 연합, 김영삼과 김종필의 연합 등 다양한 가능성이 현실적으로 존재했다. 3당 합당 이전 구도로의 제도정치의 재편성은 지역주의적 구도 하에서 상층 정치연합이 어떤 형태로 구성될 것인가에 따라 집권세력의

---

4) 전체의석 299석(지역구 의석은 253석) 가운데, 신한국당 139석(121석), 국민회의 79석(66석), 자민련 50석(41석), 민주당 9석(1석), 무소속 16석(16석)으로 나타났다.

향방이 결정되는 구도였다. 결국 3김씨 간의 정략적 각축 속에서 97년 대선을 앞두고 제도정치 공간에서는 김대중의 지역등권론과 수평적 정권교체론의 논리가 가시화되고, 그 과정에서 DJP연합이라는 호남과 충청간의 지역연합이라는 역지역연합이 출현하였다. 1990년 3당합당을 계기로 형성된 지배연합과 호남 포위·고립화 지역구도가 DJP연합을 계기로 영남 포위·고립화 지역구도로 변화된 것이었다. 이로써 97년 대선에서 집권여당이 패배하는 기초가 형성되었다고 할 수 있었다. 결국 여권의 분열과 IMF 경제위기 속에서 야당은 선거를 통한 정권교체에 성공하게 되었다.

한편 이 집권여당의 패배, 야당의 승리라는 97년 대선 결과와 관련해 이른바 '황장엽 카드'가 구사되지 않았다는 사실에도 주목해볼 필요가 있다. 80년대 후반 이후 한국의 선거정치는 크게 두 가지 변수에 의해 좌우되어 왔다고 해도 과언이 아니다. 3김 중심의 지역할거주의가 그 하나라면, 다른 하나는 냉전 분단 상황과 레드 컴플렉스에 뿌리를 둔 색깔론, 즉 '공안의 바람'이라고 할 수 있다. 87년 대선과 '마유미 사건', 92년 대선과 '이선실 사건'의 관계는 후자의 변수가 선거 국면에서 지니고 있는 파괴적 영향력의 실상을 잘 보여준다. 물론 이것은 선거국면만에 국한된 것은 아니었다. 지난 현대사는 지배세력에 의해 '레드 콤플렉스'라는 적색공포증의 동원과 그 공안의 한파가 특히 국내정치의 격동기에 몰아쳐 정국의 물줄기를 반전시키고 자신의 이해를 온존 강화시켜 왔음을 잘 보여주고 있다. 일련의 방북사건으로 야기되었던 89년의 공안정국이나 94년의 신공안정국, 일련의 매카시즘적 탄압조치들은 지배세력이 레드 콤플렉스를 이용하여 정국 주도권을 재장악하기 위한 전형적인 시도라고 할 수 있다. 그 주요 희생자들 가운데는 민주변혁운동만이 아니라, 비록 이념적 색깔에서는 별 차이가 없지만 정치적 경쟁관계에 있는 야당세력도 포함되었다.

1997년 2월 12일 5시 30분 텔레비전 화면에 속보로 떠오른 '북 황장엽 비서 망명'이라는 여덟 글자는 한반도 전역을 강타했다. 황씨 스스로 밝힌 망명 동기는 '전쟁을 막고 민족을 구원하러 남쪽 인사와 협의하기 위해' 라는 것이었지만, 그것이 또 한차례의 마녀사냥식 매카시 선풍을 몰고 오리라는 것은 충분히 예측 가능했다.5) 그러나 "북한의 지령을 받고 국회의원이 된 사람이 없다고 어떻게 장담하는가"라는 정형근(신한국당 정세분석위원장)의 매카시 흉내내기 등에도 불구하고, 결과적으로 황장엽 카드는 대선 국면에서 실효성있게 구사되는 데 실패함으로써, 김대중 후보의 당선에 일조했다고 하겠다.

4. 국가의 변형주의적 재편과 1차 민선민간정권의 2차 민선민간정권으로의 변화의 의미

앞서 우리는 87년 이후의 변동 과정이 구국가주의적 발전동원체제/개발독재 국가의 위기에 대응하는 수동혁명적 과정이라는 점을 서술하였다. 이 과정은 이 이행을 둘러싼 계급적·사회적 투쟁이 격렬하였던 만큼 우회로를 거치면서 진행되었다. 즉 개발독재적 예외국가가 위기에 처하게 되면서—민중적 저항의 분출에 매개되면서—한국의 개발독재 국가는 전두환 정권을 거쳐, 민선군부정권, 민선민간정권이 성립하는

---

5) 이와 관련 1997년 7월 31일의 국제사면위원회 성명을 주목해봄직하다. 이 성명은 우선 한국정부가 12월 대선을 앞두고 국가보안법을 앞세워 사상적 이유로 반대자들을 체포해선 안될 것이라고 지적하고 있다. 국제사면위는 성명에서 1997년 들어 7월까지 290명이 국가보안법에 의해 체포됐으며, 이는 지난해 같은 기간보다 100여명이나 늘어난 것이라고 말하면서, 이들 대부분은 소규모 좌익그룹 소속으로 국가안보에는 전혀 '실질적' 위협이 되지 못하는 사람들이기 때문에, "비폭력적인 활동을 이유로 체포된 사람들은 즉각 석방되어야 한다"고 강조하고 있다. 성명은 또 "당국은 고의적으로 대중의 대북공포감과 학생폭력에 대한 우려를 혼동시켜 국보법 적용의 남발을 정당화하는 데 이용해오고 있는 것으로 보인다"고 지적하면서, 특히 안기부의 '황장엽 리스트' 조사 및 1996년 연말의 안기부법 개정과 관련해, 대선을 앞두고 "정치적 견해만을 이유로 몇몇 사람들이 안기부에 의해 체포될 수 있다"며 강한 우려를 나타내고 있기도 하다.

우회적인 방식으로 진행되게 된다. 김대중 정부라고 하는 2차 민선민간 정권도 이러한 큰 흐름 속에 놓여있는 것으로 파악된다. 80년대 후반 이후 김대중 정부의 수립까지에 이르는 과정은 지배의 위기에 대응하는 국가권력의 재조직화 및 지배블록의 재조직화이며 그렇기 때문에 개발독재국가의 수동혁명적 변화라고 파악할 수 있다.6)

지배의 위기에 대응하는 탈(脫)독재국가로의 구체적인 변화는 앞서 서술하였듯이 87년 직선제라는 새롭게 획득된 정치경쟁의 민주주의적 형식 속에서 이루어졌다. 87년 6월 민주화대투쟁을 통하여 직선제가 국민적 요구사항으로 부상하고 이것이 구지배블록에 의해 6·29선언의 형식으로 수용됨으로써, 정치적 경쟁의 새로운 형식인 직선제가 도입되게 된다. 바로 이 직선제 형식 하에서 군부 지배블록과 자유주의적 야당은 경쟁을 하게 되고, 여기서 자유주의적 야당과 민중블록의 분열, 자유주의적 야당내의 온건파와 진보파(완고파) 간의 분열에 힘입어 노태우 후보가 '민주주의적 형식'으로 선거에서 승리함으로써 군부집권당이 단독 재집권을 하게 된다. 이처럼 직선제라는 국민적 '합의' 형식 속에서 군부집권당이 재집권하게 됨으로써 탈개발독재적 이행이 본궤도에 오르게 된다. 동시에 자유주의적 야당과 민중블록의 전략적 동맹에 의한 위협적인 집권가능성, 비(非)수동혁명적 가능성은 약화되게 된다. 거시적인 시각에서 볼 때, 노태우 정권의 성립은 파국적 위기에 처한 개발독재가 그 파국적 위기를 벗어나면서 탈자본주의적인 변형의 가능성이 부차화되고 '수동혁명'적 방식으로 자본주의적 정상국가로의 변형이 이

---

6) 우리가 이러한 변화를 수동혁명적 변화로 이해하는 것은 '부르주아 민주주의'적 제도 자체가 정치적 경쟁 및 운동의 일반적 형식으로 수용되어가고 있다는 데서 단적으로 그 근거를 발견할 수 있다. 셰보르스키(Przeworski 1991, 26)에 따르면, "민주주의는 모든 관련 정치세력이 민주주의(필자)라는 제도의 불확실한 작용에 그들의 이해관계와 가치를 계속 적응시키는 것이 최선이라는 것을 발견할 때 자율시행적인 것이 된다." 모든 정치세력이 민주주의적 틀 내에서의 정치경쟁을 불가피한 것으로 받아들이게 되는 상황은 87년 이후 정치변동의 불안정성과 불확실성에도 불구하고 변화하지 않았다. 그 결과 민주주의라는 제도는 아무도 거역할 수 없는 정치적 경쟁의 유일한 형식으로 정착되어가고 있다.

루어지는 출발을 의미하였다.

그러나 군부집권당이 비록 직선제라고 하는 '합의'된 경쟁 규칙을 통하여 '합헌적'으로 재집권하였으나, 군부권위주의 정권으로서의 성격을 벗어나는 것은 아니었다. 그런 점에서 탈개발독재적 변형으로서의 의미는 제한적이었다고 할 수 있다. 실제 노태우 정권 하에서 반독재, 반군부독재적인 구호는—비록 이전에 비해 호소력이 감소하기는 하였으나—저항진영에서는 연속적으로 사용되었다. 한편 군부집권당은 재집권에는 성공하였으나 '여소야대' 구조 하에서 광주청문회 및 5공비리 청문회 등을 통하여 그 은폐된 부패성과 역사적 폭압성이 폭로됨으로써, 지배의 비정당성이 대중화되게 되고 여기서 새로운 위기에 직면하게 된다. 군부집권당의 재집권 과정에서 '정치사회적'으로 구조화된 '지역주의'적 구도는 군부집권당의 정치적, 지역적 기반을 더욱 협소하게 함으로써,[7] 지배블록의 새로운 재생산을 위한 '혁신'을 불가피하게 하였다. 여기서 연성독재에서 민선민간정권으로의 변화가 나타나게 된다. '정상'국가로의 변형에 있어서의 다음 단계는 군부정권으로부터 민선민간정권으로의 이행으로 구체화되었다.

김영삼 정권은 구지배블록의 위기에 직면하여, 군부집권세력과 자유주의적 온건야당(자유주의적 야당 온건파, 투항파)[8]과의 전략적 동맹에 의하여, 구 지배블록의 '변형주의'적 재생산에 성공한 것으로 파악될 수 있다. 김영삼 정권의 성립은 민선민간정권이라는 국가의 형태적 변화를 통하여 탈개발독재적 변화가 진일보하는 것을 의미하였다. 그러나

---

[7] 지역주의적 분할구도의 왜곡된 정착과정 및 그것의 정치적 함의에 대해서는 조희연 (1998a, 5장) 참조.
[8] 여기서 우리는 80년대 사회구성체 논쟁 속에서 야당의 계급적 성격을 둘러싼 논쟁 과정에서 제기되었던 분석 범주로서 RB(reactionary bourgeoisie), LB(liberal bourgeoisie), P(people)를 상기할 수 있다(조희연 1991). 김영삼 정권의 주도 분파를 자유주의적 야당의 온건파 혹은 투항파라고 규정할 수 있다면, 김대중 정권의 주도 분파는 개발독재적 예외국가에 저항하여 왔던 자유주의적 야당의 '완고파' 혹은 진보파로 규정될 수 있다.

김영삼 정권 역시 기존의 지배기구가 해체(dismantling)되지 않고 기존의 지배블록의 주도권이 '본질적'으로 유지되는 기조 위에서 진행되는 변화였기 때문에, 개발독재국가의 변화는 역시 제한적인 것으로 남을 수밖에 없었다.

김대중 정권의 수립—이 책에서는 김영삼 정권의 종결까지를 다룬다—은 바로 1차 민선민간정권의 위기에서 비롯된다. 1차 민선민간정권의 위기는 바로 구지배블록과 온건 자유주의 야당의 전략적 동맹이 내장하는 갈등 그 자체로부터 필연화되었다고 하겠다. 즉 한편에서는 1차 민선민간정권이 시행하는 개혁으로 인하여 재집권 전략적 동맹 내부의 갈등이 증폭되었기 때문에, 다른 한편에서는 개혁의 불철저성을 비판하면서 보다 확장된 개혁을 요구하는 민중블록의 압박으로 인하여 김영삼 정권의 정치적 기반이 협애화되면서 김영삼 정권은 위기에 직면하게 된다. 그리고 구지배블록의 재집권 과정에서 구조화된 '지역주의'적 갈등이 김영삼 정권의 정치적 기반을 극도로 협소하게 함으로써 위기를 증폭시키게 된다.

이것은 보다 본질적으로는 '수동혁명'적 정치변동이 갖는 내적인 복합성과 모순성에서 기인하는 것이라고 하겠다. 사회주의의 붕괴에서 보듯이 '능동혁명'에는 '단절적 이행'이 갖는 '개혁의 과잉화'의 위험성이 존재한다. 반면에 수동혁명의 모순은 한편에서는 국가권력의 재조직화(개혁)가 엄존하는 구지배블록의 주도권과 끊임없이 충돌하게 되고, 다른 한편에서는 '점진적 이행'이 갖는 '개혁의 과소화'가 민중블록의 '좌절된 능동혁명'과 끊임없이 충돌하게 되면서 발생한다. 수동혁명의 과정에서 이행의 기본동력은 '좌절된 능동혁명'이지만, 현실적인 동력은 국가권력의 재조직화를 둘러싼 지배블록 내부의 갈등이라고 할 수 있다. 이것이 바로 수동혁명이 내장하고 있고 있는 양면적인 모순이라고 할 수 있다.

자본주의적 '민주주의' 국가를 향한 수동혁명이라는 관점에서 볼 때,

새롭게 성립한 김대중 정권은 이중성을 갖는 것으로 파악할 수 있다. 먼저 지배의 위기에 대응하는 국가권력의 재조직화라는 점에서 보면, 민선군부정권이나 1차 민선민간정권을 뛰어넘는 '혁신성'을 지니고 있다고 할 수 있다. 노태우 정권의 성립이 직선제적 형식을 통한 구지배블록의 단독 재집권이었다고 한다면, 그리고 김영삼 정권의 성립이 구지배블록의 주도권 하의 온건 자유주의 야당과의 연합에 의한 것이었다고 한다면, 김대중 정권의 수립은 '자유주의적 야당 완고파의 주도권 하에서 구지배블록의 주변파와의 전략적 동맹'에 의한 것이기 때문에 기존의 지배블록의 향방이라는 점에서 보면 상당한 변화의 잠재력을 갖고 있다. 즉 구지배블록의 주도권 하에서 자유주의 야당의 온건파를 포섭하여 집권여당을 재조직화하는 방식과는 반대로, 온건야당의 주도권 하에서 구지배블록의 주변파를 포섭하는 형태로 성립하였기 때문에, 기본적으로 집권여당의 재집권과는 다른 '야당연합정부'로서의 차별성을 가지고 있다. 노태우 정권 하에서는 지배블록 내의 패권적(hegemonic) 분파가 군부였다고 한다면, 김영삼 정권 하에서는 자유주의 야당 온건파가 될 것이고, 김대중 정권 하에서는 자유주의 야당 진보파가 될 것이다. 개발독재 국가에서 자본주의적 '민주주의' 국가로의 이행이 '지배의 합리화'의 과정이라고 한다면, 2차 민선민간정권은 1차 민선민간정권과는 달리 더욱 높은 수준의 합리화를 촉진하는 계기를 부여하게 될 것이고, 독재국가로부터의 탈피에 있어서 '획기성'이 있게 될 것이다. 더구나 기왕의 여당독재 정치가 분단체제, 친미반공체제, 친자본반노동체제를 너무나 확고하게 구축해 놓았으므로, 야당연합정권의 성립은 기존의 지배체제의 변형에 중대한 도전적 의의를 가지고 있다고 할 수 있다.

그러나 김대중 정권의 수립은 탈예외국가화에 있어서의 진보성과 혁신성에도 불구하고, 다른 한편에서 자본주의적 '정상'국가화9)의 큰 흐름 속에 있다고 할 수 있다. 즉 그것은 "이번 김대중의 승리는 집권여당의 분명 전술적 패배이다. 그러나 기득권세력이 건재하는 상황에서 또한 기득권세력을 인정하는 위에서의 '전술적 승리'라는 점에서 보수적 지배세력의 붕괴나 '전략적 패배'는 아니다"(정대화 1997)는 것으로 파악된다. 김대중 정권의 수립이 능동혁명적 과정보다는 수동혁명적 과정 속에 위치하는 것으로 파악되는 것은, '능동혁명' 지향적 저항운동과 온건야당의 연합에 의한 집권이기보다는, 그것이 지배블록과의 연대 속에서 수립되는 것이기 때문이다. 주지하다시피 87년 민중 진영과 자유주의적 야당과의 전략적 동맹에 의한 연합집권과는 상이한 맥락에서 김대중 정권이 출현한 것이다. 87년을 분기점으로 하면서 능동혁명의 가능성은—최소한 단기적으로는—부차화되고, 수동혁명적 방식으로 진행되는 국가권력의 재조직화의 과정 속에서 새로운 '혁신'의 일환으로서 야당연합정권이 탄생한 것이기 때문이다. 김대중 정권의 수립은 기존의 국가권력의 재조직화라는 점에서 '혁신'적인 의미를 담고 있기도 하지만, 동시에 자본주의적 '정상'국가로의 혁신적 재조직화라는 점이 강조되어야 한다. 이런 점에서 김대중 정권이 기존의 지배질서와의 관계 속에서 갖는 '갈등적 혁신성'은 부차적인 것이고, 기존 지배질서의 '혁신적 재조직화'가 더욱 주된 측면이라고 파악되어야 한다.10) 그런데

---

9) 거시역사적 관점에서 볼 때, 한국의 개발독재 국가는 파시즘 등과 함께 풀란차스가 이야기하는 '예외국가'(exceptional state)의 사례들이라고 할 수 있다. 나아가 87년 이후 우리 사회가 겪고 있는 민주주의 이행의 과정은 "자본주의적 '정상' 국가"(capitalist normal state)로의 변화 과정이라고 파악한다(Poulantzas 1974; Jessop 1985). 여기서 정상이라고 하는 것은 현재의 남한의 국가가 '정상적'이라거나 혹은 '좋은' 국가라는 의미가 아니고, 근대 이후 인류사적 변화를 통해 정착된 '부르주아 민주주의'의 정치체제적 '표준성'을 의미하는 것이다. 단지 87년 이후 국가의 변화 과정은 상부구조의 형태가 권위주의에서 민주주의로 변화하는 것이고, 이것은 자본주의적 토대에 조응하는 새로운 상부구조의 구축과정 그 이상도 이하도 아니라는 점이다. 민주주의적 상부구조는 분명 과거의 권위주의적 상부구조에 비하여 '진보적'인 것이고 민중들의 삶에 긍정적이기는 하지만, 자본주의적 토대의 정치적 외피—물론 그것은 앞서 서술하였듯이 '환원주의'적 의미에서 이야기하는 것은 아니다—의 성격을 띠고 있다는 것이다. 그런 점에서 87년 이후 정치변동을 단순히 그 정치적 형식의 변화만을 볼 것이 아니라, 그것의 토대적 규정성 및 계급적 성격과 함께 보아야 한다는 점을 강조할 필요가 있다.
10) 노태우 정권, 김영삼 정권을 거쳐 김대중 정권의 수립으로 이어지는 일련의 과정을

문제는 이러한 개발독재 국가는 구지배블록의 주도권이 유지되는 기조 위에서 전개되기 때문에, 그리하여 구지배블록에 의해 재생산되고 있는 기존 질서의 혁신적 변화를 동반하지 않으면서 전개되기 때문에, 개발독재 국가의 수동혁명적 변화는 결국 제한적인 것으로 머물 수밖에 없다는 점이다.

5. 운동정치와 합법 진보정당의 정치적 실험 : 한계와 가능성

1) 자본주의 사회와 선거정치의 딜레마

대체로 합법 진보정당은 세 가지 정치적 목표를 가지고 있다고 표방한다. 하나는 가시적이고 단기적으로 나타나는 목표로서 선거를 통해 제도정치에 진출하여 국가정책을 더 진보적인 방향으로 변화시켜 나가는 것이다. 다음으로 비가시적이며 중장기적인 목표로 직접적인 선거 결과로 나타나지는 않더라도 합법적인 정당 활동을 통해 노동자 민중 서민의 지지를 획득하고 이들의 정치의식을 고양시키면서 사회적, 정치적 주체의 형성을 촉진시키는 것이다. 끝으로 궁극적 목표로서 평화적 이행 속에서의 국가권력 장악을 통해 노동해방, 인간해방을 실현하는 것이다.

이러한 목표를 실현하기 위해 정당정치, 선거 및 정당정치의 문제와 관련해, 진보정치의 관점에서 몇 가지 짚고 넘어가야 할 것이 있다. 먼저, 자본주의 사회에서 정당의 성격과 역할 및 기능과 관련한 발본적인 문제이다. 자본주의 사회에서 정당은 체제를 재생산해내는 중요한 기제이자 헤게모니와 전략을 형성하는 장이라고 할 수 있다. 동시에 그것은

근현대사를 관통하는 거시역사적 관점에서 볼 때, 그것은 내재적 발전의 가능성을 말살하면서 진행된 '식민지 근대화'의 연장선상에서 '신식민지적 근대화'의 과정을 통하여 (독점)자본주의적 토대가 정비되어가고 그러한 독점자본주의적 토대에 상응하는 자본주의적 상부구조의 정착과정으로 파악될 수 있다.

사회적 힘관계가 반영되는 계급투쟁과 사회적 투쟁의 장이기도 한데, 즉 정당의 존재는 계급투쟁을 배제하기보다는 오히려 이에 근거한다고 할 수 있는 것이다. 이와 관련해 계급투쟁과 정당과의 관계에서 정당이 '시민사회'내의 사회적 힘관계의 단순한 '전동벨트'가 아니라, 오히려 특정한 방식으로 계급투쟁을 포함한 사회적 투쟁을 조직화 내지 구조화시킨다는 사실에 주목할 필요가 있다. 예컨대 다원민주주의적 정치질서 속에서 다원민주주의는 정해진 특정한 경기규칙을 수용하고 이를 준수하는 투쟁의 조직화만을 허용함으로써 계급투쟁을 특정한 방식으로 조직화시키는데, 이 과정에서 중요한 기능을 담당하는 것이 바로 정당인 것이다(손호철 1995; 조현연 1997 참조).

한편 장기적으로 볼 때 진보진영의 제도정치권 진입은 그 자체가 목적일 수 없다. 억압과 착취와 차별의 희생자인 대다수 사람들의 물질적·정신적 삶의 질을 개선하고자 하는, 민중이 역사의 주체가 되고 인간이 해방되는 새로운 사회를 건설하려는 진보정당이 선거를 통해 제도정치권으로 진입하고자 할 때 마주치는 몇 가지 딜레마가 있다. 이와 관련, 서구의 경험으로부터 인식지평의 확장을 위해 얼마간의 도움을 얻을 수 있을 것 같다. 그것은 첫째, 1/3 의석과 1/3 득표의 벽을 넘지 못한 서구의 노동자 계급정당이 국민정당화하여 집권하는 과정이 계급정체성 또는 민중정체성의 상실과정이자 노동자와 민중의 자기패배과정이라는 딜레마이다. 예컨대 계급의 구성원으로서가 아니라 개인 내지 시민으로 유권자들을 호명하고 동원함으로써 빚어지는 정치의 탈계급화와 주체의 탈계급화 현상이 이것을 잘 말해준다.

두 번째 딜레마는 이른바 '선거사회주의의 딜레마'로, 즉 진보진영이 의회민주주의의 틀을 통해 국가권력을 장악하더라도, 자본주의국가의 자본에 대한 구조적 종속으로 인하여 자본주의의 모순이 극복된 사회로의 이행은 원천적으로 불가능하다는 사실이다. 바로 이러한 점을 주목하면서 한 논자는, "자본주의를 개선하려는 투쟁은 이전의 어떤 것보다 더욱 본질적이다. 그러나 우리는 이러한 투쟁을 사회주의를 향한 추구와 혼동해서는 안된다"(Adam Przeworsky 1988, 142)라고 말한 바 있다. 더욱이 1973년 칠레 아옌데 정권의 붕괴는 서구의 좌파들로 하여금 선거 등의 평화적 방법에 의한 사회주의로의 이행에 대한 회의를 더욱 크게 하였던 것이다. 세 번째의 딜레마는 70년대 서구사회에서 대중운동의 고양에도 불구하고 공산당 등 전통적인 당 형태가 이를 활성화시키기는커녕 오히려 운동발전의 질곡으로 작동한 사례나, 붕괴한 현존 사회주의 국가들의 인민에 대한 당 독재의 사례에서 잘 드러난 바 있다.11)

그러나 자본주의 사회의 정당정치, 선거정치에 대해 이러한 발본적인 문제와 딜레마가 있음에도 불구하고, 오늘날 선거를 통한 제도정치권으로의 진입과 정치세력화의 조직형태가 정당이어야 하는 까닭은 정당조직이 담당하는 역할상의 특성과 정세의 변화라는 두 가지 사실로부터 요구된다(조현연 1997 참조). 첫째, 계급과 민중이 정치적 실천의 효과 속에서 끊임없이 형성, 재형성된다고 할 때, 이에 적합한 정치조직은 일반적으로 정당이라는 것이다. 정당이 아닌 다른 조직형태를 통해서는 개방적이고 공공연한 프로젝트를 일반대중에게 광범하게 전파하고 이들을 교육하기에는 한계가 많다. 또 사회 수준에서의 계급적, 기능적 대중조직이나 집단들은 전국적이고 포괄적인 전망을 갖거나 일반이

---

11) 특히 현존사회주의 국가들에서 민주주의의 실패와 관료주의적 당독재와 관련, 보비오(N. Bobbio)는 그것이 이론적 대안의 취약성과 전제의 논리에 불과한 프롤레타리아 독재론의 결과라고 하면서, 민주주의와 사회주의는 결코 평화롭게 양립할 수 있는 관계가 아니라고 주장하고 있다. 그에게 있어 대안이란 사회주의 없는 민주주의냐, 민주주의 없는 사회주의냐의 문제로 귀결된다. 결국 그는 민주주의적 사회주의는 현실적으로 불가능하며, 따라서 대의제 민주주의 외에 다른 대안은 없다고 단호하게 선언한다(구갑우·김영순 엮음 1992, 12-13 참조). 보비오의 이러한 주장은 현실 사회주의국가들의 병폐에 대한 완강한 거부와, 대의제 민주주의의 제도 및 절차의 보존에 대한 완고한 집착에서 비롯된다고 생각한다. 물론 이에 대해 관념적인 차원의 비판이나 공허한 주장만으로는 의미 있는 대안을 창출할 수는 없을 것이다. 그럼에도 몇몇 현존 사회주의국가의 실패한 실험 사례가 '민주주의적 사회주의' 또는 '사회주의적 민주주의'의 실현 가능성을 부정하는 보편타당한 준거가 될 수 없다는 것 또한 부인할 수 없는 사실임을 강조하고자 한다.

익 수준의 공통이해를 충족시킬 수 없는데, 그것은 일차적으로 내부 구성원이 갖는 특수이익의 요구에 부응할 수밖에 없기 때문에 그러하다. 정당의 결성, 그리고 그것과 대중투쟁의 결합과정이 부재하는 한 진보운동의 역량강화와 성장은 기대하기 어렵고, 설령 거리로부터의 대중투쟁과 동원이 폭발적으로 일어나더라도 그것은 일회적인 것에 불과하게 될 것이다. 사회적 이해를 정치적으로 대표해줄 정치조직이 없는 경우 아래로부터의 치열한 실천에도 불구하고 가시적인 성과는 보잘 것 없게 되는 것이 한국정치의 현실이기 때문이다.

다음으로 우리는 87년 6월 민주항쟁에서 비롯된 탈권위주의화 과정과 김영삼 정권의 출범 이래 진행된 정치적 개혁의 성과로 인해 선거의 지위는 격상되었고, 정당정치를 중심으로 한 합법정치공간은 어쨌든 확장되고 있으며 또 이러한 추세가 더 강화될 것이라는 것을 염두에 둘 필요가 있다. 그리고 아직까지 선거와 복수정당의 경쟁만큼 범국민적인 정당성을 갖는 정치제도가 이 사회에 현실적으로 존재하고 있지 않다는 것 또한 사실이다. 한국 정치의 역사성과 구조적 질서 속에서 보면 국민들로부터 거리의 투사가 아닌 온전한 정치세력으로 인정받을 수 있는 조직으로는 정당이라는 형태가 가장 확실하다는 것은 분명한 사실이다. 합법정치공간을 무시한 채 단지 대중투쟁만을 가지고 이루어지는 운동은 현실의 역사적 경험을 통해 그 한계를 피부로 느낄 수 있기 때문이다. 나아가 80년대에 뿌리를 두고 있는 사회운동 일반은 다양한 부문운동으로 분화되었지만, 그것을 조정하고 통합할 조직체를 갖고 있지는 못하고 있다. 따라서 만약 조정과 통합이 시급히 이루어지지 않을 경우 각 운동체의 자기논리에 의한 분열과 체제내화를 통한 흡수가 가속화될 것이다. 이를 미연에 방지하기 위해서라도 운동 전체의 올바른 역할 분담이 이루어져야 하고, 여기에 통일의 주체, 조정자로서의 조직형태는 정당이 가장 적합하다고 할 것이다.

이처럼 현대의 정치는 정당정치일 수밖에 없으며 정당정치라야만 의미를 가질 수 있는 것이다. 그럼에도 정당 일반 및 정당정치 일반을 부정하는 것은 기본적으로 현대 정치의 작동원리에 대한 이해 부족에서 비롯한다. 물론 현대 사회에서 정당만이 유일한 정치조직이라거나 또는 조직적 무기의 전부라고 주장하는 것은 아니다. 그러나 그것이 대안적 정치세력의 형성으로 나아가기 위한 핵심적인 무기라는 것은 인정될 필요가 있다. 즉 "이같은 과제를 수행할 새로운 운동형태가 개발되지 않는 한, 당형태 비판은 단순한 조직화되지 않은 사회운동의 '각개약진'론과 '분자혁명론'이라는 방법론적 무정부주의로 귀결될 수밖에 없다"(손호철 1995)는 것이다.

한편 자본주의 사회에서 선거란 계급투쟁의 하나의 표현양식으로 계급관계를 반영하기는 하나 계급관계와는 상대적으로 독립적인 것이라고 할 수 있다. 또 그것은 국가권력의 근본성격을 바꾸지는 않지만 정권을 재생산하거나 교체하는 중요한 기제라고 할 수 있다. 이렇게 봤을 때 선거와 그것을 매개로 한 의회투쟁은 자본주의 국가의 구조적 한계 내에서의 열려진 지형 속에 사회적 힘관계를 더 유리하게 반영시키는 것으로 자리매김할 수 있다. 즉 '권력의 거점'을 장악할 수는 없지만, 좀 더 유리한 정치지형의 형성과 국가기구 내 '저항의 거점'의 확보를 통해 국가 내에 계급투쟁과 모순을 각인시킴으로써 근본 이행에 좀더 유리한 상황을 유도해내는 데 있는 것이다(조현연 1997, 69). 따라서 선거의 양면성인 체제안정화와 계급투쟁 내지 변혁적 측면 가운데 어느 쪽이 우세할 것이냐의 문제는 관념적 폐쇄회로를 통해 해결될 수 있는 문제가 아니라, 구체적인 실천활동 속에서 두 가지 중 어느 측면을 우세하게 만들어 내느냐에 달려 있는 문제라고 할 수 있다.

그렇다면 우리 사회에서 선거란 어떤 위상을 차지하고 있을까? 한 논자는 "우리나라에 근대적인 선거가 도입된 이래 이를 통해 선출되는 정치인들은 상당부분 일종의 건달에 속하는 자들이었다. 그리고 선거판은 건달패들의 투기장이고 유흥장이며 약장사들이 판치는 장날 장바닥

같은 곳이 되어버렸다"(안병욱 1997, 37)고 말하고 있기도 하다. 결과적으로 볼 때 이러한 언급이 물론 틀린 말은 아니다. 역사적으로 볼 때 우리나라의 보통선거는 민주주의의 버팀목이기는커녕, 낡은 세력만의 정상적 참여 속에서 주기적으로 돌아오는 정권창출의 관례적인 행사였고 주권은 국민에게 있다는 헌법조항의 적실성을 강제적으로 설득당하는 기회였기 때문이다. 즉 '선거는 지배계급 중 누가 우리를 억압할 것인가를 몇 년마다 한번씩 정하는 일'이자, '일단 선거가 끝나면 노예상태로 돌아가는 자유로운 선거민'이었을 따름이었던 측면이 강하게 있기 때문이다. 그러나 우리의 현대사를 자세히 살펴보면, 이처럼 선거가 지배질서를 합리화시켜주는 부정적 기능을 지니고 있는 반면, 다른 한편으론 지배질서에 파열구를 내는 중요한 계기가 되었음도 알 수 있다. 이승만 독재나 유신독재의 붕괴에서 알 수 있는 것처럼 대중들은 선거를 통해 '민주변혁'의 출구를 마련하기도 했던 것이다. 더구나 지배세력이 제도권 정치를 통해 지배력을 행사하고 있고, 제도권 정치가 우리 사회의 정치를 규정하는 지배적인 형태라는 점에서, 선거에의 개입과 의회로의 진출 등을 통한 민중세력의 제도권정치로의 개입은 불가피하게 요구되기도 한다.12)

2) 15대 대통령 선거와 진보정치운동의 한계와 가능성

진보진영의 독자적 정치세력화 시도는 한마디로 실패의 역사였다고 할 수 있다. 그러나 연속되는 실패에도 불구하고, 97년 초 '당선가능한' 야당후보의 부재, 95년 민주노총의 출범과 96년~97년 초 위력적인 총파업의 전개 등 노동자계급의 주체적 조건의 변화 속에서, 15대 대선에

---

12) 진보진영이 선거를 완전히 무시할 수 있는 경우는 '혁명'이 당면의 일정에 올라와 있거나 '혁명적 정세'가 조성되어 있을 때에만 한하며, 그것도 대체 프로그램의 마련이나 대안 구조의 창출이 명확하게 섰을 때에 가능하다. 혁명으로 가자는 요구가 대중에게 공허하게 들리면서 반향없는 메아리에 불과하게 되고, 또 선거를 통해서 얻을 것이 있다고 생각하는 사람들이 다수를 점할 때, 선거는 결코 회피하거나 우회할 수 없는 불가피한 선택이게 된다.

서 독자적인 민주진보후보이자 노동후보를 내려는 시도가 나타나게 된다.

97년 12월의 15대 대선은 21세기, 나아가 새로운 천년을 어떻게 맞이할 것인가의 향배를 결정하는 선거라는 점에서 그 어느 때 대선보다 특별한 의미를 지니고 있었다. 그리고 15대 대선은 87년 여름항쟁 10년간의 정치적 결산이자 오랫동안 한국 사회의 기본적인 정치지형을 형성해왔던 '3김 정치' 시대의 마지막 선거라는 의미를 부여받기도 했다. 그러나 15대 대선에서 여당이 승리하든 야당이 승리하든 시대적 과제를 온당하게 실현하는 데 기여할 수 있는 정권이 들어서리라 전망하기란 결코 쉽지 않았다. 오히려 15대 선거는 과거 그 어느 선거보다도 더욱 더 시대적 과제나 명분과는 거리가 먼 3김씨 간의 적나라한 권력쟁투의 양상을 보일 것으로 예측되었다.

이러한 상황은 15대 대선에서 진보진영에게 형식적 민주화 문제를 중심으로 한 반여당연합전선, 즉 '민주대연합' 노선의 추구가 아니라, 일단 보수와 진보가 공존하는 정치지형을 형성해내기 위한, 나아가 민주변혁 또는 진보적인 총체적 사회개혁을 위한 힘의 결집을 요구하고 있었다. 이러한 점에서 볼 때 15대 대선의 역사적 위상은 노동자계급을 중심으로 한 민중의 정치적 주체형성, 즉 정치세력화의 계기로 그 의미를 가질 수 있었다. 결국 정치세력화가 진보진영의 전략적 과제라면, 대선은 그 전술적 계기로 자리매김될 수 있는 것이었다. 이처럼 정치적 재편이 불 보듯 뻔하게 예견되는 상황에서 이에 소극적으로 임하거나 안이하게 대처하는 것은 스스로의 장래를 포기하겠다는 것에 다름 아닌 것이었다.

바로 이러한 문제의식 아래 1997년 15대 대선을 앞두고 민중운동진영은 '민주와 진보를 위한 국민승리21'(국민승리21)이라는 정당을 건설하여 민주노총 위원장인 권영길을 후보로 출마시킴으로써 한국의 진보정당운동에 새로운 기원을 열었다. 국민승리21의 창당 과정의 주요 내

<표 10-2> 국민승리21 창당 과정

일 시	내 용
97. 3. 27	민주노총 2기 대의원대회에서 정치방침 결정 · "민주노총은 …… 우리 사회의 민주적 개혁을 실현하고 노동자의 이익과 요구를 철저히 대변하는 새로운 정당 건설의 토대를 구축한다. 이를 위해 민주노총은 …… 98년 지자체선거 대거 진출→98~99년 정당 건설→2000년 국회 원내 진출을 목표로 하는 정치세력화사업을 힘차게 전개해 나간다"
97. 6. 14	전국연합 6기 임시대의원 대회에서 대선방침 결정 · "민족민주진영은 공동의 선거기구를 제안하고, 여기에 민주세력을 결집하고 이를 바탕으로 '국민후보'를 추대한다."
97. 7. 6	진보정치연합 2기 임시 대의원대회에서 국민후보운동에 동참하기로 결정
97. 7. 24	민주노총 2기 임시대의원대회에서 정치방침 결정 · "민주노총은 민주적이고 개혁적인 후보를 만들어내기 위해 제민주세력과 연대하여 공동선거대책기구 구성에 적극 나선다."
97. 9. 7	국민승리 21 준비위원회 발족식 및 후보 추대 · 국민승리 21 후보로 권영길 민주노총 위원장 추대
97. 10. 26	민주와 진보를 위한 국민승리 21 결성대회
97. 12. 28	15대 대통령 선거 · 권영길 후보, 30만 6천표 득표(유효투표의 1.2%)

용은 <표 10-2>와 같다.

97년 중반을 거치면서 집권여당 이회창 후보가 아들의 병역문제로 인하여 지지도가 급락하는 가운데 상대적으로 김대중 후보의 당선가능성이 높아진 반면, 민주진보진영 및 민주노조운동 내부에서의 동력은 살아나지 않는 내적인 어려움을 겪고 있었다. 그럼에도 불구하고 국민승리21의 독자후보운동은 노동자와 민중 및 진보세력의 독자적인 정치세력화의 필요성, 그리고 급진적인 민주개혁의 당위성을 선전하는 등의 노력을 하게 된다.

이러한 독자후보운동은 민주진보진영의 내적인 결집력과 대중적 동원력의 취약성, 노동자계급 내부에서의 확고한 지지 기반의 형성 및 노동자계급의 이해와 국민적 이해를 결합시키는 적극적인 전략의 부재 등 여러 문제점을 재점검하도록 요구받았다(조희연 1998b, 195-196). 15대 대선에 참가한 국민승리21의 정치적 실험은 한계와 함께 가능성을 동시에 보여주었다. 먼저 그 한계는 30만 6천표 획득이라는 선거 결과에 집약되어 나타났는데, 그것은 보수의 두터운 벽과 지역주의의 벽, 그리고 유권자들의 사표 심리의 벽을 실감케 하는 데 부족함이 없었다. 그것은 사실 민주노총의 조직적 결정에 의해 위원장이 출마했음에도 불구하고, 민주노총 조직 구성원들로부터도 온당한 지지를 받지 못한 득표율이었다. 또 놀랍게도 흔히들 한국정치의 '민주 성지'라고 불리는 광주에서 권영길 후보는 전국적으로 가장 낮은 0.2%의 득표에 그치기도 했다.

지난 몇 십년 동안 양김씨, 특히 'DJ의 존재'는 사회운동진영이 정치적으로 넘기 어려운 벽이었다. 특히 김영삼 정권의 개혁이 민주주의의 사망을 선고하고 또 김영삼이 나라를 망친 주범 가운데 하나로 지목되면서 맞이하게 된 15대 대선에서, 이른바 'DJ대세론'의 파고가 높아지고 김대중 후보의 당선가능성이 현실화되면서 그것은 가히 절정에 달했다. 선거를 앞두고 대다수 시민운동단체들은 공식적으로는 비교정책토론회, 부정방지 공명선거, 개혁 과제 제시, 유권자운동 등 중립적인 정치 활동을 전개했지만 실상은 정권교체 쪽에 마음이 쏠리고 있었다. 이러한 사실은 "헌정사상 최초의 선거를 통한 정권교체가 한국 민주주의의 질적 도약을 할 수 있는 새로운 전망을 열었다"는 시민사회단체들의 당선 축하 성명에서도 어느 정도 엿볼 수 있다. 이와는 달리 노동자와 민중의 이해, 진보의 목소리를 대변하고자 했던 국민승리21의 권영길 후보는 경실련, 환경운동연합, 한국여성단체연합 등 시민운동단체와 언론사가 공동으로 개최한 정책토론회에서 배제되었다. 더구나 전국연합의 경우 국민승리21 참가를 공식적으로 결정했음에도 불구하고, 그 내부의 서울연합 활동가들은 권영길 후보의 사퇴를 주장하는 유인물을 11월 9일 전국노동자대회에서 뿌리기도 했다. 또 다수의 노동자들은 여전히 지역주의의 포로가 되거나 또는 조직화된 정치적 대안의 부재라는 인식에서, '선호투표'보다는 '전략투표'의 정치 행위를 한 것으로 나타났다. 결과적으로 97년 총파업-연대투쟁 정국에서 많은 사회운동단체들의 적극적인 지지를 받으면서 투쟁을 위력적으로 주도했던 민주노총의 위원장 권영길 후보의 경우, 막상 선거판에서는 '동지와 벗과 이웃'들에게 철저하게 외면을 당한 채 초라한 신세가 되어버린 것이다(조현연 1998, 299-300).

한편 지난 15대 대선에서 진보진영을 구성하는 핵심적인 조직, 즉 민주노총과 전국연합과 진보정치연합, 그리고 정치연대 등은 진보민주세력의 정치세력화라는 기치 아래 독자적 후보전술을 구사하는 공동의 결정을 내린 바 있다. 그러나 이 결정은 공동의 실천으로 이어지지 못했고 의미있는 성과도 이뤄내지 못했다. 결국 공동 실천의 부재는 대선 결과에 대한 공동의 책임성 부재로 자연스럽게 이어졌다. 앞으로를 힘있게 준비하는 생산적인 토론과 평가는커녕, 토론 자체가 실종돼버리거나 아니면, 설사 토론이 있었다고 하더라도 서로간에 책임을 전가하기에 급급한 비생산적 논쟁만이 무성했다. 국민승리21의 대선 참여와 관련해 실패라는 평가의 주요 근거는 30만 6천표라는 기대치 이하의 낮은 득표율 그 자체에 있기보다는, 바로 이 '공동 결정-공동 실천-공동 책임'이라는 연결 구조의 상실에서 찾을 수 있다.

그러나 그렇다고 해서 이 진보정당-독자후보운동의 정치적 실험이 한계나 문제점만을 보여준 것은 아니었고, 새로운 가능성을 보여주기도 했다. 그것은 무엇보다 민중당 등 이전의 급진적 지식인 위주의 위로부터의 정당운동이 아니라, 민중운동에 뿌리를 둔 기층 민중의 대중조직의 조직적인 결정에 따른 정당운동의 실천적 전개였다는 점에서 의미를 부여받는다. 그리고 노동자계급이 밀집해 있는 울산 지역의 한 선거구의 경우 14%의 득표율을 기록하고, 또 울산광역시 전체로도 6.1%의 득표율을 기록한 것은 비록 제한적 수준이기는 하지만, 새로운 가능성을 보여주는 의미 있는 희망의 징후라고 평가할 수 있다.

그렇다면 향후의 국면에서 한국사회에 과연 진보정당은 어떤 모습을 나타내게 될 것인가? 한국에서 진보진영의 정치세력화를 규정하는 요인으로는, ①현존하고 있는 보수적인 여야정치구도를 뛰어넘는 정치구도에 대한 요구가 국민적인 수준에서 전면적으로 제기될 수 있는 가능성이 있는가, ②진보적 정치활동의 조직적 기반이 되는 계급적 대중운동—특히 노동운동 등—이 진보적 정치활동을 담보할 수 있는 형태로 발전할 수 있는가, ③진보적 정치활동의 잠재력을 가진 인자들이 보수야당으로 편입되지 않고 진보정당의 인적 기초로 전화될 수 있는 가능성이 있는가, ④민중적 이해 혹은 노동자계급의 이해와 국민적 이해가 수렴되는 상황적 조건이 새롭게 조성될 수 있느냐 하는 점 등을 들 수 있다(조희연 1998b, 215).

이러한 물음에 대한 답이 긍정적일 때, 비로소 한국 사회에서 진보정당이 제도정치에 효과적으로 진입하고 약진하면서 운동정치의 풍부화와 활성화를 가져올 수 있을 것이다. 진보적 정치활동 역시 정치인 한 '힘의 예술'에서 자유로울 수 없다는 점에서, 조직적·비조직적 기반을 강화하는 것은 물론 기본이다. 그러나 그것만이 정치의 충분조건일 수는 없다. 정치는 힘의 예술인 동시에 상황에 대응하면서 전개되는 '상황의 예술'이기 때문이다. 진보진영은 과거 민주화투쟁 과정에서 기회가 많았음에도 불구하고, 그것을 적절히 활용하지 못한 경우가 많았다. 향후 '상황적' 요인은 진보진영에게 많은 기회를 제공할 것이다. 그러나 그것이 자기 강화를 통한 운동정치의 활성화로 이어지느냐, 아니면 운동정치의 퇴행화로 이어지느냐 하는 것은 이러한 '힘의 예술'과 '상황의 예술'을 얼마나 지혜롭게 결합시킬 수 있는 지의 여부와 관련된 주체의 실천 여하에 달려 있다고 할 것이다(조희연 1998b, 219 참조).

참고문헌

구갑우·김영순 엮음. 1992. 『마르크스주의 국가이론은 존재하는가』, 의암출판.
김세균. 1993. 「민주주의의 이론과 한국 민주주의의 전망」, 학술단체협의회, 『한국 민주주의의 현재적 과제』, 창작과비평사.
박상훈. 1996. 「'문민'정치, 그 지배의 정치경제학」, 한국정치연구회, 『정치비평』 창간호, 아세아문화사.
손호철. 1993. 「14대 대통령선거와 민중민주운동」, 『이론』, 봄호.
_____. 1995. 「'다원민주주의적' 정치질서와 정당」, 안희수 외, 『한국정당정치론』, 나남.
_____. 1997. 「김영삼정권의 국가성격」, 『현대 한국정치: 이론과 역사』, 사회평론.
안병욱. 1997. 「토론문 3: 97년 대통령선거를 바라보는 소회」, 학술단체협의회, 『15대 대통령선거와 한국사회의 발전방향』, 정책토론회 자료집, 8월 23일.
유팔무. 1993. 「개혁시대 민중노선의 총노선」, 『월간 말』, 9월호.
정해구. 1997. 「한국정치의 민주화와 개혁의 실패」, 학술단체협의회, 『6월 민주항쟁과 한국사회 10년 II』, 당대.
조현연. 1997. 「진보진영의 정치세력화와 15대 대통령선거」, 한국정치연구회, 『정치비평』, 가을·겨울호.
_____. 1998. 「국민의 정부와 사회운동, 불안한 동거」, 정대화 외, 『김대중정부 개혁 대해부』, 지정.
조희연. 1993. 「새로운 정치현실과 진보운동의 진로」, 『경제와 사회』, 여름호.
_____. 1998a. 『한국의 국가·민주주의·정치변동』, 당대.
_____. 1998b. 『한국의 민주주의와 사회운동』, 당대.
최장집. 1993. 『한국 민주주의의 이론』, 한길사.
한배호. 1994. 『한국정치변동론』, 법문사.
Przeworsky, Adam. 1988. *Capitalism and Social Democracy*, Cambridge Univ. Press.

제11장

민주주의 이행 시대의 시민사회와 운동정치

조현연 조희연

1. 시민사회의 이중성

1) 시민사회의 팽창과 보수적 헤게모니의 지배

시민사회란 국가 이외의 모든 것을 지칭하는 '잔여 범주'가 아니라, 상부구조의 수준들 가운데 하나로 흔히 '사적'이라고 불리는 조직체들의 총체이자 헤게모니적 계급투쟁을 비롯한 다양한 사회적 투쟁이 발생하는 공간 또는 지형이라고 할 수 있다. 이 시민사회는 국가 및 경제와의 복합적인 관계 속에서 규정할 수 있다. 우선 국가와의 관계에서 보면, 시민사회는 민주적 자기결정을 통해 국가의 정당성을 제공하는 동시에 국가의 통치를 받는 공간이다. 이 과정에서 시민사회는 여론 형성과 다양한 결사를 통해 국가의 정책결정을 지지하거나 반대하는 다원적 갈등과 연대의 공간이다. 다음으로 경제와의 관계에서 보면, 시민사회는 경제로부터 물질적 기반을 제공받으며 경제적 관계의 분화에 따라 다양한 계급적 분화가 이루어지는 공간이면서 경제구조나 경제활동의 특정한 성격에 대한 지지나 비판을 통해 경제적 관계를 변화시킬 수 있는 활동 공간이다.

바로 이런 이중적인 관계 속에서 시민사회는 내적으로도 다양한 적대와 갈등을 내포하고 있는 다원적이고 복합적인 시민적 삶의 공간이다. 그러므로 다양한 적대를 구성하는 각 세력들간의 다원적이고 복합적인 갈등과 투쟁, 타협과 연대를 통해서 국가, 시민사회, 경제의 성격과 이들간의 관계가 다양한 방식으로 재생산되거나 변형될 수 있다. 다양한 적대들의 존재는 시민사회에서 다양한 사회운동을 발생시키며 민주주의 의식과 계급의식 등의 발전을 통해 다양한 방식으로 사회를 변화시킨다고 할 수 있는 것이다. 이런 점에 비춰볼 때, 시민사회는 기본적으로 계급적대를 비롯한 다원적 적대가 공존하는 헤게모니 투쟁의 장이자, 궁극적으로는 자본주의 시장경제의 계급분할적 성격이 시민사회의 계급적대를 형성하는 토대라고 할 수 있다.

이러한 성격과 관계 구조 속에서의 시민사회는 민주주의 이행의 시대에 들어와 팽창과 확장, 그 기본 방향으로서의 전반적 보수화라는 이중적 특성을 드러내고 있다. 시민사회의 팽창과 확장의 경우 국가와의 관계에서 살펴볼 수 있는데, 민주주의 이행이 있기 이전 시기 한국의 시민사회는 과대성장한 국가에 비해 '과소성장'해 왔을 뿐만 아니라, 자율적이지 못한 채 국가에 예속되어 있었던 것이 사실이다. 그러나 이러한 국가와 시민사회의 관계는 역대 군부독재정권이 수행해 온 산업화 전략에 따라 자본주의가 발전하고, 또 아래로부터의 사회적 투쟁을 통해 변하기 시작했다. 즉 한편으로는 계속 팽창해서 국가와의 역관계를 변화시키고, 다른 한편으로는 국가로부터의 그 나름의 상대적 자율성을 확보, 확대해 왔다. 1987년 6월 민주항쟁은 그 집약된 결과였으며, 이후 민주주의 이행 속에서 구조적 수준에서의 국가의 상대적 축소 또는 약화와 함께 시민사회의 팽창과 확장의 추세는 더욱 가속화되었다. 그리고 이러한 경향적 추세 속에서 한국의 특수한 계급적·사회적 조건으로서 "'내전'의 독특한 역사적 경험으로 반공이데올로기가 일종의 가상적인 '의사합의'(pseudo-consensus)로 내재화된 동질적인 극우공동체"로서의 '반공규율사회'와, 하나의 가상적인 동질적 사회심리로서 레드콤플렉스가 작동하는 이른바 '피난민사회'(refugee society)로서의 특성(조희연 1998, 8-9)이 일정하게 변화하고 있는 것이 사실이다.

그러나 이러한 경향적 추세와 변화에도 불구하고, 시민사회가 민주적 성장을 이룬 것이라고 판단하기는 어렵다. 시민사회의 전반적 보수화 경향과 미성숙성 속에서 보수적 헤게모니가 시민사회를 지배하고 있기 때문이다.

1987년 6월 민주항쟁을 전후한 시기에 시민사회의 팽창과 확장은 민중권력의 팽창에 의한 민주화와 동일한 것으로 인식되기도 했다. 그러나 이후 정치변화의 과정을 통해 시민사회의 팽창의 성격이 구체화되기 시작했다. 그것은 시민사회에 있어서 부르주아 헤게모니의 확대, 중산층의 보수화와 기층민중세력간 연대의 때이른 해체와 때이른 약화, 지역감정 확산을 통한 지역간 수직적 분할의 심화, 보수적 사회기반의 강화 등으로 나타났다. 즉 한국의 탈권위주의화와 민주화는 일치되지 않았으며, 민주주의의 규범성과는 더욱 거리가 먼(최장집 1993, 372) 보수적 현상들이 가시화되었던 것이다.

정치적 공간의 제한적 개방 이후, 민중부문은 분화를 가속화했다. 민중 또는 민중부문이라는 개념은 급속하게 이루어진 한국의 자본주의 산업화와 지속적인 군부독재의 억압통치의 일상화라는 이중적 질곡 속에서 그것은 역사적으로 창출된 개념으로, 포괄적이며 역동적인 개념이라고 할 수 있다. 그것이 포괄적인 까닭은 경제적 수준, 정치적 수준, 세계체제와 남북분단의 수준, 언술의 수준 등 여러 가지의 요소를 포괄하기 때문이며, 또 역동적인 까닭은 그러한 조건을 담지하는 사회집단 또는 범주이지만, 또한 실천적으로 역사와 현실 속에서 그들의 사회와 역사에 대해 스스로 정의하고, 그 과정에서 스스로 참여하는 행위주체이기 때문이다(최장집 1993, 385).

특히 자본주의 산업화란 계급사회를 가져오며 사회 내의 계급분화와 지위계층의 분화를 촉진한다. 그리고 그것은 전 국민의 압도적 다수를 점하고 있는 민중의 양적 성장을 의미하기도 하는데, 민중부문은 박정희 정권 이후 추진해 온 산업화 전략에 따른 계급계층적 분화에 의해 양적으로 성장하기 시작하여 1980년대 들어 괄목할 만한 성장을 거듭하였던 것이다. 특히 이들은 민중배제적이고 친재벌적인 산업화 전략과 정치적 억압성에 따라 민주화의 진지로서 자리잡기 시작하여, 1980년 5·18광주민중항쟁에 따른 민족민주운동의 복원 흐름과 결합해서 단순한 양적 측면을 넘어 질적으로도 급속히 성장하고 조직화되었다.

그러나 1987년 여름항쟁을 경과하면서 계급계층연합으로서의 성격을 띤 이러한 민중부문은 기층민중과 중간층의 계급계층적 차원에서의 수평적 분열이 가시화되기 시작했다. 성장한 기층민중의 도전에 직면해서 중산층은 강고한 보수세력으로 변했다. 더구나 자신들의 기득권에 영향을 미치는 민주개혁에 두려움을 품은 중산층의 보수적 성향은 공격적인 반호남 지역주의와 교묘하게 결합되면서, 더욱 더 상승적인 효과를 거두기 시작했다. 89년 이래의 공안정국과 그 절정으로서의 91년 5월투쟁 정국의 과정에서 알 수 있듯이, 시민사회가 민주화의 사회적 기반이라는 시민사회론의 일반적 견해와는 달리 민주화를 가로막고 있는 것이 오히려 시민사회라는 역설적 인식을 가능케 한 현상들이 출현했다.

그것은 '가족개인'(family individual)화 현상, 즉 "노동자와 중간층으로 구성된 한국의 시민들은 여전히 권리는 누리되 책임을 지지 않으려는 인간형에 속하고 있으며 선거참여를 제외하고는 공공영역에 참가하려는 의지를 갖지 않는 가족개인"(김동춘 2000, 11)의 경향을 더 강하게 나타내고 있다는 데서도 여실히 드러난다. 이러한 가족개인화의 경향은 무임승차자(free rider)의 논리의 득세와 동전의 양면을 이룬다. 특히 도시 중간층의 경우는 사회공동체 차원의 꿈과 이상보다는 자신의 물질적 안락을 훨씬 더 소중히 생각하며, 또 자유보다 안락한 삶을 선호하는 경향이 훨씬 더 강하게 나타나고 있는 것이 사실이다. 그리고 이러한 상황에서 현실세계의 노동자들이 '프로메테우스적인 도전과 반역의 정신'으로 무장되어 있으리라고 판단하는 것은 관념적 착각에 불과할 따름이다(조현연 2001a, 36). 그 결과 지배질서의 전반적 수용이 가시화되는 것이다. 생산의 기본적 사회관계 내에서 객관적으로 존재하는 계급은 사회적, 정치적 수준에서도 필연적으로 계급으로 나타나는 것은 아니다. 의식과 실재의 관계는 반드시 필연적 인과성으로 연결되어 있는 것은 아니며, 다만 그 사회적 집단은 라레인(Larrain 1986, 38)이 말한 '기대의식'(anticipatory consciousness)을 가질 뿐이기 때문이다.

이처럼 1980년대 진보적·민중적 헤게모니 하의 '민중주도적 시민사회'가 민주주의 이행의 시대에 들어와 보수적·자유주의적 헤게모니 하의 '자본주도적 시민사회'로 변화하고 있는 것은, 단절보다는 연속성을 기본 특징으로 하는 위로부터의 민중배제적 민주화의 유형적 경로, 소련·동구의 몰락에 따른 세계적 차원의 반동화 경향과 대안 이념의 부재와 정체성의 혼란, 신자유주의적 자본주의의 세계화와 투기적 소비자본주의의 득세, 범민주화운동 진영의 분화와 분열 등에 따른 복합적인 결과라고 할 수 있다.

이러한 견해가 뒤에서 살펴볼 사회운동의 성장과 모순되는 것은 아니다. 사회운동이 1990년대 들어서도 전반적으로 계속 성장해 온 것은 사실이지만, 그러나 이같은 전반적인 '절대적 성장'과 사회적 헤게모니는 전혀 다른 차원의 문제이기 때문이다. 민중적 헤게모니의 약화는 바로 이 사회적 헤게모니 차원에서의 문제이다. 민주화 이전, 특히 1980년대의 경우 한국의 자유주의적 세력이란 제도정치의 보수야당을 제외한 시민사회 수준에서는 거의 조직화되지도 않았고, 민주화운동을 주도하지도 못했다. 따라서 민주화운동은 진보적이고 변혁 지향의 성격을 지닌 민중운동의 주도하에 진행될 수밖에 없었다. 1980년대의 민중운동은 1990년대의 민중운동에 비해 취약했지만 군사독재의 탄압에 맞서 민주화라는 국민적 과제를 가장 헌신적으로 수행함으로써, 그람시의 표현을 빌리자면, '국민-민중적'이 될 수 있었고, 시민사회에 대해 헤게모니를 행사할 수 있었다. 그러나 1990년대 들어 한국의 민중운동은 1980년대에 비해 절대적인 면에서 크게 성장했음에도 불구하고, 앞에서 지적한 민주화의 유형적 경로, 사회주의권의 몰락에 따른 세계적인 반동화의 물결, 신자유주의적 지구화, 시민사회의 내부 분화와 차별적인 물질적 수혜에 따른 노동자계급 내부의 계층 분열, 운동진영의 내부 분열 등으로 인해 그 사회적 영향력이 상대적으로 축소되었다. 더구나 정치적 격변의 시기마다 진보와 보수의 정치적 판단을 본능적으로 배합해낸 야누스적인 도시 중산층이 재벌과 자본의 헤게모니에 편입됨으로써 시민사회는 보수적 헤게모니 하에 놓이게 되고, '패권적 부르주아지와 야누스적인 중산층의 계급동맹의 장'으로 변질되었다고 볼 수 있다(임영일 1992, 192).

시민사회의 전반적 보수화 경향에 덧붙여 또 하나 지적할 것은, 그간의 팽창과 확장에도 불구하고, 한국의 시민사회가 아직도 가지고 있는 '미성숙성'의 문제이다. 더 구체적으로 말하면, 한국의 시민사회는 아직도 엄밀한 의미에서 근대적인 '시민사회'와 거리가 멀며, 일종의 전근대적인 '시민사회'와 근대적인 '시민사회'의 중간 형태를 띤 사회라고 할 수 있다. 시민사회의 다수 구성원들은 시민사회의 다른 일부 구성원들의 근대적인 시민권 행사가 자신들에게 불편을 주는 경우, 오히려 국가가 나서서 이들을 억압해주기를 바라는 것이 한국 시민사회의 실상이기 때문이다.

이러한 근대적인 시민권의 제약과 시민의식의 미성숙 외에도, 한국의 시민사회는 가족과 혈연, 학연, 지연 등 전근대적인 연고주의의 포로가 되어 있는 측면이 강하다. 이 점에서 "국가의 거대한 권력과 영향력이 일정하게 벗겨진 시민사회는 지역차별과 학연에 뿌리를 둔 완강한 엘리트구조, 현상유지에 안주하는 광범한 중산층, 재벌을 중심으로 한 거대한 부르주아의 지배구조의 체계로서 장기간의 군부권위주의 권력

구조의 사회적 그물망의 복제판 이상이 아닌 것"으로 나타났다는 한 논자의 지적(최장집 1993, 78)은 타당하다고 할 수 있다. 그리고 국가와 자본의 검은 유착에 원천을 두고 있는 도덕적 타락의 확산 속에서, 특히 97년 말의 IMF 위기의 결과 사회공동체의 해체 징후까지도 나타나고 있기도 하다.

2) 시민사회의 이중성과 91년 5월투쟁

이러한 시민사회의 이중성, 즉 한편으로는 시민사회의 팽창과 확장, 그리고 다른 한편으로는 전반적 보수화의 경향이라는 시민사회의 특성을 단적으로 증명한 역사적 사례가 바로 국가폭력의 전면화를 특징으로 하는 공안통치 상황에서 발생한 91년 5월투쟁이라고 할 수 있다. 즉 6공화국 최대의 범국민적 투쟁이자 '제2의 6월 항쟁'이라고까지 일컬어진 이 투쟁의 경우를 보면, 시민사회의 전반적 보수화 현상과 사회운동의 '절대적 성장'과 원심력적 분화 현상 등에 대해 의미 있는 시사점을 얻을 수 있다는 점에서 주목할 필요가 있다.

(1) 공안통치와 국가 폭력의 총체적 동원

먼저 공안통치란 민주사회의 다양성을 인정하지 않고, 사회 구성원이나 집단을 적이냐 동지냐 라는 극단적인 이분법적 기준으로 나누어 일방적인 이데올로기 공세를 펴는 것과 동시에, 공포를 통한 안정과 질서를 유지하고자 하는 억압적 통치를 의미한다. 이를 위해 노골적인 야만적 폭력이 다반사로 자행되었는데, 민주인사들의 구속 사태 속출, 학생·재야운동단체에 대한 전면 탄압, 노동자들의 파업에 대한 폭력적 진압 등이 끊임없이 발생하게 되었다. 노태우 정권 하에서 국가 폭력의 정도는 양심수의 숫자에서도 드러나고 있다. "현재 양심수는 단 한 명도 없다"며 인권의 개선을 대내외에 선전한 노태우 정권의 주장과는 달리, 민가협의 조사에 따르면 1988년부터 1991년 11월 10일까지 무려

<표 11-1> 시기별 양심수 현황(1988~91)

연도별	월별												계
	1	2	3	4	5	6	7	8	9	10	11	12	
88년			38	125	80	159	34	122	41	78	79	23	779
89년	61	43	106	217	265	271	200	152	40	62	86	22	1,525
90년	324			193	306	132	87	94	101	113	74	204	1,628
91년	54	81	144	147	152	242	152	79	17	186		...	1,254
계	626			616	795	709	473	610	334	332	256	249	5,186

자료 : 백승헌, 「6공화국 양심수 백서」, 『월간 말』, 1991년 12월호, 138쪽의 내용을 수정 보완.
1991년 통계수치는 약 10개월에 걸친 양심수 숫자임.

5,186명의 양심범이 구속되어 하루 평균 4.4명의 구속자가 발생한 것으로 집계되고 있다. 인권유린의 대명사로 불렸던 5공독재 하에서 1981년부터 1987년 말까지 구속된 양심범의 숫자가 4,700여명에 하루 평균 1.61명 정도였다는 것과 비교해 볼 때 놀라운 증가가 아닐 수 없다. 시기별 양심수 현황을 보면 <표 11-1>과 같다.

특히 공안정국 이후 구속자에 대한 형량이나 실형률이 과거보다 결코 낮지 않고, 더구나 6공 하에서는 초기를 지나면서 사면·감형·가석방 등 양심수에 대한 행형상의 배려가 거의 이루어지지 않았으며, 만기가 되어야 수용시설에서 풀려나는 경우가 대부분이었다. 또 구속사유별 현황을 보면, 국가보안법 위반으로 구속자가 많이 양산되었는데, 그 수치는 1990년 6월 현재 398명(32%), 1991년 6월 30일 현재 537명(41%)에 달했다. 국가보안법 위반 외에 적용된 구속 사유를 보면, 집시법 위반·화염병 사용·폭력 방해·공무 방해 등이 주로 적용되었다.

이 공안정국의 한파는 1988년 말 노태우 정권의 이른바 '체제수호선언'과 '민생치안에 관한 특별지시'를 계기로, 그리고 1989년 4월 3일 발족에서 6월 19일 해체에 이르기까지 '좌익폭력 세력 척결'을 앞세운 '공안합수부'의 활동을 통해 전면적으로 가시화되었다. 노태우 정권은 풍산금속 안강공장과 울산 현대중공업에 대한 군·경 병력 투입과 문익환 목사 방북을 정점으로 극에 이른 반공이데올로기 공세와 함께, 민주화투쟁에 대한 탄압의 총지휘부로서 공안합수부를 만든 것이었다. 검찰·경찰·안기부·보안사 등으로 구성된 공안합수부는 안기부의 실질적인 주도 아래 대검찰청에 정책협의회를 두고 전국 12개 지방검찰청에 공안담당 부장검사를 부장으로 하는 지역공안합동수사본부를 설치, 운영했다.

한편 1990년 10월 1일 윤석양 이병에 의한 보안사의 민간인 사찰 폭로에서 알 수 있듯이, 이 시기는 민주주의를 갈망한다는 단 한 가지 이유만으로도 정권에 의해 일거수일투족 감시받던 시절이었다. 한 예로 윤정모 작가의 경우에는 택시 안에서 운전사와 나눈 대화마저 기록에 있을 정도였다. 보안사로 상징되는 국가기관이 어느 정도로 우리의 생활 깊숙한 곳까지 감시의 눈길을 뻗치고 있는가는 가히 상상을 초월할 정도라고 하겠다. 이 폭로사건 이후에도 군기관의 민간인 사찰은 다시 없을 것이라는 약속을 국민 앞에 했음에도 불구하고, 노태우 정권은 적극적인 용공조작 활동을 통해 조직사건을 만들어내 왔다. 학문과 사상의 자유 침탈, 문화예술에 대한 탄압 또한 다반사로 이루어졌으며, 이른바 '블랙리스트'라는 것이 있어서 노동의 기회를 원천적으로 박탈하기도 했다. 그리고 1990년 10월 13일 수많은 인파가 보라매공원에 운집한 가운데 보안사의 불법 사찰을 규탄하고 있던 바로 그 날, 노태우 정권은 '범죄에 대한 전면전쟁'을 선포하였다. 이후 서울의 거리에는 범죄단속을 지원한다는 명목으로 1,000여명의 무장한 헌병부대가 등장하기에 이르렀고, 경찰의 총기 사용이 대폭 확대되었다. 또 이를 기화로 사회적 혼란과 정국 불안정의 책임을 노동운동이나 민족민주운동에 전가하면서 노동자들의 노동조건의 개악과 쟁의행위의 제한, 국론통일을 빙자한 통일운동에 대한 탄압 등을 자행했다.[1] 그리하여 우리 사회는 범죄로부터의 해방이 아니라 범죄를 양산해 내는 공포 분위기에 휩싸이게 되었다.

(2) 91년 5월투쟁과 시민사회의 이중성

바로 이러한 숨막히는 공포와 질식의 상황에서 많은 사람들이 죽음을 당하거나 죽음을 강요받는, 민주주의의 제단에 바쳐진 희생자가 되었던 것이다. 아직까지도 잊혀진 역사로만 존재하고 있는 1991년 5월투쟁, 그것은 백골단이라는 사복체포조로 상징되는 국가 폭력에 의해 강경대 타살사건이 발생한 1991년 4월 26일부터 투쟁 지도부가 명동성당에서 완전히 철수하는 6월 29일까지 약 60여 일에 걸쳐 전개된 투쟁을 말한다. 즉 91년 5월투쟁은 집권 후반기에 집중 표출되고 있는 공안통치적 폭압과 장기집권을 위한 3당야합과 내각제 개헌 기도, 6공 최대의 권력형 비리라는 수서사건과 페놀방류 사건으로 대표되는 각종 비리와 실정에 대한 반독재 민주화투쟁이 강경대 치사사건을 계기로 응축적으로 표출된 것이다. 아울러 5월투쟁은 천정부지로 치솟는 물가고, 생사의 문제로까지 번진 주택난과 수입개방과 산업재해 등 민생파탄에

---

1) 한 예로 노동부의 경우 10월 15일 노태우의 선언에 따른 사회 경제 분야 후속대책을 보고하는 국무회의 자리에서 "불법 노사분규는 계속 강력 대처하고 내년(91년) 임투에 대비, 노사분규를 억제하기 위한 각종 간담회, 교육 등을 추진하겠다"고 밝혔다. 노동부는 이에 따른 세부사항으로 ① 노조 지도부 피선 예상자 등 주요 인물 동향 철저 파악 ② 후원회 모금 등 전노협 재정 확보를 봉쇄하고 전노협에 동조하는 노조에 대해 철저한 업무조사를 통한 탈퇴 유도 ③ 문제 노동상담소들의 노동자 의식화 교육을 차단, 제3자 개입 관련자 처벌 및 상담소 폐쇄 등의 계획을 밝혔다. 아울러 노동부는 <91년 노사관계 안정대책>을 발표했는데, 여기에는 범정부적 차원의 노사분규 수습체제 확립과 관계기관대책회의 운영 등이 포함되어 있었다. 이러한 탄압조치는 90년 연말부터 구체화되었는데, 1990년 12월 21일 전노협 제11차 중앙위원회가 열리던 서울 시내 한 건물을 경찰 150여명이 포위하여 회의 참가자 31명 전원을 연행하였으며 이 중 전노협위원장 직무대행인 김영대를 구속시켰다. 이어 91년 2월에는 대기업연대회의 소속 노조위원장들을 대거 구속시키는 등 연이은 강경조치가 취해졌다. 91년 1월부터 7월까지 구속된 노동자만 해도 377명으로 하루 평균 1.8명 꼴로 구속되었다. 특히 강경대, 김귀정, 박창수씨의 사망에 대한 규탄 투쟁 이후 노동조합을 집중적으로 탄압했던 91년 6월 한 달 동안에는 143명의 노동자가 구속되어 하루 평균 4.8명 꼴로 구속될 정도로 극심한 탄압이 이어졌다.

따라 누적된 분노가 반독재 민주화투쟁과 결합되어 촉발된 6공 최대의 민중항쟁으로, 투쟁의 규모면에서나 단시일내에 급속히 팽창되었다는 점에서나 4년 전의 87년 6월 민주항쟁을 연상시킬 만큼 격렬하게 전개되었다.

강경대 치사 사건 다음 날인 4월 27일 '고 강경대 열사 폭력살인 규탄 및 공안통치 종식을 위한 범국민대책회의'가 결성된 이래, 범국민적 투쟁이 전국적으로 급속히 확대되었다. 각계각층의 서명, 농성투쟁이 들불처럼 급속히 번지면서, 5월 4일에는 전국 21개 지역에서 20만여명이 참여한 '백골단·전경 해체와 공안통치 종식을 위한 범국민 궐기대회'가 개최되었다. 범국민대책회의 공식 발표에 따르면, 5월 9일에는 서울에서 열린 '민자당 해체와 공안통치 종식을 위한 범국민대회'를 위시하여 다양한 명칭을 가진 노태우 정권 퇴진 투쟁이 전국 87개 지역에서 55만명 정도가 참여한 가운데 전개되었다. 5월 18일 5·18 국민대회와 2차로 치러진 강경대 열사의 장례는 전국 81개 지역, 40여만명에 달하는 각계각층의 참여 속에 전개되어 5월투쟁의 최정점에 이르렀다. 비공식적인 집계에 따르면 5월투쟁 기간동안 전국적으로 2,361회의 집회가 열렸고, 크고 작은 시위들이 잇따라 터져나왔다. 시위 초기 공안통치 종식과 내각 총사퇴, 백골단·전경 해체 등의 구호는 악법 철폐, 억압적 국가기구 해체, 양심수 전면 석방 등의 요구를 거쳐 점차로 '해체 민자당, 퇴진 노태우'라는 구호로 모아져 갔다.[2] 그리고 그 와중에 강경대의 타살을 포함하여 투쟁의 전 과정에서 모두 11명이 목숨을 잃는, 일찍이 볼 수 없었던 일들이 이어졌다. 경찰 폭력의 극단적이고 직접적인 테러

---

2) 한편 당시 신민당의 경우 노태우 정권과의 타협 무드를 훼손시키지 않으려고 하면서 '탄압 중지, 구속자 석방'을 입으로만 떠들며 노정권의 폭압을 사실상 방조했을 뿐만 아니라, 노태우 퇴진투쟁에 대해 '퇴진 투쟁 불참 방침'을 고수하기도 했다. 이에 대한 실망감의 표현으로 4월 29일 연세대의 '고 강경대 열사 폭력살인 규탄과 공안통치 분쇄를 위한 범국민 결의대회'에서 이우정(신민당 수석최고위원)에게는 야유가 쏟아졌으며, 이어 5월 5일 국민대에서 김대중(신민당 총재)에 대한 학생들의 달걀과 폭음탄 세례가 있었다.

에 의해 삶을 마감하고 만 강경대와 김귀정, 한진중공업 노조위원장 박창수의 '의문사'와 강제적 시신 탈취, 박승희·김영균·천세용·김기설·윤용하·이정순·김철수·정상순 등 국가폭력에 의한 간접 살인이자 강요된 자살로서의 잇따른 분신의 속출 등이 5월정국 당시 야만적인 국가 폭력에 따른 희생의 구체적인 목록이었다.3) 이른바 '위대한 보통 사람들의 시대'에 이처럼 보통 사람들의 '죽음의 행진'이 이어졌던 것이다.

민중들의 투쟁에 대해 노태우 정권은 적나라한 물리적 폭력의 동원 외에도 이데올로기적 폭력의 총공세를 펼쳤다. 그 하나는 일련의 분신 속에서 '한국판 드레퓌스 사건'이라고 할 수 있는 이른바 '김기설 유서대필'이란 것을 조작해낸 것이었다. 당시 전민련 서준식 인권위원장의 주장처럼, 그것을 검찰 대 전민련의 대립으로 보는 시각은 잘못된 것이며 명백히 양심과 비양심, 진실과 거짓의 주장으로 봐야 했다(천호영 1991, 131). 그러나 검찰의 근거없는 주장에도 불구하고 대부분의 언론들은 오직 '받아쓰기'에 충실하거나, 과잉·왜곡보도를 일삼았다.4) 다른 하나는 노태우 정권과 '전교조 대학살'의 주범에 대한 항의성 차원에서 행해진, 그리고 어쩌면 우발적인 일회성 에피소드에 불과한 '국무총리 서리 정원식에 대한 밀가루-계란 세례'에 대한 뻥튀기기와 조잡한 왜곡이었다. "언론은 새남터 처형장의 망나니처럼 눈을 치켜뜨고 어깨춤을 추면서 칼을 휘둘러댔다"는 언론인 김종철의 표현(1991)처럼, 거의 모든 신문과 방송이 '극악한 악행'이라고 매도하는 융단 폭격을 퍼부었다.

이 두 사건의 공통점은 그것이 운동진영의 도덕성과 신뢰성의 붕괴

---

3) 이 외에 5월투쟁기간 중인 6월 8일 인천 삼미기공 노동자 이진희씨(6월 15일 사망)와 6월 15일 인천 공성교통 택시 노동자 석광수씨(6월 24일 사망)가 분신, 사망하기도 했다.
4) 무죄를 입증하는 수많은 증거들은 완전히 무시된 채, 강기훈씨는 1991년 12월 20일 징역 3년형을 선고받고 만기 출소했다. 프랑스 양심세력들의 '진실을 위한 투쟁'의 결과 12년만에 다시 열린 재판에서 무죄판결을 받아 진실이 승리하게 된 프랑스의 사례와는 달리, 우리의 경우는 아직까지도 거짓이 진실에 대해 압승을 거둔 상태가 지속되고 있다.

에 초점을 맞춰 5월투쟁을 소멸시키는 정세 역전의 카드로 활용되었다는 것, 그리고 결과적으로 사회적 침묵의 카르텔이 작동하는 가운데 운동권이 '좌경·용공·극렬·폭력'을 넘어 '반도덕·반인륜' 등의 상징으로 아주 신속하게 고정화되었다는 사실이다. 이러한 상황에서 '노태우 정권에 맞서 이제 온 국민이 나서야 할 때'라는 투쟁과 저항의 목소리는 대중적 반향을 불러일으키지 못한 반면, 대신 '우익총궐기론'으로 자기 무장한 비장한 '우국충정'의 목소리가 우후죽순식으로 울려퍼지기도 했다.

잇따른 분신으로 점철된 5월투쟁의 정국에서 각종 언론매체와 권력형 해바라기 지식인 '스타'들의 공격의 초점은 '죽음을 무기로 한 체제전복세력의 반인륜적 행위'이자 운동권 사이에 죽음을 찬미하는 소영웅주의적, 허무주의적 분위기가 집단 감염되듯 확산되면서 나타나는 병리적 현상이라는 것이었다. 그 가운데 가장 대표적인 것이 5월 5일자 <조선일보>에 실린 김지하의 「죽음의 굿판 당장 걷어치워라. 환상을 갖고 누구를 선동하려 하나」는 제하의 글이었다. 이러한 김지하의 논지는 며칠 뒤인 5월 8일 기자회견을 자청한 서강대 총장 박홍의 "지금 우리 사회에는 죽음을 선동하는 어둠의 세력이 있다", "이 세력을 없애는데 함께 일어나야 한다"는 얼토당토않은 주장으로 이어졌으며, 이른바 '분신배후설'과 '유서대필사건'을 조작해내는 데 결정적인 구실을 제공했다.5)

물론 이들의 주장은 하나같이 그토록 소중한 생명의 존귀함을 유린하고 위협하는 것이 무엇인지를 철저히 은폐하고 왜곡하고 있으며, 생명과 인간의 존엄성이 국가 폭력에 의해 함부로 유린당하는 현실에 대해서는 눈을 감았는 점에서 심각한 문제점을 가지고 있었다. 잇따라 발

---

5) 당시 연세대 교수였던 김동길 또한, "입학한 지 2개월이 된 신입생이 사회에 대한 문제의식을 얼마나 느끼고 행동했길래 그를 열사라 부르는가.……그는 배후조종된 선배들에 의해 이끌려 시위 도중 도망가다가 맞아 죽은 것일 뿐"이라는 발언을 통해 이러한 분위기를 고조시키기도 했다.

생한 분신 항거에 대해 그 원인을 규명하고 해결하려 하기보다는 오히려 도덕적으로 역공을 가하는 것은, 역으로 노태우 정권과 그 하수인들의 도덕성이 어느 정도 파렴치하고 후안무치한 것인지를 반증하는 것이라고 할 것이다.6)

그러나 잇따른 죽음의 행진이 이어졌음에도 불구하고, 그리고 '제2의 6월 항쟁'에 대한 열망에도 불구하고 1991년 5월의 거리에서 제2의 6월 항쟁은 일어나지 않았다. 오히려 이러한 국가의 총체적인 폭력에 대해 당시 많은 시민들이 보여준 정치적 태도는 대체로 사회적 침묵과 방관, 이데올로기적 폭력에의 동조였다. 그 결과 5월투쟁은 6월 민주항쟁과는 달리 투쟁국면이 정권의 양보조치가 아니라 이데올로기 대공세에 의해서 마무리되었다. 더구나 5월투쟁에 연이어 실시된 광역지방의회 선거에서는 그동안 각종 여론조사에서 늘 10%대의 지지도에 머물렀던 민자당이 41%의 득표율을 기록하면서 총 의석의 65%를 차지하는 '압승'을 거두기도 했다.

결국 조직화된 민중운동세력이 주도한 5월투쟁은 한편으로는 중간계

---

6) 분신이 상징하는 것은 "지배집단의 통제와 탄압이 인내의 수준을 넘은 상황에서, 변화를 추구하는 강력한 열망에도 불구하고 국가의 압도적인 폭력성으로 인하여 이를 실현할 수단을 갖지 못할 때, 약자가 최대한의 도덕적 힘을 발휘할 수 있는 가장 치열한 무기로써 선택"(최장집 1993, 243)된 것이자, "개인주의적이고 합리적인 판단보다는 공동체주의와 도덕적 요소가 인간관계에 매우 중요한 비중을 차지하는 사회에서 나타날 수 있는 저항의 방법"(김동춘 1997, 94)이라고 할 수 있다. 즉 분신은 "자기 희생을 통해 대중의 도덕적 분노, 힘의 결집을 이끌어낼 수 있는 실천"(김정한 1999, 43)의 방식이자, 극단적인 자기 부정의 방법을 통해 사회적 경종을 울리기 위한 저항의 극한적인 표현이었던 것이다. 물론 비록 강요된 자살이라 하더라도 저항의 수단으로 분신을 선택한 것, 그 자체를 신화화하거나 미화할 수는 없을 것이다(김원 2000 참조). 그러나 이에 대해 체제전복세력의 반인륜적 행위나 영웅주의적·허무주의적인 병리적 현상으로 치부하는 것은 역사의 실체적 진실을 은폐하고 왜곡하는 지배의 논리일 뿐이다. 오히려 국가 폭력이 사회를 짓누르는 반이성적이고 비인간적인 정치 상황에 맞서서 이에 치열하게 저항하기 위해 고도의 도덕적 정의감과 역사헌신적 희생정신이 표출된 것으로 성격 규정하는 것이 기본적으로 타당하리라고 본다. 그리고 그러한 일차적 규정 아래 특정 국면에서의 특정 저항 방식의 선택 과정, 그것과 저항적 실천의 심화·확산 경로와의 관계, 즉 분신이라는 특정 방식의 저항이 사회적 역관계 속에서 산출해낸 실천적 효과와 정국에 미친 영향 등을 면밀히 살펴보는 것이 옳으리라고 본다.

급 등 비조직화된 시민사회의 불참에 의해, 다른 한편으로는 제도정치의 외면에 의해, 그리고 최종적으로는 국가의 이데올로기적 공세에 의해 실패로 귀결되었다. 5월투쟁은 지배세력에 의한 민주주의의 왜소·불구화 또는 일종의 '역전' 과정이 성공하는 대신, 민주주의를 향한 '변혁적' 열기가 가라앉는 마지막 분수령이었다.

5월 투쟁과정에서의 수많은 분신들은 87년 6월 항쟁 이후의 위로부터의 보수적 민주화가 동반하는 민주주의의 불철저성을 극복하면서 아래로부터의 급진적 이행을 회복하고자 하는 '급진성'을 상징하고 있다. 그런 점에서 91년 5월 투쟁은 87년 이후의 민주주의 이행의 질적 성격을 반전시킬 수 있느냐 없느냐 하는 일대 결전의 성격을 지니고 있었다. 노태우 정권이라고 하는 '민선'군부정권의 집권과정의 기만성(6·29 선언 등)이 여실히 드러남으로써, 노태우 정권이 비록 '민선' 정부이기는 하지만 과거의 전두환 정권과의 연속성에 있다는 것이 대중적으로 인식됨으로써 이러한 '결전'의 공간이 마련된 것이었다. 그러나 이 결전은 구지배세력의 총체적인 폭력적 공세, 보수언론의 이데올로기적 공세, 당시 '보수적 시민운동'이 민중운동과 일선을 그음으로써 유발된 민중운동 배제적인 이데올로기적 효과 등이 복합적으로 어울러지면서, 민중진영의 '패배'로 귀결되었다. 이러한 '패배'는 87년 이후의 위로부터의 보수적 민주화의 '반전'이 이루어지지 못하고, 위로부터의 보수적 민주화가 실현하는 보수적 구조의 틀 안에서 민주주의 이행이 지속되는 것을 의미한다.

여기서 91년 5월투쟁의 실패 속에서, 민중운동에 대한 비판적 평가와 더불어 시민사회에 대한 재평가가 대두하였음을 지적하여야 할 것이다. 특히 중간계급을 포함한 비조직 시민사회와 운동정치 사이의 괴리현상이 문제의 핵심으로 부각되었다. 서구의 '신사회운동'을 배경으로 한 새로운 사회운동 또는 시민운동으로 불리는 일련의 운동 조류들이 중간계급과 비조직 시민사회를 정치적으로 대변하면서 그 공백을

메우기 시작한 것 역시 이 시점이었다. 즉 경실련운동 등 다양한 '보수적 자유주의' 지향의 시민운동이 시민 일반의 이해와 요구를 반영하지 못하는, 이른바 '폭력적이고 급진적인' 변혁운동과 구별되는 새로운 운동방식으로 부각되었던 것이다. 이 '보수적 자유주의' 지향의 시민운동이 변혁적 민중운동과 자신을 구별지움으로써, 그리고 그것을 보수적 언론이 증폭시킴으로써 과거 반독재 민주화운동을 주도하였던 민중운동적 정체성과는 구별되는 시민운동의 정체성이 자리잡게 되었다고 할 수 있다. 이로써 후술하는 바와 같이 사회운동의 원심력적 분화 혹은 경쟁적 분화의 양상은 더욱 가시적이게 된다.

2. 운동정치의 복합적 발전 양상과 경쟁적·원심력적 분화

한편 군부독재 타도와 퇴진을 중심으로 집중화되고 통합되던 상황에서 준자율적인 제도정치영역 및 시민사회의 확장으로 민주주의 이행의 시기 운동정치의 발전이 보다 복합적인 변화의 양상을 띠게 되는데, 이러한 준자율적인—비록 제한되지만—제도정치영역 및 시민사회 공간의 확장은 사회운동에 대해 이중적인 효과를 갖는다. 즉 한편에서는 제도정치의 변형주의적 재편과정에서 사회운동이 제도화되면서 확장된 제도정치의 일부로 포섭될 가능성을 부여하게 되며, 다른 한편에서는 사회운동이 시민사회적 공간을 뛰어넘어 제도정치적 공간으로 자신을 확장할 수 있는 가능성을 부여하게 된다는 것이다. 예컨대 민주주의 이행과정에 따라 확장된 제도정치적 공간의 확장 속에서 운동정치를 대변하는 세력들이 집단적으로 제도정치권에 진출하는 경우를 상정할 수 있으며, 또 그 반대의 가능성도 존재한다. 이러한 제도정치의 변형주의적 재편에 대한 운동정치의 대응은 크게 두 가지로 나타났다. 노동운동 및 민중운동진영의 독자적인 진보정치세력화가 그 하나라면, 다른 하나는 시민운동단체들의 '외부로부터의' 정치개혁 압박운동이라고 할 수 있다.

권위주의 시대와는 달리 민주주의 이행의 시대는 선거정치의 제도화를 가져오며, 따라서 선거정치의 위상은 보편적 정당성을 갖는 기제로 제고되고, 역으로 선거 아닌 정치는 배제될 가능성이 커지게 된다. 즉 제도정치의 공간이 개방된 상황에서 운동의 방향과 선거의 방향은 그 힘이 반대로 작용하는 경향이 있는 것이다. 이른바 독자적 정치세력화론과 시기상조론간의 논쟁이 전개되고, 또 반합법 전선체운동과 재야입당파와 독자창당운동 등 세 가지 서로 다른 정치적 실험이 이루어지게 된 것은 바로 이러한 상황에서였다(조현연 1995 참조). 반합법 전선체운동은 전국민족민주운동연합-민자당 일당독재 분쇄와 민중기본권쟁취 국민연합-비상시국회의-민주주의민족통일전국연합으로 이어지는 흐름으로, 재야입당파는 평화민주통일연구회-범민주통합수권정당추진회의-민주연합-민주개혁정치모임의 흐름으로, 그리고 독자창당운동은 민중의 당-민중의 정당건설을 위한 민주연합추진위원회-(통합)민중당-국민승리21의 흐름으로 구체화되었다.

이러한 민중정치의 독자적 진보정치세력화와는 별개의 실천 흐름으로, 시민정치(civic politics)의 경우 시민적 역동성(civic activism)에 기초하여 다양한 정치개혁 압박운동을 전개해 왔다. 그것은 주로 제도정치 외부에서 제도정치의 합리화와 민주화를 위한 압박운동의 형태로 진행되었는데, 의정감시운동이 그 대표적인 예라고 할 수 있다.[7]

다음으로 자율적인 시민사회 공간의 확장으로 인하여 한편에서는 과거에 비합법성을 강요당하였던 운동정치가 합법적 혹은 반(半)합법적 운동정치로 확장될 수 있는 가능성이 생겨나게 되며, 다른 한편에서는 과거의 급진적·전투적인 운동정치와는 구별되는 '보수자유주의'적 혹

---

[7] 바로 이러한 의정감시 형태의 정치개혁운동의 정점에 2000년 총선시민연대의 낙천낙선운동이 있다고 할 수 있다.

은 온건자유주의적 운동이 시민운동이라는 이름으로 확장될 수 있는 가능성을 부여하게 된다. 이것은 사회운동의 다원화와 다양화를 의미한다. 그리하여 시민사회 내부에서는 과거의 반독재운동과 동일시되지 않는 새로운 사회운동의 분화의 경향과 그 반대의 경향이 긴장 속에 공존하게 된다. 이처럼 군부통치가 약화되고 시민사회의 자율적인 영역들이 성장하게 된 것은 물론 변혁적 민중운동의 전투적 민주화투쟁에서 기인한 바가 컸다. 즉 급진적 저항운동이 열어놓은 공간에서 다양한 사회적 목소리가 조직화되었고, 그 결과 온건한 개혁을 주장하는 요구와 그 동안 반군부독재의 목표 속에서 드러나지 않았던 입장들이 분화, 표출된 것이다.

운동정치의 복합적 발전 양상에 대해 구체적으로 살펴보면, 먼저 민주화에 따른 정치적, 사회적 공간의 확장 속에서 과거의 전투적인 저항운동이 다양한 지역적, 전문적 사회영역으로 확장되게 되며, 군부권위주의 정권의 극단적인 탄압 속에서 그 대중적, 조직적 확장을 제약당하고 있었던 노동운동 등 대중운동의 발전이 나타나게 된다. 87년 이후 전문직 운동의 확장 및 화이트칼라 노조운동의 발전, 87년 민주노조운동이 90년 전노협을 거쳐 95년 민주노총으로 발전하여 가는 과정, 그리고 노동운동뿐만 아니라 농민운동, 교사운동, 빈민운동 등 다양한 민중적 운동들의 정치적, 조직적 발전을 연상하면 될 것이다. 87년 이후 민변, 인의협, 건치, 건약, 민교협, 학단협, 청한 등 다양한 전문직 영역에서 민주적 지향을 갖는 활동조직들이 등장하게 된 것도 예가 될 것이다. 이들은 한편으로는 정치적 민주화운동을 추동하는 역할을 함과 동시에, 자기가 속한 전문적 영역 내부에서의 민주적 개혁을 추동하는 역할을 수행하게 된다. 이처럼 80년대 후반 노동운동, 농민운동, 빈민운동, 교사운동, 학생운동 등 대중운동은 민선군부정권, 보수적 민선민간정권의 억압정책에도 불구하고, 과거의 전투적 투쟁의 전통을 계승하면서 전국적인 단일조직을 만드는 단계로까지 발전하게 된다.

이런 점에서 민주주의 이행의 시대에는, 사회운동 내부에서 이중적 내부 분화에 따른 '경쟁적 분화'(competitive differentiation) 혹은 '원심력적 분화'(centrifugal differentiation)와, 부문별 민중운동의 불균등 심화 및 확장의 경향이 공존하였다고 할 수 있다.8) 이중적 내부 분화와 관련한 첫 번째 내부 분화는 민주 대 반민주의 대결구도가 약화되고 잠재적으로 소멸함에 따른 정치적 분화라고 할 수 있다. 즉 1987년 민주화 이후, 특히 1987년의 노동자 대파업과 민중운동의 급진화를 거치면서 시민사회의 민주화 진영은 자유주의적 세력과 진보세력 또는 민중세력으로 분화되기 시작하였다. 즉 한국의 시민사회가 재벌을 중심으로 한 수구세력, 중간층을 중심으로 한 자유주의 세력, 기층민중을 중심으로 한 민중세력 내지 진보세력 등 세 세력으로 분화되기 시작한 것이다. 이에 따라 계급정치·민중정치와 시민정치간의 긴장 속에서, 민주화운동 역시 과거 민중운동의 일방적인 주도로부터 1990년 경제정의실천시민연합(이하 경실련)의 출범을 계기로 자유주의적인 시민운동의 출범과 성장으로 이어지고 있다. 다시 말하면, 민주화운동 역시 진보적인 민중운동과 자유주의적인 시민운동—물론 '진보적 시민운동'으로서 참여연대의 예가 보여주듯이 시민운동 전체가 자유주의적이라고 규정할 수는 없다—으로 분화되었던 것이다.

두 번째 내부 분화는 첫 번째 분화와 무관한 것은 아니지만 차원이 다른 문제로서, 민주 대 반민주의 구조가 깨지면서 과거의 단일한 균열을 중심으로 한 단일 전선이 깨지고 갈등과 균열이 다양화·다원화·다층화되어 가고 다는 사실이다. 다시 말하면, 그동안 민주 대 반민주의 대립구도 때문에 무시되었던 환경, 여성, 동성애 등 다양한 사회적 균열들이 폭발적으로 터져 나오면서 시민사회의 균열구조를 다층화하고 있

---

8) 전자의 예는 다양한 시민운동, 특히 경실련으로 대표되는 보수적 시민운동들이 출현하고 그것들이 민중운동과 구별되는 정체성을 갖는 것 등에서 찾아볼 수 있으며, 후자의 예는 노동조합의 조직적 발전으로 민주노총이 만들어지는 것이나 진보적 시민운동이 출현하는 것에서 찾아볼 수 있다.

다. 시민운동만 하더라도 경실련, 참여연대와 같은 종합적인 시민운동만이 아니라 환경운동, 교육운동, 여성운동, 장애자운동, 동성애운동 등 전문화된 시민운동들이 빠르게 성장하고 있다. 이 점에서 지배블록 대 민중이라는 이항대립적인 단일 전선체가 자본주의의 발전에 따른 사회적 분화와 복잡화에 따라 깨지면서 '주체의 다원주의'에 기초한 다차원적 운동이 생겨나게 되어 있다는 지적은 87년 이후 한국의 경우에도 적용되고 있다고 하겠다. 즉 민주주의 이행이 사회운동의 다원화를 추동하는 효과를 산출해내고 있는 것이다. 결국 민주주의 이행 시대의 사회운동의 변화는 군부정권 타도를 중심으로 집중화되고 통합되던 상황에서 정치사회와 시민사회 공간의 상대적 확장으로 사회운동의 발전이 보다 복합적인 양상을 띠는 것을 의미한다.

3. 시민정치의 활성화와 '대의의 대행'

운동으로서의 시민정치의 경우 87년 이전까지는 그 존재의 흔적을 찾아보기가 어려우며, 87년 이후 특히 1990년대에 들어와 폭발적으로 성장했다고 할 수 있다. 그 이유는 87년 이전까지 군부독재 정권과 그것에 대항하는 전투적인 민중운동과의 대결 구도가 기본적으로 유지되었기 때문이다. 이처럼 운동으로서의 시민정치는 1987년 6월 민주항쟁 이후 우리 사회의 거시적인, 그리고 중단기적인 구조 변화와 긴밀히 연관되어 있는 것이다. 즉 한국의 시민운동은 1980년대 한국 자본주의의 구조 변화라는 경제적 요인, 정당정치의 빈곤이라는 정치적 요인, 그리고 시민사회와 사회운동의 분화 및 민중운동의 역할 방기라는 시민사회 내부적 요인 속에서 성장한 것이다. 이 가운데 경제적 요인이 하나의 배경요인이라면, 정치적 요인과 시민사회 내부적 요인은 보다 직접적인 요인이라고 할 수 있다.

첫째, 1980년대 중후반 한국 자본주의의 구조 변화는 시민사회의 변동과 시민운동의 부상에 커다란 영향을 미쳤다. 곧, 불완전한 형태이지만 대량생산과 대량소비가 유기적으로 결합된 '주변부 포드주의'(peripheral Fordism)의 확립은 경제적으로 실질임금의 상승에 따라 중간계급과 노동계급 상층의 물질적 기반을 향상시켰다. 그리고 이러한 물질적 기반의 향상은 이제까지 사회운동에서 간과되어 온 환경, 여성, 교육, 지방자치, 의료, 교통, 인권 등 새로운 이슈들에 대한 일반 시민의 관심을 제고시키는데 일조했으며, 이러한 이슈들을 담당하는 시민단체들이 대거 결성되는 배경을 이루었다. 이러한 일련의 과정들이 함축하는 바는 루시마이어·스티븐스·스티븐스(Rueschemeyer, D., E. Stephens and J. Stephens 1992)가 주장한 바 있는 자본주의의 거시적 발전이 가져오는 '시민사회 성장의 효과'로 볼 수 있다.[9]

둘째, 시민운동의 부상에 보다 직접적인 원인을 제공했던 것은 국가와 시민사회 관계의 한국적 특수성이다. 즉 국민투표제적 민주주의(plebiscitary democracy)의 성격, 6월 민주항쟁에도 불구하고 정치적 민주화의 지체, 그에 따른 시민단체의 준정당적 역할 등이 그것이었다(김호기 2001, 8-9).

셋째, 한국의 시민운동은 87년 6월 민주항쟁 이전의 반독재 민주화 운동 및 민중운동의 헌신적 투쟁을 통해 획득된 공간에서 활동하는 운동이라고 할 수 있다. 즉 현재의 시민운동이 활동하고 있는 시민적인 자율활동 공간은 바로 민중운동의 희생과 투쟁을 통해서 주어진 것이었다. 어지간하게 정부를 비판해서는 감옥에 가지 않고, 운동을 하는 사람들이 목숨을 건 '결단'을 하지 않아도 되는 현재의 '민주적' 상황은 많은 민중운동의 희생과 헌신적 투쟁을 통해 쟁취된 것이었다. 문제는 이

---

[9] 축적체제의 구조 변동과 관련하여 1990년대 후반 한국경제의 위기 또한 시민사회와 시민운동에 작지 않은 영향을 미쳤다. 즉, 1990년대 중반 고도성장이 막을 내린 시점에서 나타난 경기 양극화와 유연화 전략은 중간계급의 점진적인 쇠퇴를 낳았으며, 1997년 IMF 관리경제의 등장은 이러한 쇠퇴를 가속화시켰다(김호기 2001, 8).

렇게 민중운동이 획득한 공간에 자신들이 주체적으로 개입하지 못함으로써 이러한 운동영역이 비(非)민중운동적·반(反)민중운동적인 운동영역으로, 나아가 시민운동의 독점영역이 되어버렸다는 것이다10)(조희연 2001, 4).

넷째, 중단기적으로 6월 민주항쟁 이후 진행된 시민사회의 분화 또한 시민운동의 분화에 커다란 영향을 미쳤다. 1987년 이전의 사회운동은 군부독재에 대항하는 민주화운동이라는 큰 목표 때문에 민중운동과 시민운동 또는 급진노선과 온건노선 간의 차이가 명확하게 부각되지 않았다. 그러나 이른바 '시민사회의 폭발' 이후 민주주의 절차들이 제한적으로 도입되면서 기존의 사회운동 세력 사이에 운동의 목표, 주체, 방식, 정세에 대한 평가의 차이가 나타났으며, 이에 따라 민중운동과 시민운동간의 노선 분화가 진행되었다. 민주주의 이행을 경험하는 제3세계 국가들에서 빈번히 관찰되는 이러한 경향은 일반적으로 시민사회 내의 온건파와 급진파의 분화로 나타나며, 우리 사회의 경우 급진파는 기존의 민중운동을 고수한 반면에 온건파는 시민운동을 선호하는 것으로 나타났다(김호기 2001, 9).

이러한 사회운동의 분화와 시민정치의 '위력적인' 등장은 시민사회의 지형이 1987년 이전의 '독재 대 민주'가 상징하는 '단일한' 대결구도에서 1987년 이후 다층적이고 복합적인 대결구도로 이행했음을 의미한다. 이러한 새로운 다층적인 구도 형성은 우리의 정치 및 사회 현실에서 대단히 중요하다. 그것은 시민사회의 분화와 이와 연관된 시민운동의 성장이 민주주의 이슈를 시민사회 내 다양한 영역으로 확산시키는 계기를 제공하고 민주주의의 사회적 기반을 확대해 온 반면, 그것이 반독재 민주화운동 또는 민중운동의 발전적 확장이 아니라 반(反)민중운

---

10) 결국 시민운동이 온건하고 자유주의적인 운동영역으로 전화하게 된 것을 주체적인 민중운동적 관점에서 본다면, 이러한 시민적 활동영역을 민중적·변혁적 관점에서 적극적으로 개입하여 진보적 실천영역으로 만들지 못하고 그것을 방기하였기 때문에 나타난 '결과'적 현상이다(조희연 2001, 4).

동 또는 비(非)민중운동적 성격을 띠면서, 나아가 언론에 의해 주체 역량 이상의 '과잉대표성'을 나타내면서 출현하게 되는 이중적이면서 역설적인 조건을 창출했기 때문이다.

이러한 몇 가지 요인 속에서 바로 새로운 운동정치로서의 시민정치가 등장하게 되는 것이다. 권위주의국가 시기에는 반독재의 문제, 노동자 등 민중들의 착취의 문제 등이 중심이 되었다. 그러나 민주주의 이행의 과정에서는 반독재의 문제가 희석화되면서, 기존의 반독재투쟁 속에서 주목받지 못하였던 다양한 '신 이슈'들을 중심으로 하는 시민적 역동성이 발휘되게 되고, 여기서 다양한 형태의 시민운동이 나타나게 된다. 환경운동, 반부패운동, 지역주민운동 등 다양한 운동의 형태들이 시민적 운동으로 부상하게 되는 것이다. 이러한 시민운동은 ①반독재투쟁 과정에서 민중운동으로 범주화되었던 '일반민주주의 투쟁', ②'위로부터의 보수적 민주화'의 경로를 따라 불철저하게 진행되고 있는 민주개혁을 아래로부터 추동하고자 하는 또 다른 '일반민주주의 투쟁', ③이와 함께 반독재라는 절박한 시대적 과제 속에서는 주목받지 못하였던 다양한 시민적 이슈들을 중심으로 활동하게 된다.

시민정치와 관련해, 특히 민중운동과는 구별되는 정체성을 갖는 시민운동이 다양한 형태로 출현, 원심력적 분화현상이 나타나기도 했다. 한편으로는 1980년대 반독재 민주화투쟁 과정에서는 민중운동의 헤게모니 하에서 존재하였던 운동들이 1987년 이후의 '위로부터의 보수적 민주화'에 따라 지배의 '민주화'가 이루어지면서, 급진적 민중운동의 정체성과는 구별되는 자유주의 지향의 시민운동으로 분립하게 되었다. 그 대표적인 예로 89년에 출범한 경실련을 꼽을 수 있다. 경실련은 급진적 민중운동과의 경쟁적 대결구도를 의도적으로 부각시키면서, 그리고 사회적 공공성을 추구하는 비정치적 순수시민운동, 점진주의적이며 비폭력적인 평화적 실천 등을 내세우면서 중산층의 관심과 지지를 유도해냈다. 이처럼 민중운동은 '위로부터의 보수적 민주화'의 구조적 '한계'점에 존재하면서 그것과의 대결을 통해 민주화의 내용을 단순히 정치적인데서 사회경제적인 차원으로까지 확장하기 위한 '투쟁적' 성격을 갖는다. 반면에, 자유주의적 시민운동은 '위로부터의 보수적 민주화'가 가져오는 확장된 '구조' 속에서 그것을 향유하면서 '압축형 고속성장'을 하게 된다.

그러나 다른 한편으로는 1990년대 이후 이러한 원심력적 분화현상에 대응하여 민중적이고 진보적인 저항운동의 새로운 운동영역으로의 확장을 위한 시도들이 나타나게 된 것도 또 다른 주요한 특징이라고 할 수 있다. 즉 원심력적 분화경향에 대한 반경향은 보수적 시민운동 내부에서의 진보적 목소리가 커지게 되는 것으로도 나타났고, 참여연대와 같은 진보적 시민운동체의 출현으로도 나타났다. 1980년대 후반 시민운동이—민중운동의 주체적 실천 결여가 낳은 '사생아'적 현상으로서 보수화 또는 자유주의화 경향 속에서—온건한 '중산층적 사회운동'으로서 체제내화되거나 자본친화적인 성격을 강하게 띠고 있었다고 한다면, 이러한 성격은 상대적으로 완화되었고 동시에 진보적이며 노동친화적인 시민운동도 출현하게 되었던 것으로 보여진다. 이러한 시민운동 내의 변화는 민중정치와 시민정치의 중첩 및 상호긴장적 공존 현상 등 시민운동 지형의 변화를 추동하면서, 동시에 노동운동이나 민중운동과 시민운동의 새로운 진보적 연합관계를 형성하는 기반으로 작용하고 있다. 결국 90년대 중반 이후 시민운동 지형의 부분적 변화에는 위로부터의 보수적 민주화의 내적 균열과 위기 및 그에 따른 지배체제의 합리화와 정치적 안정화의 미약한 성과, 노동운동의 성장에 따른 사회운동의 이데올로기적이고 실천적인 상대적 급진화 효과, 진보적 시민운동과 같은 대항적인 시민운동적 실천에 대한 공감의 확대 등이 배경으로 작용했다.

전반적으로 볼 때 이러한 시민운동에 의한 시민정치의 출현과 그 역할의 확대는 민주주의 이행과정에서 중요한 변화 중의 하나라고 할 수 있다. 국가와 제도정치는 보수적 세력들의 저항—이 저항은 지역주의에 의해 정당화된다—과 '개혁' 주체들의 역사적 비전의 결여 또는 실천 의지의 박약함 등으로 인해 대의 기능이 왜곡되고 개혁과 변화가 지체되는 이른바 정치 지체 현상이 가시화된다.11) 이러한 맥락에서 외부로부터의 압력이 없으면 개혁이 전진할 수 없는 상황이 나타나게 되며, 바로 이 지점에서 시민정치에 의한 제도정치 역할의 대행현상, 특히 종합적 시민운동체를 중심으로 한 대의의 대행(조희연 2000; Cho, Hee-Yeon 2000)현상이 나타나게 되는 것이다.

이러한 대의의 대행(proxy representation)현상은 운동정치가 제도정치에 의해 대의 과정의 후진성과 왜곡으로 인하여 '위임받지 않은' 대의기능을 수행하는 것을 의미한다. 이러한 대의의 대행현상은 무엇보다도 정부와 제도정치의 대의 기능의 후진성과 왜곡에서 그 원인을 찾을 수 있다. 한국처럼 의회민주주의가 저발전되어 있고 개발독재 국가에 의해 왜곡된 조건 하에서는 '정치사회'의 대의기능이 왜곡되어 있고, 따라서 시민사회운동조직에 의한 '대의의 대행' 현상이 나타나게 된다. 정부가 관료적 저항이건 기득권세력의 저항에 의해서건 시민사회의 요구를 제대로 반영하지 못하고, 나아가 제도정당들이 대의기능을 제대로 수행하지 못함으로써 정부나 제도정당의 대의기능이 비제도적인 시민사회운동조직에 의해 수행될 수밖에 없게 만든다는 것이다. 그리하여 대의구조의 왜곡으로 인한 대의의 대행현상이 시민운동체의 역할을 극대화하게 되는 것이다. 80년대 말 이후 시민운동조직의 다양한 발전 및 그들이 실제 동원력에 비해 커다란 발언권을 갖는 것은 바로 '정치사회'의 대의의 '지체'에서 비롯되는 '대의의 대행'현상의 하나라고 할 수 있다. 앞으로 정부나 제도정당의 기능이 합리화되고 그것들이 시민사회의 의견과 요구를 정당하게 반영하는 수준으로 합리성을 갖게 되면, 참여

---

11) 물론 이러한 정치 지체현상이 지속되는 배경 가운데는, 앞에서 살펴 본 시민사회의 전반적 보수화도 주된 요인으로 지적될 수 있다.

연대와 같은 종합적 시민운동의 역할은 재조정될 것이다. 그러나 정부와 제도정당의 '불구성'이 극복되는 과정은 대단히 오래 걸릴 것이고, 따라서 참여연대와 같은 종합적 시민운동의 역할은 중장기적으로 확대된 형태로 나타나게 될 것이다.

시민정치의 활성화와 관련해 공공영역의 불구화 또한 지적될 필요가 있다. 이것은 공공영역을 매개하는 언론의 왜곡성을 염두에 두면 될 것이다. 현재 시민운동이 하고 있다고 인정되는 국가와 시장에 대한 감시와 비판은, 정상적인 '공공영역'이 형성되고 작동하면 다른 기구들에 의해 담당될 수 있다. 시민사회의 다양한 의견이 표출되고 경쟁·수렴되는 공적인 장으로서의 공공영역이 개발독재 하에서는 부재하였고, 여기서 시민운동기구들은 공공영역의 존재화와 정상화에 있어 중요한 역할을 수행하게 되는 것이고(민교협 1998), 이것이 종합적 시민운동체를 강화시키는 조건이 된다. 현재처럼 제도정당이 '불구화'되어 있는 상황 속에서는, 시민운동의 대의기구적 역할이 과도기적으로라도 강화되지 않을 수 없다고 생각된다. 공공영역의 불구화는 바로 언론기관이나 제도정당이 권력기구 혹은 시장기구(재벌언론이나 언론재벌)로 작동하는 데서 기인한다. 단적으로 언론 및 제도정당의 불구성이 시민운동체의 고속성장을 가능하게 하는 중요한 요인이었다고 할 수 있다.

4. 민중정치에 대한 '이중적 도전'과 민중운동의 불균등 활성화

한국 민주화 투쟁의 과정에서 민주주의의 심화와 확산, 그리고 평화통일을 위한 열망과 에너지를 불러일으키는 데 핵심적으로 기여한 세력이 민중운동이라는 것을 부정할 수는 없다. 그러나 1987년 이후의 민주화 이행의 과정 속에서 그동안 반독재 민주화운동을 주도하였던 민중운동은 제도정치영역의 확장에 의한 '포섭화의 도전'과 함께 시민운동의 확장으로 인한 '경쟁화의 도전'이라는 이중적 도전에 직면하게 된다. 이것이 87년까지의 '구심력적 심화'와는 다른 '원심력적 분화' 내지는 '경쟁적 분화'의 실제적인 내용이자, 바로 1987년 이후 운동정치의 구성적 변화의 핵심이다. 반독재투쟁을 주도하였던 민주화운동이나 민중운동의 입장에서 보면, 이러한 사회운동의 복합적 양상과 변화, 정당정치영역 및 시민사회 내부에서의 원심력적 분화 경향은 주체적 대응 여하에 따라서는 자기발전 및 확장을 도모할 수 있는 가능성의 확대라고 할 수 있다. 군부독재 시기에는 사회운동이 민중운동의 전투적 투쟁에 절대적으로 의존하고 있었기 때문에, 자연스럽게 사회운동 내부에서의 주도성은 전투적인 민중운동에게 부여되고 있었다. 그러나 민주화의 진전은 민중운동으로 하여금 전투성은 견지하면서도 다층적인 대응을 통해 '민주적 헤게모니'를 확립하려는 시도를 하지 않으면, 역으로 자신의 입지가 좁아지는 상황을 만들게 된다.

민주주의 이행의 시대에서 운동정치의 핵심적인 구성 부분으로서의 민중운동의 특징적인 현상은 부문별, 영역별 불균등 활성화라고 할 수 있다. 88년 이후 조직적인 정비를 통해 재야의 전국적 구심을 자임한 전민련이 결성되었으며, 학생운동의 경우는 통일운동을 핵심 이슈로 내걸고 투쟁을 전개해 나갔다. 또 전국농민운동연합과 전국교직원노동조합(이하 전교조)이 89년에 결성되기도 했다. 특히 87년 7~8월 노동자 대투쟁 이후 빠른 속도로 조직되기 시작한 민주노조운동과 88년 4·26 총선 직후부터 본격화된 통일운동이 민주화의 내용적 심화를 가능케 한 새로운 이슈를 등장시키면서 시민사회 내의 민중운동을 주도하게 된다. 노동운동 내에서의 전국노운협과 전교조와 전노협의 출범, 그리고 통일운동의 북한바로알기운동과 민간 차원의 자주적 교류운동 등의 전개는 민주운동과 사회운동 일반의 조직적·계급적·이념적 기반의 확대를 의미했다.

특히 이 과정에서 노동운동은 비록 온전한 합법화를 경험하는 것은 아니나, 이전보다는 확장된 합법공간을 활용하면서 조직적, 정치적 발전을 하게 되고, 전통적으로 한국 민중운동을 주도해 온 학생운동과 재야 지식인운동을 제치고 주도적인 지위로 자리잡기 시작했다. 즉 권위주의 시대의 반독재 민주화 투쟁과정에서 민중운동은 노동운동을 포함하여 농민운동, 빈민운동, 학생운동, 지식인운동 등 다양한 반독재운동의 연합운동적 성격이 강하였으나, 민주주의 이행의 시대에 들어서서는 점점 더 노동운동 중심적인 운동으로 발전하여 가게 된 것이다. 이것은 민중정치 내에서의 노동정치의 중요성이 더욱 강화되어 왔다는 것을 의미한다. 노동운동은 국가의 탄압과 소련·동구의 몰락에 따른 사회적 보수화 분위기에도 불구하고 전노협에서 전노대, 민주노총을 거치면서 자주적이고 민주적인 전국적인 노동조합으로 성장했다. 그리고 급기야 1997년 노동자 총파업을 조직적으로 주도할 수 있게 되었으며, 또 합법 진보정당을 건설하는 데 주도적인 역할을 수행하게 된다.

민주노총은 1996년 말~97년 초에 이르는 노동법 개정을 둘러싼 노동자운동의 성공적인 저항을 선도했다. 연인원 수백 만명이 참여하고 한달 이상 지속된 이 총파업은 날치기 통과라는 탈법적인 방식에 대한 항의나 노동자의 일할 권리와 생존권 방어라는 성격을 넘어서, 신자유주의적 자본주의라는 세계적 차원의 야만에 맞선 투쟁이라는 의미를 가지고 있는 것이었다. 이 역사적 총파업은 한국노총의 파업 동참, 민중운동의 급속한 재활성화, 시민운동의 참여, 그리고 고용불안에 따른 신중간층의 총파업 지지 등 민중연대투쟁으로 이어졌으며, 그 과정에서 기성 정치에 대한 노동자계급의 각성을 이루어냈다. 그 결과 노동자운동의 만개와 노동자계급 자체를 정치적으로 조직화할 긴박한 필요성을 인식시키면서, 노동자계급 정당의 출현을 촉진시키는 계기가 되었다. 이에 최초로 민주주의 투쟁에서 다른 민중적 세력을 넘어서는 국민적 지도력을 행사함으로써 한국 노동자계급은 '경제·조합주의적 세력'을 넘어 '국민·민중적' 혹은 '헤게모니적' 세력이 되었다는 평가(손호철

1999, 380-381)가 나올 정도였다. 나아가 그것은 세계적인 차원에서 신자유주의와 자본에 대한 투쟁을 위한 노동자계급의 국제적인 연대의 중요한 디딤돌을 마련하기도 했다.

이처럼 자본주의적 산업화의 진행 속에서 거대한 사회적 집단으로 성장한 노동자계급이, 계급적 존재로서의 자기형성 과정이 시작된 87년 대투쟁과 97년 역사적 총파업을 계기로 새로운 진출의 문턱을 넘어선 것은 부정할 수 없는 사실이다. 그러나 그 객관적인 구조적 역량의 비약적인 증대에도 불구하고, 아직까지도 노동자계급을 비롯한 민중진영의 조직적, 정치적, 이념적 차원의 주체 역량의 성장은 상대적으로 미약한 실정이라고 할 수 있다. 민중운동은 과거와는 달리 민선군부정권의 정통성을 직접적으로 문제삼거나 비타협적 투쟁을 통해 국가를 비롯한 지배블록의 정치적 위기를 강제하지는 못했다. 그것은 이 시기 노동운동의 경우 노동조합운동으로의 협애화를 의미하는 개별 사업장을 중심으로 한 노동조합의 경제투쟁에 머물거나, 아니면 청년학생운동을 중심으로 전개되는 고도의 추상성을 요구하는 통일운동이었다는 점에서 그러했다. 특히 학생운동의 통일투쟁의 경우 분단구조의 결빙과 고착화에서 비롯되는 그 유의미성에도 불구하고, 대중과의 결합력이 약화되면서 자기폐쇄적 회로에 안주하는, 극단적으로 말하자면 일종의 '매니아운동'화하는 부정적인 경향을 드러내기도 했다.

한편 민주적 헤게모니의 확립과 관련하여 특히 중요한 의미를 갖게 된 것이 바로 정치사회 공간에로의 독자적인 진보적 진입의 과제였다. 1987년부터 독자적인 진보정치세력화를 위한 시도는 여러 차례의 대선과 총선 참여를 통해서 이루어졌으나, 그러한 시도는 97년 15대 대선에 이르기까지 성공을 거두지 못하였다(<표 11-2> 참조).

이러한 결과가 노동운동이나 민중운동의 '작은 차이, 큰 분열', 이념적 혼돈 속에서의 방향 제시 능력과 구체적인 현실 문제의 해결 능력 등 정치력의 부재와 주체 역량의 부족이라는 점에 기인하는 것은 자명

<표 11-2> 87년 이후 독자적 진보정치세력화의 실천과 결과

시 기	실 천	결 과
87년 대선(13대)	독자후보	후보 사퇴
88년 4·26총선(13대)	민중의당	당선자 없음
92년 3·24총선(14대)	(통합)민중당	50명 후보 출마. 당선자 없음. 유효득표율 1.5%
92년 대선(14대)	민중후보	20여만 표 득표(1.0%)
97년 대선(15대)	국민후보(국민승리21)	30만6천여표 득표(1.6%)

한 사실이다. 그러나 동시에 그것은 앞서 말한 자본주의의 성장에 따른 시민사회의 전반적 보수화 경향의 산물이기도 하다. 한국 자본주의의 지속적인 고도성장은 최소한 두 가지 측면에서 민중운동의 독자적 정치세력화에 부정적인 영향을 미쳤다. 첫째, 한국 자본주의 체제는 '종속적 자본주의'임에도 불구하고, 지속적인 경제성장과 이를 통한 노동자계급의 체제내 포섭에 필요한 물적 토대의 축적을 이루어왔다. 이같은 지속적인 경제성장에 따른 물적 토대의 강화는 지배블록으로 하여금 신중간계급은 물론 (핵심)노동자들을 체제내로 포섭할 수 있게 함으로써, 진보정치운동의 가장 중요한 사회적 기반이 될 노동자계급을 계층적으로 분화시키거나 분열시키고 또 진보(정치)운동에 대한 열정을 약화시킬 수 있게 하였다. 둘째, 한국 자본주의의 고도성장은 노동자계급의 내부 구성을 복잡다양하게 만듦과 동시에 공정의 자동화 등을 통한 새로운 작업 조직의 도입을 가져왔고, 이러한 변화는 노동자계급의 단결을 어렵게 하고 작업장을 넘어선 문제에 대한 관심과 참여를 어렵게 만들었다(정영태 2000 참조). 그 결과는 더 나은 세상의 존재나 가능성에 대한 '현실주의적 유토피아'(realistic utopia)의 길, 그 꿈과 희망의 상실로 나타났다[12].

나아가 민중운동의 독자적 정치세력화가 성공하지 못한 것은, 정치사회 공간의 불완전성과 보수적 폐쇄성, 지역균열구조에 의한 선거정치와 정당정치의 선점과 지역균열의 파괴적 효과 등에 따른 정치 '정상화'의 지체와 왜곡 효과가 지속적으로 강고한 영향력을 행사해온 데도 기인한다. 예컨대 노동운동의 조직적, 대중적 발전은 비록 여러 제약성이 있음에도 불구하고 시민사회 내에서의 노동운동의 중심적 위치를 강화하여 왔다. 그러나 시민사회와 정치사회의 괴리는 시민사회 내에서의 노동운동의 지위에 상응하는 정치사회 공간의 재편을 가로막아왔다. 이는 '운동과 정치의 괴리'로 상징되는 한국 정당정치의 한 특징을 말하여 준다. 즉 한국 사회가 이미 고도의 자본주의적 계급사회임에도 불구하고, 사회적 계급운동은 존재하지만 제도정치의 계급정치적 전환은 극단적으로 억압되는 제도정치의 한국적 특수성이 지속되어 온 것이다.

　한국 민주주의의 불완전성과 '헤게모니 없는 지배'의 지속은, 천민적 자본주의와 '헤게모니 없는 자본독재'와 상호 조응관계에 있다고 할 수 있다. 그런 관계 속에서 배제적 성격의 제도정치, 시민사회로부터 '자유로운' 정치사회가 유지되고 있기는 하지만, 그만큼 지배 자체의 불안정성이 존재하게 되고, 이는 역으로 민중적 운동정치에 의한 정치사회와 시민사회 공간의 혁신의 여지를 광범하게 남겨놓고 있다고 할 것이다.

5. 맺음말 : 운동정치 내부의 바람직한 관계를 위하여

　이처럼 시민운동의 활성화와 민중운동의 불균등 발전 속에서 운동정치 내부에서의 긴장과 경쟁이 존재하게 된다. 주지하다시피 87년 이전에는 시민운동이라는 것이 부재하였다. 그것은 군부독재정권과 그것에

---

12) 21세기 '새로운' 진보가 지향해야 할 실사구시적인 '현실주의적 유토피아'의 길의 구체적 내용에 대해서는, 조현연(2001b) 참조.

대항하는 전투적인 비합법적인 민중운동과의 대결구도로 유지되었기 때문이다. 그런 민중적 투쟁에 의해 합법적 공간이 확대되면서 이전의 반독재 민중정치와는 다른 시민운동의 공간이 생겨나게 된 것이다. 80년대 후반 이러한 시민운동이 민중운동과는 구별되는 것으로 분립될 수 있었던 것은, 이 시기의 시민운동의 '반(反)민중운동' 혹은 '비(非)민중운동'적인 정체성이 강하게 작용하였다고 할 수 있다. 또한 이 시기 시민운동에 특징적인 것은 시민운동의 이슈들이 마치 국민적 이슈이고, 계급적 이슈들은 '집단이기주의'적인 이슈인 것처럼 투영되는 왜곡된 보수적 인식이 출현하였다는 점이다. 이 시기에는 민중운동과 시민운동이 대립된 채로 존재하였다고 할 수 있다. 이것은 시민운동이 민중운동과 대립되는 자기정체성을 갖게 된 데서, 또한 그러한 시민운동의 반민중운동적 정체성에 대한 민중운동의 거부감이 동시에 작용함으로써 나타났다고 할 수 있다. 그러나 90년대에 넘어오면서는 이러한 정체성은 약화되고 진보적 시민운동 등 다양화된 정체성을 갖는 시민운동이 분화 확대되게 되면서, 민중운동과 시민운동의 중첩 및 공존 현상이 나타나게 된다. 이것은 민중운동진영에 의한 일반민주주의 투쟁 영역의 재발견 및 진보적 개입을 위한 노력의 결과로, 또한 시민운동 진영 내부에서 진보적 시민운동 등 시민운동의 다원적 분화가 나타난 결과라고 할 수 있다. 90년대에는 시민운동진영과 민중운동 진영간의 사회개혁 투쟁—사회보험 개편, 국민기초생활보장법 등—을 둘러싼 다양한 연대가 나타났다고 할 수 있다. 그러나 이러한 연대의 다른 한편에서 민중운동과 시민운동 간에는 긴장요인도 발생하게 된다. 그것은 시민운동이 보수언론으로부터 상대적으로 우호적 반응을 받음으로써, 민중운동이 공론의 광장으로부터 주변화되는 양상이 나타난 데서 기인한다. 그러한 긴장은 사회개혁 투쟁 및 일반 민주주의적 투쟁에 있어 급진적 입장을 견지하는 민중운동과 온건하고 때로는 보수적인 입장을 취하는 시민운동 간에 나타나기도 하였다. 또한 2000년 4·13총선을 둘러싸고 민중운동이 진보정당에 의한 제도정치권 진압을 목표로 한 운동을 전개하게 되고, 시민운동이 낙천낙선운동을 전개하게 되면서, 정치개혁운동을 둘러싼 두 진영의 운동방식상의 긴장도 존재하게 된다. 90년대 시민운동과 민중운동의 발전과정에서, 시민운동이 전개하는 외부로부터의 정치개혁 압박운동에 대하여—비록 그것이 '체제 내적인' 운동이기는 하지만—민중운동 진영에서는 동참 내지는 협조적 입장을 견지하였던 것으로 보여진다. 그러나 4.13총선 국면에서는 민중운동진영이 자신들의 '사회운동적' 차원의 민중운동을 대체정당적 수준의 민중운동으로 전환하기 위한 노력을 하는 데 반하여, 시민운동 진영이 원거리적인 정치개혁 압박운동에서 낙천낙선운동이라고 하는 근거리적 압박운동—그럼에도 이것은 기성 정당의 '대체'가 아니라 '합리화'를 포함한다—을 전개하게 되는 데서 이러한 분위기에 일정한 반전이 있는 것으로 보여진다.

87년 이후의 시민운동과 민중운동의 관계로 보면, 앞서 서술한 바와 같이 92년 선거국면에서는 민중당 운동이 있었고 이 당시 시민운동 진영은 공명선거감시운동을 전개하고 있었기 때문에, 영역상 분리되는 운동을 전개함으로써 특별한 관계없이 분리된 채로 전개될 수 있었다. 96년 선거국면에서는 진보정당운동이 없었고 오히려 시민운동의 독자적인 정치세력화가 제도정치권의 일부 개혁적 분파와의 연대 하에 추진되었기 때문에, 이 경우에도 특별한 긴장 없이 상호분리된 채로 전개되었다고 할 수 있다. 96년 이후 일상적인 국면에서 시민운동진영은 정치개혁 압박운동을 전개하였고 민중진영에서는 민중투쟁에 집중하게 되고 정치개혁운동과 관련하여서는 독자적인 운동을 전개하지 않았다. 그리고 시민운동 진영에 전개하는 정치개혁운동에 대하여 암묵적인 지지 내지는 '우호적 무관심'의 태도를 취하고 있었기 때문에, 상보적인 관계를 유지하여 왔던 것으로 보여진다. 그러나 4.13총선 국면을 둘러싸고는 민중운동 진영이 진보정치세력화를 목표로 제도정치 진입운동을 하게 되고, 시민운동 진영 역시 기존의 감시운동이나 외부로부터의 개혁 압력운동과 달리 낙천낙선운동이라고 하는 한 차원 높은 인적 교체운동을 전개하게 되면서, 일정한 긴장이 존재하였던 것으로 보여진다.

이러한 긴장은 적극적인 측면에서 보면 발전의 결과로 파악된다. 상호 분리된 채로 발전하여 오던 민중운동과 시민운동이, 기존의 협소한 자기영역을 넘어 발전해 오게 되면서 상호충돌과 긴장영역이 발생하게 된다는 것이다. 87년 이후 제도정치의 발전이 지체됨으로써 나타나는 정치지체에 대결하면서 민중운동과 시민운동이 강화되어 오다가, 이제는 민중운동과 시민운동 간의 관계가 독립적인 이슈가 된 것이다.

이처럼 민중운동과 시민운동 간의 긴장은 두 가지 차원에서 존재한다. 하나는 사회운동적 차원에서의 상호간의 긴장이며, 다른 하나는 대안적 정당운동으로 발전하여가는 민중운동과 사회운동적 차원의 시민운동 간의 긴장이다.

먼저, 민중운동과 시민운동의 선거국면에서의 긴장이다. 낙천낙선운동은 초기의 운동주도층들의 예상과도 달리 언론의 집중적인 보도와 국민들의 집중적인 관심의 대상이 되었다. 이러한 집중적인 관심은 역설적으로 여타의 민중운동의 선거투쟁에 대한 관심을 상대적으로 약화시키는 결과를 초래했다는 비판도 제기되었다. 그 하나는 신자유주의나 빈부격차, 재벌 개혁, 공기업 민영화, 노동시간 단축 등 민중적 의제들이 주변화되는 결과를 가져왔다는 것이다. 또한 낙천낙선운동이 부패한 인물의 교체, 즉 인적 청산에 초점을 맞춤으로써, 보스 중심의 비민주적인 정당구조, 보수적인 정당구조 등 현존하는 정당질서의 구조에 대한 비판을 상대적으로 약화시키는 결과를 가져왔다는 것이다. 이러한 비판은 초기 낙천낙선운동의 조직화과정에서 총선시민연대가 민주노총의 참여를 거부하면서 이러한 반전이 강화되었던 것으로 보여진다.

다음으로, 낙천낙선운동과 진보정당운동의 긴장, 즉 사회운동적 차원의 시민운동과 정당운동적 차원의 민중운동과의 긴장문제이다. 일부 견해이기는 하지만, 진보정당운동 진영에서는 낙천낙선운동이 한국정치의 구조적 전환을 도모하기보다는 인물교체에 초점을 맞춤으로써 낙선대상에 선정되지 않은 사람들에게 면죄부를 주는 것은 물론 기성 정당에 면죄부를 줌으로써, 진보정당이 목표로 하였던 보수정당 대 진보정당의 대결구도를 희석시키는 결과를 가져왔다고 비판하였다.

이러한 긴장은 기본적으로 진보정당운동이라는 것이 민중운동에 의한 제도정치의 '전유(專有) 내지는 대체운동'으로서의 성격을 띠고, 시민운동의 낙천낙선운동은 제도정치 개혁을 위한 외부적 압력운동으로서의 성격을 띠는 데서 유래한다. 시민운동과 민중운동이 사회운동의 수준에서 반(反)제도정치적 운동을 전개할 때에는 상호충돌이 적었고, 모두가 기존 제도정당과의 관계 속에서는 비(非)당파적(non-partisan) 태도를 공유하고 있었다. 그러나 민중운동이 사회운동적 수준의 민중운동에서 정당운동적 수준으로 발전하면서, 그리하여 기존 제도정당에 대립하는 새로운 '당파적' 운동으로 전개됨으로써 이러한 긴장이 나타나게 된 것으로 보여진다. 진보정당운동이 당선운동으로서의 당파적(partisan) 성격을 띤 반면, 낙천낙선운동은 특정 부패정치인을 낙선시키려는 '비당파적' 성격을 띠고 있기 때문이다.

그러나 역설적으로 사회운동적 차원의 시민운동과 정당운동 차원의 민중운동은 동일한 차원에서 대립하는 것이 아니라고 생각된다.[13] 그런 점에서 양자를 대립시켜 보는 견해는, 낙천낙선운동과 진보정당운동의 긴장의 측면만 보고 상호보완적인 측면에 대해서는 적절히 고려하지 않은 인식으로 보여진다. 실증적인 관점에서 보더라도 낙천낙선운동이 없었다면 진보정당이 원내 의석을 확보할 수 있었을 텐데, 낙천낙선

---

[13] 오페(Offe 1985)가 지적하듯이, 신사회운동과 제도정당과의 동맹형태는 다양할 수 있다. 신사회운동적 세력과 전통적인 자유주의-보수주의적 세력의 연합, 신사회운동적 세력과 사회주의, 사회민주주의 및 유로코뮤니즘적인 정당·노동조합에 의해 대표되는 전통적인 좌파와의 동맹, 신사회운동적 세력을 배제하는 구세력들의 동맹 등 다양할 수 있다.

운동이 있었기 때문에 원내의석을 확보할 수 없었을 것이라고 하는 가설은 경험적 타당성이 없다고 생각된다. 정치개혁운동이라는 점에서 보면, 낙천낙선운동은 '장외' 압력운동의 성격을 띠고 있다. 반면에 민주노동당 등의 진보정당운동은 '장내' 진입운동이다. 그런 점에서도 운동영역상 대립되지 않는 것으로 판단된다. 문제는 낙천낙선운동으로 조성된 기성 정당에 대한 부정적(negative) 태도를 어떻게 새로운 정치세력, 특별히 진보정당에 대한 적극적(positive)지지 태도로 전환할 것인가 하는 점이다. 낙천낙선운동이 본질적으로 친(親)제도정당이었기 때문에 낙천낙선운동의 성과가 진보정당에게 귀속되지 않은 것이 아니라, 현 시기 진보정치운동의 주체역량이 사표심리를 뛰어넘는 정도의 역량으로 대중들에게 인식되지 않았기 때문에, 낙천낙선운동의 성과가 기성 정당에서 개혁적 후보를 지지하는 식으로 귀결되었고 진보정당운동에 대한 가시적인 지원효과로 나타나지 않았던 것이다. 바로 이런 점에서 낙천낙선운동과 진보정당운동은 정치개혁운동의 양날개라고 할 수 있으며, 대립적이기보다는 상호보완적인 운동일 수 있는 것이다.14) 더욱 포괄적인 의미에서는 사회운동적 차원의 시민운동과 정당운동적 차원의 민중운동은 상보적인 것으로 파악되어야 한다고 생각된다.15)

87년 이후의 사회운동의 과정을 보면, 한편에서는 민중운동의 노동정치화와 '노동정치의 제도정치화'(진보정당운동)가 주요한 변화의 방향이었으며, 다른 한편에서는 시민정치의 분립과 시민정치에 의한 일반

---

14) 솔직히 진보정치운동의 주체역량 부족으로 인하여, 기성 정당에 대한 불신이 진보정당에 대한 지지로 곧바로 전환되지 않는 것이 현 시기 우리 운동의 조건이다. 이러한 상황에서 낙천낙선운동과 같은 '국민적 전선'이 유지되는 것은 진보정당에게 결코 불리한 조건은 아니다. 이런 점에서 낙천낙선운동의 한계를 인식하면서도 이러한 '국민적 전선'을 유지하면서 그것을 진보적인 정치전선으로 만들 것인가 하는 주체적 노력이 중요하다고 생각된다. 이에 대한 논쟁에 대해서는 조희연(2000), 장석준(2000), 조준상(2000) 참조.
15) 이러한 상보성에도 불구하고 시민운동의 '의도하지 않은 결과'로서의 '민중적 의제의 주변화'와 '진보정치세력화'에 대한 '정치적 중립성'이 갖는 양가적 효과에 대해서는, 조현연(2001a) 참조.

민주주의 투쟁의 독점화 현상이 전개되어왔다고 생각된다. 87년 6월 항쟁이 군부독재의 퇴진 또는 타도 투쟁을 통해서 일반민주주의 투쟁공간을 확장하였고, 민주적 개혁을 새로운 시대정신으로 만들었다. 그러나 이렇게 민중적 투쟁을 통해서 확보된 일반 민주주의적 투쟁공간은 확장된 민중적 투쟁으로 채워지지 못하였고, 시민적 투쟁의 확대를 통해서 채워졌다고 할 수 있다. 그래서 어떤 점에서는 일반 민주주의 투쟁이 시민정치에 의해 독점되는 현상이 나타나게 되었던 것이다. 그리고 노동(조합)운동의 조직적·정치적 발전으로 인하여 민중정치 내부에서 노동운동의 중심성과 주도성이 강화되어 가는데, 이것이 노동정치적 이슈 이외의 이슈에 대한 방기를 의미하는 것은 아닐 것이다. 이런 점에서 노동정치에 의해 포괄되지 않는 민중정치 영역의 활성화, 일반 민주주의적 투쟁이 시민정치의 독점영역이 되지 않도록 하는 적극적인 개입전략, 시민정치과 민중정치의 협력적 분업(조희연 2001)을 위한 시민정치의 진보화 등의 다양한 전략이 요구된다고 하겠다. 이것이 제도정치에 대립하는 운동정치 내부에서의 바람직한 관계에 대한 필자들의 판단이다.

참고 문헌

김동춘. 1997. 「1980년대 민주변혁운동의 성장과 그 성격」, 학술단체협의회 편, 『6월 민주항쟁과 한국사회 10년』, 당대.
_____. 2000. 「민주주의와 시민단체, 시민운동」, 고려대 아세아문제연구소, 『민주화와 시민운동, 노동정당 문제』, 민주주의포럼 제1회 월례토론회 자료집, 11월 8일.
김원. 2000. 「1991년 5월투쟁, 80년대와 90년대의 결절점」, 『91년 5월, 잊혀진 우리의 자화상』, '91년 5월투쟁' 학술심포지움 자료집, 11월 25일.
김정한. 1999. 『대중과 폭력, 1991년 5월의 기억』, 이후.
김종철. 1991. 「언론이여, 스스로 재갈을 물어라」, 『월간 말』, 7월호.
김호기. 2001. 「한국 시민운동의 반성과 전망」, 참여사회연구소, 『2000년 시민운동의 성과와 한계 그리고 전망』, 제13회 정책포럼 자료집, 1월 20일.
민교협 편. 1998. 『21세기 한국사회의 공공영역 구축 전망』, 문화과학사.
백승헌. 1991. 「6공화국 양심수 백서」, 『월간 말』, 12월호.
손호철. 1999. 『신자유주의 시대의 한국정치』, 푸른숲.
임영일. 1992. 「한국의 산업화와 계급정치」, 한국사회학회·한국정치학회 편, 『한국의 국가와 시민사회』, 한울.
장석준. 2000. 「조희연 교수의 '낙선운동 양날개론'을 비판한다」, 『진보정치』 3호, 4월 7일.
정영태. 2000. 「진보정치운동의 현재와 미래」, 『황해문화』, 가을호.
조준상. 2000. 「장석준 부장의 '낙선운동 양날개론 비판'에 대한 반론」, 『진보정치』 4호, 4월 21일.
조현연. 1995. 「재야운동과 정당정치의 상호연관성」, 안희수 편저, 『한국정당정치론』, 나남.
_____. 2001a. 「한국 시민운동의 2000년 활동 평가와 2001년의 과제」, 참여사회연구소, 『2000년 시민운동의 성과와 한계 그리고 전망』, 제13회 정책포럼 자료집, 1월 20일.
_____. 2001b. 「한국 정치의 현주소와 '대안의 정치'」, 한겨레 문화센타 한국사회 분석강좌(<진보적 학자가 제시하는 우리 사회 대안모델>) 강의교안, 5월 18일.
조희연. 1998. 『한국의 국가·민주주의·정치변동』, 당대.
_____. 2000a. 「민주주의이행과 제도정치·시민정치·민중정치」, 『경제와 사회』, 여름호.
_____. 2000b. 「낙선운동-진보정당운동은 정치개혁운동 양날개」, 『진보정치』, 2호, 3월 31일.

_____. 2001.「시민운동을 보는 민중적 관점, 민중운동을 보는 시민적 관점?」, 성공회대 사회문화연구소/민주사회정책연구원/성공회대 NGO학과 공동주최 콜로키움 발표문, 5월 10일.
천호영. 1991.「한국판 드레퓌스 사건, 유서공방의 진실」,『월간 말』, 7월호.
최장집. 1993.『한국민주주의의 이론』, 한길사.
Cho, Hee-Yeon. 2000. "Democratic Transition and Changes in Korean NGOs", *Korea Journal* Vol. 40 No. 2, Summer.
Larrain, Jorge. 1986. *A Reconstruction of Historical Materialism*, London : Allen & Unwin.
Rueschemeyer, D., E. Stephens and J. Stephens. 1992. *Capitalist Development and Democracy,* Chicago: The University of Chicago Press, 박명림·조찬수·권혁용 옮김,『자본주의 발전과 민주주의』, 나남.

제12장

한국 민주주의의 발전 과제

조희연 신기욱

　이상의 분석 위에서, 한국 민주주의의 향후의 발전 과제들에 대하여 서술하고자 한다. 그것은 첫째, 지역주의적 정치구도를 극복한 '근대적'인 개방적 정치질서의 실현, 둘째, 제도정치와 운동정치의 새로운 관계 설정, 셋째, 시민사회 내부에서의 이익집단정치를 공적으로 규율하는 '공익적' 운동정치의 실현, 넷째, 신자유주의의 위협에 대응하는 민주주의의 글로벌(global)한 차원에의 대응 등 네 가지로 집약할 수 있다.

1. 제도정치의 개방화와 보수-자유-진보 정치구도의 실현

　먼저, 한국 민주주의의 핵심적 구성내용으로서 제도정치 혁신의 방향을 논의해 보기로 하자. 그것은 선택적 포섭을 통한 제도정치의 변형주의적 재편을 넘어, 제도정치가 운동정치에 개방적인 방향으로 변화하여야 한다는 전제 위에서, 금단의 정치와 배제의 정치를 극복하고 새로운 보수-자유-진보의 개방적 경쟁구도, 시민사회를 반영하는 정치, 계급과 정치의 단절을 극복한 정치를 어떻게 구현할 것인가 하는 점이다.
　그러한 개방적 제도정치의 구도는 기성 제도정당의 탈지역주의적인 이념정당화와 진보정당의 제도정치 진입을 통해서 보수-자유-진보의 개방적 정치구도를 형성하는 것이라고 생각된다. 이러한 제도정치의 변화를 가로막는 핵심적인 요인이 앞서 지적한 바와 같이 지역주의라고 할 수 있다. 그런 점에서 새로운 정치구도의 형성은 지역주의의 외피 속에 잠재되어 있는 이념적·정책적 차이들이 보다 선명하게 되고, 그것을 통해 국민적 기반이 어떻게 재확보될 것인가 하는 점으로 모아진다.

여기서 기존의 반공규율사회적 구조 속에 잠재화된 지역주의의 이념적 내용을 보다 분명하게 하는 바탕에서 제도정당들의 새로운 사회적 기반을 형성하는 것이 중요하게 된다.

한국정치의 지역주의적 고착현상을 극복하기 위해서는, 먼저 현재의 지역주의의 질적 성격에서부터 시작하여야 한다. 국민의 정부 출현 이전 지역주의의 성격은 대구경북의 '패권적 지역주의', 호남의 '저항적 지역주의', 충청이나 기타 지역의 '반사적 지역주의'로 개념화될 수 있다(조희연 1998, 6장). 국민정부의 수립은 과거의 패권적 지역주의를 '방어적 지역주의'로 변화시키는 계기가 된다. 여기서 패권적 지역주의—이제는 방어적 지역주의로 되었는데—의 이념적 본질은 보수주의라고 생각한다. 그런 점에서 방어적 지역주의를 배경으로 하는 구집권당의 경우 지역주의의 우산 속에 안주하면서 자신을 방어하는 차원을 넘어서서, 과거의 극우반공주의적·권위주의적 보수주의로부터 '합리적' 보수주의로 변화되어야 한다. 지역주의는 과도기적인 정치현실이기 때문에, 영원히 지역주의에 안주하는 것은 불가능하다. 한편 저항적 지역주의의 경우, 그 내용은 자유주의(liberals)라고 생각된다. 그것은 독재에 저항하는 자유주의였다는 점에서 개혁적 자유주의의 성격을 지니고 있고, 또 반독재운동 속에서 급진 재야와 연합하면서 부분적으로 '사회민주주의'적 혹은 사회자유주의적 요소를 띠고 있었다. 패권적 지역주의에 의존하는 보수정당은 야당의 지위에 위치지워짐으로써 '진보화'하는 반면에, 저항적 지역주의에 의존하는 자유주의 정당은 여당의 지위에 위치지워짐으로써 '보수화'하고 있기 때문에, 양자의 이념적 거리가 근접하게 되고 있기는 하지만, 본질적인 차원에서 이념적 내용을 보수주의와 자유주의로 정리할 수 있다고 본다.

그런데 문제는 기성 제도정당들이 지역주의적 성격을 넘어서 자신의 이념적 내용을 명확화할 수 있는가의 여부이다. 필자는 잠재적 보수정당 및 잠재적인 자유주의 정당이 지역주의를 뛰어넘어 근대적인 정당으로 변화되기 위해서는, 무엇보다 새로운 경쟁자, 즉 지역주의적 구도에서부터 자유로운 정치세력의 제도정치권 진입이 필요하다고 생각된다. 기존의 정당들은 지역주의 재생산구조의 유기적 일부를 구성하고 있기 때문에, 어느 일방의 노력만으로 탈지역주의화하는 것은 불가능하다. 현재의 제도정당들이 지역주의의 피해자일 뿐만 아니라 수혜자라는 점, 현재의 제도정당들이 각각의 차이에도 불구하고 지역주의와 동일시되고 있다는 점, 기존의 부패의 공생구조가 여당뿐만 아니라 야당까지, 또한 하부만 아니라 상부까지도 포괄하고 있었다는 점, 그동안 제도정치에 계급적으로 대표되지 않았던 계급계층을 배경으로 하는, 또한 '대변되지 않았던 집단들의 소리'(the voice of the voiceless)를 체화하고 있는 새로운 정치세력이 제도정치에 진입하지 않고서는 제도정치의 이념적 개방화는 불가능하다는 점, 지역주의와 결합된 '독점적' 리더쉽이 존재하는 한, 당내 구조와 당 운영방식은 수직적이고 '권위주의'인 방식을 크게 벗어나지 않을 것이라는 점 등을 고려할 때, 제도정당의 자체 변신을 통한 제도정치의 혁신은 대단히 어렵다고 생각된다.

바로 이런 점에서 진보정당의 제도권 진입은 제도정치의 병목지점을 돌파하는 새로운 계기가 될 수 있다. 기존의 제도정당들이 자체적으로 혁신할 수 없는 제도정치의 구조적 문제점들이 진보정당운동과 같은 새로운 진입자들을 통해서 혁신의 계기를 갖게 된다는 말이다. 이런 점에서 진보정당을 만들어가는 정치운동 프로젝트는 노동자와 민중을 중심으로 한 계급적 프로젝트인 동시에, 다른 한편으로는 한국 제도정치 자체의 혁신을 쟁취해가는 '국민적' 프로젝트라고 필자는 생각한다.

그렇다면 향후 정당질서의 변화에 있어 어떠한 전망이 가능할 것인

가. 어떤 사람들은 이것이 대단히 고정된 경로를 밟을 것으로 판단하지만, 필자는 다양한 가능성이 있을 수 있다고 생각된다. 구체적으로 보수, 자유, 진보의 3당구도로 갈 것인지 아닌지, 각각의 의석분포는 어떻게 될 것인지, 그 구도에서 보수, 자유 정당이 얼마나 헤게모니를 가질 것인지 하는 등의 주제에 대해 다양한 가능성이 있다는 것이다. 단기적인 관점이 아니라, 중장기적인 관점에서 다음과 같은 쟁점이 가능하다.

먼저, 보수주의 정당과 자유주의 정당(정파)의 관계로 양자의 경쟁 속에서 어느 정당 혹은 정파가 헤게모니를 가질 것인가 하는 점이다. 한편에서 보수주의 세력이 자기변신을 통해 자신의 독점적 지위를 얼마나 방어할 것인가 하는 점이고, 다른 한편에서 취약한 자유주의세력이 독자적인 집권이 가능할 정도로 강화될 수 있을 것인가 하는 점이다. 보수주의 정파와 자유주의 정파의 경쟁에서 어떤 결과가 나타나느냐 하는 것은 물론 고정된 결과가 기다리는 것은 아니다.

이러한 보수주의 정당과 자유주의 정당의 경쟁구도에서 제2의 보수 정당이 강력한 양상으로 부상하는 경우도 있을 수 있고, 또 자민련 같은 틈새정당이 약화되고 실질적인 양당체제로 고착화하는 것도 상정할 수 있다.

둘째는, 자유주의 정당과 진보주의 정당 간의 관계이다. 이것은 한국 정당질서가 미국적 길을 밟을 것인가, 유럽적 길을 밟을 것인가 하는 문제와 연관되어 있다. 미국적 정당질서의 핵심은 자유주의 정당이 사회민주주의적 요소를 대변하고 흡수하는 양당체제로 운영되는 것을 의미한다. 즉 미국의 민주당과 공화당의 경쟁구도는 기본적으로 보수주의 정당과 자유주의 정당의 구도 속에서 자유주의 정당이 '사회민주주의' 적 요소를 대변하고 흡수하는 구도를 의미한다. 진보주의 정당은 극소수 정당으로 존재하나, 주요한 경쟁정당으로는 존재하지 않는다. 이에 반해 대륙형 정당질서는 사회민주당과 보수당의 대립구도를 기본으로 하는 정당질서를 의미한다. 즉 자유주의 정치지향이 한편에서는 사회민주당의 자유주의적 요소로, 다른 한편에서는 보수주의 정당의 자유주의적 요소로 용해되어 있는 것을 의미한다. 유럽형 길과 미국형 길의 차이는 바로 여기에 있다.

우리의 경우에도 두 가지 가능성이 다 열려 있다고 생각된다. 먼저 진보주의 정당이 제도정당으로 안착하지 못하고 자유주의 정당이 '사회적' 성격을 강화하여 사회적 자유주의 정당으로 존재하는 경우를 들 수 있다. 황태연(1997)의 주장을 예로 들 수 있다. 그럴 경우 좀바르트가 '왜 미국에는 사회주의가 없는가'라고 물었던 것처럼, 왜 한국에는 사회주의 정당이 없는가라고 물어야 할지도 모른다. 이렇게 되면, IMF 위기 이후 강화되고 있는 한국경제의 미국식 시장주의체제로의 재편에 상응하는 미국식 정당질서가 완성되는 셈이다.

반면에, 진보주의 정당이 위력적으로 진입하여 중장기적으로 자유주의 정당의 입지를 좁히면서, 보수당과 사회민주당이 경쟁하는 구도를 상정할 수 있다. 이는 사회민주당이 자유주의를 흡수하거나 보수당이 자유주의를 흡수하는 경우이다. 중장기적으로 볼 때, 위력적인 진보정당이 출현하는 경우 보수정당과 자유주의 정당이 결합하여 '통합'보수당이 출현하는 경우도 가능하다. 이것은 극우반공주의적·권위주의적 보수정당이 구보수라고 한다면, 자유주의 정당은 신보수의 성격을 띠고 있기 때문이다(조희연 1998, 3장). 물론 강력한 양당구도 내에서 자유주의적인 중간정당이 존재하는 경우도 상정할 수 있다. 영국에서 자유민주당이 노동당과 보수당의 양당구도의 중간에서 3당구도를 유지하는 경우를 예로 들 수 있다.

셋째는, 진보주의 정당과 진보적 사회세력 간의 관계이다. 진보주의 정당에게는 한편에서 높은 진입장벽을 뛰어넘어 진입에 성공할 것인가 하는 '우(右)로부터의 도전'이 있는 반면에, 다른 한편에서 '비(非)의회주의적인 급진 진보'의 도전이라고 하는 '좌(左)로부터의 도전'이 동시에 존재하고 있다. 비의회주의적인 급진 진보가 사회민주주의적인 제도정치적 진보로부터 자립하는 경우도 상정할 수 있다. 이것은 비제도권적인 급진'운동' 진보가 제도권적인 '정치' 진보세력과 분리되는 경우이다.

이러한 여러 변수들이 작용하는 속에서 향후의 정당질서가 안착되어 갈 것이다. 현재는 진보정당이 부재하기 때문에, 민주주의 이행과정에서 첫 번째 쟁점—보수주의 정당과 자유주의 정당의 경쟁—을 중심으로 정당 변화가 나타나고 있으나, 진보정당이 제도정치에 진입하는 경우에는 두 번째 쟁점이 정당 변화의 핵심 쟁점이 될 것으로 예상된다.

필자는 한국 민주주의가 그 병목지점을 통과하기 위해서는, 보수-자유-진보의 경쟁구도가 정착하는 것이 가장 결정적인 출구라고 생각한다. 민주주의 이행과정에서의 중요한 정치개혁 과제는 극우반공주의적·권위주의적 지역주의적 보수정당이 '합리적인' 탈(脫)지역주의적 보수(conservative)정당으로 변화함과 동시에, 야당이 탈지역주의적인 자유주의(liberal) 정당으로 변화하고, 또한 진보적 사회세력이 진보적인(progressive) 제도권 정당으로 진입하는 것을 통하여, 보수·자유·진보정당이 경쟁하는 포스트 독재 시대의 새로운 정당정치 질서를 수립하는 것이다.

현재로서 지역주의 구도를 뛰어넘어 이념적·정책적 라인을 중심으로 하는 근대적 정당질서를 만들기 위해서는, 과도기적으로 과감한 다원적 구도가 필요하다고 생각된다. 다원적 구도가 형성되기 위해서는 어떤 점에서 기성 정당들의 정치 독점 타파와 기성 정당들의 핵분열이 필요하다고 생각된다. 다양한 성격을 갖는 정당 및 정파들이 출현하고, 그러한 다원적 경쟁구도 속에서 새로운 합종연횡을 통해, 보다 선명한 이념적·정책적 경쟁구도를 만들어가는 것이 개방적 제도정치를 만들어가는 기초가 된다고 생각된다.

2. 제도정치와 구별되는 운동정치의 독자적인 발전

앞서 지적한 바와 같이 민주주의의 내용을 구성하는 정치는 제도정치로만 한정될 수 없다. 그런 점에서 시민사회의 계급적·시민적 역동성이 운동정치로 표출되고, 그것이 제도정치와 소통하는 구조를 만들어내는 것이 중요하다. 이런 점에서 기성 정당의 정치독점도 깨어져야 함과 동시에, 제도정치에 의한 정치 독점도 깨어져야 한다고 생각한다.

이런 점에서 (사회)운동정치가 제도정치와 독립적인 지위를 갖는 직접 민주주의적 요소가 발현될 수 있는 제도적 장치를 만들어가는 것이 중요하다고 생각된다. 특정 시기의 '사회'세력이 폭넓은 지지를 받는 운동정치를 배경으로 하여 제도'정치'세력으로 진입하게 된다고 하더라도, 경제적 변화와 시민사회의 새로운 역동성의 증대로 인하여 제도정치와 새로운 운동정치 간에는 새로운 괴리가 나타나게 될 것으로 예측할 수 있다. 그런 점에서 제도정치와 시민사회의 역동성간에는 '종식시킬 수 없는' 괴리가 존재하게 된다는 점을 인정하고, 그 괴리를 보완하는 운동정치의 독자적인 지위를 설정할 필요가 있다.

앞서 서술한 바와 같은 제도정치의 개방적 재편은 진보적 '사회'운동세력이 제도'정치'세력이 될 수 있느냐 하는 문제와 긴밀하게 연동되어 있다. 그러나 이것이 성공한다고 하더라도 그것으로 수렴되지 않는, 즉 제도정치화하지 않는 운동정치의 독립적인 역할의 문제는 남게 된다. 이런 점에서 운동정치는 부단히 제도정치로 수렴되지만, 그럼에도 불구하고 독립적인 운동정치의 직접 민주주의적 역할이 존속되어야 한다. 즉 그러한 운동정치의 직접 민주주의적 요소가 제도정치에 의한 대의민주주의의 소재가 아니라, 국민주권과 국민의사가 반영되는 독자적인 통로로서 인정되는 것이 필요하다는 것이다. 달리 말하면 운동정치가 대의민주주의에 의해 대의되지 않는 국민주권과 국민의사를 반영하는 독자적인 통로로서 인정되고, 그것이 제도적으로 반영되어야 한다는 것이다.

이 점은 신사회운동론에서 이야기하는 바와 같이 '영향력의 정치'가 갖는 독자적인 의의로 설명할 수도 있고, '해방의 정치'로부터 구분되는 '생활정치'(A. Giddens 1994)의 독자적인 의의로도 설명할 수 있다고 본다. 좌파의 입장에서도 이 점은 "민중운동의 두 가지 전통, 즉 국가주의적 전통과 자주관리적 전통" 중에서 후자의 전통을 독자적인 것으로 인정하고, 국가의 변혁과 직접 기층민주주의의 전개라는 두 가지 접합된 과정을 포함하는 전망을 갖는 것으로 설명할 수 있다. 한편에서 운동정치의 제도정치화를 통해서 대의제민주주의의 변형과정이 진행되고, 다른 한편에서 운동정치의 독자적인 수행을 통하여 직접 기층민주주의의 형태 및 자주관리운동을 접합시켜 가는 것이 필요하게 된다. 이 점이 풀란차스가 "대의제 민주주의의 제도 및 자유—이것 역시 인민대중이 획득한 성과이다—의 확대·심화와 직접 기층민주주의의 확장 및 자주관리적 거점의 분산·확대를 접합하는 방식으로, 국가를 근저적으로 변혁하는 것이 가능"하다고 보았던 바의 내용이라고 생각한다(풀란차스 1994).

이런 점에서 제도정치로 한정되지 않는 운동정치의 직접 민주주의적 요소들을 민주주의를 구성하는 하나의 주된 요소로 적극적으로 자리매김하고 제도화하는 새로운 실험이 필요하다고 생각된다. 국민소환제와 같은 제도적 형태에서부터 사회 내의 다양한 자주관리적 진지들이 폭넓게 인정되는 것이 그러한 예들이 될 것이다.

이런 점에서 노동조합을 기반으로 하여 노동당이 집권하더라도 노동조합 등은 집권노동당의 하부행정기구가 아니라 독립적인 사회적 기구로서 존재하여야 한다고 생각하며, 현재 한국에서 '반(反)정치주의'적 경향을 띠고 있는 시민운동의 비(非)제도정치적 성격이 적극적으로 살려져야 한다고 생각한다.

시민운동과 관련하여 볼 때, 시민운동의 발전을 정치세력화로 상정하고, 그것을 다시 중앙정치 및 국회에의 진입으로 상정하는 인식도 존재하는 것이 사실이다. 그러나 이는 전혀 적절하지 않다고 생각한다. '제도정치 중심주의적' 사고를 넘어서서 볼 때, 운동정치는 이미 하나의 독자적인 정치로서 존재하고 있다. 이미 서두에서 우리는 제도정치와 구별하여 운동정치의 독자적인 지위를 설정하였다. 특별히 시민사회운동이 전개하는 활동을 제도정치와 구별되는 '생활정치'로 부른다면, 제도정치는 넓은 의미의 생활정치의 작은 일부라고 하는 인식을 가질 필요가 있다. 물론 제도정치가 우리 국민들의 삶에 미치는 영향이 직접적이고 다면적이기 때문에 제도정치가 크게 보여지는 것도 사실이다. 그러나 제도정치가 올바로 서는 것은 좋은 인재가 충원됨으로써 가능하다고 할지 모르겠지만, 제도정치를 올바로 세우는 생활정치 혹은 풀뿌리 정치의 역량이 강화될 때, 그래서 제도정치가 바로 서지 않으면 생활정치의 감시와 압력을 벗어날 수 없을 때 비로소 가능하게 된다.

돌이켜 보면, 87년 6월 항쟁 때까지 우리 사회는 직선제 등 절차적 민주주의를 쟁취하기 위한 반독재 민주화투쟁의 도정에 있었다. 87년 6월 항쟁을 분기점으로 해서, 권위주의 독재정권 시대가 종결되고 최소한 민주적 절차와 공간이 열려지는 절차적 민주주의 시대가 시작되었다고 할 수 있다. 87년 이후 현재까지의 과정은 바로 그러한 절차적 민주주의를 넘어 한국의 민주주의가 심화되고 확산되는 시기라고 말할 수 있다. 이 민주주의 심화와 확산 과정은 한편으로는 최소한의 절차적 민주화 수준을 뛰어넘어 본격적인 정치적 민주화로, 다른 한편으로는 절차적 민주화를 뛰어넘어 사회적 민주화로 나아가는 과정이었다고 할 수 있다. 전자를 제도정치 혁신의 과정이라고 한다면, 후자는 생활정치의 개척 및 강화과정이라고 할 수 있다. 한편으로는 절차적 민주주의를 넘어 이 땅의 불완전한 민주주의를 온전케 하기 위한 민주주의 심화의 과제가 진행되어 왔다고 한다면, 사회 진보를 위하여 기존의 민주화역량이 사회각계로 진출하면서 기존의 권위주의적 관행과 생활양식, 행동

양식, 가치 및 태도 등을 혁신하는 생활세계의 민주화운동이 확산되어 왔다고 생각된다.

우리의 사고 속에 존재하는 제도정치 중심주의적 사고는 바로, 87년 이후 거대하게 진행되고 있는 사회변화의 과정을 단순히 전자의 측면, 즉 정치적 민주화의 측면으로만 국한시켜 파악하는 것이다. 정치적 민주화과정은 우리 사회 민주화의 한 영역일 뿐이다. 그런 점에서 우리는 좀더 시야를 넓혀 제도정치를 일부로 하는 생활정치의 관점을 가질 필요가 있다.

문제는 제도정치와 생활정치의 관계이다. 단적으로 이야기하면 제도정치는 생활정치의 작은 일부라고까지 이야기할 수 있다. 원칙적인 차원에서 이야기한다면, 정치적 민주화를 위한 중요한 역량은 생활정치역량에서 나온다고 생각한다. 정치적 민주화의 주요 내용을 이루는 제도정치 혁신은 사회적 민주화역량 나아가 생활정치 역량이 강화될 때 비로소 가능하다. 어떤 점에서 비제도정치 역량이 강화될 때, 제도정치가 올바로 서게 된다. 대부분의 시민사회단체는 제도정치를 하게 되면 임원직을 그만두어야 하는 강력한 '반(反)정치적' 규약들, 더 정확하게 이야기하면 '반(反)제도정치적' 규약을 가지고 있다. 이것은 진보적 정치운동을 지원할 정도로 정치적 급진성을 갖고 있지 않다는 한계가 있기는 하지만, 다른 한편에서는 제도정치로 환원되지 않는 운동정치의 독자성이 견지되어야 함을 의미하는 것이다. 필자는 물론 후자의 의미로 해석되어져야 한다고 생각한다.

문제는 이러한 생활정치의 개척 및 강화를 위한 다양한 시민사회적 실천들이 아직 흘러넘치는 수준에 이르지 못하였다는 점에 있다. 87년 6월 항쟁 이후 각계로 확산되고 있는 사회민주화 역량 및 생활정치 역량은 아직 굳건히 뿌리내리고 있지 못하다는 것이 필자의 판단이다. 생활정치의 역량이 흘러넘칠 때라야 비로소, 그 흘러넘치는 역량의 일부가 제도정치의 쇄신을 위한 역량으로 전화될 수 있다고 생각된다. 제도정치와 구별되는 운동정치 및 생활정치의 독자성을 전제할 때, 시민사회운동의 역량이 '흘러넘칠' 정도가 되고 흘러넘치는 역량의 일부가 제도정치로 이전되고, 그럼에도 불구하고 시민사회운동의 저수지는 풍부한 저수량을 보유하고 있을 정도가 되어야 한다. 그러나 현재의 시민운동 역량은 결코 '흘러넘치고' 있는 수준이 아니다. 그런 점에서 시민운동가들, 특히 시민사회운동의 대표적인 지도적 역량들이 정치권으로 흘러들어가는 것은 반(反)시민사회적 결과를 낳을 수 있다.

이처럼 운동정치 및 생활정치의 독자적 정립 위에서 운동정치 및 생활정치를 통한 사회적 힘이 강화되고, 그것이 제도정치의 혁신을 위한 '영향력'으로 작동할 수 있도록 하는 다양한 채널을 만들어 가는 것이 필요하다고 생각된다. 나아가 운동정치 자체가 직접 민주주의적인 독립 진지로 작동하도록 하는 시각의 정립이 필요하다고 생각된다.

3. 이익집단 정치의 '사유성'에 대응하는 운동정치의 '공익적' 역할

제도정치로부터 구별되는 운동정치의 독자적인 지위를 상정한다고 하더라도, 온전한 민주주의는 제도정치와 운동정치의 상호작용으로만 작동하는 것은 아니다. 운동정치가 시민사회의 역동성의 일부라고 할 때, 민주화에 따른 시민사회의 자율화는 운동정치의 활성화뿐만 아니라 이익집단 정치의 활성화도 수반하게 된다.

권위주의체제 하에서는 운동정치가 실현하는 공익적 목표에 대한 장애물이 주로 권위주의국가의 억압성에 의해 조성되어왔다. 그러나 시민사회의 자율화 속에서 공익적 목표의 실현은 시민사회 내의 '자율적' 집단인 각종 이익집단의 '집단이기주의'적인 행동에 의해서 크게 기인하는 경우가 많다. 이런 점에서 운동정치는 시민사회 내에서의 이익집단정치와의 관계 속에서 이익집단이 관철하려고 하는 '사적 이해'의 집단적 실현을 견제하는 공적 역할을 수행해야 한다(조희연 2000a). 민주주의의 온전화는 제도정치로부터 운동정치가 독자적 역할을 수행하는 것도 중요하지만, 다양한 이익집단의 '집단이기주의'적 추구에 대한 공적 이해 대변기구로서의 역할도 수행함으로써 성취되게 된다. 운동정치를 담보하는 많은 사회운동단체들의 경우 공적 목표를 실현하기 위한 기구로서뿐만 아니라, 집단성원들의 이해실현기구로서의 성격도 가지고 있다. 계급적 대중들의 경우 집단적 이해실현을 위한 행동 그 자체를 통해서 공적 이해를 추구하는 경우가 많다. 그러나 민주화된 사회 속에서는 역설적으로 집단성원들의 이익추구로 환원되지 않는 공적 이해의 추구를 통하여, 각종 이익집단들의 집단이기주의적 경향을 억제하는 공적 역할도 수행하여야 한다고 생각한다.

최근 의사파업들의 경우를 보더라도 한 사회의 민주주의는 시민사회 내의 독점적 지위를 갖는 이익집단에 대한 공적 이해추구 목소리가 어떻게 살려지느냐에 달려있다고 할 수 있다. 특히 민주주의 이행의 과정에서 새로운 민주적 시스템을 만들어가야 하는 사회에서는 이러한 점이 중요해진다.

과거 권위주의체제 하에서 각종 사회집단의 이익표출은 극단적으로 억압되었고, 사회집단들은 국가에 의해서 위로부터 위계적으로 지시되고 주어진 틀 속에서 적응하면서 존재하여왔다. 일종의 '국가조합주의'(state corporatism. Schmitter 1979)[1]적 방식으로 운영되어왔던 것이다. 권위주의체제 하에서 사회집단의 이익추구 집단행동을 억압하고, 위로부터 국가에 의한 강제적 조정이 이루어져 왔다. 다양한 사회집

---

[1] 슈미터는 노동조직의 성격을 둘러싸고 조합주의와 다원주의를 나누고, 전자를 다시 국가조합주의와 사회조합주의로 나누고 있다. 어떤 점에서 노조에게는 정치적 대표성을 부여하고 노동자들에게는 복지혜택을 부여하는 남미의 국가조합주의적 양식과도 한국의 권위주의체제는 달랐다는 점에서, 이를 '국가단원주의'로 이해하는 시각(임현진·김병국 1993)도 있다.

단 중 특별히 노동자와 민중의 배제 위에서 국가에 의한 위로부터의 억압과 강제적 조정이 이루어지는 체제로 운영되었다.

이런 점에서 민주주의체제로 이행한다는 것은 사회집단의 이익추구가 억압되던 권위주의적 사회통합 양식에서, 각종 사회집단의 시민적·정치적 권리가 보장되고 사회집단들의 이익추구 집단행동이 억압되지 않은 상태에서 그것이 공적·민주적·자율적으로 조정되어야 하는 체제로 이행해 가는 것을 의미한다. 그런 점에서 이제 아래로부터의 사회집단의 이익표출을 허용하고, 그것이 민주적 방식으로 조정되고 타협되는 체제를 형성하여야 하는 것이다. 이것은 국가와 사회집단의 관계 변화, 즉 어떤 점에서는 과거의 국가조합주의적 패러다임으로부터 '사회조합주의'(social corporatism)[2]적 패러다임으로 변화하여야 한다는 것을 의미한다.

최근에 나타나고 있는 다양한 집단행동[3]은 오히려 민주주의 이행의 과정에서는 자연스럽고 불가피한 것이라고 할 수 있고, 권위주의적 통합양식으로부터 새로운 민주적 통합양식으로의 이행은 갈등과 진통의 과정이라고 할 수 있다. 그런데 문제는 이러한 진통의 과정이 국민적 이해증진과 공익적 합의를 형성하는 방향으로 수렴되느냐 않느냐 하는 것이다.

그런 점에서 보면, 이익집단정치 시대에 운동정치가 제도정치에 대신하여 하여야 할 몫이 있다고 생각된다. 민주적인 방향으로의 제도 변화 속에서 각종 이익집단들의 집단이익 확보적 '운동'은 첨예화하지 않을 수 없고, 여기서 시민사회 내의 역동성이 진보적인 방향으로 방향을 틀 수 있도록(channelling)하는 데 공익적 운동정치의 역할이 있어야

---

[2] 조합주의적 틀에서는 서구의 사회민주주의체제를 사회조합주의로 이해한다. 슈미터(Schmitter)의 분류에 따르면, 현재의 우리 사회는 사회조합주의적 방향보다는 사회다원주의 방향을 취하고 있다고 보는 것이 정확할 것이다.
[3] 김영래 교수(1997)는 전환기적 상황에서 나타나는 이익집단 행동의 특성을 "다원주의적 양태, 자율적 갈등형 증대, 극단적 집단이기주의 현상, 공익단체 역할 증대, 국가의 관리능력 저하" 등으로 요약하고 있다.

한다는 것이다.

  새로운 민주적 양식들을 형성해 가는 데 있어서, 정부에 의한 위로부터의 외재적 개입만으로 시민사회 내의 다양한 이해갈등이나 이익추구 행동을 공적으로 조정할 수 없다. 이런 점에서 시민사회 내에서 공적 이해를 대변하는 목소리나 공적 이해실현을 목표로 하는 공익적 시민사회단체의 사회적·정치적 영향력이 강화되어야 한다. 그래서 시민사회 내의 다양한 이익충돌, 이익실현을 위한 집단행동들의 충돌에 대해 시민사회 내적인 자율적 조정이 가능해져야 한다.

  기존의 권위주의 시대에 사회집단의 이익추구적 집단활동 자체가 금지되고 억압되어 있었기 때문에, 사회진보의 중요한 장애물은 권위주의 국가의 억압으로부터 왔다고 말할 수 있다. 이런 속에서 사회집단의 저항적 이익추구 행위는 그 자체가 진보적인 요소를 가지고 있었다. 물론 권위주의적 유산이 강한 현 시기 우리 사회적 조건 속에서 이러한 측면은 지속되고 있기는 하지만, 일정한 상황 변화가 있다는 것도 인정하여야 한다. 사회집단에 대한 억압이 약화되고, 과거와 같이 강압적 국가에 대한 저항을 통해서 집단이해를 실현할 수 있었던 상황이 점차 변화해 가고 있다. 어떤 점에서 권위주의국가에 의한 억압이 개혁의 장애물이 되던 시점에서, 시장주의(신자유주의)의 위협과 시민사회 내의 이익집단의 저항이 주된 장애물이 되는 시점으로 이행하고 있는 것이다. 이것은 사회집단의 이익추구 집단행동이 무조건적으로 진보적인 의미를 담지 않는다는 것을 의미한다. 이제 다양한 사회집단들의 이익추구 행동을 개방적으로 바라보는 인식을 가지면서도, 동시에 사회집단들의 사적 이해 추구를 뛰어넘어 공적 이해를 지향하는 힘이 강화될 필요가 있다.

4. 신자유주의의 위협에 대응하는 글로벌 민주주의의 실현

  앞서 지적한 바와 같이 복합적인 사회적 투쟁과정으로서의 민주주의 제도 내에서, 제도정치 세력간 그리고 제도정치와 운동정치간의 일정한 '타협'은 외부적 조건에 의해 그 지속성이 위협받게 된다. 이런 점에서 현단계 한국 민주주의의 내부적 관계에 결정적인 영향력을 미치고 있는 것이 바로 글로벌한 신자유주의(global neoliberalism)의 압력(조희연 2000b)이라고 할 수 있다. 신자유주의라는 것은 19세기 서구 근대사회의 정치경제적 질서의 이데올로기적 총괄이었던 자유주의가 범지구화되는 조건 속에서 새롭게 부활한 것이다. 봉건적 경제질서에 맞서 근대 자유주의는 시장자율적인 질서가 '공공선'이 달성되는 기제로 보았다. 시장에 대해서 부과되었던 각종 정치적·경제외적 요소들은 지양되어야 할 것으로 파악된다. 시장이 만병통치약이 되고 자유시장 논리에 의해 공공선이 달성된다고 믿었던 구자유주의의 논리가, 새로운 조건 속에서 이제 신자유주의라는 논리로 회생하고 있는 것이다.

신자유주의가 세계화의 지배적 성격으로 관철되고 있는 것은 현재의 세계화가 자본운동의 범지구화를 물적 근거로 하고 있기 때문이다. 자본운동의 범지구화에 의해 불가피하게 수반되는 자본간의 국제적 경쟁의 격화(Ellen Meikins Wood 1997)는 과거의 복지국가와는 다른, 친시장적·친성장적 국가를 요구하게 된다. 돌이켜 보면, 자본주의는 국민국가의 창출을 도왔고 그로 인해 국민국가는 엄청난 힘을 가질 수 있었다. 그러나 국민국가적 형태의 정치권력은 일정 측면에서 자본운동에 제약이 되었고, 국민국가와 결합된 이데올로기는 자본운동을 제약하는 요소가 되었기 때문에, 자본운동의 탈국민국가화 혹은 탈영토화[4]가 진행됨과 동시에 국민국가의 친자본적 재편이 진행된다. 자본간 경쟁의 격화에 따라, 초국가적 경쟁에 노출된 자본을 보강하기 위한 국가의 적극적인 역할이 요구된다. 그 결과 '국가실패'가 부각되면서, 서구의 국가는 과거의 복지국가로부터 최소주의적인(minimalist) 신자유주의적

---

[4] 자본운동의 탈영토화(de-territorialization) 혹은 탈(민족)국가화(de-(nation)-statization)는 세계화의 주요한 내용을 구성한다(Arif Dirlik 1998, 155).

국가로의 이행을 요구받게 된다. 국가의 역할은 이제 재분배적 기능보다는 자본의 '국제경쟁력'을 강화하기 위한 '신성장노선'으로 경도되게 된다. 이제 국내시장에 대한 통제가 국민주권의 본질적 부분이라는 신념은 깨진다. 과거에는 국가가 기업과 국민 요구 사이의 균형을 추구하였으나, 이제는 기업의 이해가 지배적이 되어가고 있다. 자본운동의 범지구화와 그에 상응하는 '국가의 재구조화'(Jessop 1994)의 총괄적인 이데올로기적 표현이 바로 글로벌 신자유주의(global neoliberalism)라고 할 수 있다.

그런데 문제는 바로 이러한 글로벌 신자유주의가 일국내의 민주주의를 통해서 쟁취된 각종 계급적·사회적 투쟁의 성과물들—사회보장제도 등—을 무력화시켜가게 된다는 점이다.

우리는 여기서 자본주의의 역사는 자유경쟁시장을 만들기 위한 역사가 아니라, 그에 대한 공적인 민주주의적 규제를 위한 사회적·계급적 투쟁의 역사였다는 점을 직시하여야 한다. 돌이켜 보면, 19세기 자본주의에는 무한착취의 경향을 갖는 자본주의 운동법칙에 대한 통제장치가 없었다. 그러나 세계대전 및 세계대공황을 거치면서 자본주의는 새로운 규제장치 혹은 새로운 재생산양식을 갖는 '수정 자본주의'로 변화하게 된다. 그리하여 2차대전 이후에는 사회민주주의적 복지국가라고 하는 새로운 규제장치를 갖는 자본주의의 재생산양식이 출현하게 된다. 이러한 새로운 양식은 노동, 민중, 시민사회의 힘이 강화된 조건 속에서 나타난, 그리하여 적나라한 자본운동에 일정한 공익적 규제장치가 제도화된 계급타협적 제도가 만들어지는 것을 의미한다. 이러한 전후 '사회적' 국가는 노동자계급의 조직화된 역량 발전을 배경으로 한, 일국내의 계급 역관계의 '균형' 속에서 성립한 체제라고 할 수 있었다. 이것은 경제적으로는 대량생산과 대량소비라는 포디즘(Fordism)적 체제로, 정치사회적으로는 노자간의 균형을 바탕으로 하는 계급타협체제로 나타났다. 그러나 20세기 후반 사회주의 붕괴라는 새로운 조건 도래 및 범지구적 자본운동을 제약하였던 체제적 장벽의 붕괴, 정보통신혁명으로 인해 범지구적 자본운동을 가능케 하는 기술적 조건의 도래 등의 요인으로 인하여, 일국적 경계를 넘는 범지구적 자본운동이 가능한 기술적·체제적 조건이 출현하면서 이러한 균형이 무너지게 된다. 자본주의가 실제 역량이나 작동방식에서는 그렇지 않다고 하더라도 포부의 면에서는 줄곧 전지구적이었다고 하더라도, 자본운동은 영토적 한계에 의해 규정되고 있었다. 사회주의 국가들이나 제3세계가 '자본의 바깥'에 존재하였기 때문에, 자본운동의 공간적 영역은 제약되고 있었다. 여기서 자본운동의 탈국민국가화가 진전되는 것이다. 바로 이로 인해 이전의 사회적 자유주의 혹은 '연계적 자유주의'(embedded liberalism)는 도전받게 되는 것이다. 그리하여 "자본주의 황금시대의 실물자본-노동의 동맹이 실물자본과 이로부터 분리된 국제금융자본의 반노동동맹으로 이행했다"(이해영 1999)고 말할 수 있는 것이다.

이처럼 자본주의라는 것을 자유시장의 역사가 아니라, 그에 대한 공적 규제를 위한 싸움의 역사로 규정할 때, 현재와 같은 신자유주의적 세계화에 대항하는 운동은 두 가지 차원에서 전개될 수 있다. 첫째는 범지구적 차원에서 어떻게 신자유주의적 세계화에 대한 공적 규제를 강화할 것인가 하는 점이며, 둘째 이러한 신자유주의적 세계화 속에서 전개되는 국민국가—중앙정부 및 지방정부—의 신자유주의화를 통제하면서 어떻게 민중적·시민적 복지를 방어·강화할 것인가 하는 점이다.

먼저 범지구적인 민주적 규제의 문제와 관련하여, 규제되지 않는 초국적 자본운동에 대한 '정치'적 규제의 문제, 글로벌한 민주적 규칙, 더욱 포괄적으로 '범지구적 민주주의'(global democracy)를 어떻게 실현할 것인가 하는 문제가 중심적인 것이라고 할 수 있다. 20세기 자본운동에 대한 노동자와 민중의 조직화된 투쟁은, 비록 제한된 것이지만 '사회적' 민주주의를 획득하는 차원에까지 도달하였음은 앞서 지적한 바와 같다. 그러나 그것을 무력화시키면서 진행되고 있는 자본운동의 세계화에 대응하여, 세계화된 민주적 통제는 부재한 상태로 있다.5) 결국 우리는 여기서 '규칙(rule) 없는 세계화'에서 어떻게 '민주적 규제규칙이 있는 세계화'(globalization with democratic regulatory rule)로 갈 것인가 하는 과제를 안게 된다. 이런 점에서 저항은 바로 세계화된 민주적 규칙을 만드는 과정이 된다(강정인 1998, 1부).

신자유주의적 세계화를 배경으로 하는 자본운동의 범지구화는 민주주의가 갖고 있는 영토적 기반을 침식하고 주권적 자율성을 제약하게 된다. 새로운 범지구적 민주주의의 룰이 존재하지 않은 상태에서 국내적 지형에서 확보된 민주주의의 '사회적' 성격은 껍데기로 되어가게 된다. 즉 국내적 계급투쟁 과정에서 획득된 일국적인 사회보장 기능과 경제관리 기능은 파괴되며 점차 빈껍데기로 되어가게 된다. 신자유주의적 세계화가 민주주의의 적이 되는 이유도 바로 여기에 있다. 역설적으로 과거 권위주의 하에서는 반(反)독재와 반(反)시장주의 투쟁이 결합되어 있었다. 그러나 민주정권 시대로의 이행에 따라 오히려 정치와 경제는 분리되게 되며, 새로운 민간정부(civilian government)들은 정치적 부담없이 '자유롭게' 신성장주의적 정책을 추구하게 된다. '민주정부' 하에서 점점 더 정치와 시장은 분리되고, 국가의 장래가 유권자들의 손을 떠나 세계시장의 동요에 맡겨지게 된다. 민선민간정권이 제3세계에서 신자유주의의 더욱 좋은 정치적 외피(political shell)라고 여겨지는 이유도 여기에 있다.

이런 점에서 신자유주의적 세계화의 영향에도 '불구하고', 어떻게 한국이라는 구체적 공간 속에서 신자유주의화를 통제하면서 민중적·시민적 복지를 방어·강화할 것인가 하는 것이 한국 민주주의 발전을 위한 중요한 실천과제로 된다. 앞서 신자유주의적 세계화의 거대한 흐름을

---

5) 헬드(Held)는 새로운 국제질서에 부응하는 '범지구적 민주주의'(cosmopolitan democracy)의 구축을 이야기하고 있다(David Held 1995).

서술하였지만, 이러한 신자유주의적 세계화의 압력 속에서 전개되는 국민국가 수준에서의 개혁 및 정책 선택은 기계적으로 그러한 세계적인 경향성을 실현시키는 것은 아니다. 그런 점에서 국민국가적 정치공간, 구체적으로 중앙정치공간 및 지역정치공간 속에서 전개되는 시민정치·민중정치의 대응에 따라 다양한 결과가 나타날 수 있다는 점을 강조할 필요가 있다.

민주주의의 위기 요소가 과거에는 주로 권위주의 국가로부터 왔다고 하면, 이제는 시민사회 내의 자율적인 이익집단으로부터도 오고, 나아가 외부의 신자유주의적인 영향력으로부터도 온다고 말할 수 있다. 그런 점에서 한국 정부와 제도정치집단들의 '종속적 신자유주의'[6]화의 경향을 막는 과제는 한국 민주주의의 중요한 실천과제로 설정할 수 있다.

5. 맺음말

이상에서 서술한 바와 같은 근대적인 개방적 정치질서, 제도정치로부터 구별되는 운동정치의 독자적인 발전, 신자유주의에 대응하는 글로벌 민주주의의 실현, 이익집단의 '사유성'에 대응하는 공익적 운동정치의 발전 등을 위해서는 한국 사회의 반공규율사회적 조건에서 비롯된 극우반공주의적 구조 자체의 일대 전환이 요구된다고 생각된다.

87년 이후 민주주의 이행과정에서 이루어지는 '선택적 포섭'의 과정은 50년대의 '금단의 정치'와 60년대 이후의 '배제의 정치'를 근본적으로 혁신하는 방향으로 이루어지지 못함으로써, 한국정치의 불구성이 여

---

[6] '종속적 신자유주의'로의 경도를 제약하기 위해서는, 평화, 인권, 환경, 민주주의와 같은 '보편주의'적 가치에 기초한 운동, 신자유주의적 국가 및 세계질서가 야기한 사회적 불평등에 도전하는 사회운동, 전통적인 '생산'의 영역에서 투쟁하는 노동운동, 신자유주의적 세계화의 중층적 모순에 도전하는 지역의 풀뿌리운동들이 연대하는 것은 가장 중요한 행동과제가 될 것이다(구갑우 2000).

전히 지속되고 있는 실정이다. 87년 이후 진행되고 있는 '위로부터의 보수적 민주화'는 구개발독재국가를 재생산하였던 가장 중요한 이데올로기적 기제로서의 분단반공주의 질서를 존속시키게 된다. 이로써 한편으로는 구극우보수주의적인 권위주의세력들의 정치적 재생산이 용이하게 되고, 다른 한편으로는 새로운 정치세력, 특히 진보적 정치세력의 진출이 저지됨으로써 기존 제도정치의 전환과 혁신이 가로막히게 된다. 위로부터의 보수적 민주화과정에서의 분단반공주의 질서의 변형적 존속은 구권위주의세력들의 정치적 자원동원능력을 제고시키고, 저항세력들의 분화 및 진보적 정치세력의 진출 저지 등이 나타나게 된다. 이는 '금단의 정치'로 상징되는 한국정치의 불구성이 여전히 극복되지 않았음을 의미한다. 한국 사회의 극우반공주의적 구조는 정당정치와 시민사회의 괴리를 크게 만들고, 그 이념적·정책적 스펙트럼을 '우경화'시키게 됨으로써 정치지체의 구조적 요인을 이룬다. 이것은 한국 정당정치의 이념적 폐쇄성이 지속된다는 것을 의미한다. 60년대 이후 개발독재국가 하에서 정당정치는 사회적 갈등을 반영하여 '갈등의 제도화'를 도모하는 기능보다는 '배제적' 기능을 강하게 수행하여왔다. '금단의 정치' 질서에 중첩된 '배제의 정치'질서는 더욱 중층적으로 한국 민주주의의 발전을 질곡하고 있다.

지난 30여년 간의 산업화를 통하여 한국 사회는 노동자계급이 이미 다수의 계급이 된 사회로 변화하였으며, 이미 산업사회의 갈등이 기본적인 갈등이 되는 사회로 이행하였다. 개발독재에 대한 저항과정에서 이념적으로 급진적인 지향을 갖는 세력도 생겨나게 되었다. 그러나 이러한 변화를 반영하는 형태로 정치는 개방되어 있지 않다. 정치의 이념적·정책적 스펙트럼이 대단히 제한되고 폐쇄화되어 있다. 이러한 배제적 정치구조에 대한 저항은 점차 고조되어왔고, 80년대에 이르면 이전의 '배제적 정당정치'의 구조가 아래로부터의 민중적, 시민적 저항에 의해 더 이상 유지될 수 없는 수준으로 된다. 이러한 제도정치의 왜곡성은 민주화의 진전에 따라 일정하게 완화되어 갔으나 여전히 진보적인 사회적 세력의 진입을 제약하는 형태로 극우보수적으로 구성되어 있고, 더 나아가 지역주의적으로 왜곡화되어 있기 때문에 기본적인 폐쇄성이 유지되고 있다고 하겠다. 바로 이러한 상태가 온 국민이 분노하고 절망하는 한국정치의 구조적 내용이다. 이런 점에서 '분단의 멍에'가 한국정치에 부과한 불구성을 뛰어넘는 우리 모두의 노력이 요구된다고 하겠다.

20세기를 넘어 그리고 21세기의 문턱을 넘어 새로운 세기로 진입한 지금, 이른바 세계화·정보화의 물결이 밀려오면서 자본주의적 생활세계의 커다란 변동을 몰고 있는 지금, 사회주의의 붕괴가 가져온 충격 속에서 기존의 국가주의적 혁명전략을 넘는 새로운 '전복' 전략이 모색되고 있는 지금, 다른 한편에서 서구의 이념정당이 도전받으면서 새로운 모색의 도정에 올라있는 지금, 또한 신사회운동으로 대표되는 새로운 운동정치의 출현으로 제도정치의 민주주의적 위상 자체가 근본적으로 재검토되고 있는 지금, 이렇게 복합적인 과제들이 현단계 민주주의 앞에 제기되고 있는 지금, 한국의 민주주의와 정치는 불구화된 후진적 질서에 의해 발전의 병목지점을 통과하지 못한 채로 고착되어 있다. 이러한 불구화된 한국 민주주의와 정치를 '선진화'해야 하는 것은 이 시대를 사는 우리 모두의 과제라고 하지 않을 수 없다.

참고문헌

강정인. 1998. 『세계화, 정보화 그리고 민주주의』, 문학과 지성사.
구갑우. 2000. 「지구적 통치와 국가형태」, 『경제와 사회』 45호, 봄호.
김영래. 1997. 「전환기적 이익집단정치의 특성」, 김영래 편, 『이익집단정치와 이익갈등』, 한울아카데미.
이해영. 1999. 「신자유주의적 지구화와 한미투자협정(BIT)」, 문화개혁시민연대(준), 『한미투자협정과 문화주권』, 토론회 자료집, 7월 18일.
임현진·김병국. 1993. 「민주화과정에서의 국가·자본·노동관계의 한국적 현실」, 최장집·임현진 공편, 『시민사회의 도전』, 나남.
조희연. 1998. 『한국의 국가·민주주의·정치변동』, 당대.
조희연. 2000a. 「민주주의와 집단행동-집단행동은 민주사회의 기본이다」, 『관훈저널』, 가을호.
조희연. 2000b. 「신자유주의적 세계화와 대안행동」, 국제정치경제포럼, 『신자유주의와 그 대안』, 토론회 자료집, 10월 5일.
풀란차스. 1994. 『국가·권력·사회주의』, 백의.
황태연. 1997. 「15대 대통령 선거 이후 지역화합의 이념과 전략」, 한국정치연구회, 『정치비평』, 제2호.
Dirlik, Arif. 1998. *After the Revolution: Waking to Global Capitalism*, 『전 지구적 자본주의에 눈뜨기』, 창작과 비평사.
Wood, Ellen Meikins. 1997. "A Reply to A. Sivanandan," *Monthly Review*, 47(9), February.
Giddens, Anthoy. 1994. *Beyond Left and Right*, London: Polity Press.
Held, David. 1995. *Democracy and the Global Order*, London: Polity Press.
Jessop, Bob. 1994. "The Transition to Post-Fordism and the Schumpeterian workfare state," in R. Burrows and B. Loader eds., *Towards a Post-Fordist Welfare State?*, London: Routledge.
Schmitter, Philippe C. 1979. "Still the Century of Corporatism," Schmitter and Lehmbruch eds., *Trends toward Corporatist Intermediation*, Beverly Hills: Sage Publications.

보론

민주주의와 미국의 대한정책, 그리고 민주화 운동의 성과와 한계[*]

김 민 웅

1. 미국과 민주주의, 그 동일성의 정치적 신화

우리에게 있어서 미국은 오랫동안 민주주의 그 자체로 각인되어 왔다. 미국과 민주주의는 불가분의 관계에 있었고, 따라서 미국의 민주주의 체제는 우리 자신에게 있어서 최상의 정치적 모델처럼 설정되었던 것이다. 하여, 한국의 민주화 운동은 낙후한 한국정치의 현실에 어떻게 하면 미국의 선진적 민주주의를 이식할 것인가를 놓고 한동안 고민했던 것이다. 이러한 인식은 한국의 군부정권과 미국의 유착 관계가 보다 분명하게 노출되는 1980년대를 거치면서 중대한 변화를 겪게 되지만, 1945년 해방 이후 이 땅을 지배해온 이데올로기적 좌표의 중심에는 '미

---

[*] 이 책에서는 한국의 권위주의체제의 해체와 민주주의의 이행의 과정에서 작용하는 국제적 변수 혹은 '세계체제'적 변수를 분석에 충분히 끌어들이지 못하였다. 제6장에서와 같이 80년 봄의 국면과 87년 국면에서의 미국의 역할과 같이 부분적인 서술이 있으나, 전체적으로 한국의 민주주의 변동과정에서의 외적 변수, 그 외적 변수와 내적 변수의 결합에 대해서는 충분히 다루지 못하였다. 이런 점을 보완하기 위하여, 미국의 대한 정책 변화와 미국의 민주화운동 등을 다루는 김민웅 선생의 새로운 글을 함께 싣는다. 김민웅 선생이 다루는 주제는 한국의 권위주의와 민주주의 이행에 있어 미국은 실질적으로 한국의 권위주의체제의 재생산이나 민주주의 이행의 방향을 압도적으로 규정한 변수였다는 점에서, 이 책의 부족한 점을 보완할 수 있을 것으로 생각된다(편집자 주).

국과 민주주의의 동일성'이라는 정치적 신화가 존재하고 있었던 점을 부인할 수 없다. 이는 미국 자신에게 있어서 냉전시대의 기본 구호이기도 했다. 미국 이외의 모델에서 민주주의의 가능성을 모색하는 것은 냉전체제 전체에 대한 도전이었을 뿐만 아니라, 반민주적 범죄로 규정되는 상황이었던 것이다. 이러한 현실에서 반미(反美)는 곧 민주주의적 질서의 파괴를 의미했다. 이로써 이 동일성의 정치적 신화가 가진 영향력은 지난 반세기의 한국 현대사에서 민주화 운동의 발전과 한계를 동시에 포괄하는 의미를 지니게 된다.

우선, 미국식 민주주의라는 이상적 모델을 상정하고 이를 기준으로 한국의 정치가 비판의 대상이 되었다는 차원에서, 이 동일성의 원칙은 나름대로 일정한 발전적 요소를 지니고 있었다. 이는 민주주의라는 말만 존재했지 그 현실을 구체적으로 경험해보지 못했던 상황의 자연스러운 결과이기도 했다. 미국의 정치문화와 제도가 기준이 되어 한국정치의 봉건적 낙후성과 전근대적 권위주의가 비판의 표적이 되었고, 그런 과정에서 군부정권은 '미국식 민주주의'의 외래성을 공격하면서 급기야는 '한국식 민주주의'라는 대응으로 정통성의 위기를 해결하려 했던 것이다. 사태가 이런 방향으로 굴러가자 민주화 운동 진영에게 미국식 민주주의는 답안이었고, 미국은 독재 및 군부정권과 대립하면서 우리의 민주주의 발전에 우호적 동지로 의심 없이 받아들여졌던 것이다. 미국은 이렇게 해서 한국 정치의 반민주적 행태를 비판하고 압박해 들어가는 이데올로기적 장치가 되기도 하였다.

반면, 미국이라는 나라가 정작 이 땅에 실현하고자 해온 질서의 본질에 대한 이해가 비판적으로 심화되지 못함으로써, 이러한 동일성의 신화는 민주화 운동에 원초적 한계로 작용했다. 그리고 보다 더 나아가서, 이 한계는 해방 이후 우리 내부의 민주주의를 공격적으로 파괴한 미국의 역사적 역할에 대한 이해를 가로막았다는 점에서 심각한 문제를 낳았던 것이다. 미국식 민주주의를 지향했던 자유주의적 사회의식이 독재 및 군부정권과의 투쟁에 있어서 대중적 역량을 일정하게 집결시켰지만, 그것은 원천적으로 미국에 대한 허상에 기초했던 것이다.

그리하여 이승만 독재정권, 박정희 군부정권의 극복을 위한 민주화 운동은 특히 1960년, 1980년 두 차례에 걸쳐 역사적으로 귀중한 계기를 확보했음에도 불구하고, 한국 민주주의의 에너지 폭발을 저지하려는 미국의 전략에 따라 좌절을 겪게 되었던 것이다. 우리의 진정한 민주주의 발전과, 대한정책이라는 이름 아래 추진되어온 한국에 대한 미국의 지배정책이 양립할 수 없다는 사실을 확고하게 인식하지 못했던 것이다. 미국의 대한정책이 추구해온 바는 한국 민주주의 발전에 기본적인 장애였다는 엄연한 현실을 이해하지 못한 결과였다. 도리어 민주화운동은 미국의 영향력이 한국정치 내부에 보다 확대되는 것을 기대하는 사대주의적 발상에 묶여 있기조차 하였다.

가령, 1960년 이승만 체제의 붕괴는 민주주의 정치의 확립으로 전개되기보다는 군부정권의 수립으로 이어지고 말았다. 정치 발전의 계기가 퇴행적 형태로 나타났던 것이다. 이렇게 된 배경에는 냉전체제의 해체 조짐을 보인 민주화 운동에 제동을 걸고자 했던 미국의 대한정책이 결정적 요인이 된다. 또한, 1980년 봄 당시 민주화 운동의 주축 세력은 '우방' 미국이 박정희 체제의 붕괴 이후 한국의 민주주의 발전을 도와줄 것이고 기대했으나, 이것이 얼마나 부질없고 몰역사적이었으며 비주체적인 인식이었는가 하는 점은 그 이후의 역사가 확인해 준 바이다. 미국과 민주주의를 동일하게 이해했던 사고의 결말이었다.

그러한 차원에서 민주주의의 문제는 미국에 대한 기존의 인식을 극복하는 작업과 직결되어 있는 사안이라는 점을 새삼 주시하지 않을 수 없는 것이다. 지난 반세기 우리의 민주주의를 구조적이고 본질적으로 제약해온 것이 '냉전'이라면, 이 땅에서 냉전의 지속적 재생산을 미국이 지휘해왔다는 사실에 대한 인식 없이는 미국과 민주주의의 문제는 바로 정립될 수 없는 것이다. 이것은 국내의 민주화 운동뿐만이 아니라 미국 내에서 진행되었던 한국인들의 민주화 운동에 있어서도 마찬가지로 발견되었던 기본적인 한계라는 점에서, 미국과 민주주의가 동일하다고 생각했던 정치적 신화의 해체는 한국 민주주의 발전에 중요한 의미를 갖는다고 하겠다.

2. 해방 직후 미국의 대한 정책, 한국 민주주의의 기반 파괴

미국과 민주주의의 동일성 신화는 일제시대의 식민지 경험에 뿌리를 둔다. 물론 이것은 거슬러 올라가자면, 구한말 일본의 제국주의 침략을 물리칠 수 있는 국가로 미국을 상정한 인식에서도 확인되는 바이지만, 일본과 미국이 서로 전쟁을 하는 관계가 되면서 미국식 민주주의에 대한 동경은 우리 민족 내부에 더더욱 심화되었던 것이다. 파시스트 국가 일본과 민주주의 국가 미국이라는 대립 등식은 제2차 대전 종료 후 미국이 승자로 판정이 나면서 움직일 수 없는 원리처럼 한국인의 정치의식에 자리잡는다.

이러한 미국에 대한 인식은 해방 직후 미국의 점령정책이 우리 민족의 독자적인 민주주의 건설기반을 붕괴시키는 등 매우 거칠게 진행되는 상황임에도 불구하고, 남로당 계열을 비롯한 좌파가 미국에 대한 인식과 비판을 확고하고도 신속하게 정리하지 못하는 사회적 요인으로 작용하며, 또 미국의 지지를 받은 이승만의 정치적 부상이 쉽게 이루어지는 근거가 된다. 애초부터 민주주의 정치를 할 생각이 없던 제왕적 통치자 이승만의 등장에 미국이 결정적 역할을 하는 것에 대해, "미국이 한국정치의 상황을 제대로 잘 알지 못해 그랬던 것"이라는 식의 대단히 관용적인 해석이 이후에도 한참이나 가능했던 것도 미국과 민주주의의 동일성 신화가 정치적, 이념적으로 막강한 위력을 발휘했기 때문이라고 하겠다. 당시 이승만은 미국식 민주주의를 가장 잘 체현한 존재처럼 받아들여졌고, 따라서 식민지적 상황의 혼란기를 가장 **빠르고 올바르게** 정리, 지도할 수 있는 민주주의적 지도자로 민중들의 기대를 모았던 것이다. 더욱이 그가 미국 프린스턴 대학의 박사학위 소지자라는 점은 민중들이 막연하게 동경했던 미국식 민주주의의 실현이 이 땅에서 이루어지게 될 것이라는 희망을 확대한다.

그러나 이러한 판단의 결과가 얼마나 허황된 것이었는가는 이후의 역사가 그대로 증명해준다. 이승만 체제의 몰락은 처음에는 괜찮게 시작했던 지도자의 변질이나 이후 "인(人)의 장막"에 둘러싸인 결과로 인해 민주주의가 위기에 처해 빚어진 사태가 아니었던 것이다. 이승만 체제는 본질적으로 민주주의를 감당할 수 있는 기반 자체를 가지고 있지 않았고, 이승만 시기의 반민주적 억압의 현실은 그러한 출발의 당연한 결과였던 것이다. 이것은 미국이 이승만 체제를 옹립한 정작의 목적이 민주주의 발전과는 관련이 없었기 때문이다.

실로, 미국은 한국에 민주주의적 기반을 마련하는 일에 애초부터 관심을 갖지 않았다. 아니, 도리어 미국은 한국 내부에 자생적으로 형성되어가던 민주주의적 기반을 공격하고 소멸시켰으며, 자신의 냉전형 패권 질서를 수행할 세력을 옹립하기 위한 전략에 몰두했다. 그리고 이러한 미국의 대한정책은 냉전체제의 방어에 요구된 파시즘의 복구와, 이를 기초로 한 매우 억압적인 정치를 지속하게 하는 근본적인 요인이 되었던 것이다. 그러니 이러한 미국의 영향 아래 성립된 정치체제가 민주주의를 지향할 수 있는 가능성은 원천적으로 존재하지 않았고, 민주주의에 대한 민중의 요구를 억압하는 것이 이 체제의 본질적 요소로 기능하지 않을 수 없었다. 실로 이승만 체제의 등장과정에서, 이 땅의 자생적 민주정치의 조직적 기반이 미국의 토벌대상이 되었던 것은 건국의 민주적 기초를 파괴하는 일이었다.

해방정국에서 미군정이 추진했던 정책의 근본 목표는, 당시 뜨겁게 끓어오르던 민주주의에 대한 한국 민중의 열정을 받아들여 이를 정치적으로 실현하는데 있지 않았다. 미국은 남한지역을 소련과 대치하면서 패권을 유지할 자신의 제국주의적 지배체제에 봉사하도록 하기 위한 근거지로 재편하는 것에 일차적 관심이 있었으며, 이에 필요한 절차를 밟는 것이 대한 정책의 구체적인 내용이 되었다. 이것은 '남한 사회의 재식민지화 과정'에 다름이 아니었고, 자생적 민주주의의 조건을 소멸시키는 절차였다. 그리하여, 한국 땅에서 이루어진 전후(戰後)정치의 요체는 한국 민중의 자치조직 결성을 저지하고 이에 토대를 둔 민주주의 발전을 불온한 것으로 낙인찍으면서, 미국이 관리하는 외생적이고 종속적인 질서를 수용하도록 하는 것이었다. 미국은 한국인들은 자생적으로 민주주의를 할 만한 경험이나 역량이 없다는 인식을 전제로 하여, 한국정치는 어디까지나 미국의 관리대상이 되어야 안전한 것이라는 식민주의적 논리를 관철시켰다. 또한, 이 과정에서 역사적 청산의 대상이었던 친일 구파시스트 세력의 복구를 근간으로 하여 반민주적 구조를 한국정치 내부에 확실하게 설치했던 것이다. 이것은 이후 미국이 한국 민주주의 발전에 있어서 동지적 관계에 있다는 자유주의적 민주화 운동의 대미인식이 얼마나 심각한 역사적 오류에 빠져 있었는가를 보여주는 대목으로서, 한국 정치 내부에 끼치는 미국의 영향력을 최대한 배제하는 작업이 우리의 민주화 운동에 있어서 또한 얼마나 중요한 관건인가를 의미하는 것이었다.

그러나 한국 민주화 운동은 이미 지적하였듯이 적지 않은 세월 동안 도리어 미국의 영향력을 한국 정치 내부에 보다 적극적으로 끌어들여 독재 및 군부정권을 견제하는 것을 중요한 전략적 요소로 사고했다는 점을 간과할 수 없다. 이런 식으로 해서 민주화 운동의 전체적인 판도가 미국의 손안에 그대로 노출되었던 점은, 한국 민주화운동에 있어서 자해적 유산이었다는 점을 비판적으로 인식할 필요가 있을 것이다. 국내외 민주화 운동이 한국 민주주의의 전개과정에서 미국의 영향력을 강화하는 선택을 하기도 했던 것은, 민주화 운동을 기반으로 집권한 김대중 정권이 권력 내부에 친미 사대주의적 요소를 적극적으로 배제할 수 없었던 상황으로 이어지게 되었던 것이다. 그리고 이것은 우리의 국가적 행동 반경을 자주적으로 확대하는 일에 스스로 난관을 조성하는 요인이 되었다.

아무튼, 이렇게 자생적 민주주의의 기반을 붕괴시키는 과정을 통해 형성된 이승만 정권은 미국의 냉전정책을 관철하는 작업에 충실하였다. 이승만 정권이 정치적 반대자를 제거하고 권좌에 도전하는 세력을 진압하는 방식은 철저하게 냉전형 매카시즘을 기반으로 진행되었다. 이는 이승만 정권의 권력 유지를 위한 내적 요구와 함께, 사실상 미국의 아시아 정책의 요구와 깊이 맞물려 있다는 점에서 미국의 의지와 반하는 것이 아니었다. 이 점을 주목하는 것은 대단히 중요하다. 즉, 이승만 정권의 수립과 그 유지의 과정에서 파괴된 한국 민주주의의 실상은 미국의 대한정책이 낳은 직접적인 결과였고, 따라서 미국이 이러한 이승만 체제의 반민주적 행태를 견제하고 저지해줄 것이라고 기대했던 것은 오산일 수밖에 없었던 것이다. 실상, 매카시즘 자체가 미국 자신의 민주주의를 심각하게 훼손했던 정치이념적 도구였다는 점에서, 이를 그대로 받아들여 내정의 무기로 삼은 이승만 정권의 본질은 냉전체제 하에서 민주주의의 성장을 근본적으로 제약하는 것에 다름 아니었다.

이승만 체제의 붕괴는 우리에게 미국의 패권적 지배에서 벗어날 수 있는 중요한 기회를 제공해주었으나, 바로 이러한 대미인식의 한계로 말미암아 도리어 대미의존을 통한 정국변화를 꾀하는 종속적 선택을 하고 만다. 당시 우리 민중에게 있어서 미국은 이승만 체제를 극복하는 데 있어서 결정적 역할을 한 존재로 인식되었고, 따라서 미국의 지원을 받는 세력이 한국 민주주의 발전에 도움이 된다는 생각이 광범위하게 퍼진 것은 자연스럽기까지 했다. 그러나 미국의 입장에서는 민중들의 저항에 직면한 이승만 체제의 존속은 미국의 냉전정책 자체의 와해를 의미할 수 있다는 점에서 이승만의 제거가 필연적으로 요구되었고, 이후의 사태를 주도하기 위한 새로운 정치적 장치를 강구하지 않을 수 없었다. 그리고 그것은 당시 냉전을 해체하고 통일운동으로 급진전되려는 찰라에 있던 민주화 운동을 저지할 수 있는 강력한 반공체제의 재정비, 즉 군사정권의 등장에 초점이 모아졌던 것이다. 이렇게 보자면, 이승만 체제를 통한 미국의 냉전정책의 확립은 자생적인 한국 민주주의의 기반을 구조적으로 해체했고, 이승만 체제의 붕괴에 이어 재생의 기미를 보이고 있던 민주주의적 역량을 다시 한번 봉쇄해버리는 결과를 가져왔던 것이다. 한국 민주화 운동의 대중적 확산이 격렬하게 이루어졌던 상황에서 박정희 체제가 성립한 근간에는 한국 민주주의의 발전과는 모순관계에 있을 수밖에 없는 미국의 대한정책이 존재했다. 따라서 한국 민주화 운동은 사태의 진실이 밝혀지면 언젠가는 미국의 대한 정책과 대립하지 않을 수 없는 본질적인 과제를 안고 있었던 것이다. 그러나 그러한 과제가 명확해지기까지는 한국의 민주화 운동은—그것이 국내이든 해외에서이든—한국 민주주의 발전에 대한 미국의 선의(善意)를 전제하는 틀에서 크게 벗어나지 못했던 것이다.

3. 반(反)민중혁명 정책과 군부정권에 대한 지원

이승만 체제의 붕괴를 가져온 4·19 학생혁명이 확보한 자유의 공간은 한국 민주주의 발전사에 있어서 획기적인 의미를 지닌 것이었다. 우선 억압적인 정치체제를 극복하는 민중의 민주주의적 역량이 일정하게 증명되었던 것이다. 이것은 해방 직후 압살당하다시피 했던 민주주의 역량의 재기를 뜻했고, 민주주의의 제도적 확립을 목표로 하는 정치적 에너지를 집결시켰다. 뿐만 아니라, 한국 민주주의 발전을 근본적으로 가로막고 있던 냉전체제와 분단문제를 혁신적으로 접근할 수 있는 상황을 만들어 주었다. 한국 민주주의와 가장 첨예하게 대립해왔던 문제가 반공법, 또는 국가보안법이었다는 점에서 이러한 문제는 광범위하게 제기되었고, 이에 대한 대중들의 관심이 급속도로 정치화될 수 있는 환경이 조성되었다. 이는 실로 자유와 인권, 그리고 노동자들을 비롯한 민중들의 경제적 권리를 보장할 수 있는 민주주의적 논의에 진전을 이룩할 수 있는 계기라고 할 수 있었다.

그러나 당시 제3세계 민족해방투쟁의 확산을 경계하고 있던 미국의 반(反)민중혁명 정책(Counter-insurrection Policy)에 근간을 둔 대응으로 인해 사태는 급변하였다. 즉, 군부정권 수립이라는 방식으로 쿠바혁명을 비롯한 제3세계 민족해방운동에 대한 대응을 강구하고 있던 미국 케네디 정권의 노선으로 해서, 박정희 군사정권 체제의 성립은 미국의 정책과 갈등하지 않고 진행될 수 있었던 것이다. 사실, 이승만 체제의 붕괴 이후 한국의 민주주의 발전은 미국에게 상당히 위협적인 요인으로 다가왔다. 냉전체제의 문제를 한국 민중 자신이 직접 전면에 나서서 논의하고 해결해나가겠다는 것은, 아시아 지역에서 유지하고 있던 미국의 냉전정책과 그 주도권을 근본적으로 뒤흔들 수 있는 것이었다. 이승만 체제의 청산은 어디까지나 미국의 냉전정책에 순응하는 체제의 성립으로 이어지는 것이어야지, 이에 저항하거나 도전할 수 있는 가능성이 있는 움직임은 차단의 대상이 되지 않을 수 없었던 것이다. 그러나 냉전의 현실에서 한국의 민주주의는 당연히 냉전체제의 극복과 청산을 과제로, 그리고 피폐해진 민중들의 경제적 권리를 회복하는 것을 관건적인 정치적 목표로 내세우지 않을 수 없었다.

한국의 민주주의가 이렇게 발전해나가게 되는 것은 미국으로서는 달갑지 않은 상황이었다. 우선, 미국이 유지하고 있던 냉전체제에 대하여 의문을 제기하는 세력이 정치적 상황을 주도할 가능성이 높아졌고, 노동자들의 권리에 주목하는 진보적 민주주의의 형성은 냉전정책이 수호하는 미국 자본주의 체제 자체에 대한 비판으로 이어질 수 있었기 때문이다. 이러한 상황에서 미국은 앞서 언급했듯이 이들 진보적 민주화 운동의 역량을 견제 내지 통제하면서 미국의 냉전정책을 강력하게 추진할 수 있는 세력의 등장이 절실해지게 되었다. 이러한 미국의 정책은 1960년대 제3세계 전반에 걸쳐 확산되어 갔던 진보적 민주화 운동의 열기를 차단하고, 군부정권의 수립을 통해 미국의 패권적 지배체제를 안정시키는 일반적인 움직임과 궤를 같이 하는 것이었다. 이승만 체제 붕괴 이후의 정치적 공간에서 진행되어 가던 한국 민주주의 발전에 일대 타격을 가하는 박정희 체제는 이러한 상황에서 등장할 수 있었던 것이다.

박정희 체제는 미국에게 있어서 동북아시아 지역의 냉전정책 관철과, 미국 자본주의 체제의 안정적 발전 및 확대를 위한 세계적 거점의 하나가 되었다. 미국에게 있어서 이승만 체제가 냉전체제 확립 1기의 정치적 장치였다고 한다면, 박정희 체제는 진보적 민주화 운동으로 인해 냉전체제가 동요할 수 있는 위기의 시점에서 이를 보다 강력하게 방어할 수 있는 대안이었다. 또한 이는 당시 괄목할 만한 경제성장을 보였던 사회주의체제의 공세에 맞설 수 있는 자본주의 시장의 육성에 요구되는 제3세계 국가시스템 재정비 과정의 산물이었다고 하겠다.

1960년대 당시 미국의 대한 정책을 비롯한 제3세계 정책의 기본노선은 진보적 민주화 역량을 신속하게 진압, 통제할 수 있는 군부정권을 근간으로 한 자본주의 시장경제의 압축성장이었다. 60년대에서 시작하여 70년대와 80년대에 이르기까지 이어지는 미국의 정치학에서 비교정치학이 주류를 이루었던 것도, 이러한 미국의 정책적 요구와 깊숙한 관련을 가졌기 때문이었다. 비교정치학의 가장 주된 주제는 제3세계 국가와 사회 내부에 어떻게 하면 미국식 민주주의의 정치경제적 모형을 창출하고 이를 실현시키는가에 있었다. 한마디로 미국식 민주주의체제와 결합한 시장경제의 형성이었다. 그래야만이 한국과 같은 사회는 근대화되고 정치적 민주주의의 조건을 갖출 수 있으며, 또 좌파의 공세로부터 이른바 자유민주주의 체제를 지켜낼 수 있다는 것이었다. 문제는 이를 누가 수행할 수 있는가 하는 것이었다. 그런데, 사무엘 헌팅턴(Smuel P. Huntington)을 비롯한 비교정치학의 주도세력들은 한국을 포함한 제3세계 국가들이 식민지 해방 이후, 전근대적 현실에서 근대적 현실로 이행하는 과정이 민중들의 민주적 요구를 폭발시켜 정치적 혼란을 야기시킨다고 하면서, 이를 적절히 통제할 수 있는 정치체제로서 군부정권의 정당성을 피력하였다. 그리고 이들 나라에서는 자본주의 시장의 역사적 형성과정이 아직 미숙하기 때문에, 전근대적 사회에서 가장 현대적인 훈련을 받은 군부의 정치적 역량을 중심으로 한 경제발전 전략이 필요하다고 역설하기도 했다. 가령, 이러한 논리에 따라 경제발전의 도약이론을 주창한 MIT의 월트 로스토우(Walt W. Rostow)가 이후 CIA에서 미국의 제3세계 군부지원정책을 지휘하는 역할을 맡게 되는 것은 우연이 아니었다.

이와 같은 미국 사회과학의 이론적 세례를 받은 적지 않은 미국 유학생 출신들이 박정희 군부정권에 협조하고 한국 민주화 운동과 대립하게 되었던 역사는 단지 이들의 개인적 선택에 그치는 일이 아니라, 미국의 제3세계 정책 내지는 대한정책이라는 보다 본질적인 요인에 기인했던 대목이 있었음을 주목할 필요가 있을 것이다. 다시 말해서 미국식 민주주의의 경험과 훈련을 받았다고 하는 미국 유학생 출신 지식인들이 민주화 운동에 관심을 갖기보다는 군부정권의 유지와 존속에 이해를 같이한 것에는 개인적 야망의 차원과 함께, 군부정권을 통한 이른바 시장경제의 강제적인 압축 성장을 지지하고, 냉전체제의 해체를 시도하려는 진보적 민주화 운동의 역량 진압을 당연시여긴 측면 또한 있음을 간과하지 않을 수 없는 것이다.

그러나 미국은 외형적으로는 군부정권에 대한 지지를 노골화할 수 없는 입장, 즉 군부정권과 민주주의 체제가 대립한다는 것을 정면으로 부인할 수 없는 처지로 인해 박정희 체제의 폭력성을 일정하게 견제하는 역할을 하게 된다. 그리고 이러한 정책은 박정희 체제에 대한 통제를 비롯하여, 박정희 체제의 폭력성이 심화될 경우 냉전체제 자체의 위기가 재현될 수 있다는 점을 고려한 것이라고 하겠다. 그런데 바로 이러한 견제 역할이 곧 미국이 한국의 민주주의를 지원한다는 메시지로 오해되어, 한국의 민주화 운동은 미국을 반독재 반군부 저항 운동의 장으로 끌어들이려는 노력을 했으며, 그러한 통로를 확보하는 것을 민주화 운동의 매우 중요한 성과의 하나로 인식하는 경향을 보였던 것이다. 이러한 경향은 70년대 중반에 들어서서 일어난 박정희 반대, 반유신 운동과 특히 김대중 구명 운동을 계기로 80년대 초반 급성장하게 된 미국 내 한국인 민주화 운동에서 가장 극명하게 드러난 대목이었다. 당시 미국 내 민주화 운동은 냉전의 청산이라는 보다 본질적인 과제를 제기하기보다는, 한국의 민주화 운동에 대한 미국의 지원을 호소했고 냉전체제의 청산을 요구하는 목소리를 이념적으로 매도하고 도리어 적대시하는 모습까지 보였던 것이다. 이것은 민주화 운동이 미국이 설정해놓은 냉전체제 유지의 틀에서 벗어나지 못했음을 의미했다. 이러한 민주화 운동의 양상은 전두환, 노태우 체제를 거치면서 이후 미국의 민주화 운동 지원을 호소하는 세력과 냉전체제 해체를 주장하는 통일운동으로 분열되는 결과를 가져왔으며, 이 과정에서 일어난 '친북논쟁'은 두고두고 미국 내 민주화 운동 진영에 깊은 상처를 남기고 말았다. 함께 민주화 운동을 했던 세력 내부에서 친미주의자, 빨갱이 등의 상호 비난으로 미국 내 민주화 운동은 국내 민주주의 지원이라는 역할을 수행하는 에너지의 상당 부분을 내부의 적대적 감정 대립에 쏟았던 것이다.

4. 미국 내 한국인 민주화 운동의 공헌과 그 한계

이승만 정권 당시 미국 내에서 한국인 민주화 운동은 조직적으로 형성되지는 못하였다. 도산 안창호 계열의 독립운동을 계승하고 있던 세력의 일부가 이승만을 비판하는 움직임을 보였고 이는 이후 미국 내 민주화 운동의 원로적 역할을 감당하는 뿌리가 되기는 하였으나, 기본적으로 이 시기 동포사회의 기반이 미약했다는 점으로 인해 한계가 있을 수밖에 없었다. 또한 미국을 경험한 세력이 한국 사회에서 상류층으로 행세할 수 있었다는 것 때문에, 대다수 미주 동포사회 출신들은 이승만 체제와 고도의 정치문화적 친화력을 가질 수 있었다.

그러나 박정희 체제의 등장은 적지 않은 정치적 망명자 그룹을 만들어냈고, 이들은 미국 내 반 박정희 운동에 있어서 중요한 역할을 맡게 된다. 가령, 장면 정권 당시 유엔 대사를 지냈던 임창영이 군부 쿠데타 이후 미국에 망명하였고, 그가 이후 미국 내 민주화 운동과 통일운동의 경계선에서 지도적 위치에 있게 되었던 것은 이러한 정세에 기인한다. 안창호 계열의 프랑스 주재 영사출신 한승인 역시 미국 내에서 반(反)박정희 민주화 운동의 선봉에 서게 되는데, 이렇게 형성된 민주화 운동 세력은 역시 이후 정치적 망명자 신세였던 김대중과의 만남을 통해서 대중적 지지 기반을 폭발적으로 확대해나가게 된다.

미국 내 민주화 운동은 군부정권 하의 한국에서 언론통제가 심했다는 점에서 우선, 보다 자유로운 여론의 우회적 통로로 기능하는 측면이 강했다. 또한 미국의 움직임에 대한 직접적인 정보가 있다는 점, 미국 정계와의 접촉이 가능하여 민주화 운동에 우호적인 인맥 형성이 유리하다는 점, 그리고 어려운 처지에 있던 국내 민주화 운동에 대한 경제적 지원을 할 수 있다는 점으로 해서 자신의 역할에 대한 존재 의의와 자신감을 가질 수 있었다. 뿐만 아니라, 미주 지역에 이따금 오게 되는 민주화 운동가들에 대한 대접과 보호, 그리고 활동 지원도 미국 내 민주화 운동의 일이 되었다.

미국 내 민주화 운동은 미국 언론들이 보도하는 한국 정세나 비판 등을 국내에 알리는 일을 통해서 미국이 한국의 군부정권에 대하여 비판적인 입장을 지니고 있다는 인식을 확산하는 일에 열중했다. 미국 언론의 한국 정부 비판은 국내 언론에 보도통제의 대상이었다는 점에서도 이러한 활동은 국내 민주화 운동세력에게 격려가 되었고, 결국 오산이긴 했으나 한국 민주주의 발전에 있어서 미국의 역할에 대한 기대를 높여주었다. 또한 국내에서 발표할 수 없는 문건이나 자료 등을 미국 내에서 출간하여 다시 국내로 들여보내는 작업이 미국 내 민주화 운동에 있어서 중요한 위치를 차지했다. 또 국내에서 돌아다니는 지하 문건들을 묶어 출간하여 미국 내 동포사회에 배포하여 민주화 운동의 대중적 지지기반을 확보하는 일이 중요한 비중을 차지했다. 뉴욕 지역에서 기독교 지식인들이 중심이 된 목요기도회의 핵심 인사의 하나였던 김정순이 중심이 된 '갈릴리 문고'의 경우, 바로 이러한 역할을 감당했고 동아일보 미주판은 동포사회 내부의 한국 민주화 운동 지원 여론 조성에 있어서 적지 않은 공헌을 했다.

이러한 미국 내 민주화 운동의 여론 조성 활동은 미국 정계와의 접촉과 민주화 운동에 우호적인 인맥 형성의 발판이 되었다. 이 작업에는 미국교회협의회 회장을 지낸 바 있는 이승만 등 인권운동을 축으로 한 기독교 지식인들의 역할이 컸다. 한국의 기독교 전통이 이미 미국과의 관계가 긴밀하고 이러한 배경에서 성장한 기독교 지식인들이 영어에 능통한 데다가 이념적으로 시비가 걸릴 우려가 약했으며, 한국 민주화 운동에 관심이 깊은 미국 교회 지도자들을 통해서 미국 정계와의 통로를 만드는 일에 적극적으로 나섰던 것이다. 이러한 이들의 노력은 이후 김대중의 미국 체류기간 중에 그에게 우호적인 미국내 인맥 형성에 있어서 결정적인 의미를 갖게 한다.

80년대 들어서서 미국 내 민주화 운동 발전사에 있어서 빼놓을 수 없는 인물로서는 서경석과 윤한봉을 들 수 있다. 이 두 사람은 모두 국내 민주화 운동에 있어서 중요한 역할을 감당했던 인물로서 서경석은 보수적 기독교계의 흐름을 주도한 반면, 윤한봉은 보다 진보적 입장에서 민주화 운동에 통일운동의 요소를 추가하는 일에 열정을 기울였다.

또한 청년운동도 각기 경쟁적으로 조직하면서 민주화 운동의 대중적 기반을 확대해나갔다. 미국 내 민주화 운동은 한국 정치상황의 현장 경험이 부족하거나 결여되어 있던 상황에서, 학생운동 출신의 이 두 사람—서경석은 유학생으로, 윤한봉은 광주민주항쟁 이후 밀항선 입국으로 망명—의 등장에 따라 아연 새로운 활기를 얻게 된다. 당시 가장 투쟁적이며 활동상이 뚜렷했던 한국 내 학생운동의 전통과 맥락을 같이 할 수 있다는 흥분이 미국 내 민주화 운동을 뜨겁게 달구었고, 미국과 한국의 거리를 좁히는 듯한 느낌을 주었기 때문이었다. 그러나 미국에서 오래 살고 있던 기독교계 지식인들이 중심이 되었던 미국 내 민주화 운동에 있어서 새로운 주역의 위치로 부상했던 이 두 사람의 노선상의 차이는 이후 미국 내 민주화 운동에 있어서 적지 않은 분열의 요인이 되었고, 냉전체제의 극복과 관련하여 치열한 이념논쟁을 유발시켰다. 문동환, 박상증, 한완상의 미국 체류도 미국 내 민주화 운동에 중요한 영향을 끼쳤다. 이들은 미국 내 기독교 지식인들의 결집을 주도했고, 국내 민주화 운동 지지를 위한 해외의 대중적 기반 확대에 중요한 역할을 감당했다. 또한 미국의 교계 지도자들과 정계 인사들의 인맥을 넓혀 미국 내 민주화 운동의 보다 깊숙한 발판을 마련하는데 일조했다. 그리고 이후 이들의 국내 귀환은 해외 민주화운동의 인맥을 국내와 연결시키는 작업에 중요한 고리 역할을 하게 되었다.

한편, 민주화 운동의 진전 과정에서 미국의 군부정권 지원 중단을 요구하는 시위를 중요한 과제로 삼고 있던 상황에서, 분단문제를 정면으로 제기하는 일이 한국 민주주의 문제 해결에 보다 중심되는 현안이라고 인식하는 움직임이 일어났다. 그리고 이들은 그 작업의 첫 단계로서 북한과의 대화를 시도하는 일에 에너지를 집중하기 시작했다. 그러나 이러한 이들의 활동은 이들의 의도와는 달리, 민주화 운동 내부에서 격렬한 논쟁과 분열의 요인이 되고 말았다. 여기에는 특히 일본 체류 시기 한민통 사건으로 인해 어려움을 겪은 바 있는 김대중에 대한 지지세력의 반발이 가장 크게 작용했다. 북한과의 대화를 시도하는 일은 미국 내 민주화 운동이 친북세력으로 몰려 한국 민주화 운동에 제약이 되고, 이로 말미암아 대중들의 지지를 위축시킬 수 있다는 주장이었다. 이러한 논쟁은, 북한과의 대화를 통한 통일운동으로의 발전은 현실에서 국가보안법적 제약이 없는 미국 내 민주화 운동에게 맡겨진 특별한 역할임을 강조하는 측과, 그렇게 하다가는 민주화 운동 자체의 붕괴가 있을 수 있다고 경고하는 측으로 나뉘어 앞서 거론한 '친북논쟁'으로 비화하게 된다.

이러는 가운데, 미국 내 민주화 운동 속에서는 광주학살과 관련한 미국의 책임을 근본적으로 제기하는 목소리가 나오기 시작했고, 한반도에서 미국의 핵무기를 철수하라는 운동까지 등장하는 양상이 벌어졌다. 이것은 미국 정부와 정면으로 대립하는 운동이 될 수 있다는 점에서, 미국 정부 당국의 지원을 호소해온 미국 내 민주화 운동의 주류로서는 당황스럽기 짝이 없는 사태의 전개였다. 이로써 기존의 민주화 운동 세력 내부에서는 미국 내 민주화 운동의 순수성을 해치는 반미운동 내지는 친북적 통일운동이 침투했다는 인식이 생겨났고, 이러한 움직임을 가려내는 일이 민주화 운동의 대중적 역량을 보호하는 일에 중요한 관건으로 여겨지는 상황이 벌어졌다. 그러면서, 미국 내 민주화 운동은 극도의 분열상태에 처하게 되었다. 이러한 상황을 전제로 하여 김대중과 그의 지지세력을 중심으로 '선민주 후통일론'이 등장했고, 기존의 민주화 운동세력 내부에서 통일운동 그룹을 배제해나가려는 경향이 강해지게 되었다. 냉전체제의 현실에서 '빨갱이'로 매도되는 상황을 피해야 한다는 정치적 요구와, 이를 정면으로 돌파해야 한다는 입장이 대립하게 되었던 것이고, 양자는 서로 가는 길이 달라지는 숙명을 안게 되었다.

그러나 민주화 운동이 냉전체제 해체의 문제를 보다 본질적으로 파고들어 가는데 한계를 보임으로써, 김영삼 정부 등장 이후 더 이상의 운동적 목표를 갖지 못하게 된 미국 내 민주화 운동은 급격하게 세를 잃게 되었다. 그에 반해 통일운동으로 뻗어나간 세력들은 새롭게 집결하여 오늘에 이르고 있다. 기존의 민주화 운동 주류가 민선민간정권의 등장과 이에 대한 미국의 지원을 기대했다는 점에서, 김영삼 정부의 출현은 민주화 운동의 에너지를 새롭게 펼쳐나갈 수 없게 하는 역설적 요인을 제공한 셈이었다. 민주화 운동의 역할은 이제 완료되었다는 인식이 확산되기 시작했기 때문이었다. 아무튼, 군부정권 청산과 민선민간정권 등장에 있어서 미국의 지원을 모색했던 자유주의적 민주화 운동은 냉전체제의 본질과 지속적으로 직면하는 방식보다는 군부체제의 청산이 곧 민주주의라고 이해했던 것이다. 이와는 달리, 통일운동의 방향으로 운동목표를 이동시킨 세력은 민선민간정권이 들어섰어도 미국의 패권적 지배체제와 냉전의 유지는 여전히 한국 민주주의 발전에 장애라고 인식하는 차이를 보였던 것이다.

5. 민주화 운동, 그 새로운 목표

한국의 민주주의 발전사를 미국의 대한정책과 관련하여 검토해보면, 상당 기간 민주화 운동의 민주주의에 대한 기본 개념은 정치적 억압이 없으며, 사상적 논의가 자유로운 현실을 상정하는 것으로 압축할 수 있다. 자유주의적 전통에 뿌리박은 민주주의 개념이 그 중심에 서 있었던 것이다. 그러나 이러한 민주주의 개념은 냉전체제의 존속과 경제적 자주성의 위기, 민중현실의 피폐성을 경험하고 있는 현실에서 보다 심층적인 재검토가 요구되고 있다. 60년대 이후 민주화 운동이 대체로 주력해온 것은 파시스트 군부체제의 청산이었다. 그러나 그러한 개념에 머물러 있는 상태에서는 민선민간정권이 들어선 이후에는 역할의 공간이 소멸될 수밖에 없는 것이었다. "이제는 민주화가 되었으니 더 이상 민주화 운동의 존재 이유는 없다"거나, "그동안 민주화 운동이 노력해온 바가 드디어 달성되었다"는 식의 인식이 자리잡게 되는 것이다. 실로 이러한 민주주의 개념의 한계로 인해 미국 내 민주화 운동은 김영삼 정권 성립 이후 빠른 속도로 해체되었고, 대중적 지지 기반과 열기는 회복불능의 상태에 이르게 되었다. 군부정권의 퇴장이 곧 민주주의를 의미했던 것이다. 이런 가운데 한국 민주화 운동은 '시민운동'이라는 방식으로 자신의 역할을 새롭게 모색하기 시작했고, 민선민간정권의 등장에 따라 정치적 자유주의에 만족하고 있던 한국 현실에서 급진적인 위상을 갖고 있었던 민중운동과는 일정한 차별성을 갖고 거리를 두는 모습을 보였다고 하겠다.

그러나 한국의 현실에서 민주주의가 좌파정당의 결성 허용까지를 포함하는 사상의 자유, 민중의 경제적 권리 보장, 냉전 해체, 자주적 국가 발전과 통일 등을 기반으로 하지 않고서는 진정한 의미의 진전이 어려움을 주목한다면, 민선민간정권의 성립이나 김대중 정권의 등장을 통한 정권교체 등은 민주주의 발전의 한 제도적, 정치 문화적 요건에 불과했던 것이다. 게다가 미국의 패권적 지배정책이 여전히 남한지역에서 위력 있게 관철되고 있는 마당에, 위에서 언급한 민주주의의 실현은 아직도 미완의 과제로 남아 있는 것이다. 민주주의의 가치를 실현해야 할 현실은 복잡다단하게 존재하고 있음에도 불구하고, 민주주의 외형적 개념에 만족한 나머지 그 진정한 내용을 채워나가는 일에는 한계를 보였던 것이다. 특히, 미국의 신자유주의 정책에 따른 한국 경제의 종속과 군사주의 노선에 의한 냉전의 유지와 강화는 민중적 권리의 회복과 공동체적 보장이라는 민주주의의 심화 발전에 기본 장애로 작용하고 있다고 하겠다. 즉 민주화 운동의 범주는 이제 매우 새로운 차원으로 확대되고 진전을 이룩해야 하는 과제를 안고 있는 것이다.

국가보안법의 존속은 민주주의 발전에 있어서 아직도 냉전의 틀이 압도적인 영향력을 발휘하고 있음을 실증하고 있고, 이를 근본에서 해체시킬 수 있는 군사적 적대관계의 해결은 미국의 압박 아래 진전을 보지 못하고 있다. 해방정국 하에 미국이 이 땅의 자생적 민주주의 기반을 소멸하는 작업에 주력했던 것과 다를 바 없이, 오늘날에도 미국은 이 땅의 민주적 요구와 그에 기초한 민족적 선택을 가로막고 있는 것이다. 이에 대한 절박한 인식과 미국의 패권정책을 극복하는 새로운 민주화 운동의 형성이 있지 않고서는 우리의 민주주의는 기본적인 한계에 갇힐 것이다. 도대체 민주주의란 무엇인가? 다수의 민중이 자신의 정치 경제적 운명을 책임지고 결정할 수 있으며, 그로써 자신의 권리를 공동체적으로 보장해나가는 과정과 체제가 아닌가? 그런데 이러한 과정과 작업이 강대국의 패권적 분열정책과 지배전략에 의해 근본적으로 좌절되는 상황이 있다면, 그것은 곧 민주주의의 위기에 다름이 아니다. 미국이라는 강대국의 존재로 말미암아, 신자유주의 정책에 의해 사회적 약자들이 희생당하고, 이들을 지켜낼 수 있는 국가적 기능이 반(反)시장적이라고 공격의 대상이 되고 있는 것은 오늘날 이 땅의 민주주의가 어떤 현실에 처해 있는지를 보여주고 있다. 미국 내에 있어서도 자본주의가 과연 민주주의와 양립할 수 있는 것인지에 대한 진보적 논의가 진행되고 있으며, 자본주의 체제의 모순과 대결하는 민주화 운동의 제기가 이루어지고 있다는 점을 주목한다면, 우리의 민주화 운동이 어떤 진로를 모색해야 하는지 가늠이 될 것이다.

결론적으로 정리하는 의미에서 미국의 대한정책과 관련하여 살펴보면, 지난 시기의 민주화 운동이 주된 목표로 삼은 것이 미국의 패권전략과 종속적 동맹관계에 있던 군부정권의 청산이었다고 할 수 있다. 그러나 군부정권 시대의 청산 내지는 잔재 극복이 곧 민주주의의 실현은 아니다. 이렇게 되면, 우리에게 있어서 한국 현대사의 민주화 운동은 자칫 역사연구의 대상으로만 머문 채, 현재적 역량으로 살아 움직이는 힘이 되기 어렵게 된다. 미국의 패권전략이 군사적 장치로 지배했던 과거의 양식을 바꾸어 자본의 직접 지배로 전환, 민중의 생존권을 위협하고 다수의 정치 경제적 결정권을 박탈하는 상황을 만들고 있다는 점에서,

이제 과거의 운동역량을 계승 발전해야 할 민주화 운동은 미국의 대한 정책을 본질적으로 규명하여 이것이 가지고 있는 침략성과 반민주적 기조와 맞서 투쟁하는 태세로 들어서야 할 것이다. 더욱이 오늘날과 같은 세계화 시대의 한국 현실에서 민주화 운동은 국가의 자주성 회복과 사회의 공동체적 연대 강화, 자본에 대한 민주적 통제와 관리, 통일의 기반 조성을 위한 사상의 자유 확보, 그리고 진보적 정당의 결정과 제3국의 좌파정당과의 연대까지를 포함하여 용인하는 단계로까지 나가도록 해야 할 것이다. 이것은 특히 미국식 민주주의, 미국의 자본주의 체제, 미국의 세계전략이 우리의 민주주의 발전과정에 어떤 의미를 가지고 있는 것인지 비판적으로 검토하고 방향을 잡아 나가는 노력을 촉구하고 있다.

그런 차원에서 미국에 대한 좀더 심도 있는 연구와 그 성과의 축적은 미국과 민주주의를 동일시했던 정치적 신화에서 해방되고, 우리 자신의 민주주의를 발전시켜나가며 인간의 권리를 보장하고 확대해나가는 작업에 도움이 될 것이다. 미국이 주도하는 세계자본주의 체제가 끊임없이 재생산하고 있는 폭력, 억압, 착취의 문제를 정면으로 마주하여 정치사회적 해결 역량을 길러나가는 길을 찾아야 하는 것이다. 이제 새로운 역사적 현실에 서 있는 우리의 민주화 운동은 그리하여 신자유주의의 폭력과 투쟁하고, 이와 연계하여 미국 자본주의체제의 지배전략이 담고 있는 반민주적 본질을 극복하려는 반(反)세계화 시민운동과의 접목 속에서 새로운 지평을 확보해나가도록 해야 할 것이다. 이것은 특히 1997년 이래 한국 사회의 현실이 초국적 자본의 지배 아래 급속하게 빨려들어가고 있다는 점을 주시하여, 21세기형 민주화 운동으로서의 사회운동의 발전적 미래를 위해서라도 반드시 필요한 인식의 전환과 자세 정립의 기초가 될 수 있다. 이로써 우리는 지난 시기의 민주화 운동과 민중운동의 성과를 변증법적이고도 총체적으로 결합하여, 한국 민주화 운동의 세계적 차원을 열어나가는 노력을 기울여야 할 것이다.

 글쓴이

조 희 연 chohy@mail.skhu.ac.kr
학   력 : 서울대 사회학과 졸업, 연세대 사회학과 박사
주요경력 : (현)성공회대 사회과학부 교수, 성공회대 시민사회복지대학원장, 참
여연대 집행위원장 / 미국 남가주 대학교(USC) 및 영국 랑카스터
대학교 교환교수
강의분야 : 정치사회학, 사회변동론, 사회운동
관심분야 : 사회운동과 NGO, 국가와 민주주의
주요논저 : 『한국사회구성체논쟁 I-IV』(한울, 1989-1992), 『계급과 빈곤』(한울,
1992), 『한국사회운동과 조직』(한울, 1993), 『한국의 국가·민주주의·
정치변동(당대, 1998), 『한국의 민주주의와 사회운동』(당대, 1998) 외.
홈페이지 : http://dnsm.skhu.ac.kr

정 태 석 jeongts@chollian.net
학   력 : 서울대 사회학과 졸업, 서울대 사회학 박사
주요경력 : (현)동해대 사회복지학과 교수 / (전)서강대·서울대·성공회대·한림
대·한신대 강사
주요논저 : 『세계사적 나침반은 어디에』(공저), 『NGO란 무엇인가』(공저), 「구
조와 행위 및 거시와 미시의 교차연계 방법론에 관한 연구」(1998),
「6월 항쟁 이후 한국 시민사회의 변화와 사회운동론의 이데올로기」,
「제3의 길의 탈맥락화」 외.
홈페이지 : http://my.dreamwiz.com/jeongts

전 명 혁 junmh@mail.skhu.ac.kr
학   력 : 한국외국어대 말레이·인도네시아어과 졸업, 성균관대 역사학 박사
주요경력 : (현)민주화운동자료관추진위 자료실장, 성균관대·한국외국어대 강
사, 역사학연구소 연구원 / (전)서울사회과학연구소 연구원, 전국대
학강사노동조합 위원장

주요논저 : 「1920년대 국내 사회주의운동 연구-'서울파'를 중심으로」(1998), 「조선공산당 제1차당대회 연구」(2000) 외.
홈페이지 : www.ihs21.org/jun/

정 해 구 hgjung@mail.skhu.ac.kr
학   력 : 연세대 행정학과 졸업, 고려대 정치학 박사
주요경력 : (현)성공회대 사회과학부 교수, 한국정치연구회 부회장, 민주화운동자료관추진위 공동집행위원장
주요논저 : 『10월인민항쟁 연구』(열음사, 1988), 『박정희를 넘어서』(공저, 푸른숲, 1998), 「한국정치의 민주화와 개혁의 실패」(1997), 「한국의 민주변혁운동과 5·18민중항쟁」(1999) 외.

오 유 석 ysoh@mail.skhu.ac.kr
학   력 : 이화여대 사회학과 졸업, 이화여대 사회학 박사
주요경력 : (현)성공회대학교 사회문화연구소 연구교수, 민주화운동자료관추진위 연구실장, 한국산업사회학회 운영위원, 역사문제연구소 운영위원/ 1992~1993년 미국 메릴랜드 대학 객원연구원
연구분야 : 정치사회학, 역사사회학(사회사), 북한사회 전공
주요논저 : 『여성이 만드는 통일한국의 미래』(공저, 미래인력센터, 2000), 『20세기 서울 현대사』(공저, 2000), 「북한 사회주의 체제의 가부장제」 (2001), 「1950년대 한국 민주주의 출발의 구조와 제약」(2001) 외.

이 광 일 leeki@mail.skhu.ac.kr
학   력 : 성균관대 정외과 졸업, 성균관대 정치학 박사
주요경력 : (현)성공회대 사회문화연구소 연구교수, 한국정치연구회 연구위원
주요논저 : 『박정희를 넘어서』(공저, 푸른숲, 1998), 『세계사적 나침반은 어디에』(공저, 한울, 2001), 「한국의 민주주의와 노동정치-급진노동운동의 이론과 실천을 중심으로」, 「한국에서 파시즘 형성에 관한 연구」 외.

조 현 연 hycho@mail.skhu.ac.kr

학   력 : 한국외국어대 정외과 졸업, 한국외국어대 정치학 박사
주요경력 : (현)성공회대 사회문화연구소 연구교수, 한국정치연구회 연구위원, 민주노동당 정책위원회 부위원장, 민주화운동자료관추진위 기획실장 / (전) 학술단체협의회 정책위원장, 민주노총 정치위원회 자문위원
주요논저 : 『한국 현대정치의 악몽-국가폭력』(책세상, 2000), 「한국의 정치변동과 민중운동의 동학: 1980~1987」(1997), 「6월민주항쟁의 이념·주체·전략」(1997), 「DJP지역연합과 진보진영의 과제」, 「한국의 국가폭력과 '잊혀진' 1991년 5월투쟁」(2001) 외.

허 상 수 hurss@mail.skhu.ac.kr

학   력 : 성균관대 대학원 사회학과 졸업, 고려대 사회학 박사
주요경력: (현)성공회대 외래교수, 한국사회과학연구소 연구기획위원, 참여연대 정책위원 / (전)고려대·국민대 강사
주요논저 : 『삼성과 자동차산업』(1994, 새날), 『한국 민주화운동의 전개와 구조』(공저, 성공회대학교 출판부, 2000), 「한국통신정보기술의 발전에 관한 사회학적 연구-행정전산망의 사회적 형성을 중심으로」 외.

손 혁 재 sonhk@nownuri.net

학   력 : 성균관대 정외과 졸업, 성균관대 정치학 박사
주요경력 : (현)민주사회정책연구원 연구위원, 참여연대 협동사무처장 / (전)한국정당정치연구소 의정평가실장, 성균관대·경희대·서경대·동의대 강사
주요논저 : 『김대중정부 개혁 대해부』(공저, 지·정, 1998), 『부정부패의 사회학』(공저), 『참여민주주의와 한국사회』(공저), 「깨끗한 정치를 위한 선거문화 개혁」, 「제15대 대통령선거의 평가와 분석」 외.

정 기 영

학   력 : 서울대학교 잠사학과 졸업, 서울대학교 정치학 박사.
주요경력 : (현)한국사회과학연구소 연구위원 / (전)한국정당정치연구소 책임연구원, 상지대 인하대 건국대 서울대 강사.

주요논저 : 『한국정치론』(공저), 『김대중정부 개혁 대해부』(공저), 『지방자치제와 한국 사회변혁』(공저), 「한국의 민주화와 정당정치에 관한 연구」, 「지방자치제와 민주화운동의 과제」

박 상 병 nextparty@hanmail.net
학   력 : 인하대학교 정치외교학과 졸업, 인하대학교 정치학 박사
주요경력 : (현)한국사회과학연구소 연구원 / (전)한국정당정치연구소 책임연구원, 인하대·상지대·성공회대 강사
주요논저 : 『한국정당정치론』(공저, 나남, 1995), 『한국민주주의와 지방자치』(공저), 『4·13총선』(공저, 문형, 2000), 「한국의 진보정당에 관한 연구-1992년 민중당 사례를 중심으로」, 「한국 정당체제의 균열구조」, 「하버마스 사회이론 비판」 외.

신 기 욱
학   력 : 연세대학교 사회학과 졸업, Washington대학교 사회학 박사
주요 경력 : (현) UCLA대학교 사회학과 교수 / (전) Iowa대학교 교수
주요 논저 : The Current State of Asian and Korean Studies in the U.S / Peasant Protest and Social Change in Colonial Korea / Marxism, Anti-Americanism Agrarian Conflict and the Origins of Korean Capitalism, and Democracy in South Korea : An Examination of Nationalist Intellectual Discourse

김 민 웅 minwkim@worldnet.att.net
학   력 : 한국 외국어대와 동 대학원 정외과 졸업. 미국 델라웨어 대학 대학원에서 정치철학 전공으로 박사과정 수료. 유니온 신학대에서 기독교 윤리와 정치경제학 연구, 박사학위 받음.
주요경력 : (현) 미국 뉴저지 길벗교회 담임목사. 국내 주요언론과 KBS, MBC, SBS, CBS 등 방송에 국제정세 전문해설가로 활동. <The Korea Times> 기자를 출발로 기자 생활, 언론인으로서 활동해 옴. 미주지역 민주화 운동 참여. 뉴욕 신학대 강사 역임.
주요논저 : 『보이지 않는 식민지』(삼인, 2001), 『사랑이여, 바람을 가르고』(뉴스앤조이, 2001), 『콜럼버스의 달걀에 대한 문명사적 반론』(당대, 1996), 『패권시대의 논리』(한겨레신문, 1995), 『물위에 던진 떡』(한국신학연구소, 1995) 외.

성공회대학교 사회문화연구소 소개

성공회대학교 사회문화연구소는 학문간 교류와 학제간 연구를 통해 종합적인 시각으로 사회문제를 접근하고 실천적 대안을 모색하는 인문사회과학 종합연구소이다.

1996년 3월에 설립된 본 연구소는, 1999년에 '노인복지연구소'와 '인권평화연구소'를 통합하여 오늘에 이르고 있다. 현재 사회문화연구소는 자본주의연구실, 민주주의연구실, 시민사회연구실 등 3개의 연구실과 '노인복지연구센터'와 '인권평화센터'의 두 연구센터로 구성되어 있다.

본 연구소는 1999년 말 이래 학술진흥재단의 중점 지원을 받는 연구소로 선정되어 '자본주의 발전과 사회구성의 변화: 자본주의, 민주주의, 시민사회의 구조변화' 연구를 수행하고 있다. 이 연구는 6년에 걸친 장기 연구로 기획되어 있으며 현재 1단계 연구를 마무리하는 과정에 있다.

본 연구소의 주요 연구과제는 민주주의 및 시민사회연구, 사회복지연구, 미디어 및 문화연구, 구로지역연구, 정보사회연구 등을 포함하고 있으며 1970년대와 1980년대 노동관계 문헌 아카이브와 데이타베이스 구축, 구술사 정리 등을 주요 내용으로 하는 '노동사연구'를 추진하고 있다.

그 밖에 본 연구소는 지난 1997년부터 인하대, 가톨릭대 등 경인 지구의 대학 연구소와 공동 콜로키엄을 개최하는 등 대학간 협력 네트워크구축을 위한 기반 조성에 노력하고 있다. 또한 매년 '노인복지연구센터'가 주관하는 세계노인의 날 기념세미나와 '인권평화센터'가 주관하는 인권평화 콜로키엄 이외에도 사회복지, 인권, NGO 등과 관련된 주요 세미나를 개최하여 우리 사회의 중요한 사회문제에 대한 학술적 토론을 통해 사회발전의 대안적 전망을 모색하는 데 기여하고자 하고 있다.

'사회문화연구소'는 성공회대학교 민주화운동자료관, 아시아 NGO 정보센타 등과도 긴밀한 협력관계를 맺고, 유관주제의 단행본, 학술지, 대학논총 등을 지속적으로 생산하고 있다.

짧은 역사이지만 그동안 본 연구소의 주요 연구 실적을 간추리면 다음과 같다.

주요 연구 실적

『산업구조 전환과 구로공단의 재구조화』, 김진업, 양기호, 박경태, 이영환, 한국학술진흥재단 1996년도 대학부설연구소 총괄과제 '산업구조전환과 지역사회변동에 관한 연구' 제1세부과제 연구결과보고서, 1998.5.30.

『구로공단 지역의 생활세계』, 이가옥, 문진영, 권진관, 정원오, 이혜원, 김명환, 김창남, 한국학술진흥재단 1996년도 대학부설연구소 총괄과제 '산업구조전환과 지역사회변동에 관한 연구' 제2세부과제 연구결과보고서, 1998.5.30.

『주거비 보조 제도 연구』, 이영환, 한국학술진흥재단

『결식아동 중식지원사업 실태조사』, 이혜원, 성공회대학교, 1999.

『한일관계와 사회문화적 상호작용』, 사회문화연구소 (편), 성공회대학교 출판부, 1999.

『시민단체를 통한 정보문화 활성화 방안 연구』, 이종구, 정원오, 허상수, 홍은지, 이영환, 김명철, 정보통신부 제출 연구보고서 (지정종합 99-12), 2000.3.

『세기적 대전환과 대안적 교육』, 고병헌, 이장우, 장화경, 김명철, 송순재, 한국학술진흥재단 제출 연구보고서, 2000.

『한국민주화 운동의 전개와 구조』, 조희연, 오유석, 김서중, 조현연, 허상수, 한국학술진흥재단 제출 연구보고서, 2000.6.30.

『민주묘역조성 후보지 인문학적 기초조사』, 조희연, 백원담, 진영종, 전명혁, 이광일, 민주화운동관련자명예회복 및 보상심의위원회 용역연구보고서, 2001.6.15.

한국사회의 재인식 시리즈

1. 한국자본주의 발전모델의 형성과 해체, 김진업 편, 나눔의집. 2001.8.
2. 한국 민주주의와 사회변동의 동학, 조희연 편, 나눔의집. 2001.8.
3. 한국 시민사회의 변동과 사회문제, 이영환 편, 나눔의집. 2001.8.

사회문화연구 Discussion Paper 시리즈

DP 01-1 '개발독재기 국가 성격과 구조의 변화', 이광일, 2001.3.15.
DP 01-2 '일본의 共的 사회복지 공급주체로서의 NPO', 정미애, 2001.03.22.
DP 01-3 '시민운동을 보는 민중적 관점, 민중운동을 보는 시민적 관점', 조희연, 2001.5.10

노인복지연구센터

세계 노인의 날 기념세미나
『한국의 노인과 세계의 노인』, 이가옥, 고양곤, 1995.9.27. 제1회.

『자원봉사와 노인의 역할』, 이가옥, 실비아 게즈, 1996.9.30. 제2회.
『경로연금의 도입과 시행방안』, 이가옥, 고철기, 1997.9.19. 제3회.
『경제위기와 고령자 고용, 소득의 대안모색』, 이가옥, 고철기, 1998.10.1. 제4회.
『장기요양보호 노인의 현황과 정책적 대안』, 이가옥, 최성재, 1999.9.30. 제5회.
『노년기 삶의 질: 지표개발과 평가』, 이가옥, 이현송, 김정석, 2000.9.22. 제6회.

노인복지 조사연구보고서

『공적 노후소득보장체제의 발전방안』 1998. 6.
『구로구 노인생활실태 분석 및 정책과제』, 이가옥, 정원오, 구로구청 제출 1998.3.
『노인과 가족의 장기요양보호서비스 이용에 관한 태도』 1999. 6.
『지역공동체 활성화 방안』, 이가옥, 고철기, 한솔섬유, 2000.

인권평화

『국민정부의 인권문제와 인권정책의 방향과 과제』, 세계인권선언 50주년 기념 인권평화연구소 개소 기념 제1회 인권평화 심포지엄 자료집, 1998.9.28
『소수자 인권』, 제2회 인권평화 학술 심포지엄 자료집, 2001.2.23
『제1기 구로경찰서 인권학교 자료집』, 2001.3
『콜롬비아 내전과 평화운동』, 리카르도 핀존, 콜롬비아 인권평화활동가 초청간담회 자료집, 2001.3.19
남아공 진실과 화해위원회위원 파즐 란데라 박사 초청토론회 자료집, 2001.3.30
『환경과 인권』, UNEP 대학공개강의 자료집
『20세기 과거청산과 NGO』, 제3회 인권평화 학술 심포지엄 자료집,
『인권과 평화』, 창간호, 2000년 7월.
『인권과 평화』, 제2호, 근간.
『NGO 리포트 2001』 근간.

성공회대학교 사회문화연구소

주소: 139-762 서울 구로구 항동 1-1
전화 02) 2610-4138, 팩스 02) 2610-4296
전자메일주소: cis@mail.skhu.ac.kr
홈페이지: http://green.skhu.ac.kr/~cis/
인권평화센터 전화 02)2610-4152 / 노인복지센터 전화 02)2610-4325

성공회대 사회문화연구소 한국사회 재인식 시리즈 2
한국 민주주의와 사회운동의 동학

초판 인쇄 2001년 8월 13일
초판 발행 2001년 8월 25일

지은이 / 조희연 편
펴낸곳 / 도서출판 나눔의집
펴낸이 / 박정희
주　소 / 151-901 서울시 관악구 신림1동 1631-19
전　화 / 02-839-7845　팩　스 / 02-839-7856

값 14,000원
ISBN 89-88662-47-4 04340

www.nanumpress.co.kr
nanum@mynanum.com

잘못된 책은 바꿔 드립니다.